U0448364

DESIGNING AND MANAGING YOUR CAREER

·哈佛商业评论文萃·

职业生涯的设计和管理

〔美〕哈里·莱文森　编著

李特朗　侯剑　译

商务印书馆

2010年·北京

Edited by Harry Levinson

DESIGNING AND MANAGING YOUR CAREER

Original Work Copyright ©1964,1965,1967,1969,1970,1974,
1975,1976,1977,1978,1979,1980,1981,1983,1984,1985,1986,1989
by the President and Fellows of Harvard College.
Published by Arrangement with Harvard Business School Press.

图书在版编目(CIP)数据

职业生涯的设计和管理 /〔美〕莱文森编著;李特朗,
侯剑译. —北京:商务印书馆,2010
ISBN 978-7-100-05246-7

Ⅰ.职… Ⅱ.①莱…②李…③侯… Ⅲ.职业选择 Ⅳ.C913.2

中国版本图书馆 CIP 数据核字(2006)第 116966 号

所有权利保留。
未经许可,不得以任何方式使用。

职业生涯的设计和管理
〔美〕哈里·莱文森 编著
李特朗 侯剑 译

商 务 印 书 馆 出 版
(北京王府井大街36号 邮政编码 100710)
商 务 印 书 馆 发 行
北京瑞古冠中印刷厂印刷
ISBN 978 - 7 - 100 - 05246 - 7

2010 年 3 月第 1 版　　开本 700×1000　1/16
2010 年 3 月北京第 1 次印刷　印张 31½
定价: 68.00 元

商务印书馆—哈佛商学院出版公司经管图书翻译出版咨询委员会

（以姓氏笔画为序）

方晓光　盖洛普（中国）咨询有限公司副董事长
王建铆　中欧国际工商学院案例研究中心主任
卢昌崇　东北财经大学工商管理学院院长
李维安　南开大学商学院院长
陈　儒　中银国际基金管理公司执行总裁
陈国青　清华大学经管学院常务副院长
陈欣章　哈佛商学院出版公司国际部总经理
忻　榕　哈佛《商业评论》首任主编、总策划
赵曙明　南京大学商学院院长
涂　平　北京大学光华管理学院副院长
徐二明　中国人民大学商学院院长
徐子健　对外经济贸易大学副校长
David Goehring　哈佛商学院出版社社长

致 中 国 读 者

哈佛商学院经管图书简体中文版的出版使我十分高兴。2003年冬天,中国出版界朋友的到访,给我留下十分深刻的印象。当时,我们谈了许多,我向他们全面介绍了哈佛商学院和哈佛商学院出版公司,也安排他们去了我们的课堂。从与他们的交谈中,我了解到中国出版集团旗下的商务印书馆,是一个历史悠久、使命感很强的出版机构。后来,我从我的母亲那里了解到更多的情况。她告诉我,商务印书馆很有名,她在中学、大学里念过的书,大多都是由商务印书馆出版的。联想到与中国出版界朋友们的交流,我对商务印书馆产生了由衷的敬意,并为后来我们达成合作协议、成为战略合作伙伴而深感自豪。

哈佛商学院是一所具有高度使命感的商学院,以培养杰出商界领袖为宗旨。作为哈佛商学院的四大部门之一,哈佛商学院出版公司延续着哈佛商学院的使命,致力于改善管理实践。迄今,我们已出版了大量具有突破性管理理念的图书,我们的许多作者都是世界著名的职业经理人和学者,这些图书在美国乃至全球都已产生了重大影响。我相信这些优秀的管理图书,通过商务印书馆的翻译出版,也会服务于中国的职业经理人和中国的管理实践。

20多年前,我结束了学生生涯,离开哈佛商学院的校园走向社会。哈佛商学院的出版物给了我很多知识和力量,对我的职业生涯产生过许多重要影响。我希望中国的读者也喜欢这些图书,并将从中获取的知识运用于自己的职业发展和管理实践。过去哈佛商学院的出版物曾给了我许多帮助,今天,作为哈佛商学院出版公司的首席执行官,我有一种更强烈的使命感,即出版更多更好的读物,以服务于包括中国读者在内的职业经理人。

在这么短的时间内,翻译出版这一系列图书,不是一件容易的事情。我对所有参与这项翻译出版工作的商务印书馆的工作人员,以及我们的译者,表示诚挚的谢意。没有他们的努力,这一切都是不可能的。

哈佛商学院出版公司总裁兼首席执行官

万 季 美

目录 CONTENTS

序言 ………………………………………………………… 1
第一章　发现你的优点 …………………………………… 1
　　第一节　了解你自己 ………………………………… 4
　　第二节　实现梦想中的第二事业 …………………… 20
　　第三节　管理与领导的技巧 ………………………… 33
　　第四节　管理者的工作：传言和真相 ……………… 54
　　第五节　管理者和领导者：他们不同吗？ ………… 76
　　第六节　谁会得到晋升？ …………………………… 95
　　第七节　企业化管理核心 …………………………… 109
第二章　成功篇 …………………………………………… 127
　　第一节　管理者在任何地方都会流动吗？ ………… 129
　　第二节　何时由新任管理者来负责 ………………… 147
　　第三节　管理过程中的权力失效 …………………… 170
　　第四节　权力是最大的激励因素 …………………… 188
　　第五节　总裁工作的成功途径 ……………………… 205
第三章　管理他人的职业生涯 …………………………… 219
　　第一节　定制总裁开发战略 ………………………… 222
　　第二节　怎样作出正确的人事决定 ………………… 239
　　第三节　谁应该为不称职的管理者负责？ ………… 247
　　第四节　即将出现的晋升减速 ……………………… 263
　　第五节　解决劳动力老龄化问题 …………………… 270
　　第六节　如何使被淘汰的管理者重新开始 ………… 290
　　第七节　使管理者远离隔板 ………………………… 303

第四章　处理职业压力 ················· 315

第一节　作为一个中层管理者 ············· 318
第二节　管理者讲道德吗？ ·············· 336
第三节　为什么"优秀的"管理者会作出不道德的选择？ ··················· 349
第四节　小企业主的孤独 ··············· 361
第五节　当管理者精疲力竭时 ············· 373
第六节　成功的代价如此高昂吗？ ··········· 385

第五章　体面退休 ··················· 407

第一节　不要自己挑选继任者 ············· 411
第二节　失业：退休的同义词 ············· 427
第三节　你能顺利度过退休期吗？ ··········· 437
第四节　不要称之为"提前退休" ············ 449
第五节　出售公司的经济因素和心路历程 ········ 476

序　言

哈里·莱文森

成人们经常以各种形式重复着一句半开玩笑的话:"我还没想好长大以后要做什么。"在这个社会,对大部分人来说,这句话的现实意义更甚于它的幽默成分。幸运的是,在这个开放的社会里,我们学到很多技能,同时也拥有很多爱好,我们会在工作中用到其中的一种或多种。对大多数人来说,找到理想的工作并不容易,因为有的人会面临工作的局限性,更多人会被家人的意见所左右。有些人为了谋生而不得不盲目更换工作,直到他们碰巧遇到能给他们提供显著成就感的职位;另一些人在工作稍有成就的时候,却由于年龄太大而无法重新胜任具有挑战性的工作。

尽管高等院校的就业指导和社区服务机构的职业顾问不断增加,找到合适的工作仍然很难。一方面是因为我们面临的选择太多,另一方面则是特定的职位上适合个人的机会太少。这和挑选衣服不一样,衣服可以先选择颜色和款式,然后选择合适的尺寸。选择职业却并非如此。时间一去不复返,一个人没有太多的时间不断寻找适合自己的工作。设计自己的职业生涯就像一个解开并整合众多心理迷惑的过程:我们对自己不甚了解,更没找到有效的方式了解自己并整合、发挥自己的潜能。

找工作不容易,成功则更不容易。在某些情况下人们会与志同道合的人选择相同的职业。这相对容易一些,例如从事管理信息行业的人,

序言

培训阶段和工作的初级阶段都很容易,但随着工作的熟练你就要做出重大选择。一部分人仍然局限在管理信息服务的范围内,另一部分人想要有机会进入管理信息服务的策划,还有一部分人进入更高阶段,想要对支撑公司运作的管理信息服务进行设计。

在工作方面每个人都会有很多选择,每个人都应该选择一条适合自己的职业道路。在很多情况下你会不知所措,因为你不了解这个岗位的职责究竟是什么,也不知道自己是否能胜任这个岗位。升职总是不可避免地伴随着失败的风险,幸运的是,如果你谨慎而正确地作出选择的话,升职会为你带来成功和完善自我的机会。简单地说,你可以规划自己的职业生涯。

在决定如何有效地规划自己的事业之前,最好思考一下为什么作出选择如此不易。这样你就能理清情感上的混乱,而正是这种混乱影响你作出正确的选择。在自我反省之前,我们应该仔细考虑。

第二次世界大战是美国社会经济发展的分水岭。全民军事总动员使1100万人穿上军装,这意味着二战结束后整个社会将面临着巨大的重组:个人方面、经商方式、社区生活、技术创新,还有地理大迁移和教育的迫切性。许多人需要对自己的角色重新定位。

幸运的是在20世纪,孩子们都在父母的庇护下学到了很多职业技能。随着工业时代的发展,他们进入工厂或其他大规模的公司。二战后更多人开始信赖大型企业,在那里他们能得到先前只有小社群里才会有的感觉。这就是职员们把电报电话公司(AT&T)称为"贝尔大妈"(Ma Bell),并同样昵称伊士曼·柯达(Eastman Kodak)的最好原因。在20世纪50年代,人们都期望找个好工作,不管在什么样的公司,只要是长期稳定并且退休后有养老金就行。对于那些曾经历过经济大萧条并深受其影响的人来说,拥有稳定的工作是令他们特别向往的。当时职业的含义就是找到一份这样的工作。实际上,如果你问很多人为什么他们去上大学,他们通常会回答说:"为找个好工作做准备。"

当成千上万二战的老兵们回到大学,在《军人权益法案》(GI Bill of rights)的保护之下,大部分人甚至获得高等学位的人都想在大公司找到一份好工作。随着这种趋势的出现,也有了一些新的发展。"事业"这个词开始流行。对于尚处于底层的人来说,在大公司找到长期稳定的工作未尝不是一件好事;但对于已经身居高位的人特别是管理者来说,他们会注重"事业",因为对他们来说,升职不过是职业游戏。社会上的职业学校和管理学校不断增多;此外,只要有升职机会,管理者和专业人士在公司间的流动就会不断加快。在一个人的职业生涯中,在某一阶段追求达到某一特定的目标变得很普遍。

对职业和个人发展阶段的研究由此开始。多数这样的概念和研究来源于时下的精神分析原理和所谓的人类潜力活动。人们更坦率、也更直接地问自己到底要从生活中得到什么,以及生活将把他们带向何处。当人们以更直接的方式表达他们的不满时,分居和离婚现象也更加普遍。我们也会看到更多以自我为中心的现象,最后发展成为"自我崇拜文化"。

20世纪50年代,人们希望稳定和持续发展,类似于战前的状态;20世纪60年代,社会上则出现了衣着和想法的反叛。年轻一代开始反抗前人因循守旧、墨守成规的生活方式,他们主张独立并拥有自己的想法。这种不满又因为越战和社会制度操控人的命运而愈演愈烈。不管在学校还是教堂,甚至在公司,年轻人开始反抗社会制度,要求自由的权利,他们的口号是:"做自己的事情。"

传统观念中对职业的追求已不复存在。经济下滑与萧条使员工对公司的忠诚一文不值,不管他们从前工作多么努力,也将面临失业的威胁,并且技术落伍的公司也会在竞争中被淘汰。经济萧条和公司兼并迫使公司进行结构重组,大公司最终衰亡的命运使职业一词又有了新的含

序言

义。

世界性竞争使得产品被淘汰的频率越来越快,大公司不得不做更多的改变。有的产品还未出库就已被淘汰,在这个高速发展的社会里,人们的兴趣和价值观迅速改变。人们追求更加新潮的衣服、发型、家具、汽车和技术发明,那些满足他们需要的事物变化更快。

目前各种文化思潮百花齐放。像原来对《星期六晚邮报》(Saturday Evening Post)有着固定兴趣的读者也因为兴趣的多样化,使《邮报》濒临破产。同时,许多小型、迎合一定读者群兴趣的杂志开始出现并迅速赢利。为了适应不同的需求,公司也同样要对其自身进行改革,设立许多特定部门来迎合顾客千变万化的兴趣。而有些大公司则不一样,例如通用汽车公司虽然发现日本人有超过他们的趋势,却没有调整步伐去适应迅速增长的全球竞争需要。事实上其他很多大公司也是如此。从制造行业到服务行业都出现戏剧性的变化,结果造成大量的职位空缺。

许多技能在几年内迅速过时,特别是那些以理论为基础的。这对于工程师们来说是个棘手的问题,对物理学家和处于技术升级压力下的其他行业的人也同样棘手。很明显,许多在学校所学的知识十年以后就会更新。经过十年时间,这些内容一半会被淘汰,另一半会变成错误的。新技术的出现,通常被冠以"高科技"之名,使人们在新的职业机会出现时对过去不再留恋。

我们开始听到中年职业危机和中年职业转换这样的词。许多人在选择职业时曾跟随文化发展的脚步或听从父母安排,到了中年时期,他们意识到自己并不喜欢现在的工作。还有些人因为对现状不满而变得烦闷,便开始寻找新的挑战。但是重复自己的经历或寻求新的发展都不足以重新激发他们的兴趣。人们需要的仅仅是新的刺激。由于比父母的受教育程度更高,他们对自身的要求、对环境的需求都很高。他们想要解决新问题,接受新的机会和挑战,从而使自己得到满足,给自己总在持续发展的感觉。同时，选择范围的增大和经济保障的加强使人们有更多机会去做自己想做的事情。随着生活阅历的增长，就连即将退休的CEO们都开始考虑退休后要做什么。许多从大公司退休的人觉得他们退休后的生活平淡无聊，除非有一些挑战性的工作来激励他们。

越来越多的女性进入了工作领域，有的是刚从学校毕业，有的则是结婚生子之后。特别是对于后者来说，工作的意义大大超过了职业的概念。但是，多年来人们感受到，女性本身也渐渐和职业融合在一起。女性的职业或角色已不再局限于教师、护士或家庭主妇，其中包含了不断努力、奉献和满足的因素。当然，对大多数女性特别是那些离婚或生子的女性来说，生存是最基本的问题。但生存之外的问题是：我是谁？生活的全部究竟是什么？

人们想要过上更好生活的愿望变得非常迫切。20世纪60年代的年轻人主张自由选择，当他们和非反叛人群一起长大以后，问题仍然没有变：我该怎样过自己的生活？究竟什么才是值得做的？

如果以后公司的发展方向是规模缩小、合并、重组，或者社会经济生活大幅动荡，这样的趋势会带来更多的自我探索。人们都知道要掌握自己的生活方向，作出自己的选择。很多人想要更大程度地控制自己的命运，在一定程度上可能因为他们认为公司不会再这么做，或者是工作和生活的意义已经是如此密不可分。即使在公司中达到一定地位，也不再拥有内心的满足感。如果你在职业生涯的终点想要实现最大的心理满足感，那么就算你努力进入公司管理集团内部，最终也是一场无意义的胜利。

这些变化意味着在公司求职限制了你事业的发展。如果你对职业的兴趣不像你当初设想的那么专注，或者有很多想法，那么你在这个职位上所做的事情也就有限了。这并不是说我们不需要为工作做些准备或者不应进入公司工作，而是说人们要按照自己的方式去选择正确的职

序言

业并获得满足感。最根本的是,在他们的强项上,要加强引导以更好地发挥他们的潜能。

我听说,在中国,人们如果不通过汽车机械常识的考试的话就拿不到驾照,因为中国没有那么多修车工人和修车厂。

在某种程度上,美国的职业也存在同样的问题。如果不是这样的话,就不会出现众多的榜样、众多心理测试、指导顾问、职业介绍顾问和其他行业的顾问。你也不会为了谋生而变成专家,绝不会。但是上述的一切在今天来说只是我们所说的职业的组成部分。

所以对于美国人来说职业问题将伴随终生,在其他发达国家面对职业选择的人也会逐渐如此。我们需要选择性地学会一些技能以适应社会经济和文化环境的变化,这样,我们才有可能从容面对公司内和就业中的不确定性。从根本上说,在这个越来越不可预知的世界里,我们应该加强自身建设,因为我们越来越多地依赖我们自己所提供的服务和产品。

为什么要写这本书呢?有关职业的书不是已经很多了吗?这本书的新意和与众不同又在哪里呢?它的独特性表现在以下三个方面:

第一,本书指出了选择职业的基本原则,那就是正确评价自己。必要的是,你的所有决定都建立在你是谁和你想成为谁的假设上。这两个问题通常很模糊而且互相矛盾。但是它们可以通过本书所提供的步骤来加以说明。

第二,本书集思广益。我的意思是说它是很多人努力的结果,每个人都是在特定领域取得事业成功的专家。这些文章在首次出版时使《哈佛商业评论》的读者们茅塞顿开,文章虽以职业为中心来论述,但并不是大量事实的简单堆砌,而是给人们极大的启发。就像一颗多面的钻石,每一面都闪烁着耀眼的光芒;每一篇文章都形象地描述了职业生活,如同心灵的火花,充满活力。它们是从成千上万《哈佛商业评论》的文章中被选出的，比原文的内容更丰富，能帮你解决特殊的职业问题。

第三，这些文章的作者原本就是管理者和执行者，是对日常职业活动作出决定的实践者。当他们是管理者或执行者的角色时，除了处理公司事务，还要处理工作之外的自身事务。他们所面临的不仅是自身的职业问题，还有他管辖之内的所有雇员。他们还要面临年龄、道德问题、超负荷的工作和成功的挑战，他们对职业生涯的最后阶段，即退休之后的日子特别地关心。

《职业生涯的设计与管理》这本书适合任何人，不管他的职业是什么，处于哪个阶段。这些文章都是经过时间考验的，能使读者受益匪浅，但它并不是一本秘籍。阅读本书就像在为长途旅行做准备，书上有地图和路线，并对路线做了详细的分析。像所有的旅行指南一样，它也要与时俱进，但至少它足以指明方向和出路。这些文章已经做了很大改动，经过了仔细推敲、思考和回顾。不仅有关于目的地、可行性的内容，还涉及到这中间可能遇到的困难。

这本书经久不衰，因为它的内容涵盖了从最初的职业选择到退休后生活的方方面面。这本书会让你爱不释手、反复阅读，可以说它是你职业的好伙伴。在你作出重大决定之前，或者在工作陷入困境时，本书可以提供给你和你的同事、朋友们发现和讨论问题的机会。

本书分为五章。第一章主要是讲"发现你的优点"。这章的内容是使读者对自己的能力有所了解，知道自己适合什么职业。第二章是"成功篇"，讲述了灵活性问题以及人们在公司中如何增加工作机会。第三章是"管理他人的职业生涯"，讲述在工作中经常困扰你的问题，也就是你的下属出现的失误和难题，以及怎样处理它们。你在公司中的发展也不可避免地与下属的工作是否出色以及你能否妥善处理他们的问题有密不可分的关系。第四章是"处理工作压力"，指出了在公司工作时不可避免地要面临的压力与斗争。这些问题难免要分散你的精力，成为你的

序言

负担,却又与工作中的快乐与满足紧密相连。第五章是"体面退休",描述了职业生涯的最后阶段,包括你业余生活的所有精彩片断,这使你回首一生时体会到事业成功带来的满足感。

最后,我们可以从本书中发现一个不太明显的特点。书中部分文章是在调查者、作家和编辑关注女性管理者之前写成的,之所以选取这部分文章是因为他们的见解远胜于他们的失误。但是,对男性的过时言论和管理者必须是男性这两点评论的确让人遗憾。编者和出版商都希望关于性别的过时设想不会削弱这些强有力而又有意义的论文的说服力。

第一章 发现你的优点

在《了解你自己》("The Power to See Ourselves")中,保罗·J. 布劳德(Paul J. Brouwer)告诉我们,管理能力的提升与管理者的培养是不一样的。管理能力的提升是有助于管理者成长的,管理者培养是改变管理者的自我形象,以及别人对他的看法。人们的选择是建立在对以下两点的认识之上的:他们怎样看待自己,以及他们认为自己是谁。改变自我形象非常容易,我们所有人随着年龄增长都一定会改变。如果我们认真审视自己,拓宽自己的眼界,改变我们对未来的期望,将我们想要做的事计划得更清晰,我们的愿望才更容易变为现实。你对自己的认识越现实,就越有可能走向成功。

自我形象存在于渴望或追求自我理想的环境中。在《实现梦想中的第二事业》("A Second Career: The Possible Dream")中,我详细介绍了自我理想的各个方面,它帮助我们了解个人的内在素质,使我们的内心获得方向感和充实感。理解自我形象和自我理想的关系非常重要,因为它们提出了同样的问题:"你是谁?"只有当你对自己的自我理想和行为方式、特点有所了解,才能从多种选择中找出适合自己的位置。

本章中的第三篇文章,由罗伯特·L. 卡茨(Robert L. Katz)著的《管理与领导的技巧》("Skills of an Effective Administrator")是《哈佛商业评

第一章

论》的经典。这意味着在它首次出版15年之后,再版仍然是很有影响力的作品。该文中,卡茨提出成为有效管理者的三种基本技巧:技术性的、人际性的和概念性的。技巧是指可开发的能力,提出这些技巧的标准是它们在千变万化的情况中仍然能发挥效力。技术性技巧指完成特殊任务的能力。人际性技巧使你认识到自己的洞察力、态度、想法和信念,这些在了解其他人行为的意义时将会一一得到证明。概念性技巧包括把公司看作一个整体,概念性和人际性技巧在公司的高层中日益重要,现代商业世界中也更加需要更高层次的概念性技巧。尽管有些能力是天生的,但是你可以按照卡茨的方法培养自己的人际性技巧。在工作中,懂得哪种技巧有助于成功,以及了解谁的疏忽会影响成功都是非常重要的。

在卡茨之后,亨利·明茨伯格(Henry Mintzberg)在《管理者的工作:传言和真相》("The Manager's Job: Folklore and Fact")一文中写道:将管理者的工作描述为解决一个接一个的问题太过简单了;这种说法似乎没有反映出他们的深思熟虑。他指出了其中特定的职责:仪式、谈判、处理信息,从琐碎的事情中我们可以看到它们的侧面。公司的战略计划并不是贮存在电脑里,而是在管理者的脑子里。这种私人的、内在的,甚至是下意识的知识性工作将管理者与下属的责任和权力截然分开。明茨伯格同时指出,管理工作日趋琐碎,言语交流和超负荷的工作也越来越多,这意味着管理者必须同时消息灵通、人际关系好以及坚决果断——也就是说行为导向(action—oriented)。这使得他必须尽快适应管理者角色的压力和困境,找出系统有序的办法来分享信息,缓解自己的紧张情绪,不致出现重大压力。而培养卡茨所说的这些技巧会使闲暇时间被紧张的时间表挤占。

亚伯拉罕·索兹尼克(Abraham Zaleznik)在《管理者和领导者:他们不同吗?》("Managers and Leaders: Are They Different?")一文中分析了管理功能的两个重要方面。领导权要求有影响人们想法与活动的权力,但它一定要承担风险。管理者是解决问题的人,不是天才或英雄,这两个角色间又有一定的矛盾,它们之间的文化背景也不同。领导者是企业家,而管理者却是执行者。领导者和管理者在积极性、经验和行为方面都不相同。索兹尼克关于两者之间差别的描述使你对自己的理解和你理想的行为方式并行不悖。对于卡茨谈到的必要的技巧和明茨伯格所说的对管理者的要求,索兹尼克则描述得更清楚。他说,重大的个性和行为差异需要对自身形象和个人理想进行评价。

一旦将自己和这个标准相对照,就需要再阅读阿尔弗雷德·W.斯温亚德(Alfred W. Swinyard)和弗洛伊德·A.邦德(Floyd A. Bond)的文章《谁会得到晋升?》("Who Gets Promoted"?)。作者指出,管理者教育水平越来越高,流动性也越来越大。那些进入最高管理层的人都有着骄人的经营业绩。由于受高管层平均年龄,以及从副职到正职必须有五年考察期的限制,年轻人迅速进入最高管理层的机遇也就更大了。他们指出必须对某个年龄段的高层人员给予高度重视,并密切关注他们是否为年轻人的成长设置障碍。在工作岗位上,实际操作经验和部门管理经验也同样非常重要。那些拥有MBA学位的人当然有明显的优势,因为对高学位人才的需求量也越来越大。从研究数据中可以看出:管理者流动性越来越大,这也使得他们更富盛誉。

霍华德·H.史蒂文森(Howard H. Stevenson)和戴维·E.冈伯特(David E. Gumpert)在《企业化管理核心》("The Heart of Entrepreneurship")一文中提到,因为人们想努力实现自己的理想,因此他将承受来自外界和自身的压力。而这种压力使工作成为一种机会,使改革与创新成为可能。作者告诉我们,面临机会时要正确了解自己的需要。他们列出的问题,有助于读者了解自己多大程度上或以何种方式可能成为企业家。企业化管理精神并不是意味着自己独立经商。如果人们清楚地了解他自己、了解这个组织以及该组织所需的环境,他就可以将这种精神带入这个已经建立的组织。

第一章

第一节 了解你自己

保罗·J.布劳德

心理学现象显示,管理者的成长意味着管理者自我概念(self-concept)的改变。不管我们是否意识到这点,我们每个人心中都有一个自我形象(self-image)。我们能从多个角度来认识自己:聪明的、迟钝的、亲切的、善良的、懒惰的、不被理解的、细心的,或是精明的;我们也能找到各式各样的形容词来描述自己。这就是镜子后面的"我",想象中、梦想中、谈话中、感觉中和意念中的"我",没有人能够完全了解的"我"。在这篇文章中我们要揭示自我形象的含义,特别是与管理者发展过程中的行为变化相关的含义,以及自我概念的变化是如何发生的。

自我概念至关重要的原因之一是它和管理者的成长密切相关,也就是说,与一个处于成长过程中的人最终如何看待自己的潜力密切相关。特别要提到的是,管理者的成长比管理能力的提高更为重要,后者的目的是使管理者得以成长。毕竟,大部分的工作都由他们亲自完成。作为一位为管理者提供咨询的公司的心理学家,我所得出的经验之谈,并且能通过进一步观察论证的是,没有人知道管理者是如何成长的。更确切地说,我们能够为管理者做的事情更多地在于帮助他们了解自己的处境,相信他们能为自己找到最好的发展方向。

现实的过滤器

首先,自我概念非常重要。因为我们所做的、所说的、所听到的、所感觉到的事情,或者其他感受,都取决于我们如何看待自己。例如:

一个曾去世界上很多国家旅行过的商人,他对各地的风俗、方言、地方名胜、历史和传统都有强烈的好奇心。然而,在最近为处理公司一件棘手的事情而第一次去伦敦作为期一周的商务访问时,他对英国生活方式的了解还不如对印第安纳波利斯(Indianapolis)了解得多。由于是商务旅行,他把自己看作商人,实际上对周围事物的感知就很少。但如果是作为一个游客,他会更深刻地了解英国,因为他来伦敦的初衷便是如此。

摄影师在伸长镜头抓拍照片时,通常会在镜头上方加上一个淡红色的滤色镜,这样拍出来的照片天空会更暗,云彩会更白。自我概念就像一个滤色镜,过滤掉那些我们不想听到或看到的,留下我们想要听到或看到的,也从而使我们的行为别具风味。通常,我们不是在一堆杂乱无章的词中首先找到自己的名字吗?或是在机场的广播中只听到自己的名字而对其他人的名字充耳不闻吗?这就是自我概念的一种,叫做选择性接收。因此,通常情况下我们看待自己的方式决定了我们对周围事物的感知程度和反应模式,更宽泛地说,就是大体上决定了我们的行为方式。

在商业活动中也是如此。设想两位经理人 A 和 B,在完全相同的情况下,分别给下属分配任务。下面单引号中的文字一定程度上能表明他们的自我概念。经理人 A 说:

"汤姆(Tom),我很'担心'我们和 XYZ 公司的关系,它在我们公司的'购买量'最近'突然'大幅下降。你很清楚我们两个公司的关系史,你'愿意'去'调查'一下其中的原因吗?如果有不懂的问题'可以问我'。"

经理人 A 对自己控制形势的能力深信不疑。她认为自己是无所畏惧的,无论汤姆调查的结果是什么她都有能力应对,并且在收集和研究事实情况之前按兵不动。

经理人 B 却这样说:

"简(Jane),三个月以来,XYZ 公司连续削减了在我们公司的购买量,'我们必须尽快查明原因'。现在,你去拜访一下这家公司。'本来

第一章

我想亲自去的,但一时走不开'。跟它的采购员谈谈——呃,她叫什么来着？呃……（翻文件）……在这儿……贝利（Bailey）,'记住'贝利。噢……你最好去见一下总工程师,一个很好的小伙子……叫……呃……他的名字'一下子'想不起来了……你可以问贝利。但是不要接近那个可怕的萨姆（Sam）……他会竭力掩盖事实,还可能把你的拜访当作我们恐吓 XYZ 的标志。'这个问题我已经有了一些答案,简'。老板催得很紧,所以……"

经理人 B 显然不够自信,他对目前的形势感到不安。他明确指出"要"和"不要"说明他不相信简能发挥她的主观能动性解决问题,这就是他缺乏自信的表现。

持续性变化

自我概念不仅在理解人类普遍行为模式中很重要,而且在理解管理者的成长过程时更加重要,因为它的目标是改变行为方式。从心理学角度严格来说,人们在工作中行为时好时坏的变化代表了自我概念的变化。因此,我们必须对此进行深入研究。

人们的行为方式处于不断变化中,正如我们常常以挑剔的眼光来看待自己或别人的行为。我们说某人还是与五年前一样,这是一种很肤浅的判断。实际上,今天的她和昨天已经不再相同。比如,她又老了一天,她学到一些新东西,无论这些新东西是多么微不足道,但都会给她增添一些新的气息。因此,今天她对事情的理解就与昨天不同了,尽管这些不同是多么微小和不易察觉。对她来说也许没有什么重大事情发生——没有提升,没有意外,没有心烦意乱的深思,但她一定有所改变,可能这些变化只有拥有所罗门智慧的人才知道。行为改变是持续不断的。

管理者们在思考行为变化时遇到的困难是他们无法觉察到这些变化,或是从这些轻松却带有欺骗性的观念中隐约传达出的思想:"你不知道他有多么老奸巨猾","他天生就是这样","从我认识她开始就是那样"。

另一方面,有时候表面行为的改变被错误地认为是行为的根本改变。我们来看看由知识增长或技能提高所带来的最低层次的行为变化:

新任领班了解他的新职责。他对工作进行了重新分配,并开始参加上级的会议。公司为他安排了各种各样的学习内容,包括手册、书籍、讨论会以及与老板的会面和其他管理培训课程。他加入了国家领班协会,参加演讲会,并出席当地大学举办的为期两周的研讨会。他从中学到了很多,也使得他在新的工作岗位上游刃有余。很明显,新的生活方式改变了他的行为方式,但这只是表面现象,就如乔迁新居并不能从根本上改变婚姻关系一样。他知道更多,看到更多,也学到更多技能。

如果公司所希望的仅仅是这种"低层次"的改变,那么管理培训就势在必行了。新的管理者要学习各种政策法规,制造型企业的副手们则要了解他们的上司是如何做预算的。培训目标就是了解这些特殊内容,并在培训后引起行为方式的变化。

成长的基石

如果公司要得到更深层次上的发展,在管理者培养方面的工作就需要更加细致和基础。这种深层次的成长自然也包含着自我概念的变化。那些对自己的判断力不够自信或缺乏驱动力的管理者会逐渐相信自己的判断力并具有更强大的驱动力。这种成长带来外部行为的明显变化,而每个人的内心仍然是不相同的,如自我感觉、对与生活息息相关的工作和公司的态度,以及对他人的责任。

但经验显示这样的成长是难以达到期望值的,它需要管理者完全参与其中。有句话说,"管理能力的提升是自我提高的过程",从心理学角度来说也是合理的。在成长过程中管理者的行为模式会不断变化,因为他们希望,也必须从工作中得到新的洞察力和理解力。如果他们的行为

第一章

模式没有改变,通常是因为他们处理问题时是被告知、被迫使的。

成长也暗示着人们自身的变化,主要是如何运用知识和技能,简单地说就是他们对自己的看法。很明显,人们在成长过程中会审视自己,同时产生新的深层次动力和强烈的方向感,对工作的意义也会有更清醒的认识。这种成长是个性化的,也是非常重要的。管理者培养的关键就是自我概念的不断提高。

但是,自我概念的提高并不是那么简单。

自我概念的冲突

每个人都扮演着不同的角色,并且能在这些角色之间轻松转换:父亲和母亲,丈夫和妻子,商人、总统、高尔夫球手、桥梁建造者、晚会的核心人物等。如果人们所扮演的任何角色之间产生了冲突,就会令人不安。冲突还会带来紧张、犯罪感和心理补偿。我们来看一个熟悉的例子:

一个人认为他(她)既是一位好父(母)亲又是一位好商人。作为父(母)亲,他(她)要花大量的时间与孩子相处;但作为商人,需要的时间更是不计其数。那么在这种情况下应该如何选择?显然,如果大部分晚上的时间和家人在一起的话,就必须取消一些重要的商务活动。两者是不可能同时实现的。那该怎么办呢?只能周一到周五工作,周末和家人在一起。

看起来似乎很容易解决,但是问题在哪里呢?例证中的人的自我概念受到一定的限制,他可能对这种限制感到非常不满。这种不满、心理不适和自我概念的冲突就会在行动中表现出来——对生意伙伴(或下属)更苛刻,或者放弃他们周末的家庭生活;周末在家时又会对不理睬他(她)只顾自己玩耍的孩子们大发脾气。如果青春期的孩子们遇到了由所谓"养子不教"引起的情感问题,他们一定会暴跳如雷:"养子不教?怎么可能？我每个周末不是都和孩子们在一起吗？"

从更深层次上来说，自我概念是存在冲突的，只是不易被人发现罢了。从个人角度来说，这是职业调查和专家探讨的问题。明确地说，有效而稳定的行为方式才是完整的行为方式，不完整的行为方式中充满了冲突。

自我概念中的非现实主义

无效行为方式的产生有几个原因，除了自我概念之间的矛盾以外，还有"我怎样看待自己"和"别人怎样看我"之间的重大差别。不切实际的自我评价使许多管理者丧失了工作机会。看看你身边失业的人、无所事事的人和不再受重视的人，他们都对工作失去了信心。不是有很多这样的例子吗？有些管理者由于无法适应新环境，严格地说是能力不济，而不得不随着时间推移来调整自己的心态。

最熟悉的莫过于那些本不该发生的悲剧事件，如无法一帆风顺地成长。其次是那些不能适应环境的人，他们的失败是因为无法用现实的眼光去看待自己真正的价值。就拿那些优秀的副总经理们来说，他们与总经理的位置失之交臂就是由于他们缺乏高层人员所需要的承担压力的勇气。这种失败的例子举不胜举，都是因为对"我是谁"和"我认为我是谁"之间认识的差距造成的。

不幸的是，不仅自我概念的差别造成彻底的失败，偏颇和模糊的自我评价带来的影响也让人措手不及。实际上，在正确的前提下，一个人对自己的看法是否现实与他的工作效率有着一一对应的关系。我们得出的结论是：只需要提出更现实、更正确的自我概念就可以提高效率了。

简而言之，一个人对自己的看法越现实，他的个人理想就越容易实现。下面的例子有力地说明了这一点：

乔治（George H.）是公司的副总经理，他所在的公司销售额约为

第一章

5 000万美元,并拥有250名营销人员和服务人员。最近他陷入了严重的管理危机,由于公司规模不断扩大,原有的管理方式已不再适合。公司里经常会出现这样的怨言:"我到底在为谁工作"、"没有人关心我做得好还是不好"、"公司在顾客服务方面没有制定任何制度"。乔治手下的执行官还像从前一样多次尝试改变这种状况,但坦白地说,情况仍然是一团糟。

乔治为人友善,很受人尊敬。他很民主,常常关心别人,说起话来总是慢条斯理,不像是"命令"别人,而像是给别人提"建议"。他没有把自己当作一个领导,总是把自己看作一个协调者、一个优秀的店员,而不是管理者。他的职员们总是在等待他的指令,不知什么原因他总是毫不在意。他认为一个明智的区域销售经理完全知道该怎么做。作为主管销售的副总,他对自己的看法和下属对他的看法截然不同。

一位乔治和部门高层都非常信任的局外人坦白地告诉了他实情,这种局面终于得以打破。他说:"乔治,你的职员都在等着你发号施令,他们会听从你的安排。这只能由你来做,他们尊敬你也听从并信任你。不要总是和他们商量,最好告诉他们你是如何安排他们的工作的。"

乔治试图在他的自我设想中加入这项新的内容。刚开始他比较极端,变得"很强硬"。他明确而直接地提出要求,并对每个人说:"这些东西我随时都要——立刻去做,并要做好!"但不久以后他就摘下了假面具,致力于他职责中的重新"管理"。他提出管理方案,制定销售和服务的不同政策和程序,和所有相关人士讨论,最后他说:"就是这样,去做吧。"

当然,这个例子太过简单;但它指出了理解的差别会削弱管理的效果。乔治对销售副总职位的看法使他无法看到下属的需要,尽管这个误区不会导致他失业,却使他陷入一片混乱。

最后,很显然,自我概念的改变作为管理者成长的途径之一,它会出现一个高潮。回想一下进行重要人物任命时的情形,谁会赢得大家的赞同?通常是具发展潜力并对"所有"高层管理者都有贡献的人。因此,许多公司在选择未来的执政官时,都会将受训者培养成技术通才。他们所关注的是这样的"人",而不在于他掌握多少特定的知识或特殊技能。同样,在年轻人的成长过程中,他们的自我概念发生变化,多是与自身的潜力相关。大多数年轻人的自我概念最初都是想成为高层领导者,用一句格言来说,就是"你懂得多少并不重要,重要的是你是谁"。

本能的抵抗

有一个很大的问题需要解决。如果管理者自我概念的变化是现实的,这些变化会带来什么呢?有可能改变他的自我概念吗?当然,变化是可能的,但在自我概念的变化过程中存在一个明显的障碍。

即使当管理者想有所改变时,这种努力将是徒劳无功的疑虑也会如影随形,阻碍变化的过程。一些不满的怨言渐渐因为"老狗学不了新把戏"的说法而消停,对现状的满足感似乎胜过新的行为方式的价值。

从心理学上来说,形成这种抵触情绪的原因之一是成人拒绝改变。意思就是,自我概念是态度、习惯、知识、动力和爱好的组织化和模式化,组织化就意味着所有这些复杂成分的融合。

例如,一个多年来具有强烈竞争意识的人,除非遇到困难,不然他不会突然或渐渐转向与别人合作;他们总是试图超越别人。他们具有模式化、坚定等基本特征,常常拒绝改变。实际上也是件好事,不然还会像青年时期一样受到"寻找自我"的困扰。

当成年人的境况发生改变时,他们会本能地作出抵抗,但这种抵抗力是有助于保持前进的方向和个性的发展,还是作茧自缚有待讨论。不过,抵抗力虽然有一定建设性,但它会像路障一样无法跨越,像陀螺一样无法控制。

第一章

这些情况也提醒我们,管理者自我概念的变化都是"深层次的",而不是表面的。他们所改变的是洞察力、态度和个人看法,而不是知识、经验或技能。我们在调查改变是如何发生的时候,应该注意到那些对个人产生深刻影响的因素,以及分化出新的方向和行为的因素。我们要寻找真正改变人们的重要因素,这才是改变他们的内部原因。一旦产生这样的变化,一个人就和从前大不相同了。

成长的步骤

首先我们要声明一点,成长并不是沿着一条明确、周密和逻辑性强的发展轨迹前进的。有时会伴随着突然攀升,有时又会停滞不前。事实证明对成长的真正了解是内部无意识的,在很长时间里并没有明显的行为方式的改变。即使有时候会出现倒退,就像青年时期有时会被每天发生的事情所困扰,也还是会像小时候一样无忧无虑。成长是一个模糊的、多因素的、多变的、活动的过程,常常出人意料,我们只能控制其中的一部分。

经过讨论和研究,我们可以假定成长有一系列步骤:

自我反省

如果我们要对管理者成长过程中的事情做一个系统分析,就应该从自我反省说起。每个人首先学会的是他"不知道"的东西,或是先有一种希望他们的行为在某些方面与众不同的自我暗示。由于环境或自我意识的原因,他们必须用批判的眼光看待自己。这样,高尔夫球手挑剔地看电影中的挥杆,或是父母责备孩子时所说的"看看你——全身都脏了"。当管理者发现下属工作懒散时,心里异常恼火。每次照镜子的时候,人们真正审视过自己吗?是否研究过自己究竟属于哪种人?

自我反省的作用是找出洞察力的根源,没有洞察力,成长也无从谈起。洞察力是"噢,我看到了"的感觉,它有意或无意地发生在行为变化之前。洞察力是认真、坦诚地看待自己,只有在面对困难和遭受心灵创伤的时候才能真正体验到。它们都是成长的组成部分,因此自我反省是洞察一切的基础,是破土而出的自我理解的种子,它会渐渐发展为行为的变化。

自我期待

当人们的眼界不断拓宽,深知自己的成长方向,或者"看清"自己讨厌的某一面时,他们的自我期待值就会改变(这是下一个步骤)。他们会提出新的要求,这种新要求的提出者不是别人,而是他们自己。这是神学谚语的另一种含义,就是说一个人的罪恶是无法拯救的。或者像心理学家所说的,只要你自己首先接受你出现问题的事实,你才能找到解决的办法。下面是两个关于洞察力的例子,它们能说明自我期待的重要性:

玛丽(Mary D.)经常抱怨,任何事情都不是她的错。她常常攻击她的老板、职员、同龄人和竞争对手。她说自己很有能力,知识渊博,工作勤奋并且具有判断力。她不止一次的老调重弹:"为什么这些都发生在我身上?"然而内心会出现一个小小的声音:"你和别人并没有什么不一样,这是你自己选择的路。"

她的老板和朋友试图改变她的想法,但都以失败而告终。所有耐心的劝解都是徒劳,对她生气往往被认为是对她的刁难,但适度的忍让又让她更加沉迷其中。

有一天在管理层会议上,大家都在想办法解决公司目前的危机(一个主要的竞争者引起的价格下跌)。她却对毫无用处的市场调查、与竞争对手进行徒劳的沟通发表长篇累牍的演讲,并且因为不能执行竞争中难以预测的价格政策而责怪她的销售部门,等等。最后她停住了,由于

第一章

她的不成熟和不适当的表现整个团队陷入一片沉默。

气氛沉默得让人压抑,终于在这时她突然发现自己成了一个抱怨者——一个不成熟的抱怨者。她想起同事的话和自己潜意识里模糊的想法,洞察力都开始起作用了。

很久以前,尽管不喜欢,但她仍做好逐渐成熟的准备。现在成熟成为自我努力的方向。她很容易找到机会弥补自己的遗憾,以更成熟的方式来面对现实,因为她希望自己更像一个女政治家。

皮特(Pete B.),58岁,在一家生产高质量的商品设备的公司担任副总工程师。他已经为这家公司工作35年了。作为一个优秀的工程师,他对产品了如指掌;这些年来他也十分了解顾客的心态。他最自豪的是参与了产品的每个安装步骤。晚上经常可以见到他没穿外套,领结松弛地坐在制图板面前的凳子上,被一群年轻的工程师包围着,正在研究一个棘手的安装问题。一些人认为皮特参与了太多工作,但其他人觉得他的参与会让顾客感到满意。

但是,大约四年前,拥有这个公司的总裁将它卖给了一家大公司,这家公司从而成为了附属公司。新的联合生产线一条接一条地组建。最后,皮特的部门被要求为几条不属于他们的相关部门做工程方面的工作。

现在皮特的工作变得精细而确定,但麻烦却随之而来,看来他不太适应新的情况。

从心理上说,皮特认为自己就是整个部门(助手是受训者),他单独为顾客制造产品。他对"姊妹公司"的顾客和产品不太了解也不关心,他抵制公司解决工程问题上的非人性化方式。那个所谓的工程副总的"指挥中心"——"家庭办公室"——的庞大系统,在他看来是一个不必要的复杂品。一切都跟以前不一样了,随着业务的改变和发展,他觉得自己被忽视了。

因此，他开始无意识地反抗和斗争。他潜意识里对"过去美好日子"的怀念促使他不断进行知识更新，从而能够了解更多顾客和生产线，晚上也加班加点工作，在旧程序中运行新的系统。但是，他的状况还是变得越来越糟糕。渐渐地，他的上级认为："他是优秀的老皮特，但不要让他参与这件事，以免他勉为其难，我们也进退两难。"而在下属的眼里，他是个好人，但是过于顽固和守旧。

幸运的是，在内部形势带来组织结构变化之前，皮特对自己的情形作了正确的估量，重新认识自己。他认识到工程师的这一自我形象已不再适应公司迅速发展的需要，开始重新审视自己（充满勇气和诚信地面对现实）。通过思考多年来培养员工的经验，他开始改变。他把自己放在副总裁的位置上，然后考虑如何使公司运转得更好。他也不再抵制新发明的数据处理程序和自动化程序，他的成长从新的自我期待开始。

自我期待的改变

新的自我需要和自我期待是如何产生的呢？人们怎样才能知道自我概念是不完整的呢？人们怎样知道他们是与众不同的而且应该是与众不同的呢？不幸的是，对那些喜欢秘籍和公式的人来说，这些问题会一直困扰着他们，因为并没有最好的解决办法。

除了诚实、现实和自我评价以外，还有什么能改变我们的自我期待呢？在商业背景下，领导颇有建设性地指出，管理者的成长需要深邃的洞察力。我们强调"建设性"这个单词，它意味着有帮助、有远见的想法，正如这个正式的判断性的评价——"我将告诉你我对你的看法"。

更深层次的洞察力来自丈夫和妻子——他们都很敏感。当他们的自我形象变得扭曲时，往往会以独特的方式进行极端的发泄。

实际上，任何一件带给人们新鲜感的事物都能提升他们的洞察力，如阅读、观察、学习、谈判、参加会议和俱乐部等。洞察力的提升带来自

第一章

我期待的变化。

当然,丰富多彩的生活环境使感觉敏锐的人们以新的方式来看待自己。这里还有一个例子:

凯瑟琳(Katherine)是一个吹毛求疵的人,害怕失败带来的不稳定。她总是迟迟难以作决定,在细节上小题大做,并竭力做到完美。当她向心理学家进行咨询时,心理学家真诚地接待她,没有批评、赞扬、责备或敌意,使她意识到她的自我批评来源于她的自负。她觉得自己必须做到完美,因为只有避免批评和失败她才有安全感。但她最终"重返人群"并要求自己尽力就好。她认识到个人的力量毕竟有限,这使她的自我期待得以改变。

自我管理

从人们可以控制自己成长道路的意义上来说,人们是自己命运的主人。没有什么事情可以使他们成长,除非他们自己愿意或者是他们的洞察力促使他们。

管理者自我概念的变化,必须通过自我管理才能实现,但很明显的是,许多发展计划在这点上都与他们的自我概念不同。他们天真地认为,只要经常积累经验、接触人群、阅读书籍和参与事件就能够成长,但事实并非如此。只有当智慧、新的想法和构想拓展了他们的思路并解决了他们自身的问题时,他们才会发生变化。

换一种方式来说,学习不可能没有动力,因此真正的管理者的成长需要自己寻求发展。在寻求发展时,他们有着强烈的渴望,因为他们想要提高自己而不仅仅是取悦老板或完成任务。做过老师的人都知道,为做作业而学习的学生的学习效果远远不如那些自觉学习的学生。

实际上这是一个关于驱动力问题的老生常谈了,就像蒸汽在锅炉中上升一样。当管理者们通过不断观察发现自己的潜力时,对成长边缘的关注是他们内部的驱动力。他们被迫向着不真实的目标前进,有时甚至可能是无法实现的目标。

在洞察力达到他们希望的程度以后,做一些实在的、基本的、有长远意义的事情才是管理者成长的动力。成长中的管理者通常都是这样,因为他们的力量、渴望和动力来自内心尚未实现的目标,同时自我实现也会带来满足感。这才是和自我概念相关的内部动力。

拓展洞察力

这种成长因素的动力非常明显:人们必须看到自身和环境的关系,包括个人的和非个人的因素,并且必须通过他们的所见所闻培养和发展自己的自我形象。如果他们坐井观天的话,那么他们的眼界就一定很狭窄并且也无法拓宽;但如果他们像环球旅行者一样了解整个世界,他们就能开阔眼界,这就像没见过世面的乡下人和久经历炼的人之间有很大差别。

上级最常抱怨的就是下属的眼界太过狭小。例如,销售经理被提升为销售副主管之后,同事们就会说他"只适合当个销售员"。现任副总以前做过生产管理,他的论调受到大家的嘲笑,他说,"我们只负责降低生产成本,销售是你们的事,不要因为个别顾客的要求和模式的变化来烦我——只要能卖出去就行了。"很多人受到自我概念的限制,他们把工作想得太简单。例如:

公司从外部引进一位销售副主管来管理一条新的生产线,他像从前一样做了大量工作来推动销售,销售额得以大幅上升,他成为人们心目中的英雄。

但是一年后,当他正处于事业的顶峰时,他的态度和习惯干扰了别人,也阻碍了他的发展。例如,他坚持以他以前工作过的大公司作为参考;在他还不明确是否要调整产品规格之前,为追求尽善尽美他甚至涉

第一章

足产品的运输延误问题,参与调查原因和解决问题。解释、安抚和争论都无济于事,他很快成为发展道路上的绊脚石。

一天,总裁直接来到他面前,说:"乔治,你的职务是什么?"

"怎么啦?"乔治大惑不解地说,"销售副主管。"

"好的,那'副主管'对你意味着什么?"

乔治停住了,总裁的真正意图是什么?"好吧,"他说,"我想,它意味着很多事情,销售的责任,建立一个……"

"在此打住吧,"总裁打断了他,"你说了,销售责任,确实是这样。但销售经理也有这个责任,是不是?"

"那'副主管'这个词到底是什么意思?"

"呃,让我想想……从公司的角度来看,它意味着对公司的销售方面负责……这是部分职责。"

"在我提醒你之前,你已经找到了要点。"总裁说,"副主管要站在公司的角度和立场,而不仅仅是他的部门。他要保证公司的全面赢利。"

乔治仔细琢磨着这番话,他明白了。他发现自己眼光狭窄,总认为自己是从前公司"借调"过来处理事务的。他仔细考虑了总裁的意见,扩展了自己的工作范围和自身的职责,不久他就成为公司的主管。

自我觉醒的能力

只看到我们目前的状况是远远不够的。当然这是一个必要的起点和基础,但我们必须看到真正的自我,并从中成长。

历史上的伟人都有一个共同的心理特征:他们都把自己看作正常人——

贝多芬(Beethoven),在耳聋之后继续作曲;

弥尔顿(Milton),双目失明后仍然坚持写作;

凯勒(Keller),尽管是聋哑人,仍然有机会为残疾人做演讲。

这些人都证实了一句话,那就是"掌握自己的命运"。

英明的管理者在生活中不断做到我就是我,且不遗余力地发掘自己的潜力来充实自己。这样,随着他们不断认识自己,自我意识也会发生变化。实际上,这样的自然成长会一直到老。

所有人都渴望如此——不断进行自我认识吗?当然不是。如果自我设想、自我期待、自我管理和不断拓宽的视野允许的话,成长中的人们会发现自己拥有未知的能力。强者和弱者的差别不在于能力的差别,如很多职员都很聪明;不在于努力与否,如很多人雄心勃勃却一事无成;也不在于机会,因为强者能制造机会。一切都在于自我设想的差别。比如我有多珍惜自己的生活?我想做些什么?为了实现自我该怎么做?强者对这些问题有明确的答案,弱者却模棱两可或见风使舵。

因此,成长是个人目标的规划,也是追求冒险的感觉。这就是甘于奉献的含义。他们的个人目标、公司目标以及职业目标在很大程度上是一致的,他们实现他们管理方面的潜能时,他们的个人能力也在不断加强。

第一章

第二节 实现梦想中的第二事业

哈里·莱文森

　　35岁的汤姆·柯南特(Tom Conant)，在仅仅担任市场部经理两年后，就考虑辞职，并打算进入法学院继续深造。他希望能够在法庭上针锋相对、据理力争，使法官、对方辩护律师以及所有在场的人都信服，那会是一种什么样的感觉呢。他几乎迫不及待了。

　　汤姆从商学院毕业后就进入公司工作，在12年的职业生涯中，他取得了无数辉煌的成就。他通过对市场进行深入细致的调查，并结合工作实践，在不断创新的前提下提出的新计划给公司带来了新的重要商机。另外，汤姆也是他的上级和下属心目中的模范管理者，众人眼中的成功人士。刚开始工作时由于他的急躁带来一些问题，但随着他承担起具体的新职责，工作起来逐渐得心应手，和同事也相处愉快。

　　当汤姆发现自己希望在法律界有所发展时，连自己都感到很惊讶。他曾想过竞争对手一定会对他甘拜下风，却从未想过辞职。前任市场部经理利奥·伯恩斯(Leo Burns)是汤姆的良师，他希望这位继任者能够追随他一直做到副总裁。汤姆知道自己的辞职会使利奥震惊，这一点使他非常烦恼。他并不想与利奥发生冲突或让他失望。

　　利奥变得越来越烦恼。在他的想象中，汤姆试图解释他辞职的原因，并试图表达过去一年中自己内心深处的一些想法，但利奥根本不听他解释。他设想利奥的失望会转变成恼怒，这出假想剧在利奥坚持让汤姆立刻离开公司的时候达到高潮。"市场部不需要你!"汤姆想象利奥会大喊，"走吧，去实现你的计划吧!"

　　汤姆有这些幻想的同时，对他的想法所带来的变动还有另一层顾虑。他有着光明的职业前景，是公司中的权威人物，而且公司对他也很不错。最近的提升带给他新的责任以及在业界的声望,而在过去两年间他从未期望过这些。

经过冷静思考,汤姆回想起其他转行的管理者。他认识的一位工程师在40岁时离开生产发展行业的重要岗位,进入法学院,现在已经成为专利律师。他吹嘘说他很满意这次转变:"我以后的日子一定会旧貌换新颜,现在我可以用我所了解的工程学知识来帮助真正期望改变的人。"

汤姆实际上代表了社会上那些从事了第二事业,甚至是第三事业的人们。加利福尼亚州的前任州长杰里·布朗(Jerry Brown)在进入政界前是耶稣神学院的学生;亨利·基辛格(Henry Kissinger)在成为外交家之前是一位教授;许多商学院的院长以前是CEO,大学校长也会成为商业总裁。

汤姆于是下定决心,抛掉所有的顾虑,并且想象所有的朋友和同事都认为自己应当从事第二事业。

几乎所有人在某些情况下都会考虑从事第二事业,他们大多都有充分的理由。汤姆涉足法律界的梦想,一定程度上建立在他对目前生活和商业形势的冷静评估的基础之上。他认为在今后十年,市场领域将会由于消费变革而发生极大的变化。虽然市场环境目前比较宽松,但是联邦政府、各州和地方管理部门对广告和促销的控制力度一定会加大。随着这种趋势的发展,结合他的市场经验和法学知识,汤姆坚信自己未来会成为公司的法律顾问或咨询师。

随着时间流逝,大部分人——不管他们的职业或技能如何——都会觉得工作缺乏吸引力、刺激和回报。许多人在中年时期会尝试涉足新的职业领域。他们渴望有机会证明自己的独立和成熟,表达自己的需求,发挥不同生命阶段的潜能。

有些人觉得他们不应再为晋升而努力,有些人感到自己的才能没有充分发挥出来,还有些人认为工作和公司不再适应他们的发展需要。另

第一章

一些人为不适合的公司、行业或职位阻碍了自己的发展而苦恼。一些人经过慎重考虑,另一些人则是盲目从事自己的工作或草率决定发展方向。这些感觉之一或全部使人不愿去工作,从而寻找新的出路。

目前组织生活的现实状况也促使管理者考虑第二事业:竞争日益激烈,即使是年轻的管理者也会跟不上时代的变化而受到被淘汰的威胁。迅速的技术革命(它要求更高层次的教育和训练)、市场分化和不可预知的经济环境使管理者不可能终生在一个领域或公司中工作。

当年近不惑时,管理者通常很清楚他们的职业生涯还能走多远。将自己的提升速度和同等地位的人相比,就知道自己是否还有机会。如果最近一次任命将他置于公司规定的晋升路线之外,那他晋升的机会可能就此终结。

对第二事业的渴望还与其他因素有关,如年龄和成长带来的影响。当年轻人刚开始工作时,可能会对紧张的职业培训、职位流动、长时间的加班和大量的旅行机会感到满意;但是随着管理者年龄的增长,他们会发现工作节奏让人筋疲力尽,工作待遇也不足以弥补他们的失落。

但人们选择第二事业的原因并不一定都是积极的。有些人希望改变是因为对自己不满意,有些人觉得沮丧和懊恼,有些人对死亡的恐惧导致他们焦虑不安,有些人高估了自己认为自己怀才不遇。有些人则是因为对他的上司不满,另一些人认为自己很久以前就应该成为 CEO;一些人不愿意吸取经验,另一些人和他们的老同学竞争。还有些人处在竞争之中——他们并不喜欢这样做。

由于这些原因而寻找新工作毫无意义。如果管理者的不满源于自身却归咎于工作、老板或者公司,那么第二事业同样会令他失望。因此在选择第二事业前,一定要对自己有实事求是的评价,并且弄清楚它会带来怎样的变化。

成人的发展阶段

人到中年,便会更多地考虑第二事业。[1]在西格蒙德·弗洛伊德(Sigmund Freud)研究的基础上,心理学家埃里克·H. 埃里克森(Erik H. Erikson)将成年时期分为三个阶段:成年期早期(intimacy)、成年期中期(generativity)和成年期晚期(integrity),[2]每个阶段都有不同的心理危机和任务。

成年期的第一阶段是成年期早期,年龄界限是21~35岁。这是自发创造最多的时期,也是创新和多产的时期。这个阶段的人们把全部精力集中在择业和创业上,并且通常在这一阶段结婚建立家庭。第三个也就是最后一个阶段大约始于55岁,理想状态下,这个年龄段的人更为按部就班,也更加安分守己。在工作上开始为退休做准备,并回顾自己的职业生涯。

第二个阶段,也就是35~55岁,是成年期中期。成年人为培养下一代做准备,被称为中年过渡期,这是一段再评估的时期。家庭中,孩子们正在离巢,丈夫和妻子不得不重新考虑他们之间的关系。工作上,竞争力和优越感达到顶峰,管理者致力于提拔其他更年轻的管理者。

按照丹尼尔·莱文森(Daniel Levinson)的观点,成年期早期和中期之间的过渡时期是成年人的最后一段独立时期,[3]他称之为"压力风暴期"(the Boom Effect)。他在对管理者进行研究的基础上指出,大约在37岁时,成年人摆脱了年长的导师或者管理者的指导或保护,开始对自己负责。这些情况使得这一独立时期能够继续发展到新的高度,他们承担更多的责任或者开办他们自己的公司,当他们作出决定时,其他人不能表示反对。第二压力风暴期是寻找新职业的动力。

在美国,人们拥有很多机会。年轻时他们选择一种而放弃了其他,但他们发誓要实现曾放弃的梦想。毕业15年后,大多数人都对自己目

第一章

前的工作感到厌烦——即使目前的工作能够带来很高的社会地位和收入,他们仍然希望履行旧日的诺言。环境不允许的时候他们会烦躁不安,而当他们认识到不能回到原处重新开始时就会感到沮丧。

当人们处于这个生命阶段时,他们需要建议,需要详细讨论其中的原因,需要倾听他人的经验和建议。别人的支持,在这个艰难的决定和过渡时期尤为重要。这些帮助能保证管理者在选择第二事业时充满理性,而不是被挫败感和厌倦所驱使。甚至可以使管理者在公司中激发新的热情,作出英明的决策。考虑并决定从事第二事业的管理者为其他人也提供了很好的借鉴。

你是谁?

人们选择第二事业的关键因素是他们的自我理想(ego ideal)。它就像一幅地图,是一个人对自己未来最理想的设想。它包括人们想要实现的目标和对自己的看法。小时候,在孩子们心里父母都是权威,孩子只会取悦或反抗,和父母相比,孩子是多么渺小和无助。他们的做法和其他无意识的因素决定了人生理想的发展。在青少年时期,年轻人的人生理想包含上升的渴望、学术和职业目标。随着时间的推移,还包含了许多模式,每一个都具备了专业能力。

人们毕生都在追求人生理想,但是没有人实现。随着一系列的成功,期望值也不断提高。当他们向理想迈进时,他们就会描画出更好的蓝图。一个人离理想越近,他的自我感觉就越好。当理想与现实的差距加大时,人们就会感到不安、内疚和沮丧。

当一份工作有助于实现自我理想时,生活和工作都会变得有价值,并且令人愉快。而当工作不能满足自我需求时,就会被人咒骂。简而言之,实现自我理想的愿望是最大的动力,对自己曾经的诺言的追逐则是选择新方向的重要因素。

走进自我理想

人们在孩提时代就开始形成自我理想,但很难准确地理解。仔细回顾一下家庭历史、学校生活和工作经历就能勾画出自我理想的要点。管理者可以通过与听众、朋友讨论来推动其发展进程(虽然有可能偏离中心,还是有讨论的必要)。

1. 你父亲或监护人的价值观是什么?不是他的言行,而是他的立场是什么?对他来说什么事情很重要?他的原则是什么?还有,你母亲的价值观呢?

2. 你所做的使你母亲高兴的第一件事是什么?小孩子们竭力取悦——他们生命中最重要的人——他们的母亲。取悦母亲是每个小孩的天性,这是他们行为方式中的重要部分,对他们的潜在目标也有重要影响。然后,他们也开始取悦父亲。(尤其对于女性来说,母亲的价值观更重要,而使父亲感到满意的行为则具有更重的分量。)

3. 谁是你童年时代心目中的英雄?你有没有崇拜过运动员、电影明星或政治人物?现在你欣赏书中或影视作品中的哪些人?你羡慕什么样的成就?

4. 谁是或者曾经是你的榜样——亲戚、老师、儿时的教练、牧师、老板还是故事中的人物?他们说了或做了什么让你敬佩?

5. 当你有能力时,你会作出什么样的选择?你高中时学习的选修课是什么?大学时的专业是什么?你曾做过什么样的工作?初看之下,这些选择好像是随意的,但实际上不是。当你回顾它们时,会看到其中的规律。

6. 你一生中为数不多的几次感到满足的事情是什么?哪一件给你带来巨大的喜悦和满足感?这样的事情带给你的快乐才是真正的快乐。你都做了些什么?

第一章

7. 在你做过的事情中,哪一件是最成功的?你做了什么,是怎样做的?

8. 你希望自己的墓志铭或讣告上写些什么?你希望别人记住什么?你希望给别人留下怎样的回忆?

这些问题的答案有助于管理者规划出自己的自我理想,对自己的生活更加充满信心。

在彻底讨论过这些问题后,如果你仍然对自己的发展方向存在疑问,可以进行一组心理测试对你的人生理想进行补充。许多心理顾问会提供兴趣、自然倾向和价值观的目录,以及智能、推理和其他能力的测试。他们会对测试结果进行解释,并告诉你它们在职业选择中的重要性。

你喜欢怎样行动?

下一步是确定你的行为方式适合哪种职业活动,你倾向于怎样完成你的工作或与同事相处。这一步骤的意义在于确定你是否适合想要从事的工作。例如,本节开头提到的汤姆一直想承担新责任、面对新的挑战,独自承担风险而不是和团队一起工作,此时独立自主是很重要的。如果汤姆决定进入法学院,他就要让自己进入最好的工作状态,这就需要一个心情舒畅的工作环境。

在确定你的性格特征是否适合一项工作时,倾听者和朋友的意见都非常重要。探讨下列问题:

你怎样看待自己的进取心?你会把它用于公司或项目管理中吗?在阐述它时,你是否感到为难?在给别人分配工作或面对同事和下属时是否有障碍?如果有人反对你的意见你会怎么办?

将进取心投入到组织或项目管理意味着这个人能轻松承担责任,全力促进公司发展而不是个人权力地位的提高。一个不愿承认自己进取心的人也许难于适时准确地表达自己的思想,或分析问题以及与其他人讨论;此外也难以分配工作,面对同事,这反映出他潜意识的自卑。

一个人如果不会分配工作就无法担任管理者;如果不能面对他人就不能给同事和下属客观公正的评价。

你怎样处理这些事情?有些人喜欢独立,有些人则喜欢与别人合作无间。你是否需要不断的赞扬和鼓励?对你的工作性质感到满意吗?你会不会夸奖别人,直接表达情感?

一些人喜欢与别人一起分享合作中的快乐,而另一些人则喜欢独立。后者不需要他人的称赞、认可和友情,保持距离会使他们更加自然。

许多管理者很难向别人描述自己出色的工作,他们似乎难以表达自己的情绪。某些人认为这是道德问题,觉得对自己并不出色的工作夸夸其谈好像是伪君子的做法。对其他人来说,称赞似乎是对他人主动示好。

你怎样看待自己的依赖性?在没有上级同意时是否很难作决定?当你处于次要地位时,你会很好地工作吗?你独立工作时能和在团队中一样吗?你觉得向别人寻求帮助困难吗?

大部分人对依赖他人感到无可奈何,但在组织中我们必须和其他人共同完成工作。但有些人不能忍受这点,他们事必躬亲。他们允许别人依赖自己,有时甚至加以鼓励,但不允许自己依赖别人。甚至在寻求适当的职业帮助时,他们还会蔑视他人的建议或指导。

从另一个角度看,有些人必须依赖别人的指导,否则会感到恐慌。有些人愿意独立完成,不需要依赖别人。这样的人不会成为好老板。

对管理者的工作习惯,聆听者和朋友有一定的了解,这使得他们对其中的问题十分敏感。此外,管理者会向朋友、同伴和同事询问对他行为特征的看法,有时能得知一些自己没有察觉的工作习惯。比如,经过一段时间,朋友们就会发现本节开头的汤姆适合承担一个项目的全部责

第一章

任和风险,并以他的专业知识来解决。这样的信息就能帮助汤姆决定到底是做公司的内部顾问还是自由顾问。根据朋友指出的特有的工作风格,汤姆或许更适合后者。

但在朋友对目前情况理解得不够或者有某种心理倾向时,他们所提供的建议的有用性就会大打折扣。在这种情况下,管理者就应当寻求专业指导。

选择哪条路?

管理者对自己的自我理想和工作风格有所理解的话,就能作出更明智的选择。他可能从事第二事业或者在公司中沿着原来的道路发展。无论作出哪种选择,朋友的建议和更深刻的自我认识都会为他的选择带来新的力量和热情。

第二事业在不断进化。它们源于某些潜在的兴趣或为其他职业所放弃的事情。当问到惠洛克·惠特尼(Wheelock Whitney)辞去明尼阿波利斯一家投资银行主席职务的想法时,他说:"是的,当然,我想可以做一些其他感兴趣的事情了。"其中他最感兴趣的是约翰逊协会(Johnson),这是一家研究和治疗化学品依赖者的中心。八年前,当他的妻子因为酗酒在这里接受治疗时,他就开始密切关注这家机构的事务了。[4]

许多人的第二事业都是对自己原有职业的拓展,他们在已知的领域内开创自己的事业。通过不断探究自己的兴趣,管理者能列出很长的职业选择清单,并清除那些不再感兴趣的。在选择第二事业时,威廉·戴路(William Damroth)说,他放弃莱克星顿公司(Lexington)的主席职位是因为"对我来说,主要原因在于不能继续做最感兴趣的事情,那是一个充满创造力的角色。但是所有的工作压力告诉我'必须这样做'。比如,我今天所做的事情比以前必须为公司完成的长远计划更令人满足。我们应当追求眼前的快乐"。[5]

在排除不感兴趣的内容后，管理者应该研究一下剩余的机会需要什么样的培训，他能够投入多少。从中选出需要数年时间的全职和学术培训的职业，其他的可以通过阅读课程、夜校或者函授课程解决。通过了解他的行为方式适合什么职业，以及对自我理想的理解，他可以把范围缩小到一至两个目标。这时，考虑跳槽的管理者需要向朋友或顾问咨询，使他能够畅所欲言，作出决定。

最后，在管理者作出选择前，他需要考虑以下几个关键问题：

1. 家庭。你要对谁负责——父母，叔叔，祖父，残疾的姐妹或兄弟？这些责任限制了你的选择吗？你对配偶和孩子的责任有没有带来地域或经济上的约束？

2. 目前的工作。假如管理者的选择过早或过于冲动，他冒险辞职时就必须考虑到公司里可能出现的种种风波。你的同事和老板会不会把你的离职看作公司和工作对你的排斥？由于感到被抛弃，他们也许会攻击你。尤其在你和上级进行亲密合作时，当你们相互尊敬和钦慕时，他们很可能会感到愤慨和失望。此外，一些没有适时采取行动而沮丧的人会嫉妒你，也许会在你身上发泄自己的不满。你有没有为这些冲突做好准备？

这将有助于你明白失去这些良师益友意味着什么。别再去想你是否背叛了他们，致力于开创第二事业会给年轻有为并渴望提升的管理者带来更大的发展空间。

3. 地位。一个人在社会中的地位是与他在工作中的地位密切相关的。选择第二事业会引起地位的变化，这对你有多重要？和以前合作过的人再合作，在同一个高尔夫球场打球，参加同样的社会活动对你来说有多重要？因为你的配偶和孩子也会参与，整个家庭必须共同讨论这些问题，可能要作出很多牺牲。

4. 重建。如果你考虑开始一笔新交易或开创新的事业，你必须发

第一章

展新客户。一个人跳槽时不可能从原公司带走所有的客户。举例来说，一位律师告诉我，当他和同事离开一家大的律师事务所开始自己创业时，他们希望委托人能够跟随他们。事实上，只有一小部分人这样做，新事务所只能从零做起。任何一个开创事业的人都需要2～5年时间建立稳定的客户群。

5. 自由和约束。处于繁荣时期的成熟管理者迫切需要独立自主、做自己想做的事情，从别人的约束中解脱出来。因此，选择一项活动或方向时，要尽可能地得到最大限度的自由。就像威廉·戴路所说的那样："时间是我自己的。只要我愿意，可以无所事事地在床上躺两个小时。换句话说，我说'这是我想要的'然后这样做；或者说'这不是我想要的'，然后排除它。我不去做一切令我不愉快的事情，清晨我再也不会因为紧张而感到头疼了。"[6]

但获得自由并不容易。我们一生中渴求的事情太多——提升、新角色、不同的人生体验。我们经常问自己："我是谁？为什么要这样做？我在追求正确的目标吗？"自我批评常常阻碍我们工作和成功的热情。

在选择第二事业时这个问题尤其重要。一个成熟的管理者会认识到以前忽略的问题：他已经有能力去追求他想要的一切，而现在正是时候。每个人都有资格追求他渴望的一切。或许不能实现，但是你和其他人一样有权渴望和追求它。

6. 一年的沮丧期。通常作出重大职业调整的人都会经历一年的情绪低落期。并不是说他们会萎靡不振，而是在这一年间都感到若有所失、举棋不定、患得患失。他们还没有在新环境中站稳脚跟，所以会觉得很不稳定。

管理者在组织中工作时间越长就越依赖它；他与同事们的关系越亲密，失落的感觉就越重；家庭与组织的联系越紧密，这种感觉就越深刻。

7. 交谈。所有改变都是一种损失，这种损失都会带来伤痛。[7]甚至在提升时，一个人也会失去朋友、同事的支持，离开熟悉的做事方式。为了驱散这种不可避免的悲痛，你必须把他们转化为语言。为了让自己离开旧的关系、放弃旧日习惯，你一定会和别人谈论这种体验。一些有英雄情结的管理者，尤其是男性，不但否认他们有过这样的经历，而且打落牙齿和血咽。这种行为方式根本不能宣泄沮丧；它仅仅能把这种情绪隐藏起来，当它再次出现时人们的心理会更脆弱，反应会更激烈。

有一个能够自由交谈的朋友是很重要的。但即使有配偶和朋友最细致、最真诚的关心，你也会觉得自己偏离了应有的轨道，所有的努力都是徒劳的。如果在这些谈话后，你仍然不是很清楚自己的选择，就是应该请教职业顾问的时候了。任何一种涉及自我评价的困惑离开职业顾问都是难以讨论的。

8. 共同体验。丈夫和妻子的事业常常使他们分开。当一方进行职业转换时，关于成年人发展的新问题就产生了。在婚姻初期，夫妇朝着不同的方向发展，丈夫常常赚钱养家而妻子则照顾孩子。在孩子长大后，妻子就会重新工作。尽管如此，夫妻双方也有可能向不同的职业方向发展。他们仅存的共同兴趣往往是孩子或者家庭问题。

一个人到达职业生涯的中期时，孩子们就会独立生活。夫妻双方不得不与对方交谈。但是如果他们朝不同的方向发展，他们就会存在交流困难。第二事业也许能帮助夫妻双方重新找到共同语言。举例来说，一对夫妇都对古董感兴趣，他们经常一起参加古董展销会，寻找古老的玻璃制品。在放弃原来的职业后，他们决定共同经营一家古董店。最初的共同兴趣不但给了这对夫妇经济保障而且使他们一起工作。

有时，一种新的职业会威胁到原有的关系。一个管理者在他的组织中很成功并得到大家的尊敬，他的妻子虽然不能与他的权力地位相比，但也接受过职业培训。他们决定要孩子时，她辞掉工作。这么多年丈夫始终处于支配地位。当妻子可以离开家时，她进入一所法学院学习，随

第一章

后进入一家久负盛名的律师事务所。如今,她的地位和收入都超过了她的丈夫。他被她抛在后面,很难为情的承担起一部分以前由她负责的家务活。丈夫对他的新境遇既骄傲又惭愧,现在已经开始开创第二事业了。

9. 公开选择。即使你在选择第二事业时进行了周密的思考,这种改变也未必会实现。经济状况的反复无常以及其他不可知的因素也许会中断你的第二事业。如果你是在积极状态下离开自己原来的工作,那么你还可以回到原处。很多组织认为,在其他领域经受过考验的管理者回到原公司后会表现得比以前更出色,更有动力。

参考文献:

1. 参见我的文章"On Being a Middle-Aged Manager",HBR July-August 1969,p.57。

2. Erik H. Erikson,*Childhood and Society*,第二版(New York: Norton,1963)。

3. Danial Levinson, Charlotte N. Darrow, Edward B. Klein, Maria H. Levinson, and Braxton McKee, *The Seasons of a Man's Life* (New York: Alfred A. Knopf, 1978)。

4. 参见"Don't Call It 'Early Retirement'",HBR 对 Wheelock Whitney 以及 William G. Damroth 的访谈,HBR September-October 1975,p.103。

5. 同上,第113页。

6. 同上,第118页。

7. 参见我的文章"On Being a Middle-Aged Manager",HBR September-October 1972,p.80。

第三节 管理与领导的技巧

罗伯特·L.卡茨

虽然挑选和培训优秀的管理者被普遍认为是美国工业界最亟待解决的问题,奇怪的是,管理界和教育界在优秀管理者应该具有的特质上并没有达成共识。某些国家的管理者培养计划使公司和团体的目标发生了极大的变化。

这一分歧的根源在于工业界寻找的是一种"理想管理者"——他在任何组织中能够有效地处理任何问题。就像美国工业界的一位观察家最近描述的那样:

"无论是公开的还是隐含的,都存在一个被广泛接受的、管理者类型的假设。高管层应该明白,公司需要所有类型的管理者以满足不同层次的工作需要。一个商店店主所需要的特质应该与一个制造公司副总裁所需要的大相径庭。关于管理者成长的著作大多致力于界定管理者所需的特质,对作者本人来说这样的描述是十分合理的。比如,顶级管理者需要出色的判断力,作出决定的能力,赢得他人尊重的能力,这和其他任何管理者都能提到的陈词滥调几乎不存在争议。但是你只需要在任何一个组织中看看成功的管理者是怎样做的,就能够知道他们的特质与理想的管理者模型有巨大差别。"[1]

但是寻找特质吻合的管理者变得如此迫切,以至于许多公司一直在思考管理者需要哪些特定的品性或特质,他们这样做往往是极其危险的,因为他们忘记了真正需要的是:这个人能出色地完成工作。

这篇文章的目的在于推荐一个也许更有效地挑选和培养管理者的方法。这种方法的基础并不是优秀的管理者是什么样的(他们天生的品质和素质),而是他们应该怎样做(他们在有效履行自己的职责时应展示

第一章

出来的各种技能）。就像这里提到的，一种蕴涵在能力之中的技能是可以培养的，而不一定是天生的，它能在行为中表现出来，而不仅仅是潜在的。关键是管理者能随着形势的变化采取有效的行动。

这种方法认为，有效的管理活动建立在三种基本技巧上，这三种技巧抛弃了管理者需要整齐划一的特质的说法，而是提供更有效的观察和理解管理过程的办法。这种方法是建立在对管理者工作亲身观察所得的第一手材料的基础上，并结合对管理领域的研究而得出的。

在下面的文字中，我们会界定这三种基本技巧，并说明它们对不同管理职责的相关重要性，解释它们在挑选、培训和提升管理者时暗含的意义，还将提出一些培养这些技巧的方法。

三种基本技巧

假设管理者具有两种职责：①引导他人的行动；②通过努力达到一定目标。这样，成功的管理者似乎应当具有三种基本技巧，我们称之为技术性技巧（technical）、人际性技巧（human）、概念性技巧（conceptual）。它们之间有一定的联系，但完全可以独立发展。

技术性技巧

这里的技术性技巧指对特定行为的理解和精通，特别是与方法、过程、程序和技术相关的活动，比如外科医生、音乐家、会计师或工程师的工作。技术性技巧包括专业知识、对专业的分析能力以及特定工具和技术的运用能力。

本文所提到的三种基本技巧中，我们对技术性技巧最熟悉，因为它最具体，而且在这个专业化时代，它是大多数人需要的能力。许多脱产和在职培训计划都与培养特殊的技术性技巧有关。

人际性技巧

这里的人际性技巧是指管理者作为团队的一分子高效工作和团结合作的能力。技术性技巧与事物(程序或物体)有关,人际性技巧主要是与人打交道,它是通过对上级、同事和下属的理解所体现出来的行为方式。

人际性技巧较强的人能感觉到对他人或其他组织的态度、设想和信任度。他能认识到这些感觉的有用性和局限性。通过接受与自己不同的观点、理解和信念,他可以从别人的言谈举止中正确理解他们的意图。他善于与别人交流,通过行为表明自己的意思。

这样的管理者能营造一种安定、和睦的氛围,下属们也会自由表达自己的想法,不惧责难和嘲讽。这样可以鼓励他们直接参与相关的事务。他对组织成员的需要和动机都非常敏感,这样他能判断出他的行动可能遭遇什么样的反应、结果和不同的过程。有了这种敏感性,他就能自然地与他人相处。

真正的人际性技巧是自然的、持续的活动,这种技巧不仅在作决定的时候需要,在日常行动中也同样需要。人际性技巧并非"临时的",而是需要经常使用,人格特征也不会像外套一样可以随意穿上或脱掉。管理者的言行会对同事造成影响,他的真我会及时表现出来。因此,为了进行有效管理,必须自然地、下意识地培养这种技巧,并能在管理者日常行为中保持相对稳定性。它必须成为整个人不可或缺的一部分。

人际性技巧对管理者的行为有非常重要的影响,缺乏这种技巧的人远远多于具有这种技巧的人。也许下面这个真实情况可以解释其中的含义:

一家制鞋工厂安装了新的传送装置,此前工人可以随意决定自己的工作效率。生产部经理要求设计传送装置的产业工程师担任领班一职。

第一章

此时工厂已经有一位非常称职的领班。尽管工程师对此表示反对,但迫于压力他同意做这个工作"直至找到新的领班",由于这比他目前的职位低很多,于是就出现了以下的一段对话:

生产部经理:"我对传送装置很了解,除了休息时间我想让它以最高速度一直运转。如果每个工人一分钟生产两双鞋,一天就能生产70打,一周就能生产350打。他们现在完成工作只需要操作机器了,而不再是手工生产,要把每个工人每周的最低产量提高到250打!"(最低产量大约是最大生产能力的75%,这个最低产量比原来提高了50%。)

工程师:"如果我做领班,我就会以我的方式行事。我使用过传送装置,工人们最初可能无法适应它的最高速度。他们以前从未见过传送装置,你会吓倒他们的。我建议前几周让它以 1/3 的速度运行,然后慢慢提高它的速度。"

"我认为要用每天的最低生产率(奖金机制前的定额产量)代替每周的最低生产率。"(工人以前是计件付酬的。)

"我还建议日生产率为 45~40 打,劳动生产率的设定要在他们的生产能力范围之内,而且不能太高,这样他们完成以后就会为了奖金而工作。"[2]

生产部经理:"速度方面可以按你的要求,但是记住结果很重要。我不同意你的基本生产率,我说过一周生产 250 打,不需要什么日生产率。"

情况就变成这样:生产部经理只注重理想产量,而不关心人们如何生产。注意,首先,他让安装传送装置的工程师去做领班,似乎为了证实他的最大生产率。但是,他显然意识到①工程师认为他的任命其实是降职;②工程师如果要保证最大生产率就需要控制各种变化。但是生产部经理强加了一个生产标准而拒绝改变工作环境。

另外,这对于生产者来说是新情况,但生产部经理希望他们迅速投入生产并超过原来的产量,更有甚者是,生产者面对的是并不熟悉的生产系统,而且在此之前也从未作为团队一起工作过,生产者和新领班也没有合作过,领班也并不赞同生产目标和标准。如果忽略所有的人为因素,生产部经理不仅将工程师置于非常困难的境地,还通过拒绝工程师"执行自己的计划",在任命时否决了他对责任的期待和设想。

在这种情况下,我们很容易看出两个人的关系急转直下,而两个月后产量将降至每周125打(只有旧的生产系统产量的75%)。

概念性技巧

这里的概念性技巧包括将企业视为整体的能力,即认识到企业的不同职能部门是如何相互协调的;一个部分是如何引起其他部分变化的;还可以扩展到个人商业行为与产业、团体、国家社会政治经济因素之间的关系。在任何情况下,只要认识到这些关系,并理解了其中的重要因素,管理者就能找到办法提高整个公司的福利。

因此,任何决策的成功都取决于人们作出决策和付诸行动的概念性技巧。例如,当市场政策发生重大变化时,生产、监督、财政、调查和所涉及的人的影响都具有决定性,直至最后一位管理者实施新政策。如果每位管理者都能认识到变化的整体关系和重要性,在管理中他就会更具有影响力。这样成功的机会就会大大提高。

概念性技巧不仅对协调公司各部门关系发挥重要作用,还对保障公司未来发展方向和公司文化起了重要作用。高级管理者的态度决定了整个公司的特征,也决定了与其他公司的商业方式相区别的"公司个性"。这种态度是管理者概念性技巧的反映(一定程度上指他的创造力——他对于商业发展的方向、公司目标和政策、股东和职员的兴趣所采取的方式)。

上面所说的概念性技巧,就像新泽西贝尔电话公司前任总裁切斯

第一章

特·I.巴纳德(Chester I. Barnard)所说的一样："……(执行)过程中最重要的是把公司当作整体,并对相关形势有整体的把握。"[3]我们身边有许多缺乏理性考虑的例子。例如:

在一家以车间为传统运作模式的大型制造公司,工头和其他职位较低的主管负责控制生产,以小的工作群体和非正式组织为主的"村庄"型运作模式是当时的生产惯例。二战时期为满足军需用品而影响了产品的正常需求,也严重加剧了整个制造组织的税收负担。就在这时,公司从外部聘来新的生产经理,他建立了一套大规模的控制系统并规范了整个公司的运作结构。

只要需求持续增加,雇员们就会尽力去适应新程序和新环境。可是当需求回落到战前水平时,劳资双方出现严重的问题,部门负责人之间的摩擦加重,而且公司发现它要承受巨大的间接劳动力成本。管理层试图恢复原来的秩序,它解雇了生产部经理,想要再次给工头很大的自主权。然而,经过了四年的正规化控制,工头们已经无法再回到原来的状态,许多人离开了公司,但合适的接班人还没有培养起来。没有了工头们强有力的领导,传统的车间运作模式只能带来高成本和低效率。

上面这个例子中,当引进新的生产控制方法和正规化的组织模式后,管理层并没有预见到未来商业环境下这种行为的后果。不久以后,当情况变化需要减少控制时,管理层又未能理解这次变化的真正含义,并恢复了原来的程序,这种做法在当时的条件下显然是不合适的。这种观念上的错误使公司在竞争环境中处于非常不利的地位。

由于公司的成败完全依赖于制定政策的管理者的观念,所以这种技能在管理过程中是非常重要并且无法替代的。

相对重要的因素

在现实环境下,我们注意到,概念性技巧包含了组织中的技术资源和人力资源两个方面。然而技巧的定义就是把知识转化为实践,包含三方面的内容,其中之一是从事技术活动(技术性技巧),了解和激励组织和个人(人际性技巧),协调和整合公司的行为使组织向着同一个目标努力(概念性技巧)。

把有效的管理分成三种基本技巧对目标分析非常有用。在实践中,这些技巧间的联系非常紧密,所以很难分清哪个最重要哪个不重要。虽然这些技巧互相联系,我们仍然可以对它们分别进行分析或给予不同程度的强调,这对我们的工作是很有好处的。在打高尔夫球的时候,手、腕、臀、肩、臂和头的运动是互相联系的;但是为了提高挥杆的技术水平,对身体的每个部分分别进行训练通常很有效果。同理,在不同的情况下,每个部分的重要性也各不相同。与之相似的是,虽然三种技巧每个层次的管理都很重要;但是技术性技巧、人际性技巧和概念性技巧对不同职位的管理者具有不同的重要性。

基层

技术性技巧对现代工业的巨大进步起到非常重要的作用。有效的运作也是不可缺少的,但是对于基层管理者来说,技术性技巧是最重要的。当管理者远离实际操作时,它就变得不那么重要了,因为技术熟练的下属能帮助他解决问题。对公司的高层管理者来说,技术性技巧的作用不大,只要他们具备较强的人际性技巧和概念性技巧就能得心应手了。例如:

在一家大型的资本商品生产公司,因为生产部副主管突然病倒,审计员临时代替他的职务。这个审计员以前并没有生产方面的经验,但他在公司工作了20年,了解生产部门许多重要的人事情况。只要建立顾问团来代表部门领导的权力,他就能够协调好各部门的关系。通过这种方式,他建立了一支高效率的团队。结果生产部门比以前降低了成本,

第一章

提高了生产效率和士气。管理层曾认为处理人际关系问题的能力可以弥补操作性技巧的缺乏,事实证明他们赢了。

我们身边的其他例子也证明了这点。我们对"职业经理"非常熟悉,他是现代管理者的原型。这些人可以很轻松地转换角色,而且在转换过程中也没有明显的效率损失。他们的人际性技巧和概念性技巧似乎弥补了他们在技术性技巧方面的不足。

各个层面

人际性技巧是与他人一起工作的能力,对各个层面的管理工作都非常重要。最近一项研究表明,人际性技巧对处于负责人岗位的人具有特别重要的意义。研究指出,作为一名管理者,他的主要作用是使工作组的人实现协作。[4]另一项研究进一步证明了该结论,并把它扩大到中层管理者,指出管理者应该首先注重完善组织内的交流。[5]还有一项以高级管理层为研究对象的研究,强调处于高级职位的总裁需要提高自我意识和人际关系的敏感性。[6]这些结论都指出人际性技巧对各个层面管理者的重要性,但更强调了他们之间的区别。

人际性技巧对位于基层的管理者来说尤为重要,因为管理者与主管直接接触的次数特别多。随着管理层级的上升,与基层人员接触的次数和频率都会减少,尽管不是绝对的,但对人际性技巧的需要也只是总体需要的一部分而已。同时概念性技巧的重要性逐步增加,因为他们需要概念性技巧去制定政策和决定大规模的行为。处理个人关系的人际性技巧较之整合组织利益和行为的概念性技巧已显得没那么重要了。

实际上,耶鲁大学克里斯·阿吉里斯(Chris Argyris)教授最近的一项研究向我们展示了一位极其有效率的工厂经理,虽然他的人际性技巧欠缺,却仍然取得了很大的成就:

这位经理是一个高度自治部门的负责人,他通过非凡的个人魅力和使用的"压力",很大程度上依靠"奖金、处罚、权威、重复、交流和识别"等手段,实现对组织的管理。

结果,主管们为了得到经理的赏识,花费大量的时间互相竞争。他们不断迎合他,想方设法发现他的爱好,他们追随他制定的目标和实现方案。经理的行为是缺乏一致性和不可预期的,主管们没有安全感并不断卷入部门间的争斗,但他们也不希望经理发现这些。

很明显,以上的例子中缺乏我们所定义的人际性技巧。但是从主管们的成绩、效率的提高、利润的增加以及道德水平的提高来看,这位经理确实相当有效率。阿吉里斯教授指出,现代工业组织中的雇员对他们的领导有种天生的依赖感,希望主管有能力改变他们,并带领他们作出成绩。[7]

在三种基本技巧都可以使用的情况下,这位经理似乎利用了他的独立性。他把组织各部门的活动都看成是在他的控制之下,把自己与组织看成一体,并且把个人和下属的利益整合到他和组织的利益中来,根据实际情况制定目标,以及告诉下属怎样实现目标。这个例子极好地说明了很强的概念性技巧可以弥补人际性技巧的不足。

高层

上面提到的概念性技巧对位高权重的管理者变得越来越重要,在这里它的影响最大也最容易被觉察。实际上,最近的研究表明概念性技巧是高层管理人员应该具有的最重要的能力。正如 Bridgeport Brass 公司的总裁赫尔曼·W.施泰因克劳斯(Herman W. Steinkraus)所说:

"我在总裁职位上学到了两件最重要的事情:一是把各个不同的部门协调成一个高效率的团队,二是在不同的阶段强调不同部门的作用。"[8]

基层管理者似乎更需要技术性技巧和人际性技巧。随着管理层级的上升，技术性技巧变得不那么重要，而对概念性技巧的要求却明显提高。在组织的高层中，概念性技巧是成功的管理者最重要的技能。即使一位首席执行官缺乏技术性技巧和人际性技巧，只要他的下属在这些方面具有很强的能力，他的工作效率也会很高。但是如果他的概念性技巧很差，那么整个组织的成功将会化做泡影。

行为的含义

这三种基本技巧意味着重新定义管理发展的目标。重新考虑最高管理层在组织中的位置，以及修改识别和挑选对有远见的最高管理者的程序，将获得显著的效果。

管理者的培养

许多管理者培养计划由于不能明显提高管理技巧而落空。这些培训计划仅仅是传授信息和培养专门技巧，这在很大程度上不利于提高这些管理者的管理技巧。

最近一名在大公司里负责培养管理者的主管向我提供了一份使人大开眼界的计划方案：

"我们所要做的是安排我们的高层管理者与有前途的年轻人每周举行一次会谈。我们给年轻人提问的机会，让他们了解公司的历史和我们过去做过的事情。"

高级执行官和年轻人都认为该计划对增强他们的管理技巧没有帮助，这并不意外。

当观察一位管理者对不同外界环境如何作出反应时，我们明显感到追求某种特殊技巧毫无用处。当处于某一特定环境中时，他似乎只表现出一方面的特质，例如，完全支配下属；而在另一环境中时，他所表现出的是另一方面的特质，如对上级的绝对服从。然而，在每种环境下他都可能取得最好的结果。但是我们可以说这是一种可取的品质吗？下面有一个两难的例子：

有一位太平洋公司的销售经理以行为果断著称，但是当要求他从能干的下属中挑选一名助理接替他的位置时，他无法马上做出决定。他的同事明显感到他无从选择。

但是几个月后，事情渐渐明朗，这位销售经理适时地给每位销售员表明他们的态度和想法的机会。结果，他找到理想的接班人，这个人的提升也很快被整个组织所接受。

在这个例子中，销售经理有策略的行为被错认为是"优柔寡断"。同事们对不相关事情的关注使他们忽视了销售经理的全部行为。这样通过共同工作的人际性技巧来发现符合要求的接班人不是很好吗？

我们可以得出这样的结论，通过行为来判断一位管理者比通过性格特征判断更有效，技巧比性格特征更容易识别，且不容易被误解。此外，管理技巧的提高必然带来有效的成绩，所以技巧为管理者提供一个更直接的参考。

目前的许多管理者培养计划仍然不容乐观，许多公司和大学把它包含在"人际关系"课程里。两个不足之处是：(1)人际关系课程可能仅仅传递信息和传授特殊的技巧，而不是提升人际性技巧；(2)即使确实提高了人际性技巧，把所有的重点放在人际性技巧的一些公司可能完全忽视了高层职位的培训需求。他们可能冒着极大的风险去提高人际性技巧而缺乏高层应该具备的概念性技巧。

对管理职位候选人的培训应该注重发展以上的技巧，这点似乎很重要，这些技巧也是他即将获得的职位最需要的。

管理者的职位安排

三种基本技巧的概念表明，在技巧上能彼此互补的个体有可能组成

第一章

有效的管理团队。例如，一个中型的中西部配电组织的总裁有着非凡的概念性技巧，但是人际性技巧却极其有限。他的两个副总裁的人际性技巧却很突出，这三个人组成的总裁委员会非常成功，每个人的技能都弥补了其他人的不足。罗伯特·F.贝尔斯（Robert F. Bales）建议由两人共同领导是最好的例子，一位是"任务领导"，另一位是"社会领导"。[9]

管理者的选择

为了预先了解候选人的工作能力，我们采用了各种方法。从管理者的"果断"到"顺从"的各方面品质都被作为测验的内容。《财富》杂志最近的一篇文章指出，这些测验方法被用于检测工作绩效时并不可信。[10]这种方法检测技巧时有效，而检测特质时不再有效吗？

三种基本技巧的出现代替了传统的测验方法，它测验一个人处理实际问题的能力和在工作中发现问题的能力，并指出人在特定环境下应该怎样做的程序也是挑选和衡量候选人的方法，在以下培养管理者技能的内容中我们会详细论述。

这种方法认为，行为和品质的表面特征不能作为选拔管理者的标准，职位要求的技巧才能作为标准。

培养技巧

多年来，许多人认为领导能力是某些人的内在品质，即我们所说的"天生的领导者"和"天生的销售人员"。毫无疑问，有些人天生拥有某些特殊能力或技巧。但心理学和生理学研究表明，首先，拥有特殊才智和能力的人可以通过训练和实践进一步增强他们的技巧；第二，即使缺少天赋的人也可以通过实践和训练改进技巧，提高效率。

管理技巧的概念表明，我们可以通过提高管理效率为未来培养更优秀的管理者。技巧意味着在实践中学习，不同的人有不同的学习方式，但是通过进行与自身个人经验和背景有关的学习和实践可以提高技巧。如果我们这样做,那么基本管理技巧的训练会使管理者的能力比没有组织经验的人提升得更快。那么这种训练中有哪些方法呢?

技术性技巧

多年来公司和教育机构都很注重技巧的开发,并取得了很大的成效。在培训过程中,首先介绍原理、结构和个人专业任务,随后联系实际,并且有老师进行个别指导,这似乎是最有效的方法。考虑用这种方法来训练人们的技术性技巧需要被训练人做大量的事情,本节就不再介绍此方法。

人际性技巧

人际性技巧比较难理解,最近才有了系统的培养方法。现在各个大学和专家发明了培养人际性技巧的许多种不同的方法,这些方法来源于心理学、社会学和人类学。

一些方法被用于"应用心理学"、"人类工程学",并且技术专家帮助企业家处理人事问题的过程中也会用到其中的一些方法。然而,管理者要面对的很现实的一个问题是,他们要培养他的人际性技巧而不仅仅是听从别人的建议。为了提高效率,他必须对人们的活动形成自己的观点,这样才能(1)认识到环境给他的感受;(2)总结现有经验,以便重新评价和从中学习;(3)培养自己理解他人言行的能力,尝试与他们交流;(4)成功地与他人交流自己的想法和态度。[11]

一些人没有经过正式训练就具有很强的人际性技巧,另一些人会作为"指导"过程的一部分得到上级的帮助,这个过程会在后面加以描述。显然,这种帮助与上级的人际性技巧有很大关系。

对大型团队来说,处理即时问题的训练是很有成效的。指导可以是

第一章

正式的,也可以是非正式的,但需要一名经验丰富的指导者以及一系列的活动安排。[12]它可以模拟现实,也可以使用现实中不常见的问题。指导的关键是对被训练者自我概念和价值观的检验,这样会使他对自己和他人有更充分的认识。态度的改变可能带来处理人际问题实际技巧的改变。

在合理的限定条件下,通过对管理活动中实际情况的系列分析以及个人在实施设想的活动细节时进行的角色训练,可以在课堂上测试人际关系技能。通过这种方式可以得出个人对整个环境和自己个人能力的理解。

在工作中,上级要经常观察一个人与他人有效合作的能力。这些做法看似主观,并且很大程度上依赖于他的人际性技巧的效度。但是,每次提升不是都取决于人们的主观评价吗?我们是否应该指责这种主观行为,或者我们努力提高组织成员的人际性技巧以便使他们作出更有效的评价?

概念性技巧

如同人际性技巧一样,概念性技巧也不被广泛理解。为了培养这种技巧,人们采取了各种方法并取得了一定成效。上级对下属的"指导"会带来很好的效果,也就是说,高层管理者的一项重要职责是挖掘下属的管理潜能。[13]指导方法是授予他特殊的职权去处理问题,当他向你寻求帮助的时候,帮助他发现问题和培养自己的观点,而不是直接给他答案。现任美国钢铁公司董事会主席的本杰明·F.费尔利斯(Benjamin F. Fairless),曾经担任过该公司的总裁,他是这样对下属指导的:

"当我的副总裁或业务部门经理问我的意见时,我通常会问他们一些问题。我首先要知道,他想要怎样解决问题。"[14]

显然,这是管理训练的理想方法,既适用于技术性技巧和人际性技巧的提高,也适用于概念性技巧的提高。但是,这种方法是否成功取决于上级管理者是否愿意并有能力帮助他的下属。

培养概念性技巧的另一个有效的方法是岗位轮换,即让有前途的年轻人在公司的各个职能部门流动,但应该注意的是给他们安排同等职权的职位。这种方法可以使他们"体会到别人的感受"。

还有其他方法:如布置特殊任务,尤其是处理部门间关系的任务;参与董事会的管理,例如,麦考密克(McCormick)多项管理计划,在该计划里,中层管理者可以以建议者的身份与高级管理层讨论政策问题。

对大型企业来说,以上的办法只对董事会管理政策和不同部门之间的协调有效。人们通常把这种方法称为"一般管理"(general management)或"商业政策"(business policy),并且变得越来越普遍。

在课堂上,通过对特定具体环境的一系列描述可以合理有效地判定一个人的概念性技巧。被培训者被要求对特定问题提出自己的一套解决方案来,并且必须考虑到组织里其他部门的利益和对整个环境的影响。

在实际工作中,培训师应该不遗余力地督促被培训者将课堂上学到的技巧运用到工作中去。

概念性技巧和人际性技巧一样是管理者的必备技巧。由于被培训者背景、态度和经验的不同,不同的方法可能培养出不同的人。但是,在各种情况下对方法的选择都应该建立在将公司视为整体和协调各个部门的基础上。

结论

本小节的论点表明,有效的管理依赖于三种基本技巧:技术性技巧、人际性技巧和概念性技巧。管理者需要:(1)熟练的技术性技巧去完成他负责的工作;(2)与他们默契配合、通力合作,成为高效团队中一员的娴熟的人际性技巧;(3)识别不同因素间关系的概念性技巧,具备这种技巧

第一章

的管理者能使组织获得最大收益。

三种基本技巧的重要性随着职位的不同而不同。对基层管理者来说,技术性技巧和人际性技巧较为重要。对中层的管理者来说,管理效率在很大程度上取决于他的人际性技巧和概念性技巧。而对高层管理者来说,概念性技巧是所有成功技巧中最重要的。

这三种基本技巧强调好的管理者并不一定是天生的,可以经过后天培养,它比那些特定的品质更有利于管理。为了识别各个技巧对不同职位的重要性,必须在挑选、培训和晋升中证明它们的有效性。

回顾性评论

当这篇文章在20年前第一次出版的时候,人们带着极大的兴趣去寻找理想的个人特质,由此去判定管理者的潜能。人们充满信心地去寻找这种特质,希望经理的选拔和培训具有更大的可信性。

本文的重点是展示技巧的作用而不是个人的特质。在阐述三种基本技巧(技术性技巧、人际性技巧和概念性技巧)的同时,强调了概念性技巧是有特殊价值的管理能力,远胜于人们对公司战略的了解。

从这三种基本技巧来衡量管理能力很有效,而且它们的重要性随着管理阶层不断变化。然而,凭我与各大公司的总裁一起工作20年的经验来看,一些特殊方面需要改善和变革。

人际性技巧

现在我认为人际性技巧可以分为两部分:(1)管理者对自己部门的领导能力;(2)部门之间的协调能力。根据我的经验,一个人在某方面具有卓越能力通常在其他方面就会非常普通。

通常,最有效率的部门经理只关注他所在部门的价值取向和特殊职能标准,认为其他部门不同的价值取向根本没有存在的必要。例如一个生产部门经理如果把他所有精力都放在完成生产指标上,那么他可能是最有效率的生产经理。他可能抵制任何把生产放在次要位置的外部压力,而不会反对把按指标生产的产品按时运走。如果一位销售经理把他所有的精力放在维持与消费者的良好关系上,那么他就是一位最有效率的销售经理。他可能会抵制所有不同价值观的压力,例如减少产量和赚取高额利润。在以上两个例子中,经理会得到具有相同价值观的下属们的大力支持。但是他会得到具有不同价值观的其他部门的极力反对。

当两个部门的价值观发生冲突时,团体关系需要得到平衡。但是折衷的做法通常被部门下属认为是"背叛"。因此经理面临两难选择,要么得到本部门下属的极力支持,要么与其他部门合作,获得他们的支持,二者兼顾是不大可能的。因此,我要改变以前对人际关系技能的判断,而要认为不同群体间平衡的能力对基层和中层管理者来说十分重要,并且在高层管理者中也变得越来越重要。

概念性技巧

回顾过去,我发现我所指的概念性技巧是对整个公司一种特殊的思考方式。这种"一般管理观念"(general management point of view)包括以下几个方面:对于互相冲突的目标和标准,应该强调或优先考虑哪一个;各自的趋向和可能性(不是确定性);各种因素之间大致的相互关系(不是指确定的因果关系)。

现在我不知道这样的思考方式在多大程度上有助于改进工作,除非较早掌握这种思考方式,否则不要期望他成为总裁后有很大的改变。职位轮换、部门间的特殊任务和问题的处理会使人们提高已有的概念性技巧。但是我对一个人在青春期之后是否容易接受这种思考方式感到怀疑。因此,如果考虑到这一点,那么概念性技巧应该被看作是人与生俱来的。

第一章

技术性技巧

在以前的文章中,我认为专门的技术性技巧对高层管理者不太重要。我的依据是,许多职业经理能够很轻松地从一个行业转向另一个行业,而且在这一过程中效率并没有降低。

现在我认为流动只可能在大公司里发生,在大公司首席执行官有许多有能力、经验丰富、技术技能很高的助手。一家历史悠久的大公司所拥有的技术智囊团足以使新上任的高层管理者只需把精力放在战略策划上。

在一些较小的公司,既没有技术专家也没有经验丰富的助手,这时我认为高层管理者确实需要对该行业有较多的经验。他不仅要知道应该对他的下属提出什么样的问题,还要有足够的行业背景去判断下属们的回答。

CEO 的角色

在以前的文章里,我把 CEO 的作用看得很简单也很天真。后来我与公司总裁一起工作了一段时间,加上我自己作为 CEO 的亲身感受,感到了 CEO 工作的困难和复杂性。现在,我知道了 CEO 的每一个重要决定的作出都要对不同的价值、目标和标准进行平衡,以至于从哪个单独的角度来看,作出的决定都是不完美的。每个影响整个公司的决定和选择都会给某些部门带来消极的结果。

CEO 必须明确知道存在的冲突并且准确地判断冲突对组织的影响。他可能为了实现整体利益而被迫牺牲某一部门或一部分部门的利益,虽然很勉强但这种作法是很明智的。他需要接受有利于整个组织的意见而不能接受仅仅有利于某一部门的意见,不论这个建议是多么完美。

CEO 不仅是有效率的执行者,还必须是一个战略家。为公司提供整体发展框架和发展方向是他的职责。他需要指出公司在特定时期内应该把重点放在产品、服务还是消费者上。他必须明确绩效的评判标准和决定公司需要加强哪种能力。他还需要设定工作计划日程。他必须建立一套评判标准和必要的控制方法去规范工作和限制个人行为。如果情况需要,他必须为公司引进新的资源和技术。

此外,当情况变化以及公司规模变大、结构变得复杂的时候,他必须适时调整他的管理风格并要在他所拥有的不同的技巧间进行平衡。补救型CEO(把公司从困境中拯救出来)需要采取很极端的行动,并且需要具备较高的技术性和概念性技巧。维持型CEO(保持公司现状)需要很强的人际性技巧的同时,还需要技术和战略的适度调整。但是创新型CEO(发展和壮大组织)需要具有很强的概念性技巧并在整合组织方面有很强的能力,并主要由技术性技巧比较好的下属提供技术支持。

我认为,如果没有其他人的帮助,任何人都不能成功地实现上述三种角色的转换。因为对整个公司的有效管理要不断地实现局部最优化,所以CEO不可能得到下属的一致支持。如果他非常地受人欢迎,人们都支持他,那么他的效率和目标的实现可能就要大打折扣了。但是在组织的某些地方,CEO需要得到别人的理解和支持,他可以与支持理解他的人自由地讨论,说出他的疑惑、恐惧和内心的渴望。一般情况下,公司外部的指导者,顾问以及公司内的一位听众可以满足他的这种需要。但是,作为CEO,他必须具有高水平的概念性技巧和人际性技巧,因此他必须了解公司全部的运营情况、重要的人事任命以及该行业的重要信息。在以前的对组织需求的讨论中忽视了CEO的作用,但在我看来,CEO是否称职对整个公司的成败特别重要。

结论

现在我意识到每个层级的管理者都需要具备以上三种基本技巧,即

第一章

使是最基层级的管理者。处理管理层遇到的外部问题需要很强的概念性技巧;有限的生理和经济条件使人们需要获得技术性技巧;与人交往和沟通的需求使得人们需要获得人际性技巧。我认为对高层管理者来说如何衡量他的能力是最重要的,高层管理者不仅要了解 CEO 的行为还需要熟悉各个层级管理者选拔、培训和晋升的程序。

参考文献:

1. Perrin Stryker,"The Growing Pains of Executive Development", *Advanced Management*, August 1954, p.15.

2. 选自哈佛商学院油印教学讲义中的一个案例,版权归哈佛商学院院长及教职员工所有。

3. *Functions of the Executive* (Cambridge: Harvard University Press, 1948), p.235.

4. A. Zaleznik, *Foreman Training in a Growing Enterprise* (Boston: Division of Research, Harvard Business School, 1951).

5. Harriet O. Ronken and Paul R. Lawrence, *Administering Changes* (Boston: Division of Research, Harvard Business School, 1952).

6. Edmund P. Learned, David H. Ulrich, and Donald R. Booz, *Executive Action* (Boston: Division of Research, Harvard Business School, 1950).

7. *Executive Leadership* (New York: Harper & Brothers, 1953), 也见于"Leadership Pattern in the Plant", HBR January-February 1954, p.63.

8. "What should a President Do?" *Dun's Review*, August 1951, p.21.

9. "In Conference", HBR March-April 1954, p.44.

10. William H. Whyte, Jr., "The Fallacies of 'Personality' Testing", *Fortune*, September 1954, p.117.

11. 为深化对此点的探讨,请参阅 F.J. Roethlisberger, "Training Supervisors in Human Relations", HBR September 1951, p.47.

12. 比如，可参见 A. Winn, "Training in Administration and Human Relation", *Personnel*, September 1953, p.139; 也可见 Kenneth R. Andrews, "Executive Training by the Case Method", HBR September-October 1951, p.58。

13. 为了更全面地发展"coaching"这一概念，请参阅 Myles L. Mace, *The Growth and Development of Executives*（Boston：Division of Research, Harvard Business School, 1950）。

14. "What should a President Do?" Dun's Review, July 1951, p.14.

第一章

第四节 管理者的工作：传言和真相

亨利·明茨伯格

如果你问管理者是做什么的,他很可能告诉你他的工作是计划、组织、协调和控制。然而,当你看到他所做的与这四个词没有什么关系时不要吃惊。

当他被电话告知他的一个工厂刚刚烧毁时,他建议这个打电话的人去看看能不能做一个通过国外附属公司来保证顾客供应的临时安排时,他是在计划、组织、协调还是控制呢?那么当他将一块金表赠给一位即将退休的雇员时又是什么呢?或者当他参加完一个贸易会谈,回来后告诉员工们他在那里得到一个赚钱的机会时呢?

问题是,自从1916年法国亨利·法约尔（Henri Fayol）首次介绍这一直影响着管理词汇表的四个词以来,关于管理者到底做什么,它们告诉我们的很少。它们最多只能说明管理者工作的一些模糊目标。

如此看重于发展和变化的管理领域,在多半个世纪里从来没有严肃地谈到"这个"基本问题:管理者是做什么的?没有确切的答案,我们怎么来讨论管理呢?怎么能为管理者设计或规划信息系统呢?怎么能改进管理的实践水平呢?

现代组织从许多方面展示了我们对管理工作本质的无知——夸耀一位从未接受哪怕一天时间管理培训项目的"成功的管理者";不明白他的经理想要的资金周转额的公司计划者;管理者从不像分析家所认为的那样使用时尚的在线管理信息系统,以至于计算机的显示器上布满了灰尘;也许,最严重的是,大型的公共组织不能紧紧抓住严肃的政策问题更显示了我们的无知。

由于某些原因,在工业自动化的浪潮中,那些用于解决比如在市场和金融领域工人和经理行为动机问题的管理科学已经被遗忘了。

在这篇文章中我的目的很简单:打破读者心目中那些来自法约尔的词汇并介绍一个更有支持性的、我认为更有用的对管理的描述。这个描述来自对各类管理者如何使用时间所做调查的观察和总结。

在一些研究中,管理者被密切地观察(他们常认为自己是被研究者监视着);在少数研究中分析了他们的记录。所有的管理者都被研究过,包括领班、监工、人事部门经理、销售部门经理、医院管理者、公司董事和国家总统,甚至街头结伙行动的带头人。这些"管理者"工作在美国、加拿大、瑞典和英国。

对这些发现的总结绘成了一幅有趣的画面——一个来自新兴绘画艺术的、不同于法约尔古典观点的立体主义抽象画。从感觉上讲,这幅画面对任何一位没在经理办公桌前待过一天的人来说都是清晰的。同时,当把这幅画投射到我们所接受的管理工作中时它可以革命性地解答我们对诸多传说的疑惑。

管理工作的一些传言和事实

有四个关于管理者的工作的传言不符合对事实的认真、详细的观察。

1. 传言:管理者是一位深思熟虑的、系统的规划者。关于这个命题的证据是压倒性的,但没有一条支持这种陈述。

真相:再三研究表明,管理者并不是以缓慢的节奏工作,他们的行为有简洁、变化和不连续的特点,他们强硬地指导行动且不喜欢深思熟虑。分析以下材料:

我所研究的五位执行官中,有一半行为的持续时间没有超过九分钟,只有10%超过一小时。[1]一份关于美国56个主管的研究发现,他们平均每8个小时作出583次行动,平均48秒1次。[2]这种工作节奏不论是对老板还是主管来说都不缓慢。他们从早到晚不停地处理收到的电

第一章

话和信件。休息时间和午餐时间也不可避免地牵连到工作,每时每刻都像有下属来侵占他们的自由时间。

一份关于160名英国中层和高层管理者的日常研究发现,每两天他们只有一次在半小时或超过半小时的时间里不被打搅。[3]

在我所研究的首席执行官中,93%的安排基于特定的安排,只有1%的时间用在对外参观上。每368次接触中,只有一个与具体问题无关,或称作总体规划。另一研究发现,在一个经理的报告中,管理者们往往声称,他们曾通过泛泛的交谈或非特意安排的人际交往获得了重要的外部信息。[4]

在研究中没有发现管理者对日程进行刻意的安排。他们似乎从一个问题跳到另一个问题,不断地对当前需要作出反应。这是传统观点所描述的规划者吗?很难说是。那么,我们怎样解释这种行为呢?管理者只是简单地对他的工作压力作出应对措施。我发现管理者们常终止他们自己的工作,经常在会议没开完时退出,放下手头的工作给下属打电话。一个董事长不仅仅是要坐在办公桌前俯视长长的走廊,而且还要在独处时敞着门,以便召见下属。

很明显,管理者们想促进这种信息的流动。但是,他们好像被自己的工作束缚了。他们珍视自己时间的机会成本,并且持续关注过去和目前职责——回复信件,会见拜访者,等等。好像无论做什么,管理者都被那些他可以做和必须做的事情折磨着。

当管理者必须作出计划时,在日常工作中他看上去很含蓄,他们也只是对绝对抽象的日常活动而不是对如公司两周后的山地休养计划进行考虑。我研究过的首席执行官的计划好像只存在于他的头脑中——灵活,但通常是具体、意图明确的。虽然在传统的文献中,管理工作不能产生老练的规划者;管理者是一个对刺激以及工作作出即时反应的人。

2. 传说:高效的管理者没有固定的职责。管理者一直被要求花很多时间来做计划以及授权,而花很少的时间来看望顾客和谈判。毕竟,这些并不是管理者真正的任务。根据通常的分析,好的管理者,就像一个好的乐队编剧,预先改编好弦乐,然后坐在后面等待享受劳动成果,对偶尔出现的没有预见的例外事件作出指导。

但是抽象的概括好像不支持这种观点。在武断地作出定义之前,我们最好近距离地看看这些管理者被强迫做的活动。

真相:除了处理意外事件,管理工作还包括规划日常事物,像典礼、仪式、谈判,以及处理跟组织有关的无形的情报和信息。我们来看一些调查研究的成果:

对小公司董事长工作的研究发现,他们由于聘不起专家而陷入常规性的工作中,势单力薄,以至于稍微缺席一下就得找人代理。[5]

一个关于销售部门经理的研究和另一个关于高级执行人员的研究表明,如果管理者想留住客户的话,对于这两个部门来讲拜访重要的客户都是很自然的。[6]

有些人半开玩笑地认为,管理者的工作就是会见拜访者,以至于其他任何人都可以从事这项工作。在我的研究中发现,特定的仪式——接见前来拜访的显要人物、捐献、主持圣诞晚餐——都是首席执行官的工作内在的组成部分。

研究管理者的资料充分表明,在将外界"软"信息(许多信息是提供给有身份的人的)安全地传递给他的下属方面,管理者扮演着关键性的角色。

3. 传说:高层管理者需要正式的信息管理系统提供的整合过的信息。不久以前,管理语言里到处充斥着总信息系统这个词。传统的观点认为,既然管理者位于等级体系的最高点,那么他就应该接受MIS所提供的强大的、综合的重要信息。

但是近来,这些强大的MIS系统失去功效的趋势越来越明显,而管理者采取的措施仅仅是简单地不使用它,因此对它也不再狂热了。来看一下管理者实际上是如何处理信息的就会使原因更明了。管理者用五

第一章

个媒介来传达指令——文件、电话、日常或非日常会议、外出参观。

真相:管理者非常喜欢口头交流——那就是电话和会议。这样的证据能从每一项管理工作的研究中发现。分析以下材料:

两项英国的研究表明,经理们在动态(口头)交流中平均花费66%～80%的时间。[7]在我所研究的五位美国高级执行人员中,这个数字是78%。

这五位高级执行官处理信件的过程就像除去重担。有一人在星期六的早晨用了三个多小时处理了142封信。为了"去掉所有的填充物",这位经理看了一眼第一封晦涩的关于成本报告的信就随手丢在一边,说:"我从来不看这个"。

在我研究的五个星期里,这五位相似的高级执行官仅对40个传统报告中的两个和104种定期事务中的四个条目立刻作出回应。他们在几秒钟内否决了绝大多数定期事务,几乎都是形式化的。总之,在我调查他们的25天里,这些大型组织的高级执行官的工作是从他们对自己的25封信件的完美总结上——不是对其他事物的回应——开始的。

对执行官处理信件的分析揭示了一个非常有趣的现象——只有13%得到具体、立即的处理。于是现在又有了另一个迷惑的问题:这些信件并没有多少提供了生动的、通用的信息——竞争者的行为、政府立法人员的态度,或者昨晚脱口秀节目的收视率。然而这些信件却打断他们的会议,改变他们的日常安排。

分析另外一个有趣的发现。管理者看上去很重视"软"信息,尤其是流言蜚语、谣传和猜测。为什么呢?原因在于它的预见性,今天的谣传可能是明天的事实。经理对他最大的顾客正在和他的主要竞争对手打高尔夫这一事实无动于衷的话,那么他一定会从下半个月的报告中噩梦般地发现销售额迅速下跌,但此时就太晚了。

评估一下历史上重要的、整合的、"硬"MIS系统的价值吧,分析管理者对信息的两个主要用途——辨别问题和机会,[8]以及根据周围事物构建自己的办法(例如,组织的预算系统如何工作,他的顾客如何购买他的产品,经济影响如何改变他的组织等等)。每一条证据都表明,管理者不是用MIS提供的整合性的抽象数据而是具体数据来辨析形势构建办法的。

让我们来分析一位研究罗斯福、杜鲁门、艾森豪威尔信息收集习惯的专家——瑞查德·纽斯特德的话:

"帮助总统分清利害关系的不是概括性的信息,也不是摘要、测量图、殷勤的合成物。而是……混杂在他头脑中特有的和实质的细枝末节启发了他面对问题的办法。为了自助,他必须远远地摆脱开那些不愉快的事、观点和流言,保持作为总统的兴趣和关系。他必须成为他自己才智的指挥者。"[9]

管理者强调使用动态媒介引起的两个重要问题:

首先,动态信息储存于人们的大脑中。人们只有将它们写下来时才能保存在组织的档案中,或者放在金属柜里,或者录在磁带里,而且管理者记下的明显没有他听到的多。所以,组织的数据银行不是在电脑里而是在管理者的大脑里。

其次,管理者经常使用口头交流这一事实有助于解释他为什么在分派任务时迟疑不定。我们了解了管理者的信息大多来自口头交流并储存于大脑时,便能理解这种迟疑了。他并不是简单地把文件扔到某人面前,而是必须花费时间挖空心思去解释这一方案,这样会花费太多的时间,以至于管理者发现还不如自己做。这样,管理者由于自己的信息体系陷入了两难困境——自己做大量的事还是委派一个知之甚少的下属去做。

4. 传言:管理是或至少很快成为一门技术和职业。大多数对职业和技术的定义是不对的。简单地调查任何一位管理者都会马上放弃管理是种技术操作的想法。一门技术是由程序和步骤构成,具有系统的逻辑的规定性。如果不知道管理者管理的程序,我们怎么能对他们进行科学分析呢?如果不知道管理者具体要学习什么我们怎能说管理是一门

第一章

职业呢？毕竟，职业要求具备"专门的知识和技术的常识"。[10]

真相：管理者的工作——计划时间、处理信息、决策等等——始终锁定在大脑里。因此，为描述这些工作，我们仅仅依靠判断和直觉。

在我的研究过程中，我被我所研究的管理人员所吸引——以任何标准来看都非常称职——基本上与一百年前和他们同一角色的人相同（在这点上，甚至可以和一千年前相比）。他们需要处理信息，但是他们只尝试以一种方式——口传。他们的决定包含着现代的技术，但他们使用的作决定的方法和19世纪管理者使用的方法相同。事实上，管理者处于一种封闭中，面对与日俱增的繁重的工作压力，却不向现成的科学技术寻求帮助。甚至是在组织运行中特别重要的计算机，好像对一般管理者的工作过程也没什么影响。

通过分析管理工作的实际情况可以发现管理者的工作极其复杂和艰难。管理者超负荷承担着组织的重担；不能轻易地将工作委派给别人。因此，他被逼着超强度工作因此不得不敷衍地应付另外一部分。他的工作具有简洁、片面、动态联系的特点。正是这些特点阻碍了管理工作的科学改进。结果，管理科学家将他们的努力集中在组织的具体职责上，因为这样更容易分析程序并量化相关信息。[11]

现在，管理者的工作压力更大了。在原来只需要对上级和投资方作出回应之余，现在由于民主形式的原因，还要不断地被下属挤占自由时间来宣布本来不能解释的指令，此外，持续增长的外部影响（消费团体，政府机构等等）也需要分散他的注意力。管理者无处寻求帮助，向管理者提供帮助的第一步是搞清楚管理者的工作究竟是什么。

回到管理工作的基础描述

现在，让我们把这些疑惑的片段汇集在一起。早先，我将管理者定义为一个组织或组织下属机构的负责人。除了高级执行官，还包括副总统、主教、主管、曲棍球教练和首相。这些人有共同点吗？实际上是有的。作为重要的一点，他们都从组织单位中取得正式的权威。从这种权威中获得处理各种人际关系的地位和信息。信息又反过来使管理者能为单位作出决定和策略。

管理者的工作可以根据各种角色或与职位一致的组织行为来描述。如表1所示，我的描述包括十个角色。我们将看到，正式权威产生了三种人际关系的角色，这三种角色又产生了三种信息角色。这两部分角色使管理者能够扮演四个决策性的角色。

人际关系角色

正式权威直接产生了管理者处理基本人际关系的三种角色。

1. 第一个角色是挂名首脑。由于位置在组织的顶端，每一管理者都必须履行一些仪式性的职责。总统欢迎显要人物，主管参加车床操作工的婚礼，销售经理邀请重要客户用午餐。

在我的研究中，高级执行人员12%的交往时间用于仪式性职责；他们收到信件的17%是与他们身份相关的答谢和请求。例如：一封请求公司董事向一残疾儿童学校提供免费产品的信放在桌子上，上面还有这个学校的监管者签名的证明材料。

人际关系角色的职责是常规的，通常是处理一些不太严肃的交际，做一些不太重要的决定。但是，对组织职能的流畅运转非常重要，管理者不能忽视。

2. 因为管理者主管整个组织，所以他要对组织内人们的工作负责。这种行为构成领导者角色。这些行为中有些是直接领导，例如，在大多数组织中，管理者通常负责员工的聘用和培训。

此外，还有领导角色的间接运用。每一管理者必须激励和鼓励他的雇员，在雇员的个人需要和组织的目标之间达成妥协。实际上，寻找管

第一章

理者和他的雇员、下属之间领导关系的每一线索都在问:"他支持吗？他将怎样证实他的报告？他更喜欢市场占有率还是高利润？"

在领导角色中管理者的影响非常明显。正式权威赋予他大量的潜在权力；领导权在很大程度上决定了他考虑问题的范围。

3. 文献中认识到了管理的领导角色，尤其是与动员相关的方面。相比较而言，管理者在他的垂直管理链之外的沟通者角色直到目前才被认识到。根据对管理工作实质性的研究很明显地发现，管理者在组织之外的应酬上花费的时间与他同下属打交道的时间一样多——而且，令人惊奇的是，只有很少的时间与上级打交道。

在罗斯玛丽·斯图尔特(Rosemary Stewart)的日常研究中，160位英国高级和中级管理者有47%的时间花在酒桌上，41%花在与组织以内的人的交往上，只有12%的时间用在上级那儿。在罗伯特·H.格斯特(Robert H. Guest)对美国主管的研究中，这些数字是44%、46%和10%。在我对高级管理人员的研究中他们拿44%的时间与组织以外的人交往，48%用于下属，7%用于领导和理事会成员。

图1 管理者的角色

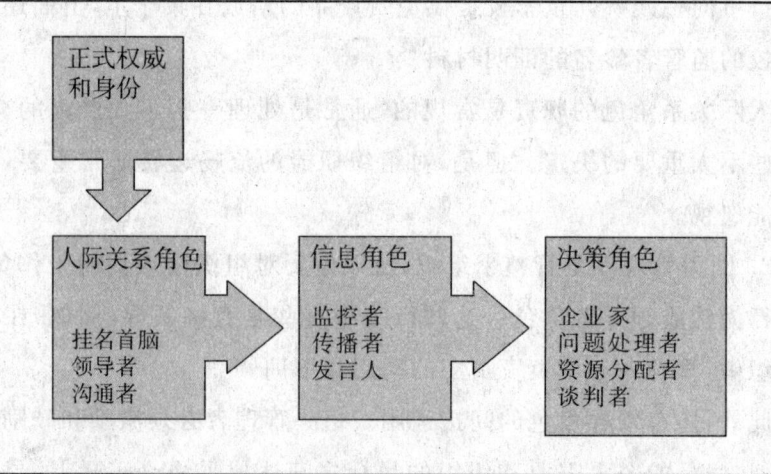

```
        ┌──────────┐
        │ 正式权威 │
        │ 和身份   │
        └────┬─────┘
             ↓
┌──────────┐   ┌──────────┐   ┌──────────┐
│人际关系角色│ → │ 信息角色 │ → │ 决策角色 │
│          │   │          │   │          │
│挂名首脑  │   │监控者    │   │企业家    │
│领导者    │   │传播者    │   │问题处理者│
│沟通者    │   │发言人    │   │资源分配者│
│          │   │          │   │谈判者    │
└──────────┘   └──────────┘   └──────────┘
```

很难相信五位 CEO 与如此大范围的人们打交道：下属、客户、商业伙伴、供货方和应酬——同行、政府和贸易部门的官员、海外下属机构的主管、与公司无直接关系的独立个体。图 2 展示了首席执行官与这些人在一起的时间和书信往来的时间分配。格斯特对主管的研究表明，他们的交往看上去大量且广泛，很少少于 25 人，一般超过 50 人。

简短地说，管理者建立如此多的联系是为了得到信息。结果，沟通角色致力于建立管理者自己的外部信息系统——非正式的、私人的、动态的，然而，是有效的。

信息的角色

由于他的人际关系和他的下属及工作网之间的联系，管理者成了组织的信息核心。他并非无所不知，但是他通常比任何员工都要更了解情况。

研究显示了从街头老大到美国总统这些管理者所掌握的人际关系。在《人群组织》一书中，乔治·C.休曼斯（George C. Humans）解释了如何掌握这些关系，因为他们在组织中是信息中心，和其他组织的领导有密切的关系，而且组织领导者的信息比他的任何一个追随者都要多。[12] 理查德·诺伊斯塔特（Richard Neustadt）从他对富兰克林·罗斯福的研究中，描述了如下观点：

"罗斯福的信息搜集技术是竞争的核心。'他会指点你，'他的一个支持者对我说，'他会让你在一些复杂的商业活动中得到要点，然后你会在许多天的艰苦工作后反应过来，发现一些从未发现的事情，然后你明白实际上他知道一切，有的东西你并不知道。通常他不会说从哪儿得到这些消息，但是当他再次这样对你时，你就会对信息倍加小心。'"[13]

当我们考虑人际和信息之间的关系时，我们可以想象罗斯福从哪儿"得到这些信息"。作为领导，管理者有正当理由接近每个成员。因此，正如上文所说，他比任何人对团体了解得更多。此外，他比下属能了解

第一章

更多的外部信息。他通常与同级的管理者接触,这些管理者也是自己组织的信息核心。通过这种方式,管理者能建立一个强大的信息数据库。

信息处理是管理者的主要任务。在研究中发现,首席执行官们40%的交际时间都用于获取信息;70%的来信都是有关信息的(和行动要求相比)。管理者不会中断会议或挂断电话而回到工作中,实际上,交流信息就是他的工作。管理工作的信息化有三种角色的描述:

1. 作为监控者,管理者要始终关注他所处环境的信息,询问人际交往和下属的情况,自动接收信息,其中大部分是他开发的人际关系网的影响。我们要知道,作为监控者收集的大部分信息是口头的,都是闲谈、谣传或猜测。通过这种联系,管理者在收集组织软信息方面具有天然的优势。

2. 作为传播者,他必须分享或贡献其中部分信息。他在与外界的联系中获得的信息是组织所必需的。他将特定信息直接传达给下属,因为他们是无法获知这些信息的。当下属之间不能很好地交流时,管理者也需要逐个传达信息。

3. 作为发言人,管理者把部分信息传递给组织以外的其他人——如总裁讲话以游说组织成员,领班向供货商建议修改生产方案。另外,作为演讲者,每个管理者都要知道组织中的重要人物相关的信息并使他们感到满意。而对于领班来说,则只需等待部门经理安排工作流程。

但是,大型公司的总裁可能会花大量时间来处理一系列问题。他必须向管理者和股东告知财务运行状况;让消费者群体确信公司的社会责任感;并使政府人员对公司依法运转感到满意。

决策者的角色

当然,获得传递信息不是目的,它是决策中的基本元素。在管理工作的研究中有一点很清楚:管理者在组织的决策系统中起着主要作用。由于他的权威,只有他可以决定组织的新的重大行为;由于他位处组织

的神经中心,因此他可以基于组织全部最新的信息来作出一系列影响战略的决策。管理者在决策过程中扮演了四种角色:

图2 与管理者的联系

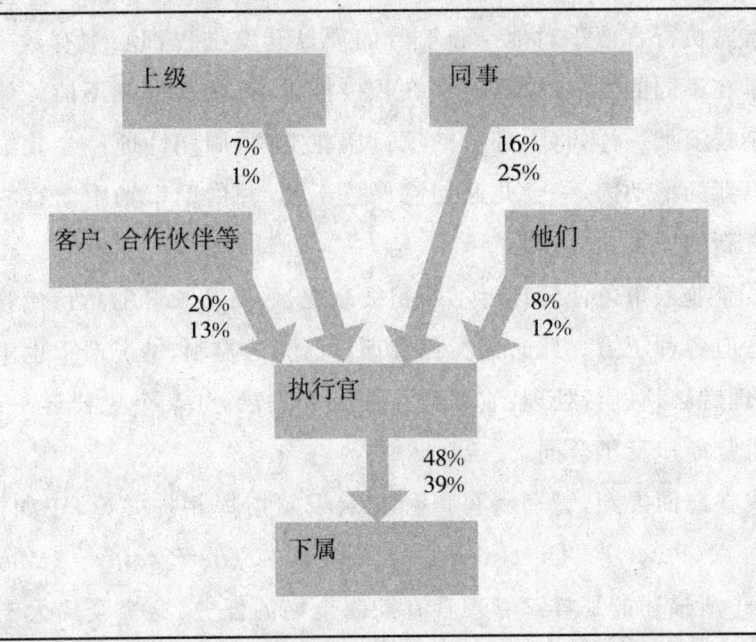

```
        上级                    同事
         │                       │
        7%                      16%
        1%                      25%
         │                       │
         ↓                       ↓
  客户、合作伙伴等            他们
         │                       │
        20%                     8%
        13%                     12%
         │                       │
         └──→  执行官  ←─────────┘
                │
               48%
               39%
                ↓
              下属
```

1. 作为企业家,管理者致力于改进他的组织,以适应不断变化的环境。作为企业家,总裁要时刻关注新主意。当好主意出现时,他会启动一个计划,监督自己或者授权给职员去实施(可能根据约定他必须改进最终计划)。

首席执行官层制定的项目开发有两个有意思的特征:第一,这些项目不是取决于一个单独的决策或者一组决策,相反,它们表现为一段时间里一系列的小决策和行动结果。显而易见,由于项目的复杂性,首席执行官逐步提出每个小的子项目以便慢慢理清它的思路,不制定时间计划从而使他能逐步深入了解这个项目。

第一章

第二，我所研究的首席执行官同时进行了50个这样的项目。一些项目需要新的产品或工序；其他有些是关系到公共关系处理的，有些是关于现金状况的，还有关于弱势部门的重组，海外机构的道德问题解决方案，计算机系统整合，不同发展阶段的需求变化等。

首席执行官似乎对他亲自监管的项目开发进程都心中有数——这些项目在不同的发展时期，有些在积极推进，有些却徘徊不前。他就像一个杂技演员一样，将大部分的项目搁在空中，周期性地一会儿给某个项目以新的推动力，一会儿又使它保持不动，并借助市场中已有的项目再开发新的项目。

2. 企业家角色使管理者不断积极改变，问题处理者的角色使管理者被迫适应各种压力。此时的变化管理者已无法控制，情况严重也不容忽视，管理者必须进行处理：它阻碍了繁荣和发展，如某个主要客户破产，或是供货商违反了合同。

我在前面提到，管理者可以和交响乐团指挥相提并论，正如彼得·F. 德鲁克（Peter F. Drucker）在《管理实践》（The Practice of Management）中所描述的那样："管理者有控制全局的任务，这个全局大于各个部分之和，产出也大于投入。类似的是，交响乐团的指挥通过调度各部分不同的声音，使之呈现为一场生动的音乐会。不同的是，指挥者要按照作曲家的乐谱，他仅仅是一个解释者；管理者既是指挥者又是作曲者。"[14]

现在来看看伦纳德·R. 塞尔斯（Leonard R. Sayles）的话，他对管理者的工作进行了系统的研究："管理者就像交响乐团的指挥，使各种乐器协调、有序、有节奏地表演。而乐队成员有着各不相同的个性特征，音乐随指挥而起伏，过度的热情或冷淡，或赞助商不合理的要求都会引发观众或乐器的问题，影响音乐会的质量。"[15]

实际上，每个管理者都要花大量时间来解决巨大压力的困扰。没有任何组织可以顺利或按计划运行,因此我们要提前考虑到在不可知的环境中可能发生的意外。产生意外的原因有两个:糟糕的管理者直到危机发生才会引起重视,优秀的管理者不能预知行动的后果。

3. 第三种角色是资源的分配者。在组织中管理者有责任决定谁会得到什么,而他需要分配的最重要的资源是自己的时间。成为管理者就必然成为组织的精神领袖和决策者,同时管理组织机构,以及决定如何协调工作的正式社交关系的模式。

另外,作为资源分配者,管理者掌握着组织的重要决定如何实施的权力。通过行使这项权力,他能使各个决定相互关联,并由他全权控制。如果取消这种权力的话,决策和策略都会陷入一片混乱。

管理者在实施他人决定时有许多有趣的现象。首先,尽管资金预算的方法被广泛使用——确定一段时期各种经费开支的一种方法——但在研究中发现,但管理者仍然有很大的决定权。显然,许多项目不会因预算的限制而搁浅或被否决。

其次,管理者通常面临复杂的选择。他们必须考虑每个决定对其他决定和整体战略的影响,必须使对组织举足轻重的人接受这些决定,并且确定策略得当。他们不得不考虑成本和利润的问题,以及建议的可行性、时间问题等。这些对于与别人的计划达成一致非常重要。延误会浪费时间,但是迅速做决定可能会考虑不周,迅速拒绝也会影响下属的积极性,因为他们花了几个月的时间来思考新计划。

通常的解决方法是针对人而不是计划。那就是,管理者对所信任的人的计划加以肯定,但这招不能常用。

4. 谈判者是最后的角色。对所有层次的管理工作的研究表明,管理者需要大量的时间进行谈判。足球俱乐部主席要想办法与不合作的足球明星签订合同;公司总裁带领他的代表团就罢工问题进行谈判;领班和店员讨论各种抱怨和不满。就像伦纳德·塞尔斯所指出的,谈判对成熟老练的管理者来说是一种"生活方式"。

谈判是管理者的工作任务,也许是例行公事,但是不可避免。这是工作中不可缺少的部分,他必须在"合适的时机"确定组织战略,因为他拥有重要谈判所需要的权威信息。

整体工作

现在需要明确的是,我所描述的十个角色很难分开。在心理学体系中,它们是完整的不可分割的整体。没有一种角色可以从体系中分离出来,工作也是整体性的。例如,疏于联系的管理者缺少外部信息,结果他既不能把信息传达给下属,又不能做出反映外部环境的决策(实际上,这是新任管理者的常见问题,因为他只有建立自己的关系网才能做出有效的决策)。

对于团队管理的问题这里有一个提示。[16] 两三个人不能共同分担一个管理职务,除非他们能成为整体。这意味着他们不能分割自己的十种角色,除非能将它们整合。真正的困难在于信息者角色,如果不能完全分享管理信息——我前面说过,它主要是口头的——团队管理就无法实现。管理工作不能简单地分为内部和外部角色,因为这两种信息资源都会用于决策中。

十个角色形成一个整体,但管理者对每个角色的关注程度是不一样的。我对各种调查研究进行回顾时发现:

销售经理看来花了更多时间在人际关系角色上,这可能是对市场活动特征的反应。

生产经理把更多注意力放在决策者角色上,这可能是关心高效工作流程的原因。

人事经理大部分时间花在信息者角色上,因为他们擅长管理这个对组织提供信息的部门。

但在所有例子中，人际关系的、信息的，决策者角色都是不可分离的。

走向更有效的管理

从这样的描述中我们能得到怎样的管理方面的信息呢？我认为这样的描述对管理者来说比他们自己的任何想法都重要。也就是说，管理者的效率很大程度上受到工作态度的影响。他对工作压力和困境的反应决定了他的表现，有远见的管理者在工作上更有效率。本节最后的插页为管理者提供了14组自问的问题，听起来有些言过其实，但实际上不是。即使这些问题不能简单地给出答案，也应该引起管理者重视。

我们来看看三个特殊领域。最主要的是管理的僵局——内部困境、数据库集中、和管理专家共事的问题——都是和管理者的信息属性有关的问题。将组织的数据库集中在管理者的头脑中很不安全，当他们离开时便会带走。当下属不能和管理者进行口头交流时，他们在信息上会处于劣势。

1. 管理者要找到一整套方法来分享他的专属特权信息。经常与下属召开讨论会，每周在固定机器上录入信息，对限制流通的重要信息每天进行了解，或是其他打破工作僵局的类似办法。当作出决定时，传播信息的时间比收集信息的时间还要多。当然，有些会涉及秘密问题，但管理者能通过权衡风险和能作出有效决策的下属共享这些信息。

如果文中只有一个主题，那就是工作压力使管理者的行动更加表面化——工作压力大，缺少鼓励，对刺激反应迅速，寻找细节，避免抽象，很少作决定，行事粗犷。

2. 管理者再次受到处理压力和问题的挑战。他们要特别关注这些问题，从信息的细节中开阔眼界；还要对投入的资金进行分析。虽然高效的管理者善于解决大的变化问题，但管理工作中也存在危险，即他们不会再去研究工作中的细节问题和信息碎片。

第一章

如前面所说,管理者用这些信息来建立自己的理想模式,但管理者也会采纳专家模式。经济学家描述市场的功能,经营者模拟资金流动的过程,行为科学家解释人们的需要和目标。我们可以找到最佳模式并进行学习。

在处理复杂问题时,资深管理者从管理专家和公司的紧密关系中获益良多。他们获得了很重要的东西——对复杂问题进行调查的时间。高效的工作关系有赖于解决我和同事所说的"项目的困境"。[17]管理者掌握信息和权威,专家则掌握时间和技术。当管理者学会分享信息,专家学会适应管理者的需要时,他们会建立成功的合作关系。对专家来说,适应是指尽量少担心方法的完善,更多地关心它的速度和可行性。

在我看来,专家可以帮助高级管理者安排时间表,加入分析因素和监测计划,改进决策模式,为可预料的事故设计应急方案,并进行"迅速的"分析。但是如果专家和管理者信息传播的主要方向不一致,他们便不会进行任何合作。

3. 管理者尝试通过把责任转化为优势,把理想变为现实来控制自己的时间。研究中的首席执行官只实施了32%的合同(另外5%达成了一致)。他们看起来在很大程度上控制了自己的时间,其中有两个关键因素:

首先,管理者要花很多时间来分派自己的责任。失败的管理者把失败归咎于职责,成功的管理者把职责转化为自己的优势。演讲时可以对目标进行游说,在会议中也有机会重组弱势部门,拜访重要客户还能得到贸易信息。

其次,管理者可以自由支配时间去做一些事情,那样他——而不是别人——就能把重要事务都变成职责。自由时间是管理者在工作中创造而不是发现的,它是从时间表中挤出来的。希望留一些时间来沉思或者计划一下怎样消除工作压力。富有创新精神的管理者开始执行计划并要求他人进行反馈;需要一定环境信息的管理者建立一定渠道来自动获得信息;随和的管理者使自己更公开化。

教育家的工作

最后是关于管理者的培训信息。我们已经进行了大量培训组织专家的工作——管理学家、市场研究者、会计师、组织发展专家。但最重要的是他们并没有培训管理者。[18]

当技能培训的重要性仅次于认知能力的学习时,管理学校就会对管理者进行严格培训。认知学习是分散的但是能提供信息,就像读书或听演讲一样。管理者必须掌握更重要的认知材料,但认知学习并不是把管理者变成一个游泳者,如果教练不救他并对他的行为给予反馈的话,他就只会照样跳入水中。

换句话说,我们通过实践和反馈学会了技能,不管是真的还是模仿。我们需要发现技能型管理者,找出具有潜力的学生,将他们置于可以实践技能的环境中,然后对他们的表现给予系统的反馈。

我对管理工作的描述指出了大量的管理技能——发展同事的关系、进行谈判、激励下属、解决冲突、建立信息网、经常发布信息、在多种选择中作决定以及分配资源。最重要的是,管理者需要在工作中具有远见才能从中学习。

实际上许多管理者的技能可以被实践,使用那些从角色扮演到会议过程录像的技术。而且,通过设计那些克服风险和创新的技术,我们可以提高管理技能。

在社会中,没有任何工作比管理者更重要。管理者决定了提供给我们的社会环境是否良好,是否开发了我们的能力和资源。现在是扔掉管理者传说的时候了,我们应该认真学习才能开始在活动中取得巨大进步。

第一章

管理者需要自问的问题

1. 我从哪儿获得信息，如何获得？我可以尽可能地利用我的关系来获取信息吗？其他人可以代替我审视自己吗？在知识最薄弱的部分，我怎样使其他人提供给我最需要的信息？我需要强有力的方式来理解组织和环境中的信息吗？

2. 在组织中我应该发布哪些信息？下属获得我的信息有多重要？我是否因为发布信息需要时间或不方便而保留了过多的信息？我应该怎样给别人更多信息使他们可以作更好的决定？

3. 在收集信息和行动之间，我是否保持了平衡？当没有信息的时候，我是否倾向于行动？或者我为信息等待的时间是否过长，以至于错过机会，使之成为组织发展的瓶颈？

4. 我让组织承受了怎样的变化？这种变化是否平衡，以至于我们的行动既不会停滞，也不过度混乱？我们是否充分分析了这种变化对组织未来的影响？

5. 我被通知要对下属的计划进行判断了吗？有可能和下属一起为更多计划作最后决定吗？在协调中我们是否会出现问题，因为现在下属独立地作了过多的决定？

6. 我对组织发展方向的看法是什么？我脑海中的这些计划是以零散形式存在的吗？为了更好地领导组织中的其他人，我是否应该更加明确？或者我是否应该更有效地改善他们？

7. 下属对我的管理风格反应如何？我是否对自己行为影响力的强度有足够的敏感？我完全理解了他们对我的行为的反应了吗？我在激励和压力之间寻找到平衡了吗？我是否影响了他们的主动性？

8. 我应该保持怎样的外部关系，如何保持？我是否花了太多时间来维持这种关系？我是不是应该更好地了解某种特定类型的人？

9. 我是否有系统的时间表，及时对压力作出了反应？我是否发现了一系列合适的行为，还是仅仅因为我发现有趣，倾向于某类问题？在一周或一天的特定时间里，我是否对某类特定的事情更有效率？其他人（除了我的秘书）是否可以完成我布置的工作？

> 10. 我是否超负荷工作？我的工作量对工作效率产生了怎样的影响？我是否应该减缓行动的步伐？
>
> 11. 我所做的是否太肤浅了？当我的工作形势需要时，我是否能迅速地和经常地调整我的状态？我是否应该尝试着减少工作中的分散和打扰？
>
> 12. 我是否过多地参与了流行的活动？我是否被行动和工作刺激所奴役，以至于不能集中精力解决问题？重要问题是否得到了应有的关注？我是否应该把更多的时间花费在读书或者深入调研上？我是否应该更多沉思？我应该怎样？
>
> 13. 我是否正确地使用了不同的媒体？我知道怎样使书面交流发挥最大的作用吗？我是否过分依赖面对面的交流，因此把我的绝大多数下属放在了信息不利的位置？我是否安排了太多的会议？我是否花了足够的时间来考察组织，获得第一手资料？我是否过分远离了组织的核心活动，仅仅以抽象的方法看问题？
>
> 14. 我应该怎样合理使用个人的权利和责任？我的责任是否占用了我所有时间？我怎样使自己从责任中跳出，确信组织向着我所希望的方向前进？怎样把责任转化成优势？

参考文献：

1. 我的研究所使用的全部数据，也可在 Henry Mintzberg 所著 *The Nature of Managerial Work*（New York：Harper & Row，1973）中找到。

2. Robert H. Guest，"Of Time and the Foreman," *Personnel*，May 1956，p. 478.

3. Rosemary Stewart，*Managers and Their Jobs*（London：Macmillan，1967）；也可见 Sune Carlson 所著 *Executive Behaviour*（Stockholm：Strömbergs，1951）中的第一份日志研究。

4. Francis J. Aguilar，*Scanning the Business Environment*（New York：Macmillan，1967），p.102.

5. Irving Choran 未发表的研究，Mintzberg 所著 *The Nature of Managerial Work* 对此有报道。

第一章

6. Robert T. Davis, *Performance and Development of Field Sales Managers* (Boston: Division of Research, Harvard Business School, 1957); George H. Copeman, *The Role of the Managing Director* (London: Business Publications, 1963).

7. Stewart, *Managers and Their Jobs*; Tom Burns, "The Directions of Activity and Communication in a Departmental Executive Group," *Human Relations 7*, no. 1(1954).

8. H. Edward Wrapp, "Good Managers Don't Make Policy Decisions," HBR September-October 1967, p.91; Wrapp 将此称之为测定点位的机会,以及大量运营问题和运营决策中的联系;在他的文章中,Wrapp 就这一分析提供了一些精彩的观点。

9. Richard E. Neustadt, *Presidential Power* (New York: John Wiley, 1960), pp. 153-154;斜体字部分。

10. 为了对这一问题进行不同的然而是更加深入的探讨,请参阅 Kenneth R. Andrews, "Toward Professionalism in Business Management," HBR March-April 1969, p.49。

11. C. Jackson Grayson, Jr. 在"Management Science and Business Practice," HBR July-August 1973, p.41 中以相似的条件解释了为什么作为 Price Commission 的主席,他不能使用他本人在职业生涯早期做管理学家时所推崇的那些技巧。

12. George C. Homans, *The Human Group* (New York: Harcourt, Brace & World, 1950),基于 William F. Whyte 所著 *Street Corner Society* 一书的研究,修订版(Chicago: University of Chicago Press, 1955)。

13. Neustadt, *Presidential Power*, p.157.

14. Peter F. Drucker, *The Practice of Management* (New York: Harper & Row, 1954), pp. 341-342.

15. Leonard R. Sayles, *Managerial Behavior* (New York: McGraw-Hill, 1964), p.162.

16. 请参阅 Richard C. Hodgson, Daniel J. Levinson 以及 Abraham Zaleznik 所著 *The Executive Role Constellation* (Boston: Division of Research, Harvard Business School, 1965),作为对共享角色的一个探讨。

17. James S. Hekimian and Henry Mintzberg, "The Planning Dilemma," *The Management Review*, May 1968, p.4.

18. 参见 J. Sterling Livingston, "Myth of the Well-Educated Manager," HBR January-February 1971, p.79。

第一章

第五节 管理者和领导者:他们不同吗?

亚伯拉罕·索兹尼克

培养领导能力的理想途径是什么?对于这个问题,每个社会都有自己的答案,尽管如此,每个答案最关注的都是权力的分配和使用。商业活动通过培养一批新的被称为是管理人的阶层,对领导权的问题给出了它的答案。同时,商业活动也建立了新的权力伦理,这种权力伦理推崇集体智慧,反对个人独裁。遗憾的是,在维护了竞争、控制以使群体中权力均衡的同时,管理型的领导者难以确保必要的想象力、创造力或者是一种能够左右公司命运的伦理行为。

领导权必然意味着用权力来影响其他人的行动和思想。个人手中的权力必将带来某些风险:首先,如何平衡权力与取得即时效果的能力之间的风险;其次,忽略人们合法集中权力的诸多方法的风险;再次,在追逐权力的过程中自我失控的风险。避开这些风险需要培养集体领导能力和管理道德。从而,内在的保守主义决定了大型组织的文化。在《第二次美国革命中》(*The Second American Revolution*),约翰·D.洛克菲勒(John D. Rockefeller)提到了组织中的保守主义:"组织是一个有自身的逻辑体系以及传统和惯性的系统。它尝试不同的处事方式,但反对冒险和寻找新方向。"[1]

基于上述的保守主义和发展惯性,组织通过培养管理者而非个体领导者来维系权力的延续。具有讽刺意味的是管理道德带来商业活动中的官僚作风,本来它应该是使我们免受政府和教育部门官僚习气的侵犯和控制的最后堡垒。如果组织准备改掉惯性和官僚保守主义的话,那么在商业活动中,与个人权力相关的风险也许是必要的。

管理者与领导者的个性特征

西奥多·莱维特(Theodore Levitt)通过强调管理文化的理性和控制,指出了管理文化的主要特征:

"管理活动包括对形势的理性估计和对目标的系统选择(要做些什么),为了实现目标而进行战略的有序开发,对所需资源的排序,以及为了实现已选择的目标对行动进行合理设计、组织、引导和控制,最后是对工作人员的鼓励和奖励。"[2]

换句话说,无论管理者的精力是否放在目标、资源、组织结构或者人员身上,他都是问题的解决者。管理者常常问自己:"需要解决什么样的问题?怎样找到实现目标的最好方式?怎样去促使人们为了组织的发展而奋斗?"在这里,领导能力指在实践中处理事务的能力;或者是为了完成任务,管理者选用不同职位和责任的人的能力。在我们的民主社会里,受过良好训练的管理者进行商业活动有着得天独厚的机会。政府、教育部门、健康服务和其他机构都是这样。管理者并不需要高智商或英雄气概,只是需要坚持不懈、意志坚强、努力工作、具有才智和分析能力,最重要的是耐力和意志。

另外一种观点是,赋予了领导能力更多的神秘色彩,认为只有卓越的人物才能在权力和政治的舞台上扮演重要角色。在这里,领导能力是心理剧,剧中的人只有控制了自己才能控制政治结构。这种对领导能力的预言与世俗的、实际的领导能力的含义,即管理其他人的工作形成了强烈的对比。

由此产生了两个问题,有关领导者的神秘性是否仅仅源于人们的儿童时代——依赖感及对英雄般父母的渴望?或者,在领导者需要的背后隐藏着这样一个事实——不论管理者的能力多么强,由于使目标形象化和在工作中创造价值的限制,他们的领导能力也会不足。没有了想象

第一章

力和人际交往能力,受狭隘目标控制的管理者就会因导致团体的长期矛盾,而不能拓宽思路和目标。

如果问题确实需要卓越人物来解决,那么从以往的经验来看,领导者的选择和培养很大程度上取决于机会,但并没有可行的方法来培养"伟大的"领导者。此外,除了依靠机会,在对有竞争力的管理者的需求与对伟大的领导者的渴望这两者的关系问题上,存在着深刻的讨论。

责任感强的管理者会妨碍伟大的领导者的成长。与此相反,伟大的领导者的存在又可能抑制那些对领导者造成的混乱反应很严肃的管理者的发展。在稳定的发达国家中也会出现目标的不一致(需要很多有能力的管理者和伟大的领导者),这种不一致通常出现在充满压力和变化的时期,比如西方国家的经济大萧条和第二次世界大战时期。在革命社会中,政治家和职业管理者之间的权力之争也会带来紧张感。

我们只要培养集管理者和领导者于一身的人,这种困境就容易解决(当我们需要新的领导时,可以培养管理者,或以领导者取代管理者)。然而事实是,管理文化和组织中出现领导者时需要的企业家文化是不相同的,管理者和领导者是截然不同的两种类型。他们的动机、个人历史、思考和行为方式都不相同。

技术成熟和经济高度发展的社会忽视对卓越领导者的需求,在这样的社会里人们深信解决问题可以通过合理的方法,不管是价值问题、经济问题还是公平性问题。一旦这些合理方法被分散、重组并技能化,社会对领导个性的信任就会转化为对领导权需要的思考。但有时候修补、试验和失败对于诸如选择目标、收集信息、分配财富和机会等这样的问题显然是不够的,这时民主社会就需要领导者通过自身的知识和行动来解决,而不是通过管理者的已有经验。

阿尔弗雷德·P.斯隆(Alfred P. Sloan)是最富表达力的演说家,在管理观念方面也自成一家。他和皮埃尔(Pierre)共同设计出现代法人结构。在分析是什么促使管理成功的问题上,斯隆建议:"优秀的管理是集中与分散的结合,或'通过联合控制来分散'。"[3]

斯隆的关于管理的概念和管理实践是经过试验、失败和经验的积累得来的。他写道:

在把各种责任分类并以最好的方式加以分配的问题上没有捷径。平衡……也是随着作出的决定、时间环境、过去的经验和管理者的技能不断变化的。[4]像19世纪末通过不断的试验,然后失败,直到新产品或新方法诞生的发明家一样,在发展中的组织中进行变革的管理者就像"修补工人",他们没有伟大的设计或经验,只是借鉴了现代科学的成果,我们称之为"突破"。

管理者和领导者的世界观截然不同。管理者和领导者在目标定位、工作性质、人际关系和自身的特点方面都是不一样的。

对目标的态度

管理者对目标倾向于采取不带个人情感的、主动的态度。管理目标来自需要而不是渴望,因此它与组织的历史文化紧密结合。

从1958年到1967年担任通用汽车公司的董事长和首席执行官的弗雷德里克·G.唐纳(Frederic G. Donner)在谈到通用公司产品开发的形势时,表明了自己客观和被动的态度:

"为了迎接市场的挑战,我们必须根据顾客需要和要求的变化,在正确的时间和地点,以高品质生产出适合的产品。"

"反对要求产品达到既要性能可靠又要设计美观,要制作精良又要价格有竞争力的妥协做法。我们要设计的不仅是自己满意的汽车,更重要的是让顾客满意。"[5]

产品制造变得公式化,顾客的品味和爱好一定程度上受到制造商的影响。在现实生活中,通过产品设计、广告和促销,消费者慢慢学会喜

第一章

欢,并认为那就是自己想要的。很少有人讨论到喜欢拍快照的人们也需要能够自动冲印的照相机。恰恰是由于满足人们对于新奇、方便以及缩短行动与获得快感之间的间隔的需要,宝丽莱相机在市场上大获成功。但难以置信的是埃德温·兰德(Edwin Land)也对顾客需要做出了反应,与此相反,他将技术(光波偏振)转化成了产品,这一行为获利甚大并刺激了消费者的需求。

宝丽莱和兰德的例子表明了领导者对于实现目标的想法。他们是积极的而不是消极的,创造想法而不仅仅是回应它。领导者对目标采取了富于个性的和积极的态度。他们通过转换行为模式、激发想象和期望建立特殊需求和目标,从而决定了公司的方向。这种影响的结果是,它改变了人们认为什么是需要的、可能的、必要的这种思考方式。

不同的工作内容

管理者和领导者做些什么?他们各自的工作内容是什么?

领导者和管理者对工作的概念不同。管理者认为工作是将人员和想法进行结合,制定策略和决策的过程。管理者通过提高反对者的兴趣、当反对意见出现时进行谋划以及紧张感使这一过程得以维系。在这个操作过程中,管理者会灵活使用多种策略:他们一方面讨价还价,另一方面制定奖励、惩罚或其他强制政策。马基维利的说法就是针对管理者而不是领导者的。

阿尔弗雷德·P.斯隆阐述了这个过程在矛盾中是怎样实现的。20世纪20年代初,福特汽车公司统治着整个汽车行业,和通用汽车公司一样,福特公司也使用常规的以水制冷的发动机。在皮埃尔的全力支持下,查尔斯·凯特灵(Charles Kettering)致力于设计以蒸汽制冷的发动机。如果成功的话,将会为通用公司带来伟大的技术和巨大的市场。凯特灵对自己的产品非常自信,但通用公司的制造部总管对此表示怀疑,并且基于两方面的原因反对新产品:第一,技术上不可行;第二,公司不紧跟市场目前的形势,对新产品进行开发和投资是孤注一掷。

1923年夏天,在经历了一连串的失败和尝试以及对经销商和消费者的调查以后,通用公司重新考虑并放弃了这个计划。凯特灵得知后非常失望,他写信给斯隆说如果不是"组织的反对",这项计划就会成功,并且,除非计划被重新采用,否则他将辞职离开通用汽车公司。

阿尔弗雷德·P.斯隆意识到凯特灵会不高兴并一定会离开通用公司。他也发现当制造部门强烈反对新型发动机时,皮埃尔仍然支持凯特灵。而且,他在近两年前也写信给凯特灵表达了他的充分信任。现在斯隆的问题是如何留住凯特灵(他对通用太有价值了),而又不疏远杜邦,同时还要鼓励生产部门继续采用常规的水制冷发动机来拓展生产线。

在这场冲突中,斯隆的做法显示了管理者是如何工作的:首先,他用模糊的态度来处理问题以安抚凯特灵,暗示他和管理委员会都表示支持,但是让生产部门勉为其难地制造产品显然不可行。他指出问题在于决策人而不是产品。他主张通过重组建立一个新的部门,以全面负责新型车的设计、生产和销售。但结果就像他安抚凯特灵并使他留在公司中的努力一样也是模糊的。斯隆写道:我的计划是建立一个由凯特灵全权负责的新的部门,一个铜制冷轿车部门,由他指定该部门的工程师和其他工作人员来处理生产中的技术问题。[6]

但是斯隆没有说明这种解决方案的实践价值,方案还给发明者增添了管理方面的责任。实际上他通过这个计划避免了他和皮埃尔之间的冲突。

事实上,斯隆的管理方案影响了其他人的选择。这种结构性的解决方法使人们的选择范围变小甚至能够抑制人们的感情用事,使人们除了遵守以外别无他法。斯隆甚至在回忆录中对皮埃尔说,"今天早上我们已经和凯特灵先生讨论了这件事,他同意我们所做的每一个决定。看起

第一章

来他已经完全接受我们的方案,并且相信这一方案能够通过。"[7]

斯隆以一结构性的解决方法去安抚那些持反对意见的人,这一方法表面上达到了某种效果,实际上却限制了人们的选择。斯隆接着和汽车部门经理达成一致,为适应市场需要大量生产水冷却的汽车。

几年以后,斯隆言不由衷地写道:"铜制冷的汽车以后再也没有大规模地出现过,它消失了,不知道为什么。"[8]

那么领导者需要做什么?在管理者的行为限制了选择的时候,领导者的工作正好相反,为长期存在的问题提供新的方法和选择。斯坦利(Stanley)和英奇·霍夫曼(Inge Hoffmann)都是政治科学家,他们认为领导者的工作是一门艺术。但是和大多数艺术家不同,领导者本身就是完整的艺术品的一个组成部分,我们不能只看到领导艺术而忽视领导者本身。对于查尔斯·高尔(Charles de Gaulle)这样的政治艺术家,他们写道:"他的每一项政治行动,不管方法或细节如何曲折,都是完整的、不可分割的,就像一件艺术品一样。"[9]

除了艺术家本人之外,与艺术品最接近的就是占据有时甚至是困扰艺术家的精神的各种想法。为了更有效率,领导者需要将自己的观点形象化以刺激人们,然后形成反映这些观点的各种备选方案。因此,领导者在工作中不断寻找兴奋点。

约翰·肯尼迪短暂的总统任期显示,领导者在工作中的兴奋点与他的优势或弱点有关。在他的就职演说中,他说:"不管是希望我们走向衰落还是更加富强,我们要让每一个国家了解,我们将不惜任何代价,面对任何困难,以支持每一位朋友,反对每一个敌人,以确保自由的发展直到最后的胜利。"

上述这段被常常引用的话必将使人们超越暂时的利益而与肯尼迪产生共鸣。然而仔细分析发现,这种说法是荒谬的。因为这种许诺一旦被实施,如越南战争,必将产生灾难性的后果。然而,如果各种期望不被激发出来,那么各种受挫折的危险也不会随之而来,新的想法和新的选择永远也不会出现。

领导者的工作常常具有很大的风险,事实上,他们经常主动追求有风险甚至是危险的工作,尤其是当回报很高的时候。通过我的观察发现,个体寻求风险的原因并不是理性选择,而更多的是源于他的个性特征。同样,对有些人特别是已成为管理者的人,生存的本能压倒了其对风险追求的欲望,这些人拥有容忍平凡琐碎工作的能力。同样的话却不适用于领导者,因为他们觉得平凡的工作是一种痛苦。

不同的人际关系

管理者喜欢和人们一起工作;他们不喜欢单独行动因为这会使他们焦虑。几年前,我开始研究职业心理学,与他人一起工作或合作是管理者的重要特征。例如,当被问起以一个人物的画面写一个有想象力的故事时(面对一把小提琴沉思的小男孩或者是一个反射出来的男性的侧影),管理者的作品流于大众化。下面的例子是管理者关于小男孩想要小提琴的故事:

"爸爸妈妈坚持要他们的儿子去学习音乐课,只有这样,他们的儿子以后才会成为音乐家。预定的乐器已经送到了。朱尼尔正在考虑是和其他人一起踢足球呢,还是拉小提琴呢。他不理解为什么父母认为拉小提琴会好过玩橄榄球。

练习了四个月以后,朱尼尔对此已经厌倦到了极点。爸爸已经不再抱有什么幻想,妈妈也已经勉强放弃了希望。橄榄球赛季现在已经结束,然而精彩的棒球比赛将于春天开始。"[10]

这个故事说明了对人际关系管理方法的两个方面。首先,正如我所提到的,和其他人一起工作(例如橄榄球队),第二点是坚持低层次的精神参与。低情感的参与表现在作者经常使用暗喻,并把潜在的矛盾转化

第一章

为协调的想法。在这个例子中,朱尼尔、爸爸、妈妈都同意放弃小提琴而转向大众化运动。

这两个论点看起来似乎自相矛盾,但它们的同时存在正说明了管理者的状态,包括调和矛盾、达成一致、在权力之间建立平衡。上述故事同时表明,管理者缺乏热情,或者说是缺乏一种凭直觉感受他人情感或思想的能力。现在让我们来看看被同事称为领导者的人对同一幅画的描绘:

"这个小男孩有一张艺术家的面孔,他深深地为小提琴着迷,心中涌动着弹奏这件乐器的强烈欲望。"

"他已经完成了日常训练课程,但看起来有点垂头丧气,因为他无法弹奏出想象中的悦耳之音。"

"他看起来似乎正在暗暗发誓,一定要花大量时间和精力来练习,直到能够演奏出令自己满意的乐曲来。"

"凭着如此的决心和勤学苦练,终于成为当时最伟大的小提琴家。"[11]

移情不仅是简单地关注他人,它也是一种可以运用的能力,并使人际关系变得更有意义。那些以诸如"深深地被打动"、"强烈的欲望"、"垂头丧气"以及"某人想自己发誓"等等说辞来描绘他人的人,在与人相处时往往也具有上述情感。

管理者依据自己在事件或决策制定中的角色来与人交往。领导者则不同,他们更关心某些想法,他们以更加直觉的和更富于情感的方式与人交往。在事件中,领导者对人们的态度就像演员一样,将自己的注意力从人们关注的主要事件上转移到他们的角色上来。这种区别仅仅在于管理者的注意力集中在如何解决事情上,而领导者则考虑事件或决定对其他人来说意味着什么。

近年来,管理者从博弈理论中得出,决策制定有两种类型:胜利—失败型(0∶1类型)或每个人都努力的胜利—胜利型。管理者们力图将胜利—失败型转化成胜利—胜利型,从而化解分歧,保持权力的平衡。

让我们以在一个大型的、分权型的组织中如何在不同部门中进行资金分配为例来对此进行阐述。表面上,随时可用于分配的资金有限,如果一个部门得到较多资金,另一个部门就相对较少。

管理者把这种情形(它影响了人际关系)看做是转化的问题:怎样把看起来是胜利—失败型的问题转化为胜利—胜利型的问题。有这样几种方案:首先,管理者把其他人的注意力集中在程序而不是物质上,这样行动者面临更大的问题,即怎样作决定而不是作什么决定。一旦遇到更大的问题,管理者不得不寻求问题的解决方法,因为此时他们已经成为规则的制定者。由于他们信任自己制定的规则,因此他们就能够接受由此带来的损失,他们相信以后会成功。

第二,管理者向其下属传递某种信号而非明确的信息,与他们进行非正式交流。一个信号包含数种暗示,而信息则不同,他只表明一种情况。信号不是结论性的,如果人们对某件事情感到不满或是愤慨则可以再行探讨;信息则带来直接后果,不管人们是否喜欢。信息的传递可能导致更具情绪化的回应,进而使管理者深感紧张。利用信号,谁负谁胜的问题显得含糊不清。

第三,管理者以时间为武器。管理者认为,随着时间的推移,重大决策制定的延缓,妥协将会出现,这样会从胜利—失败的情形中走出来,原来的"游戏"将会被另一个所取代。妥协意味着参加游戏者既胜且负,这要看他如何评价这场"游戏"。

毫无疑问,除了上述三种方法外,还有很多其他的策略供管理者使用,以将胜利—失败型转为胜利—胜利型。但重点是这种策略集中在决策制定过程中,并且更能引起管理者而不是领导者的兴趣。这些策略既能带来收益也会带来成本。它们将导致组织机构臃肿、政治阴谋、有失

第一章

公正、行动困难以及热衷人际关系等。相应地,人们会经常听到下属们将管理者描述成高深莫测、独立的、善于操纵的等等。这些来自下属的形容词表明,他们已经融于某种程序,这种程序的目的不是简单地作出决策,而是力图保持控制和结构均衡。

相反,对领导者的评价常常是富有感情的。领导者有强烈的认同感和差异感,爱憎分明。在由领导者主导的组织中,人际关系结构是激烈、紧张、甚至是无组织的。这种氛围激发了个人动力并带来意想不到的后果。这种刺激最终会导致要不就是创新和高绩效,要不就是仅仅浪费精力。

不同的自我意识

在《宗教经验的差异》一书中,威廉·詹姆斯(William James)描述了两种最基本的个性类型:"单面性"和"双面性"。[12] "单面性"的人对生活的判断很直接,从出生那一刻起就是平静的;而"双面性"的人生活却不太简单,他们的生命中充满了为了得到某种秩序而进行的斗争,不像前者认为生活理所当然就是这样。詹姆斯认为他们有着不同的世界观。对于前者来说,作为引导行为和态度的自我意识是源于一种在家的以及与环境相融合的情感;对于后者,自我意识来自于复杂的孤独感。

归属感或孤独感对管理者和领导者的职业生涯有重大影响。管理者把自己看作现行规章制度的维护者和执行者,他们由此实现自身价值并获得物质利益。现存组织的强化和永久化提高了管理者的自我认同感;他们与所承担的职位的职责和责任协调一致。威廉·詹姆斯把这种和谐的、与外部世界相融合的自我意识定义为"单面性"。如果一个人把自己看作团体的一员,为该团体作出贡献,那么他将完成自己的使命并将感到满足。这种满足感超越了物质追求,并且他们的价值被组织认同,满足了人们对个人价值实现的最基本需求。

领导者通常具有两面性特征,他们感到和其他人一样被环境孤立。他们在组织中工作,却不属于这个组织。他们的自我意识不依赖于同事、工作角色和其他社会因素。也许正是这种自我意识,构成了为什么某些人总是追求变化的理论基础。追求变化的方式多种多样,可以是技术性的、政治性的,或者是意识形态方面的,但是目标都是一致的,那就是深刻地改变人、经济和政治之间的关系。

社会学家把个人为工作所作的准备看作是社会化的过程。个人把自己看作是社会框架中不可缺少的部分(他们的自尊心在参与和协作的过程中得到了极大满足),社会标准对人们的自我感觉的延续产生了巨大的影响,这种影响甚至超过了早期家庭的影响。这种从家庭到学校,然后到职业的发展路线经过日积月累,渐渐加强。当这个路线的发展受到家庭或社会中严重的关系破裂或其他问题的影响时,人们就要重新建立自信、找回自我。下面是心理动力中心在信心得失上的一些经验。

关于领导者的培育问题,在这里我们有必要提及个人成长的两类轨迹:一类是借助社会谋求发展,社会要求个人领导组织并维持已有的各种社会关系的平衡;另一类则是通过个人奋斗来谋求发展,这种方式促使个人为了追求心理和社会的变化而奋斗。管理天才的发展轨迹属于第一类,而领导者属于第二类。

领导力的培养

每个人的发展都始于家庭。每个人都经历过与家庭、父母分离的痛苦体验。在这一过程中,所有人都难以自我约束和自我控制。但是对于一些人或许是大部分人来说,能够使其完全满足并能拥有足够机会寻求某种回报的童年时光已经一去不复返了。这些人或者说是"单面性"类的人能在期望与现实间寻求到某种统一。

让我们假设,这种分离之苦由于父母的各种要求以及个人要求独立

第一章

的强烈愿望而扩大,以至于小心设防、与众不同等意识割裂了子女与父母间原有的紧密关系或某些重要人物的联系时,情况会怎样呢?在这种情况下,个人将变得更为关注内心世界而忽略了对外部世界的兴趣。对他来说,直接的物质利益已经不能满足自尊心的需要,自我价值实现主要表现在对成就乃至突出业绩的渴望。

如果个体的才能是微不足道的,那么这种自我认可就无从谈起。即使个体很有天分,也不能保证他会取得成就,更谈不上这个结果是好是坏了。在个体的成长过程中,各种因素都会起作用:领导者更像艺术家或者是经常和神经官能症作斗争的天才,他们能力的发挥波动很大,甚至完全丧失能力,同时,在童年以后,管理者和领导者的发展模式还受到特殊人物对他们的影响。管理者的发展是他们的性格温和,而且愿与多方展开联系,领导者则更乐于建立同时也打破紧张的一对一关系。

在生活中存在这样的现象,那就是许多伟大的天才往往是那些漫不经心的人。例如,爱因斯坦在学校时成绩很糟糕,没有人觉得他将来会取得伟大成就。显然糟糕的考试成绩并不能说明能力的缺乏,它可能是由于过分关注自身或者是对身边平凡工作的漠视。打破这种白日梦般的自我陶醉的局面的唯一途径就是与一位伟大的导师或者是能理解他并有能力与他交流的人建立深层次的关系。

当命中注定要从事不平凡的职业时,处于一对一形式的人能通过师徒关系得到迅速发展。个体从上述关系中受益的心理准备取决于其生命中的某些经历,这些经历迫使他们的内心世界发生变化,让我们来看一看德怀特·戴维·艾森豪威尔(Dwight David Eisenhower)的成长历程。[13]

德怀特·戴维·艾森豪威尔早年的军队生活并未预示他后来的发展。一战期间,当他西点军校的同学们都在法兰西前线经历战争时,他感到自己"被深深陷在驻守国内安全地带的单调乏味、百无聊赖中……这是一种不可忍受的惩罚"。[14]

一战后不久,艾森豪威尔这位当时对自己的前途颇为悲观的年轻军官,他要求调往福克斯·康纳(Fox Connor)将军控制的巴拿马去工作,他一直很仰慕这位将军。军队拒绝了艾森豪威尔的请求。这对刚刚因流行性感冒而失去儿子的他来说是个非常大的打击。之后不久,军队把他调到巴拿马去工作,在那里艾森豪威尔忍受着失去儿子的巨大悲痛,仍然在福克斯·康纳将军手下尽职尽责地工作。

在一种近乎父子的关系中,艾森豪威尔本人变成了他那已经逝去的儿子。在高度紧张的局势下,他开始从师学习。在康纳将军的指导下,他进行了刻苦的军事训练,这是一种军事上有益的师徒关系。这种关系对他的影响无法衡量,从职业生涯的表现来看,对他重建信心有很重要的作用。

艾森豪威尔后来这样写道:"与康纳将军在一起,仿佛是置身于一所军事和人性的大学。我无法表达对他的感激之情……在与这位伟大而友善的人交往过程中,我无形中受到他莫大的影响。"[15]

在跟随康纳将军一段时间后,艾森豪威尔的职业生涯发生转机。他受命进入位于莱文沃斯(Fort Leavenworth)的美国陆军指挥与一般参谋学院(The Command and General Staff School),这是军队中最具竞争力的学校。这次委派令人觊觎,但艾森豪威尔十分珍惜。与高中及西点军校时的表现不同,他在指挥学校的工作非常出色,他是班上第一个毕业的学生。

有关传奇人物的心理学传记不断地证明老师在个人成长中的重要作用。安德鲁·卡耐基(Andrew Carnegie)从他的上司托马斯·A.斯科特(Thomas A. Scott)那里获益匪浅。作为宾夕法尼亚西部铁路部门的负责人,斯科特感受到新任年轻电报员的才能和求知的欲望。他一方面让卡耐基承担更多的责任,一方面给他更多学习的机会,这增强了卡耐

第一章

基的自信心和成就感。斯科特并不在乎卡耐基表现出来的野心,相反,他给与卡耐基充分展示其雄心的机会。

导师也要承担风险。他们依靠直觉来发现年轻人的才能。同时,在同下属一起工作时,他们还要冒过分投入感情的风险。这些风险也许不会得到回报,但这对于领导者的培养是至关重要的

组织能培养领导吗?

上面关于领导者培养的例子说明了个人影响和一对一关系的重要性。有意识地鼓励培养领导者而不是管理者在上下层管理者之间建立一对一的关系,同时更重要的是促进了组织个人主义和精英主义的形成。这种精英意识来自于发挥自己才能的渴望和提出大量建设性建议的能力,而不仅是简单的管理。

Jewel 公司以善于培养人才而享有盛誉。该公司的董事长和首席执行官唐纳德·S.珀金(Donald S. Perkins)就是通过跟导师学习而成才的例子。富兰克林·J.伦东(Franklin J. Lundong)是珀金的领导,他这样描述培养年轻人的方法:

"现在的年轻人都希望工作有挑战性,不愿意老待在一个地方做平庸的工作。"[16]

这样的观点和赞成以能力和经验为基础循序渐进走向成功的观点是背道而驰的。这是一个高风险的做法,一方面需要时间去培养上级和下级之间的默契,另一方面则很容易失败,成功的机会很小。

精英意识是一个很敏感的问题。在该公司拥有 MBA 学位的被认为是精英。商学院毕业的学生大都不愿意从事零售业,尤其是食品零售业,但伦东使珀金进入他们的公司。精英意识看来非常有用:珀金在 37 岁时就成为公司的总裁,而且在被公司许以提升机会和成长空间的新招聘的年轻的执行官的领导下,Jewel 公司在保持食品零售领先的前提

下,也开始从事折扣店和药品连锁事业。通过给每一个新雇员以副总管的重任,让他们以合伙人自居,Jewel公司试图建立自己以导师培养领导者的组织结构。为了消除这种在上述方法中提到的精英意识,公司又提出"平均者"的理念,就是珀金所描述的"第一人生助手"。珀金这样说道:

"从典型的组织性意义上来说,成为一个好助手意味着每个管理者都不应该仅仅把自己看成命令的发布者和权威的老板,而更应该看作是给他汇报工作的人的第一助手。这样,我们就能将组织系统运用自如,并很好地寻找领导方法……通过帮助……通过教育……通过听取意见……以及真正民主的意义上的管理……也就是说,和被管理者一致。领导者的满意来源于帮助其他人解决问题而不是自己解决问题而获得的尊重。"[17]

这种说法看来比精英意识更主张人人平等,它增强了年轻人的奋斗意识,因为它认为上级管理者的主要任务就是帮助下级。

人如何学习和发展在美国文化领域中占据主要地位,在商业领域也同样如此。这一神话就是人们是从其同辈人身上学习最精华的东西。由于相互认可的倾向和社会对有特权者的限制,同辈人被他人评估的危险可以忽略。在这一前提下,同辈人之间的培训可以有不同的形式。例如,来自不同职业的同事之间,由于工作的压力,会导致强加于个体的某些特权限制的消失,从而个体之间能够自愿地交流观点。如此发展的结果,就是人们更为自由地交往,更为主动地听取他人的意见,最后就是从这种健康的交往中学会东西。

大公司中还有另一种培训方式。例如荷兰的飞利浦公司,他的公司结构是建立在两群人联合负责制的基础上,一个进行商业运作,另一个负责技术方面的工作。同样,两个人都对区域运作和产量负责,就像案例中说的那样。实际上,这往往是一方负责管理。无疑,双方

第一章

在交往中是平等的。

对此,我提出的原则问题是:他们是否会使这种管理定位永久化,并妨碍高层领导者与未来的领导者之间一对一的关系?

同辈间关系对于进取心乃至个体本能可能产生压抑影响。如另一个比飞利浦小的公司,利用同僚之间的联合责任使公司运转,但它和飞利浦有一个很重要的区别。这个公司的首席执行官鼓励同僚之间的竞争,直至出现一位能够负有更大责任的人。这种混合式的管理方式产生了一些意想不到甚至是一些灾难性的后果。限制竞争很难,对抗会渗透到组织运作的各个层次,并为阴谋诡计乃至小集团的形成敞开大门。

一个大型联合石油公司接受了通过资深前辈对于新手的直接影响以培养领导者的观念。董事长兼首席执行官选拔了一位能干的大学毕业生做自己的特别助理,在他身边整整工作了一年。在年底,这位年轻的助理成为一个部门的领军人,在那里,他被委以重任而非实习生。这种师徒关系可以使新手现场学习如何使用权力,以及如何抵制傲慢自大的权力并发症。

尽管在一对一关系中的双方有着明显的不同之处,这种关系仍然为双方提供了大量的交流机会。在近距离的工作过程中这种交流无疑会使一些管理者感到勉强。《财富》杂志上曾经刊登了这样一个有趣的故事,宝洁公司的一名高管人员约翰·W.汉利如何离开宝洁高管层就任孟山都(Monsanto)公司的首席执行官的经历。[18]汉利离职的原因是宝洁公司的董事长兼首席执行官没有任命汉利为总裁,他将这一职位给了一位副总裁。

总裁明显感到他和约翰无法友好共事,因为凭借丰富的学识,他显得雄心勃勃,急于一试身手并力图展开改革。不仅如此,他还经常顶撞上司。一个首席执行官当然有权利选择和他意气相投的人共事。我对高级管理者容忍来自下属的竞争压力的做法能确保公司健康发展的观点持怀疑态度。至少，以一位可能成为领导者的人的离去为代价的这种容忍无益于公司的发展。

我常常对首席执行官们因为自己的观点受到公开挑战而感到惶恐的频率表示惊讶。有这样一个例子，一位首席执行官为能干而无礼的副总裁感到困扰便采取各种方式，诸如召开会议或通过公司外部的主管进行暗示等以避免和下属冲突。我建议这位执行官正面处理这些不愉快的事情，通过直接的交流，使双方明确他们在权力方面的差别以及对所争论的问题就事论事。

正面对峙同样也是包容的表现。它不仅具有消除歧义面纱的积极作用，也显示了管理文化的特性，这种正面对峙存在的话，也促进了领导者所必需的情感交流。

参考文献：

1. John D. Rockefeller, 3rd., *The Second American Revolution* (New York: Harper-Row, 1973), p.72.
2. Theodore Levitt, "Management and the Post Industrial Society," *The Public Interest*, Summer 1976, p.73.
3. Alfred P. Sloan, Jr., *My Years with General Motors* (Garden City, N.Y.: Doubleday & Co,, 1964), p.429.
4. 同上，第429页。
5. 同上，第440页。
6. 同上，第91页。
7. 同上，第91页。
8. 同上，第93页。
9. Stanley and Inge Hoffmann, "The Will for Grandeur: de Gaulle as Political Artist," *Daedalus*, Summer 1968, p.849.
10. Abraham Zaleznik, Gene W. Dalton, and Louis B. Barnes, *Orientation and Conflict in Career* (Boston: Division of Research, Harvard Business School, 1970), p.316.

第一章

11. 同上，第 294 页。

12. William James, *Varieties of Religious Experience* (New York: Mentor Books, 1958).

13. 此例包括在 Abraham Zaleznik 及 Manfred F. R. Kets de Vries 所著 *Power and the Corporate Mind* (Boston: Houghton Mifflin, 1975) 一书中。

14. Dwight D. Eisenhower, *At Ease: Stories I Tell to Friends* (Garden City, N.Y.: Doubleday, 1967), p.136.

15. 同上，第 187 页。

16. "Jewel Lets Young Men Make Mistakes," *BusinessWeek*, January 17, 1970, p.90.

17. "What Makes Jewel Shine so Bright," *Progressive Grocer*, September, 1973, p.76.

18. "Jack Hanley Got There by Selling Harder," *Fortune*, November, 1976.

第六节　谁会得到晋升?

阿尔弗雷德·W.斯温亚德　弗洛伊德·A.邦德

我们对美国主要公司中超过 11 000 名被提升为总裁或副总裁的人进行了调查,发现一些重要趋势:

> 美国高级管理层的新进入者们比他们的前任和不从事商业活动的同辈受教育水平要高。

> 总裁们大多数的高级学位都是工商管理专业(其次是法学和工程学)。

> 同时,如果考虑到是否"称职",新任总裁并不比他们的前任年轻。

> 大部分提升为公司总裁的人都担任过该公司由内部选举产生的集团副总裁(而不是高级副总裁或执行副总裁),并且担任副总裁的时间不超过四年。

> 由于晋升方式和机遇的变化,高级执行官们变得更具流动性。在总裁候选人拥有越来越高的教育背景和越来越多元化的管理经验的背景下,这种趋势正在上升并且从长期来看应该是有利的。

以上结论来自于我们对 1967 年至 1976 年高级执行官晋升情况的研究。此项研究的主要目的是确定新任的年轻高级总裁的特点,关于这方面的著作还很少。(目前大多数关于美国商业总裁的著作,研究报告和文章关注的都是总裁排行榜上排名靠前的资深人士。)

事实上,我们知道目前还没有一个纵向研究完全依赖于深度调查来分析新任总裁的特点——这些总裁将在下个十年领导美国的商业。我们的研究结果进一步证实了这么一个普遍印象:总的来说,现在美国的

第一章

商业人士见多识广,久经历练——这也正是这个时代对他们的要求。(关于我们研究方法和结果的详细分析,请见本节末。)

良好的教育背景

新一代总裁都接受过良好的教育。与以前相比,大多数人拥有本科学历,越来越多的人拥有硕士学位。事实上,作为一个整体,总裁所受的正规教育水平比大众和他们的大学同学都高。

举例来说,在我们的研究中,没有本科学历的人数比例从1967年的18%下降到1976年的11%——下降了39%。同时,拥有硕士学位的人数比例从1967年的18%上升到1976年的25%——增长了39%(见图1)。

与此形成对比的是,只拥有本科学历的人数比例相对比较稳定。1976年拥有法学学士学位的人数所占比例与1967年的相同,但是拥有硕士以上学历的人数有所增加(例如哲学博士和医学博士)。总体上看,拥有硕士学历的人数比例从1967年的33%增长到了1976年的41%。

这些趋势与早期的研究成果相吻合。[1] 将1976年的研究数据与梅布尔·纽科默(Mabel Newcomer)1950年的数据进行比较,我们发现,(1)高中或高中学历以下的总裁只有1950年的1/10,(2)拥有大学学历但没有学士学位的人数只有1950年的一半,(3)拥有硕士学位的人数是1950年的两倍。

来自其他方面的数据表明了我们的总裁和他们的同龄人的差别。例如,来自国家教育中心的数据显示:在1947~1957年,当60%的总裁完成他们的学业时,国家只授予了其中16%的人以硕士学位。然而对于我们所研究的这60%的总裁,这个比例已经是那时的两倍了。

备受青睐的专业

有关总裁们受教育程度的信息显示，他们之中大多数人的专业是工商管理（占27%），其次是工程学（占26%），以及社会学和行为科学——包括经济学（占22%）。有42%的人在获得本科学历后继续攻读研究生。

工商管理和企业管理硕士学位占据了我们研究样本中的绝大多数人。新上任的总裁中，在工商管理专业取得最高学历的人数比例在1967年至1976年间急剧增长（如图2所示）。在取得工商管理学士学位之后继续攻读研究生的总裁之中，2/3的人取得了工商管理硕士学位，另外1/3的人取得了法学硕士学位。

在获得工程学学士学位后继续深造的总裁中，大约一半人选择的是工商管理专业，另一半选择的是法学专业。在社会科学和行为科学（包括经济学）专业获得学士学位的总裁中，一半以上的人取得了硕士学位或专家职称。在获得工商管理硕士学位的人中，大约有1/3已经获得了法学学位，其余的已获得了经济学或其他专业的学位。

总结总裁们对硕士学位的选择会发现，有45%的总裁选择工商管理作为他们的主要专业。法律专业是第二选择，工程学处于第三位。（有趣的是将近25%拥有法律硕士学位的新任总裁都拥有工商管理学学士学位。）

按行业对数据进行分析，我们发现一些不同点。我们的研究以33个行业（每个行业中至少有200名总裁）为代表。但是其中只有14个行业拥有硕士学位的总裁人数比例高于40%；这些行业包括药理学，房地产和土地开发（该行业律师所占比例最高），投资银行业，通讯，化学，出版印刷，以及电气和电子产品。拥有硕士学位的总裁人数比例低于30%的行业有服装，纺织和建筑。

第一章

图1 获得的最高学历(1967年与1976年)

最高学历	占总裁人数的百分比	
	1967(%)	1976(%)
高中或高中以下	6	3
大学教育程度	12	8
学士学位	49	48
硕士学位	18	25
法学学位	12	11
博士头衔（哲学,医学博士及其他）	3	5

图2 新任总裁取得最高学历的专业(1967年与1976年)

取得最高学历的专业	占总裁人数的百分比	
	1967(%)	1976(%)
工商管理	22	33
工程学	22	18
法学	12	11
数学和自然科学	8	6
经济学	6	6
社会和行为科学（不包括经济学）	3	5
其他	7	6
无法判断	2	4
无学位	18	11

年龄对管理的影响

正如教授们指出学生的年龄越来越小,许多年长的总裁们也声称"前途光明"的职位越来越多地赋予了年轻人。但我们的数据反驳了这种论点。事实上,无论是在1967年,还是在1976年,还是把这十年当作一个整体来看，新任总裁的平均年龄都是 47 岁。每年都有微小的变化，但是总裁的平均年龄仍然相对稳定。

然而，如果根据执行官职位划分，各个职位之间存在着差别。以前曾担任过首席执行官的总裁的年龄在 47 岁上下波动。未曾担任过首席执行官的总裁的平均年龄是 49 岁，而分公司总裁，部门总裁和集团总裁的平均年龄是 46 岁。

副总裁的情况与之类似；执行副总裁的年龄要比集团副总裁或副总裁大 3 岁，而高级副总裁的平均年龄是 47 岁。从总体来看，50% 的执行官年龄在 42 岁和 53 岁之间，在这个区间之外，有 25% 的人年龄低于 42 岁，另有 25% 的人年龄高于 53 岁。

图 3　新任副总裁和新任总裁年龄之间的关系

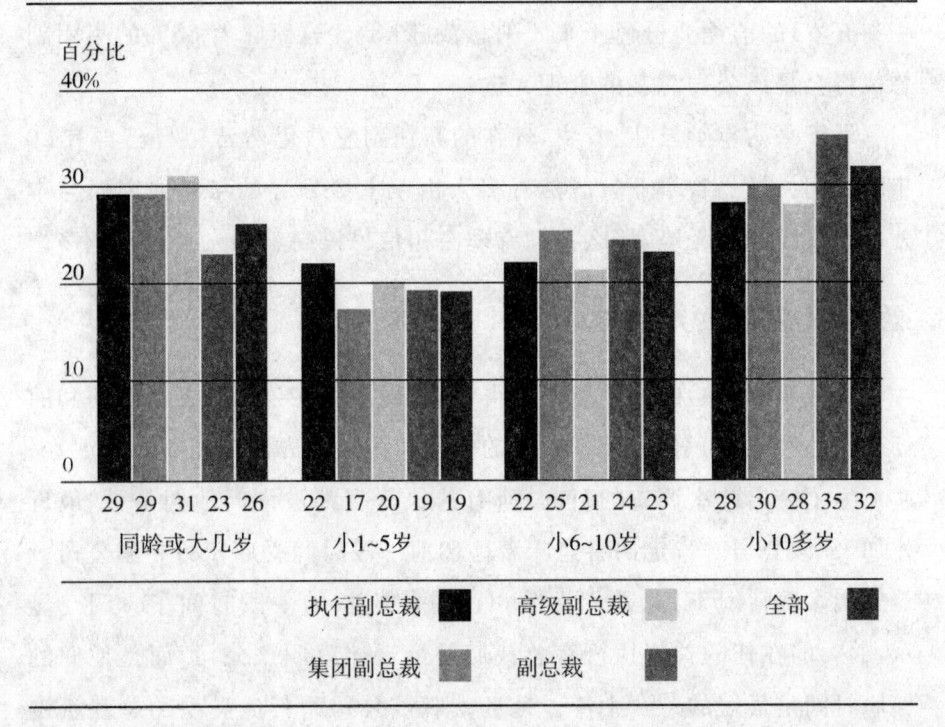

第一章

事业的前景

问卷调查中有一部分内容对执行官们的职业生涯前景有所涉及。我们向6 000多名副总裁询问了该公司总裁的年龄。结果是总裁们的平均年龄是54岁,26%的人年龄在56岁和60岁之间,13%的人年龄超过了61岁。

如果把退休年龄定为65岁,那么我们可以合理地推断他们中13%的人在5年之内将会被取代,而将近40%的人在10年之内将要退休。但是如果假设执行官至少需要五年的任职时间才有资格成为总裁候选人,那么我们发现42%的新任副总裁都会因为年龄过大而不能担任总裁职位。

此外,执行官和高级副总裁(他们往往与总裁同岁或只比总裁年轻一到五岁)的前途要逊色于集团副总裁(图3)。这意味着55%的集团副总裁将会是该公司总裁的合理人选。

尽管平均年龄已达46岁,现在的新任副总裁仍然希望自己再有20年的时间去做一番事业。既然许多人由于上级领导的年龄原因而与本公司的高级职位无缘,那么我们有理由相信另谋高就的人会越来越多。

他们以前是做什么的

总裁职业经验的两个方面值得注意:现在所在公司的任职时间和前任工作的性质——包括前任职位的任期。第一个方面见图4。

为了突出此次调查的目的,所有的执行官都被询问他们是否"最近才加入"该公司。肯定回答意味着他们前一段时间受雇于另一家公司。

大多数情况下,总裁们在公司已有相当长的一段时间了。调查显示,24%的在任的首席执行官总裁们是最近才就职该公司,而且他们的任职时间是最短的——十年。最近就职该公司的其他类型的总裁所占的比率较低,执行官和高级副总裁只占11%。执行副总裁的任职时间最长——16年。总的来看,在这十年间,仅有17%的人是"最近就职该公司"。所有执行官们的平均任职时间是12年。

晋升为总裁之前,执行官一般已在该公司担任过不同职务。尽管他们可能在该公司已经工作了很长时间,但是59%的执行官们在前一个职位的任期少于四年——平均为3.4年。

以前的经验是不断变化的

从一般管理(包括运营管理,部门管理和行政管理)到业务领域(财务管理、市场营销、生产制造、公司策划和其他活动),总裁们都有所了解。四个最常见的领域是运营管理(36%),财务管理(18%),行政管理和市场营销(各占15%)。仅有5%的执行官以前有公司策划方面的工作经验。

通观各个职位所需的经验,我们发现特定职位似乎与特定经验之间有对应关系。各个职位的首选经验是运营管理或是部门管理,43%到65%的集团副总裁和三种类型的总裁需要此类经验(总裁的类型列表见图4)。执行副总裁和高级副总裁第二重要的经验是财务管理,而对于分公司总裁,部门总裁和集团总裁来说则是市场营销。

我们是怎么调查的

在我们的研究中,有11227位执行官在接任美国主要公司的副总裁或总裁后不久参与了问卷调查。数据被及时地汇总和反馈给公司的执行官们。在20 000多名执行官中,问卷的答复率是每年47%至60%;即每年收到800至1 300多份调查问卷。

被调查的总裁因为涉及行业的多样性,很好地代表了美国各个行业大公司的总裁群体。以下是各地区分布表:

第一章

地区	分布(百分比)		
	1967	1976	十年总和
新英格兰	7.8%	8.1%	7.0%
中大西洋	36.1	27.9	35.1
南大西洋	2.6	5.8	5.0
东北中部	28.7	24.5	25.4
东南中部	1.7	2.0	1.8
西北中部	5.5	7.4	6.4
西南中部	4.7	8.8	6.0
山区	1.4	2.9	1.5
太平洋	9.5	9.5	9.6
其他和国外	2.0	3.1	2.2
	100%	100%	100%

我们的研究包括高度多元化的商业活动。以下是几个主要行业部门十年间的问卷回复分布：

行业部门	回复的百分比 *
耐用品制造	48.1%
非耐用品制造	39.2
零售或批发贸易	8.2
商业服务	6.7
金融,保险和房地产	19.4
传统工业	16.2
其他	12.0

* 由于存在多项选择,所以总和并不等于100%。

至少500份问卷回复来自电子、金属制品、化工、食品、石油、零售业、银行业、保险业、公用事业和运输业。36个行业中每一个行业都有至少200位执行官参与调查。

被调查的执行官中,总裁占31%;高级总裁、执行总裁和集团副总裁占29%;副总裁占40%。占总体四分之三以上的执行官们就职于年销售额在一亿美元以上的公司。在较大的企业里,副总裁的聘用率比总裁的要略微高一些。

图4 新任总裁的职位和在现任公司的任职情况

职位	最近加入公司的百分比	公司任期的平均值(年)
总裁兼首席执行官	24%	10年
非首席执行官的总裁	16	13
分公司总裁,部门总裁和集团总裁	17	10
执行副总裁	11	16
集团副总裁	17	11
高级副总裁	11	15
副总裁	18	12
全体	17	12

最近的研究数据支持了该论点:来自于市场营销领域的高级执行官所占的比率已有下降的趋势。其他研究则把下降的趋势归咎于市场环境的变化莫测和对多样化的教育模式的关注。

我们的研究还表明:一般的营销总裁可能不再需要具备相关的教育背景就能到达高层。在我们研究的6 000多名副总裁中仅有17%的营销副总裁拥有工商管理硕士学位,而在财务副总裁中这个比例是30%。我们可以从另一个角度来分析这些数据——21%的营销副总裁没有受过大学教育,相反,仅有8%的财会副总裁没有学士学位。

教育背景和年龄

能够跻身到高级管理层的年轻总裁们比他们的前任受教育程度要高。图5根据新任总裁们的教育背景而不是职位计算出平均年龄。这个图表还表明,拥有工商管理硕士学位的总裁会在较年轻的时候进入高层。

拥有工商管理硕士学位的新任总裁平均年龄是44岁,而拥有其他

第一章

硕士学位——如法学、医学、药理学——的总裁平均年龄是 47 岁。只拥有学士学位的总裁平均年龄是 48 岁,而未受过大学教育的总裁平均年龄是 51 岁。平均年龄的差异表明了拥有工商管理硕士学位的总裁晋升较快;他们比拥有其他硕士学位的总裁要小三岁,比拥有学士学位的总裁要小四岁,比未受过大学教育的总裁要小七岁。

正如我们所预料的那样,年轻总裁们得到晋升的时间比年长总裁们要短。拥有硕士学历的总裁在七年到九年内就会得到晋升,相反拥有学士学位的总裁平均要等 14 年才能得到晋升,而未受过大学教育的总裁需要等 20 年。

高学历的总裁"最近进入"他们理想公司的频率要大一些。例如,26% 的拥有医学或药理学学位的总裁以及 23% 的拥有工商管理硕士学位的总裁说他们是"最近才加入公司"。在只拥有学士学位的总裁中,这个比例降到了 16%,而在没有任何学位的总裁中,这个比例是 12%。

图 5 不同教育背景的新任总裁的年龄

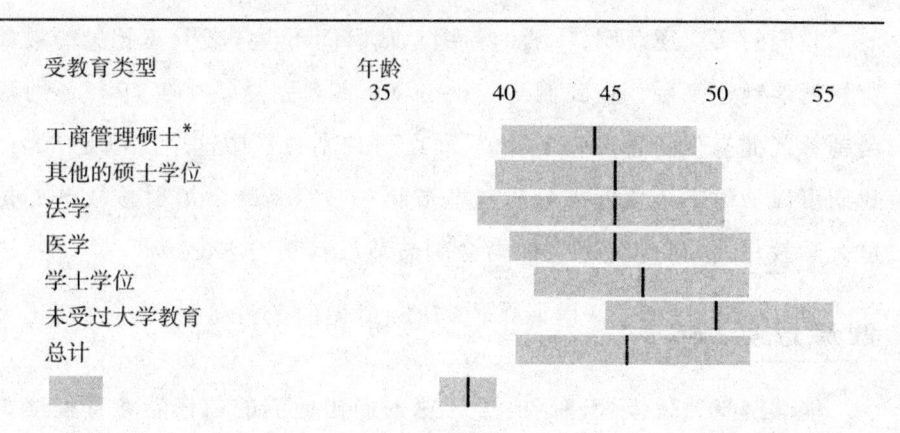

| 受教育类型 | 年龄 35 | 40 | 45 | 50 | 55 |

- 工商管理硕士*
- 其他的硕士学位
- 法学
- 医学
- 学士学位
- 未受过大学教育
- 总计

*包括商业管理的所有硕士学位(工商管理硕士和其他)。工商管理硕士占到了总体的 90%。

根据调查结果，拥有高学历的总裁分布于高层中的各个职位。年龄偏大的执行官群体中有较高比率（高达35%）的人处于总裁职位，正是这些人的教育水平较低。更重要的是，受过较少正规教育的年龄偏大群体中副总裁的人数很少，我们期望的是正规的管理课程能够继续减少未受过正规教育的人数。

现在的证据表明，教育促进晋升的趋势正在进一步增强。在20世纪80年代初，大约有25%的新任高级总裁拥有工商管理硕士学位——比我们所研究的这个十年中的平均水平高了39%。

以往的学校教育重要吗？

关于总裁特征的调查有时把注意力集中于已知的教育和经验等条件而忘记了像意志和进取心这些个人因素的重要性。但是学历和职业因素确实是个人素质的重要指标，正如学校选择的类型——一些传统学校要求更多的个人意志和奉献。图6列举了总裁们获得学位的15家顶尖学府。

从学士学位层面来看，这15家顶尖学校授予的学位占据了总数的30%。然而，从这些学校硕士毕业的总裁的比重还没有达到使我们惧怕的程度，我们不必担心未来的总裁们接受的都是同一种模式的教育。这些教育模式也并不表明只有富裕家庭的孩子才能够进入高级总裁群体。

从毕业学校和专业层面来说，几家顶尖的学校备受关注。哈佛大学居于首位。它授予的硕士学位比率几乎是排名紧靠其后的五家学校的总和。在法学学位授予上，哈佛大学所占的15%比其后的两家学校的总和还多。从总体来看，大多数总裁的最高学位都是哈佛大学授予的。

大企业的领导者们在职攻读工商管理硕士的现象已经越来越普遍。

第一章

这意味着一个明显的发展趋势——越来越多的总裁会在繁忙的工作之余继续受教育。

总的来说,总裁们名列其中的学校名称(包括排列顺序)与最近其他有关商业总裁的研究是相同的。但是这个名单比起早期的研究有了很大的变化。

总的趋势

我们的研究结果与以往的规律一样,突显了教育系统的调整和看待经理方式的改变。由于变化太快,我们只能以十年为一阶段进行分析。

最明显的变化是教育背景的变化;在公司总裁中接受学校和专业教育的人数有显著的提高,没有大学文凭的人数在减少,工商管理硕士学位的重要性稳步提高。未来的总裁会越来越多地从那些拥有高学历的人之中产生。在我们的研究中,没有学士学位或仅有学士学位的人要比同级别的拥有较高学历的人大好几岁。

尽管事实已经表明对专业和学校教育的需求越来越高,但是管理者和咨询家们似乎比较守旧,并不愿承认这些长期趋势的含义。工商管理仍然是刚入学的大学生们尤其是女性们的首选职业,然而像教育和科学这些传统领域所受的重视有所下降。我们的教育系统必须进行相应的调整,不仅要继续提高工商管理的教学质量,更要使大学生们更容易地获得这类机会。

除了教育水平的提高外,另一个值得我们注意的变化是高级总裁流动性的增大。我们认为有相当一部分高水平的总裁可能由于各种原因得不到晋升而不得不选择另谋高就(也许是因为他们在很年轻的时候就已经晋升到了很高的职位,比如像高级副总裁或执行副总裁这些很难离任的职位;也许是他们陷入了与那些同样优秀的同事们的竞争之中)。

图6 授予新任总裁学位的15家顶尖学校

学士学位	被授予学位百分比	法学学位	被授予学位百分比
耶鲁大学	3.6%	哈佛大学	15.7%
哈佛大学	2.7	密歇根大学	6.1
密歇根大学	2.5	哥伦比亚大学	6.1
普林斯顿大学	2.3	耶鲁大学	4.7
康奈尔大学	2.2	纽约大学	3.7
伊利诺伊大学	2.1	福特汉姆大学	3.0
明尼苏达州立大学	1.9	弗吉尼亚大学	2.9
达特茅斯大学	1.8	康奈尔大学	2.6
麻省理工学院	1.7	乔治·华盛顿大学	2.0
威斯康星大学	1.6	芝加哥大学	2.0
宾夕法尼亚大学	1.6	宾夕法尼亚大学	1.9
西北大学	1.6	乔治敦大学	1.8
纽约大学	1.5	伊利诺伊大学	1.5
普渡大学	1.5	威斯康星大学	1.5
斯坦福大学	1.5	斯坦福大学	1.4
总计	30.1%	总计	56.9%
硕士学位		**最高学位**	
哈佛大学	22.5%	哈佛大学	9.8%
纽约大学	6.1	纽约大学	3.2
哥伦比亚大学	4.9	密歇根大学	2.8
麻省理工学院	4.7	哥伦比亚大学	2.7
斯坦福大学	4.1	麻省理工学院	2.7
芝加哥大学	3.9	耶鲁大学	2.6
密歇根大学	3.6	宾夕法尼亚大学	2.3
宾夕法尼亚大学	3.2	伊利诺伊大学	2.1
西北大学	1.9	斯坦福大学	2.0
达特茅斯大学	1.5	康奈尔大学	1.8
康奈尔大学	1.3	明尼苏达州立大学	1.8
伊利诺伊大学	1.2	芝加哥大学	1.7
俄亥俄州立大学	1.2	西北大学	1.6
罗格斯大学	1.2	威斯康星大学	1.5
印第安纳大学	1.1	普林斯顿大学	1.4
总计	62.4%	总计	40.0%

第一章

所有的这些理由都直接导致了对公司内部管理系统进行改革的需求。(新的流动已经出现——据资料显示在1979年末,超过2 000名总裁找到了新的工作。)然而,我们认为高流动率并不会带来混乱;这样总裁不但拥有较高的教育背景也能拥有相当丰富的工作经验。

参考文献:

1. John E. Steele and Lewis B. Ward, "MBAs: Mobile, Well Situated, Well Paid," HBR January-February 1974, p.99; and The *Big Business Executive/1964* (New York: Scientific-American Illustrated Library, 1965), p.34. 后一本书的研究包括从 Mabel Newcomer 获得的数据, *The Big Business Executive-The Factors That Made Him: 1900-1950* (New York: Columbia University Press, 1955)。

第七节　企业化管理核心

霍华德·H. 史蒂文森　戴维·E. 冈伯特

突然间,企业家精神受到了社会的关注。只要我们的大小企业都更具创业特征,商业思维随之发展,我们就能够提高生产率和在世界市场更有效地竞争。

但是创业化管理的含义是什么呢?管理者用诸如创新、灵活、动态性、冒险精神、创造精神和成长导向等概念来界定企业家精神。而另一方面,对该术语的流行观点则是开创和运作一项新的事业。苹果电脑、多米诺比萨和莲花公司的暴发性的成功就是证明。

以上两种定义对希望变得更具创业精神的经理来说都是不够准确的。每个人都希望创新、灵活和有创造力。可以想象,在苹果,多米诺和莲花公司的背后,有成千上万的新的餐馆,服装店和咨询公司也曾试图创新、求发展和展示创业精神的其他动态特征,但是它们都失败了。

至于那种把企业家精神等同于一个企业的初始阶段的观点,我们可以看一份有"美国商业会议功能"之称的麦肯锡公司的最新研究。该研究得出的结论是:许多年销售额在2 500万至10亿美元之间的成熟的、中型规模的公司不断地开发新产品,占领新市场,发展速度远高于全国平均水平。[1]此外,我们都知道,就是像如IBM、3M和惠普这样的世界上最大的公司也仅仅是那些经常进行创新、冒险和有创造力的最著名的公司中的很少几个,更何况,它们仍在继续发展壮大。

所以"创业化管理是什么"的问题就变成了:我怎样能实现运营的革新、灵活性和创造性呢?为了找到答案,我们首先要看一下企业家行为。

首先我们应该摒弃这种观念:认为企业家精神是一种一些人或组织拥有而别的人或组织却不具备的毫无效果的特征。取而代之,我们提出

第一章

将企业家精神置于一系列行为背景下来考察。为简化分析,我们观察管理行为的一些极端状况。

一种极端就是被我们称作激进型的经理,他们总是对自己把握机会的能力充满信心。这种类型的经理总是渴望发生令人惊讶之事,不但希望适应变化还希望利用和控制它。另一种极端是被动型经理,他们对变化和不确定性充满恐惧,倾向于维持现状。对被动型经理来说,可预知性促进了对现有资源的有效管理,而不可预知性却带来危险。

图1 管理者机会矩阵

		期望未来成长或变化	
		是	否
自我感知能力与实现目标能力	是	企业家	满意的经理人
	否	受挫的潜在企业家	上好的官僚

当然,大多数人都介于二者之间。但是,可以肯定的是,经理们越接近激进型一端,就越具有企业家精神,越靠近保守型一端,企业家精神越缺乏(或者可以说更具行政风格)。

就个人利益来说,大多数人会很自然地趋向于激进型的行为模式,他们知道自己的利益所在并努力地追求。一个人最宝贵的财富是智力、精力和经验,而不是金钱和其他的物资性东西,这些正好适合激进型经理。

机会与个人需求之间有着密切的关系。创业型机会必须满足两个条件:第一是它必须能够带来增长或者至少是变化;第二是个人相信有可能达到该种状态。这种关系可以分为图1所示的四种类型。

当个人利益和公司利益不一致的时候,所有规模的公司都会在鼓励企业家精神方面遭遇困境。总裁为了巩固自身的地位和增加自身的收入可能会采取收效显著的短期政策,例如削减成本和降低价格,尽管这些"成就"可能不利于甚至有害于公司的长期利益。

对公司而言,让个人趋向于企业家精神以契合公司的目标和需要不是一件容易的事情。首先,公司必须清楚激进型和保守型的心智模式是如何在组织内部发挥影响的。在随后的几节里,我们要对此进行进一步的了解,并建立一个其分析适于所有规模企业的企业家精神的实质的基本框架。随后,我们用这个框架提出了鼓励企业家精神的建议。

创业化管理的过程

由于企业在市场中处于变化的位置,企业家精神扩张的压力往往被认为来自公司外部。而实际上,是来自于公司内部的高层决策和复杂的等级关系对创业化管理行为形成的限制。做决策时,行政官与企业家沿着截然不同的问题路径。典型的行政官会问:

我控制着什么资源?
什么结构决定了我们组织与市场之间的关系?
我怎样使他人对我能力所施展的影响最小化?
什么样的机会是合适的?
企业家会站在另一个角度问:
机会在哪里?
我怎样利用它?
我需要什么资源?
我怎样才能够获得并控制它?
什么样的组织结构是最好的?
随着我们对企业家思维模式的探究,这两种思路的不同效果将随之

第一章

显现。

机会在哪里？

自然地,第一步要给机会下个定义,它是外部(市场)导向的而不是内部(资源)导向的。激进型经理要不断地与环境相协调以发现有利可图的机会,而保守型经理总想保存现有的资源以防卫外部可能的威胁(见图2,A部分)。

企业家并不仅仅是机会主义者;他们更富有创造性和革新性。企业家不需要开辟新的领域而或许只需要把旧的观念重新融合实现新的利用价值。例如,今天许多新创的微型电脑和软件公司仅仅把现有的技术略微做些改动或是重新包装就可以占有预期之中的新的市场份额。

针对有线电视用户的出版市场的持续至今的衰退为我们如何解读机会提供了例证。1983年,在出现了4 700万美元的税前亏损后,时代有限公司放弃了它的《有线电视周刊》。然而,两名企业家在对时代有限公司的部分资源进行重组的基础上,在宾夕法尼亚的一个镇上创办了《有线指南》,至今仍然蓬勃发展。《有线电视周刊》把目标定位于电视观众,在刊登有线电视节目的同时也刊登广播节目,这当然就惹怒了一些有线电视经营者。而《有线指南》却专注于有限转播节目,因此就取悦了同时负责刊物发行的有限电视运营商。

伍尔沃斯最近遇到的困难证明了机会的改变所带来的挑战。多年来,伍尔沃斯的经营状况非常好,因为在美国的城市和城镇它拥有最好的零售位置。只要最好的零售地点依然是位于城市和城镇的中心,以前的经营方式就运作良好。但是,随着最好的零售点向城郊和高速公路处的购物中心转移,伍尔沃斯放松了警惕,而其他众多商家却抓住了这个新的制高点。为了生存,伍尔沃斯不得不采取防守性战略——在关闭旧的城市零售店的同时,开发二线城郊市场。

伍尔沃斯是许多公司里具有典型性的一个，它们囿于其雄厚的资源优势，没能也不愿意洞察环境的变化势头。由于害怕失去原有的优势，这些公司把机会变成了问题。而另一方面，从企业家的思维来分析，他们认为外在的压力促进了机会的发现。这些压力包括以下方面的迅速变化：

1. 技术。它在开创新的领域同时也使旧的行业关门。微电脑芯片技术的创新开创了个人电脑市场，但是同时也带来了迷你型电脑市场的衰落。这一技术创新给未能迅速觉察到变化的生产者带来了严重的问题。

2. 消费者经济学。它能够改变消费者为新产品和新服务付费的能力和意愿。1970年代中期，能源消耗的急剧上升使得燃木材的炉灶和小型器具很受欢迎，随后产生了太阳能产业及相关产业。但是，同样的压力却使那些在我们的工业经济中占据巨大份额的公司衰退，它们确信可以永远依靠廉价能源以保兴旺发达。

3. 社会价值观。它决定了新的生活方式和生活标准。人们对"身体健康"日益关注为特殊的服装制品、纯天然食品、锻炼中心和其他行业开辟了市场。

4. 政治活动和管制标准。它们对竞争有影响。解除航空业、金融服务业和无线电通讯业的管制虽然会带来更多的产品和服务，但同时也难免会影响卡车运输业、航班和其他相关行业的业务。

不幸的是，革新和寻求机会要花费一定的成本——变革成本，而这正是许多总裁所反对的。与其他的大多数人一样，总裁们倾向于满足例行公事和熟悉环境的安逸。这并不是说他们懒惰，他们只是倾向于行政化管理更甚于创业化管理罢了。导致公司走向行政化管理的内部压力如下：

"社会契约"。外界要求经理们有很强的责任感去雇佣人力、增强生产能力、引进技术和利用财务资源。美国的钢铁工业就是一个社会契约

第一章

失败的著名例子,它曾在1950年代拥有世界上最好的工厂,但是面对日益激烈的外国竞争却没能发展起来。

绩效标准。比起没有实现既定的投资回报率目标,很少有经理是因为忽视发展的机会而被辞退的。商业运作成功的典型衡量标准——生产能力利用率和销售额增长率总是基于对现有资源的利用情况。

计划系统和计划周期。机会不会在计划周期的初始阶段显现,也不会在计划周期的三至五年内存续。好的正式的计划通常是提升组织适应性以获得机会的敌人。

我应该怎样利用它?

辨认有利环境的能力对一个企业家来说至关重要,但仅有这一种能力远远不够。许多有创新精神的思想家并没有实际做些事情。然而,激进型的经理能够很快地识别机会并利用它,就好像是在第一声雷响后就在曼哈顿街的角落里出现的卖雨伞的小贩。

对于保守型经理来说,让其承诺行动是非常耗时的一件事。他们行动很缓慢甚至近乎不动;但是一旦作出承诺,他们就异常坚定,但行动仍然很缓慢。人们把企业家称为"赌徒",因为他们进入或是退出市场的速度非常快。但是仅仅行动迅捷不一定能成功。首先,企业家必须了解他们所从事的领域,随事业发展他们必须能识别相应的模式。

成功的冒险者信心十足地认为事情欠缺的部分会按他们所预期的那样发展。因此,CAD/CAM电器的设计者对应该建立的光驱驱动的工程系统感到游刃有余。凭他们的行业知识,设计者觉得驱动系统将被建立起来,因此他们会先于竞争者推出正确的产品。而另一方面,许多公用事业公司的行为模式就很保守。例如,他们抵制能提高运营效率的数字技术应用,并坚持用电子存储器来读取重要的数据。

从他们承担责任的时机和存续的时间来看,推动公司趋向创业型或行政型的力量是个人、组织和环境因素的合力。见图2的B部分。

行政导向型公司面对的问题是：是否更加谨慎地对待新的机会。行政官们必须与其他的人商议实施什么样的战略并且与他人妥协以达成共识。这样的方法产生的是演变而不是革新。追求完美是利益的敌人。行政官们总是在计划流程归于失败时才看到改变的必要。

以上分析有助于解释为什么美国电子商的经理们总是惊讶于日本的同行能不断地抢先推出从盒式录音机到会发声的计算器之类的电子新产品。这些日本公司和其他成功的以市场为导向的公司发现变化是不可避免的，因此始终要让公司保持一种学习的态度。

行政管理型的公司决策缓慢，因为它一直在研究怎样降低风险而不是在琢磨如何解决问题。许多有关新产品和服务的决策若要征得一致同意就必然会拉长时间。如果一个项目获得每个参与决策的人同意的可能性是四分之三，那么这项工作得到八个人的一致同意的几率就仅为十分之一。许多总裁都会为自己辩护：为什么要那么麻烦呢？（日本的公司已经学会怎样使决策快速地一致通过而不必陷于官僚体制的繁文缛节。）

我需要什么资源？

抓住机会的过程中，为了一直处于领先地位，一些拥有大量资源的机构（如政府部门、大型的非营利组织和大公司）总是试图采用投入大量资源的方式。这种方法的理论依据是：这样做可以降低失败的几率，提高最终的回报。

然而，从我们的观察来看，成功与资源的大量投入没有必然的关系。更重要的是机构本身的创新和资源配置。像苹果和IBM之类的公司，在开发和制造个人电脑时并没有纵向一体化结构。成功的房地产开发商的薪水册上也没有记录建筑商、承包商和房产销售人员的名字。但是，许多采用这些组织形式的公司却取得了非凡的投资回报率和利润率。

第一章

众所周知，"需要是发明之母"。创事业的人会极大地利用公司有限的资源。一位创办了供应计算机外围设备的公司的电脑工程师将会发现她拥有销售技能，这是她以前从没意识到的。一家新开业的餐厅的老板会很快适应给就餐的顾客服务。效率高的企业家能对资源进行最有效的配置。

除了鲁莽地进入市场外，激进型的企业家还背有"赌徒"的名声，因为遇到机会时他们会把所有的资源都投资进来。但事实上，他们把所有的资源都投资进来仅仅是因为他们拥有的远远不够。成功的企业家会寻找成功的平台，在那里他们可以巩固市场地位以便对更多的资源进行控制和进一步寻找发展的机会。他们希望能有更多的投资，但不管怎样，他们在拥有较少的情况下也做了好多事情。

对追求一个给定的机会而言，需要多少资源才能够抓住呢？人们通常对已投进的资源能否获取更大的收益感到担心。企业家面对的挑战和激情的一部分就是处理好这种顾虑（图2的C部分）。

在创业管理中，大部分的冒险就是用不合适的资源去把握商机——不是太多就是太少。例如，当工程的规模远远大于公司的资源能够应对的规模时，房地产投资的失败就发生了。当投资者拿不出更多的资金去应对意料之外的困难和挫折时，他们就失败了。大公司很容易犯这种超能力投资的基本错误。

一些大公司以为凭它现有的资源可以应对所有的机遇。然而事实并不总是这样：一个很好的例证就是埃克森公司（Exxon）曾场面浩大地进入电动机行业，后来却灰溜溜地退出了。大公司容易犯的另一个错误就是拒绝进入新兴行业，理由是这些行业都"太小"了。这就给新企业一个立足的机会，直到后来它们也不容易被驱逐了。

除了要考虑投入资源的规模外，企业家还必须把握好时机。行政型公司倾向于对所有的资源投入仅仅做出一个一次性决定。但是在一个迅速变化的时代,就像我们在20世纪70年代和80年代所经历的,分阶段投入会更好地应对竞争者、新市场和新技术。现在最熟知的例子就是IBM分阶段地全面进入微型计算机软件和硬件市场。宝洁公司的营销方法的"精髓"存在于实验、测试、战略试验和新产品的阶段性展示中。

创业化管理所采取的逐步投入资源的方式所面临的压力主要来自环境,包括:

无法预料的资源需求。当今世界瞬息万变,公司必须知道适时的调整是必要的。突飞猛进的发展使得技术预测具有很大的冒险性,消费者经济、通货膨胀率和市场反应也都很难预测。分阶段投资使企业保持良好的适应性,而一次性投资必然带来不必要的风险。

外部管制的限制。大公司不再说因其拥有森林就可以做它想做的一切事情;环境因素必须要予以考虑。与之相似的是,日益严格的外部管制也影响了公司对不动产的控制。国际上的资源已出现了危机,发生在1970年代的石油短缺已证实了这一点。公司总裁必须拥有控制权才能有效地应对危机。他们已从国际运营中学到教训,但似乎并不愿将其运用于国内。

社会需求。E.F.舒马赫(E. F. Schumacher)提出的"小即是美"的论述和"隔阂使生产者和消费者分离"的观点具有很大的说服力。渐进式投资能使得经理们对一次特定的任务做出最适当的决定。

但是,在我们的许多大公司里,来自相反方——趋向于作出一次性的大量的资源投入决策(也即行政化管理)——的压力有以下几种:

降低风险的要求。经理为了降低风险会用他所掌握的所有资源去把握一次机会,即使这样做意味着浪费财产。这样的投资会增加早期取得成功的可能性而减少最终失败的可能性。强调财产的集中配置使人们认为资源本身能够带来权力和成功。

脆弱的管理任期。公司的总裁每隔一年半到两年就会被提升或贬

第一章

职一次,所以总裁需要尽快取得可衡量的结果。每个时期的现金或收入必须高于过去。你必须取得快速的、看得见的成功,否则你的工作就处于危险之中。

关注激励性的报酬。 对最前沿资源的关注能够很快地带来回报并很容易地带来成效,作为一种补偿,这种回报很容易地就转变为经理的奖金。然而,小规模的战略试验很难快速显现成效,因而在耗费稀缺的管理时间的同时并未对投资回报率或利润率产生影响。

硬性的资本分配系统。 他们认为未来不确定性的结果是可以预测的,至少一年内的结果是可以预测的,因此,单一的一次性决策似乎是很合适的。毕竟许多资本预算系统很难对同一资源进行两次分配。

一个典型的案例是,董事会被要求斥资 100 万美元用作下一年的启动资金,如果成功,未来还需要 300 万美元的投资。董事会根据整个投资量来考虑 400 万美元的回报。他们并没有意识到在投入 100 万美元的阶段就可以做一个预期和判断,而用不着考虑那额外 300 万美元的回报。这样的方法约束了管理者判断力和技能的训练,而这些东西在必要的修改计划和行动中都用得到。惠普公司和 3M 公司是这一规则的例外,他们鼓励进行多阶段的预算需求计划。同意一个项目并不意味着经理就可以一次性地得到所有资金。

官僚化的计划体系。 一项方案可能赢得了 99 人的赞同,却仅仅因为一个人的反对而没有通过。但是,一位企业家即便遭到了 99 次反对,但只要赢得了一个关键性的赞同他就会继续前进。

一旦方案启动,增加资源的请求会把总裁重新带回做决策时的官僚化困境。总裁们会最大限度地估计要承担责任以避免以上问题的发生。

一位独立自主的企业家会因业务需要而安插一个销售人员,但是,公司的经理要安插一个销售人员则要经过一定的程序来批准。经理们有权动用少量利润并根据业绩给予员工分红将对他们有巨大的激励作用。

图2　创业化管理文化与行政化管理文化

	企业家的焦点		行政官的焦点	
	特点	压力	特点	压力
A 战略导向	机会驱动	机会的减少 快速变化的技术 消费者经济学 社会价值观和政治规则	资源驱动	社会契约 绩效的评判标准 计划系统和计划周期
B 抓住机会	快速的剧变	活动方向 狭隘的决定空间 只接受合理的风险 几乎不受支持的决策	渐进式演进	获得大多数代表的认同 关于战略的讨论 风险的降低 现有资源基础的协调
C 资源投入	许多阶段 在每一阶段投入可确定的最小额	缺乏可预知的资源 对环境缺少控制 社会要求对资源的合理使用 国外的竞争 要求资源更有效的利用	一个阶段 完全的资源投入决策	减少风险的需要 激励性的补偿 经理的转型 资本预算系统 规范的计划体系
D 资源的控制	对所需资源的偶尔利用或租借	日益增强的资源专门化 资源的使用寿命比需要的长 被时代淘汰的风险 显机会中存在的风险 永久资源投入的非灵活性	对所需资源的所有或雇用	权力、地位和财务回报 行动的协调 效率的衡量标准 改变的惰性和成本 行业结构
E 管理结构	扁平的、多种非正式的网络型结构	协调不可控的关键资源 层级制度的挑战 员工独立的需要	层级制度	需要清楚地界定权力和职责 组织文化 报酬体系 管理理论

第一章

我应该怎样控制资源？

当说到一家出版公司的时候，我们会想到大量的编辑、排字人员、宣传人员、印刷人员和销售人员。这就是大多数美国最大的出版公司建立的方式。但是，现在许多年轻的出版公司仅由两到三个人组成，他们严重依赖公司外面的专业人士和供应商。一旦它们获得原稿，公司就会雇用一位自由职业者从事编辑工作。之后，出版社与排版公司订立合同对原稿进行排版、印刷并装订成册，然后再找一家公关公司进行促销活动，最后由推销员再把该书推销到商店。

并非偶然的是，最近几年纽约许多知名的大出版公司陷入了财务麻烦，而许多小型的新创不久的出版公司却蓬勃发展。虽然精选原稿和营销决策是成功的决定性因素，但另外的两个因素也很关键：一个是减少管理费用的能力，另一个是要聪明地利用公司外的资源来降低印刷成本。

激进型经理认为，他们所需要的就是利用资源的能力；而保守型经理则认为资源除非自己拥有或登记在册否则就不能充分控制。企业家知道如何很好地利用他人的资源，并且懂得适时把握那些资源的归属权。例如，当产量达到一定水平后，电子产品制造商就会决定：不再冒险让外部供应商提供关键的零部件，尽管他们将为此承受原本转嫁给外部供应商的严重的市场和财务压力。每一个这样的决策都会将企业家向行政型管理者推进一步（图2的D部分）。

因为企业家总是试图避免拥有设备或雇佣员工，所以他们被认为是剥削者甚至是寄生虫。但是，这个特点在今天这样变化多端的商业环境中却是很有价值的，有以下几点原因：

资源专门化进一步加强。一位VLSI的设计工程师、一位专利诉讼律师以及很棒的电路检测仪器对公司来说是必要的，但仅仅是偶尔用到。使用而不是拥有这些资源能够降低公司的风险和减少固定资本。

闲置的风险。技术的快速更新使得自己拥有设备的成本提高,而租用则可以减小风险。

更大的灵活性。使用而并非拥有资源降低了退出一个项目的成本。

等级制度中的权力、地位和财务回报会把组织推向行政型和拥有所有权的一端。在许多公司,对资源所有和控制的程度决定了权力大小、地位高低和获得直接和间接福利的多少。行政官争取资源的所用权基于很多正当合理的理由,主要有:

效率。因为行政官不必经过与他人协商而下达一项命令,方案的实施将更加迅速。此外,由于不必寻找和与他人分享资源,公司可以获得(至少在短期内)该项任务的所有收益。

稳定。效率高的经理希望保护好关键生产技术使其免受外部冲击。为了实现此目的,他们需要控制库存、原材料和分销渠道。另外,所有权还能够使企业精通各种业务并形成可以确认的命令链,而这将不随时间而变动。

行业习惯。如果行业中其他的人都拥有所有权,那么企业就要承担由此带来的竞争风险。

什么样的结构是最好的?

一种压抑的组织结构或令人窒息的等级制度常常激发经理们开创他们自己的事业的念头。由于经理们在试图促使雇员去考虑如何推出新产品或开发新市场时遭遇到"通道"的障碍,他们渴望小而灵活的组织结构带给他的自由。

在组织公司事务方面,激进型经理和保守型经理的心理状态截然不同。通过与主要参与者的接触,激进型经理努力地去感知面前的事务。而被动型经理会很正式地看待这些关系:权力、责任和权威建立在与他

第一章

人和其他部门协商的基础上。激进型经理在没有与决策相关人员接触的情况下就准备采取行动。

影响商业组织的方法是控制资源。为了帮助员工协调他们的行为,公司通过租用必要的资源发展内部和外部的非正式信息网络。但是拥有和租用资源的公司很容易受这些资源的影响而走向层级制度。因为层级制度不仅抑制对机会的搜寻和投入,而且会约束沟通和决策,所以网络方式在大多数公司发展起来了。这种网络型组织常常在矩阵式和委员会结构中形成(图2的E部分)。

组织的评论家经常批评企业家不应该反对正规化的结构,也不应该认为正规化的结构是组织滋生负债的来源。企业家总是被老套地认为是利己主义者并且没有管理能力。以这种观点来看,行政型经理可能并非自然产生和具有很强的革新精神,但他们却是一位好经理。实际上,企业家并不比行政官的管理更糟,只是他选择了不同的方法去完成任务罢了。之所以这样是源自下述压力:

协调不可控的资源的需要。企业家必须要能激励、调动和指导企业外部的供应商、专业人士和其他人员以确保他们随时能为企业提供所需的商品和服务。

灵活性的需要。在今天瞬息变化的环境中,公司外部的大量重要信息的获得使得公司与外部资源的交流变得极其重要。认为层级制能够带来稳定的观念已不合时宜,例如,一家以每年30%的速度增长的公司,仅有40%的雇员三年后还在该公司工作。扁平的非正式组织加速了信息交流。

员工独立的愿望。当今许多的经理仍受1960年代的反独裁主义价值观和1970年代的自我实现价值观的影响。此外,无等级制度的组织里雇员的意识是:权威来源于能力和说服力。他们抵制引入组织结构和使基于层级制度的权威合理化。

当然，层级管理的组织的存在也具有合理性。根据经典管理理论，正式的、权责明晰的组织结构注重计划、组织和控制。阻止企业家滑向行政官的力量有如下几个方面：

更加复杂的任务。由于计划、协调、沟通和控制等职能日益融合，为了保证权威与责任的充分分解和整合，就必须要明确地界定权力和责任。

分层的组织文化。如果企业价值观中要强调惯例和秩序的话，就会倾向于更加正式的组织结构。

基于控制的报酬体系。正如我们前面指出的那样，报酬体系常常基于执行官们控制的可为组织结构所测量的资源数量。因此，报酬激励加强了组织的等级性。

当然，避免增加新的结构比减少现存的结构要容易一些。坐落于加利福尼亚州硅谷和马萨诸塞州128号公路沿线的许多高科技公司，通过减少高层和低层的差别和鼓励团队合作，成功地实现了结构最简化。高层与低层的差别越小，低层经理对高层经理的有关运营方面的抱怨和建议的束缚越少。期望秩序的经理对非正式的气氛可能会感到不习惯，但是这种非正式气氛带来的协作和激励却是很重要的。

机构繁多的公司有可能削减多余的机构。西尔斯罗巴克公司对员工进行整顿并授予每个工作单元更多的自主权。与许多其他公司一样，丹纳公司认为削减"辅助员工"有助于提高绩效。

激发企业家精神

以上的讨论已经清晰地表达了我们的信念：企业家精神是一种特性，它并非仅限于为某些特定类型的个人或企业所拥有。显然这种精神会更多地存在于年轻的小企业甚于历史悠久的大公司，但这仅仅是因为前者所面临的环境促使它这样选择。

第一章

对很多人来说,想成为公司老板的理想和经济上自力更生足以激励他们去寻求机会。由于资金有限,这些冒险家常常被迫逐步投入资源,并且是租借或利用资源而非拥有它们。同样,他们畏惧等级制度;对他们来说,组织最重要的就是能够对机会快速地做出反应。

即使如此,许多小企业仍然推崇行政化管理模式。业主们不敢冒险,可能他们进行了其他的经济活动,如进行了房地产和股票投资,支付孩子上大学的费用或支付退休保险。也许他们只想着平稳的发展,所以他们经营只是为了维持现状而已。

政府在刺激或抑制企业家精神的开发方面大可作为。政府最近几年的降低资本所得税和解除对某些行业的管制的政策就有效地鼓励了新行业的形成与发展,否则它们极可能今天根本就不存在。同时,对健康、技术和材料科学的基础研究也创造了一个产生机会的基础平台。

同样,我们的大学教授工商管理课程的方式对企业家精神有直接影响。在许多这样的机构设置了企业家精神方面的课程与科系,这将大幅增加采取高效方式追求机会和管理资源的年轻经理的数量。

当政府部门和教育机构创造了有利于企业家精神发挥的环境后,各个组织就有了繁荣兴旺的条件。那将意味着鼓励适时地追求机会、最适当地投入和利用资源,也意味着层级制的瓦解。

因为公司必须从习惯性的行政管理模式中转变过来,所以这些目标很难达到。我们可以看下面的机会矩阵,该矩阵与本文前面已说过的图1相似。如图3所示,图的左面要求战略聚焦并且灌输给组织的全部思想是我们接受甚至渴望变革。向图上方移动预示着公司的长官们认为他们的组织有能力得到需要的资源。为了培养这种观念,公司的领导层可以:

测定发挥企业家精神的障碍。经理主要的酬劳来源于配置公司现有的资源吗？只有当经理有富余的时间时他才会考虑寻求组织外的机会吗？管理层和董事会是以全部肯定或全部否定的一次性裁决的方式评判机会吗？领导必须通过好多层的同意才能使资本预算和增加雇员的决策通过吗？

寻求去最小化个人承担的风险。如果一个人行为举止像保守者就获得提升，而激进类型的人不被免职就被搁置，那么就不可能鼓励冒险。把握机会失败后，领导要减少个人的损失，尤其当失败是由外部原因造成的时候。为说服怀疑型经理相信风险已经减小了，领导层必须不但要把培养企业家精神作为组织的目标，而且要消除衡量下属成功与否的底线标准。

开发任何可以利用的资源。许多公司所拥有的巨额资源能被明智地投资。事实上，资源的庞大是降低风险的重要因素。毕竟，资源本质上可以降低开发机会的风险。充足的资源可以为彻底地寻求机会提供帮助。况且，如果追求的机会足够多，即使一些失败了，仍会取得最终的成功。

制定合乎形势的报酬体系。对一些人来说，最重要的激励因素是通过拥有处于增长状态的公司的所有权而变得富有。那么，对于一个新建或处于发展初期的企业来说，内部公平或许是鼓励部分雇员表现出企业家行为的最好动力。大公司在没有提供报酬的情况下，不要指望能采取这种方法。（这些公司的经理们也常常被包括安全和成长责任在内的其他目标驱动。）那么，为了公司进一步发展壮大，公司领导层必须兑现对团队的承诺和奖励为工作的成功付出了巨大努力的优秀企业家。

对公司而言，待在熟悉的领域发展远比开拓未知的领域更容易和安全。但是只有鼓励变革和试验才能使各种规模的公司在很不确定的环境下适应和成长。

第一章

图3 公司机会矩阵

		期望未来成长或变化	
		是	否
相信有能力影响竞争环境	是	富于适应性的创业型组织	成功而不得意的市场领导者
	否	伺机挑战现实者	官僚化的混沌的组织

参考文献：

1. Richard E. Cavanangh and Donald K. Clifford, Jr., "Lessons from America's Midsized Growth Companies", *McKinsey Quarterly*, Autumn 1983, p.2.

第二章 成功篇

旦你对自己的自我形象和个人理想有了定位,将它和管理者的工作相比较,发现它有别于你想要从事的行业,还要求你进行创新,那么你可以参考这章的内容。对此的基本了解是职业生涯规划的基础,也是理解以下问题的基础。

这些问题是:1.职业路径是怎样的?2.人们是怎样沿着这些路径前进的?3.其轨迹和陷阱是什么?这些问题将在以下章节中加以讨论。这也许就是绘制职业生涯规划图。

约翰·F.魏格(John F. Veiga)在《管理者在任何地方都会流动吗?》("Do Managers on the Move Get Anywhere?")中提出几个关键问题。他描述了流动型和非流动型的管理者的两种不同职业路径。其中一个重要方面是,组织和管理者都把职位流动等同于晋升。他指出了什么是一个典型的职业生涯以及其中发生一些什么事情。

不管你选择了哪种路线,迟早都要掌管一个组织、公司或活动。有时这个过程需要很长时间,有时你又会迅速得到升迁。在《何时由新任管理者来负责》("When a New Manager Takes Charge")中,约翰·J.加巴罗(John J. Gabarro)分析了接管的过程和他的特殊职责。他研究了新任管理者如何了解和把握形势的五个可预知阶段。在此,加巴罗强

第二章

调,必须明确你对自己和他人的期望。

罗莎贝丝·莫斯·坎特(Rosabeth Moss Kanter)在《管理过程中的权力失效》("Power Failure in Management Circuits")中阐明,当管理者没有足够的权力去做他们所要完成的事情时,就出现了管理失效。她认为,权力是通向资源和信息的途径,是完成更多事情的自由,是把更多的资源和信息传递给下属的能力。简言之,权力就是"权势"。她区分了管理者必须注意的激励性权力和压制性权力。

戴维·C.麦克莱兰(David C. Mcclelland)和戴维·H.伯纳姆(David H. Burnham)精辟地论述了"权力是最大的激励因素"。他们指出为了组织的利益而影响他人行为是激励管理者的动力,也是他们的内在需要。因此,管理者渴望获得为组织服务的权力。这就是学者们所说的权力动机。当管理者仅仅获得了获取自身利益的权力时,他就会心不在焉,可能不会顾及到组织的利益。权力对一个卓越的管理者来说至关重要,是实现个人理想过程中的一个关键因素。然而,对于有前景的管理者和现任管理者来说,知道他们所追求的是哪种权力是至关重要的。

约瑟夫·C.贝利(Joseph C. Bailey)从他对高级执行官的研究中得出结论:"首席执行官的主要任务是解决规范和价值之间的冲突。"他在《总裁工作的成功途径》("Clues for Success in the President's Job")中提到,执行官的成功更多依赖于限定的整个空间而不是执行任务的单个情节。贝利在他对执行总裁们的研究中发现,他们最明显的共同特征就是有效应对压力的能力。在戴维·C.麦克莱兰和戴维·H.伯纳姆看来,由于经理有很强的权力倾向,他们认为自己也是可以牺牲的。他也谈到了其他能力,如模范人物的影响,认为以上所有能力都与从事管理职业息息相关。

第一节　管理者在任何地方都会流动吗?

约翰·F. 魏格

只需要花几个小时听听中层管理者谈论他们的职业生涯规划,就会发现他们都很关心流动的问题。有些人由于晋升太慢,就会产生焦虑情绪和挫败感,如"我担心如果我得不到晋升,那就一切都结束了……我的事业也就完了"。另一些人也对稳定工作的前景感到失望,如"我难以置信,有人会对从事同一工作达五年之久而感到满意"。没有人愿意被看作是一个停滞不前的人。

许多管理者认为流动是成功必需的元素,一些人则认为流动是成功的代名词。遗憾的是,当管理者们加入到流动的洪流中时,却对其规则和后果知之甚少。

无独有偶,很少有人知道怎样从事职业管理以及关注其实现。高管层的流动往往备受关注,尤其是在尤金·E.詹宁斯(Eugene E. Jennings)的著作中,[1]但却很少有人关注中层管理者的流动,而他们恰恰最容易受流动观念的影响。

在过去几年大规模的研究中,我对美国从事制造业的三家大公司的管理阶层,包括总裁级别进行了调查,每家公司都拥有超过十万名员工和十多家工厂。除了让每个被调查者写了一份很长的职业生涯回顾外,还让他们填写了一份关于工作态度问题的调查表。为了使调查结果更加详尽,我还对其中100多名经理进行了进一步面谈。有1191人参与了此次调查,他们中的所有人都受过大学教育,年龄在29岁至64岁之间,平均年龄46岁,97%的已婚,95%的有孩子,他们在公司中业绩显著,占到了市场份额的29%。

在此项调查中,因为只有36位女性参与调查,所以我未能对女性的

第二章

职业生涯做研究,因此也不能对这份分析结果做性别差异分析。

本文通过对以下四个问题的阐述来表明研究重点。

1. 管理者是怎样流动的?
2. 典型的职业生涯是什么?
3. 流动型经理是一个独立的类别吗?
4. 流动的回报是什么?

管理者是怎样流动的?

为回答此问题,我从流动方向(晋升、平级或降级)、流动性质(组织外、组织内还是地域性迁移)和流动频率(流动的相隔年数)等方面对6 332个职位进行了调查。

真的升职了吗?我研究的大多数管理者认为他们的流动方向只有一个——向上晋升。他们的报告如下:85%的人晋升(责任增加),12%的人平级流动,仅有3%的人降职(责任减少)。在职业生涯的中期,平行流动变得十分普遍,到了后期,降级流动的比率逐渐上升,但管理者们仍然认为70%是晋升,仅有3%为降级。尽管没有办法来区分流动的实际方向,但公司流动的总体数据显示——晋升占40%,横向流动占51%,降职占9%——毫无疑问,管理者对流动的理解存在严重的扭曲现象。

在许多公司,以下两种普遍作法掩盖了流动的真相。第一,即使有也只是很少一部分高层管理者会告诉经理们流动的真实意义。更多的情况下,老板会告诉你此次流动是个"真正的挑战"、"一次成长和发展的机会",或者"一项及其重要的工作"以及在少数情况下"一次较小发展潜力的横向流动"。第二,管理者承认他们没有想确定"流动的实质"的想法——他们愿意听到和对别人说"发展"——他们也很难区分该流动是否真如所说的那样美好。对于横向流动,以及部分降级流动,许多大公司会给予加薪、新的头衔,或者其他难以捉摸的好处,例如,"我希望你能喜欢在我们最新的工厂里工作"。

虽然经理们很容易说服自己将横向流动看成是晋升,我还是对他们如何看待降职感到好奇。在接下来的调查中,我有幸与五位最近被降职的管理者谈话。在高级管理层的眼中,降职经理的流动是真正的降职,而在他们的眼中却并非如此。其中的一位信心十足地辩称他们是横向流动。"这次流动的初衷是给我们一次看到各个部门是如何协同工作的机会",还有一位将他的流动认定是"一次真正的晋升——一个新的挑战",在我研究的五个案例中,高级管理层给予了安抚和误导(初衷是好的),其中只有一位管理者看得很清楚,他确实被降职了。

弗雷德·H. 戈德纳(Fred H. Goldner)对降职的大量研究表明,此种方法被广泛应用是因为"组织倾向于用模糊态度来掩盖降职的事实"。研究表明,公司里的许多流动尤其是横向流动,人们很难辨明它是否是一种降职。[2]

组织中的高级管理层不是唯一美化降职的人,证据显示中层管理者也起到一些作用。几名被降职的中层管理者在问卷调查中提出了冗长的解释。其中一位写道:"组织需要减少我的工作责任,但这只是暂时的。"另一位写到:"我接受了这个职位,因为我相信它会带来更好的前景。"还有一位写道:"我的薪水没有减少——只是我的头衔没以前那么长了。"短短几句话语揭示出了他们的矛盾心情,他们更愿意把降职看作是暂时的,或者认为降职并没有使其地位下降。因为降职带来的严重的潜在的自卑感使得人们拒绝接受和聆听事实真相,因此可以理解大多数的高级管理者都不愿意直接承认降职的事实。

下次该去哪里?最近几年,高层管理者在试图调任管理者及安排其家属时遇到了越来越多的阻力。家庭的问题,这里不包括双职工所遇到的问题,给调任带来了巨大的压力。那么,大公司的管理者被调任的频

第二章

率是多少呢?

在我所调查的有关典型职业生涯档案的三家公司中,35%的在职业生涯中期涉及到了调任。接近50岁时,每次调任都有50%的人要面临重新安家的问题。随着双职工家庭数量的增加和管理者价值观的改变,这种趋势会有显著的改变。但如果管理者愿意流动,重新就职的现象仍然会存在。虽然对一些人来说这种方式让人痛苦,但他们中的大多数都认为以后的回报会大于现在的付出。一位36岁的工程师告诉我说:"十年中我调动了四次,我的家庭很喜欢这样的经历,我们可以结识新的人,看到新事物。孩子们总问我:'下次我们去哪?'"

职业档案也表明,很少有管理者改变对公司的忠诚——仅有10%会改变。一般人都不愿意跳槽,尤其是在职业中期以前,但也存在例外,有一位接受我采访的管理者,就以自己在37岁时已经在七家公司任过职为荣。其他人虽然没有认真地找寻和思考其他的工作机会,但也从不排除离开的可能性。总的来说,年轻人易推崇这种"不升即离"战略,然而实际上在到达职业中期阶段之前,两次脱离公司的人数少于10%。

他们晋升得有多快?管理者有十足的信心能够发觉"快爬者","有希望者"和"朽木",然而,当被问到"多快才算快时",答案却各不相同。有的人认为两到三年算是快的,另一些人却认为那很正常。更有甚者,有些认为每四年或五年流动一次就算是快的了。在某些情况下,管理者的回答反映出他们对流动缺乏经验;另外也反映出他们的悲观情绪。总体来说,管理者们很少对流动有着准确的理解。

图1表明了一般流动率的变化情况。一般情况下,每3.5年流动一次,还有的每12个月和每12年流动一次。如果职业路径表现得不活跃,25%可以呈休眠状态,反之则流动很快,每一年或每三年流动一次。虽然,年长的经理由于年龄原因更不愿流动,但年龄因素本身并不能完全说明流动频率问题。(多数情况下,我所调查的行业中的平均流动频

率保持稳定,包括电子业、银行业、保险业、重工业和轻工业,仅因组织规模和行业增长率不同而有所变动。)

图1 职业流动率分布图

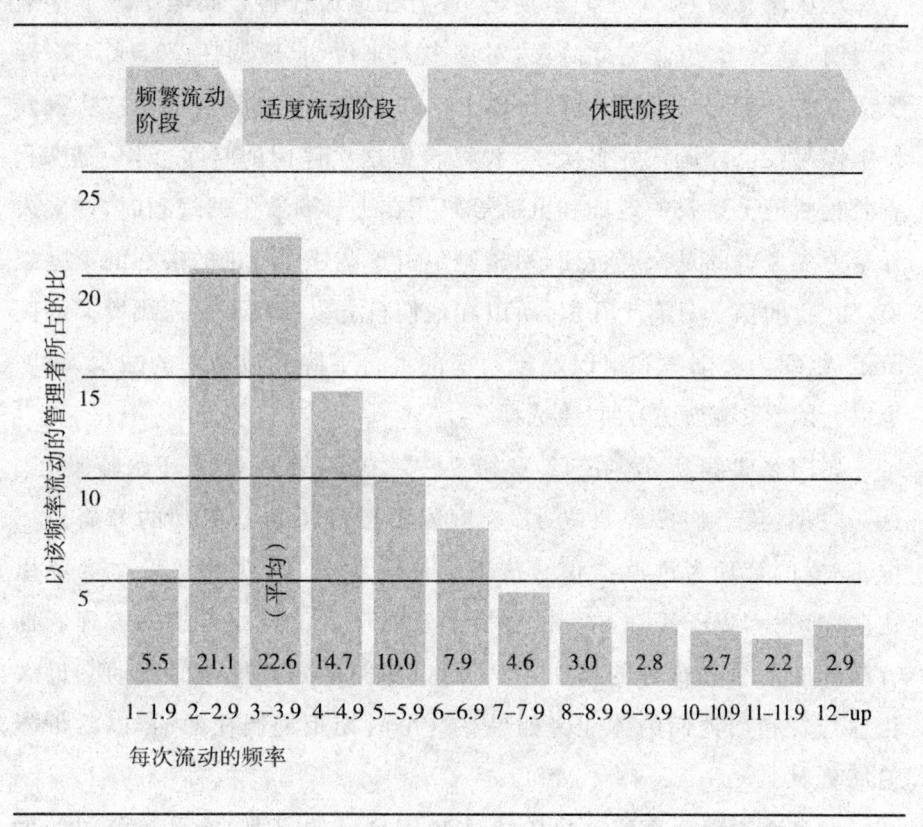

| 频繁流动阶段 | 适度流动阶段 | 休眠阶段 |

纵轴:以该频率流动的管理者所占的比
横轴:每次流动的频率

1-1.9	2-2.9	3-3.9(平均)	4-4.9	5-5.9	6-6.9	7-7.9	8-8.9	9-9.9	10-10.9	11-11.9	12-up
5.5	21.1	22.6	14.7	10.0	7.9	4.6	3.0	2.8	2.7	2.2	2.9

什么是典型职业生涯?

管理者职业生涯的初始阶段职业流动较频繁,然后会逐渐下降。年龄和地理流动性($r=0.55$)、内部流动($r=0.43$)、组织间流动($r=0.41$)之间的重要关系可以证明这个结论。如图2所示,按年龄层次来划分流动类型,当基本趋势中断时,每条曲线表示一种职业的持续时间。例如:

第二章

在 42 岁到 54 岁这个年龄段,由于调任管理者的人数增加,地理流动曲线趋于平稳,随后在 55 岁时开始下降。下面,让我们对每种类型进行分析。

地域间流动:在事业的早期,管理者在地域迁移方面经历一个逐渐减缓期,直至 42 岁。在此阶段,对许多人来说,异地调任已经成为一种生活方式;大部分人调任过两次以上。许多人开始感到疲劳说:"从我开始工作起我已经调任好多次了,我只希望这次停留的时间会长一点,我有时竟然记不清我的地址和电话号码。"在进行职业生涯规划时,许多人开始更多考虑的是家庭责任,尽量避免由于调任而带来的潜在的家庭裂痕,如"我的孩子只有十几岁,所以在他们自立以前我不愿意跳槽。"如图所示,组织内流动率和组织外流动率的平行下降和流动率的减少,表明了以上因素影响了个人职业选择。

如图 2 曲线所示,在 42 岁和 54 岁之间,管理者又开始流动了。这一时期,孩子们已经自立了,家庭因素已经不再是流动的障碍。一位 45 岁的管理者说道:"我的孩子都已上大学了,我的父母在佛罗里达居住,我和妻子正在寻找机会换个新的环境。"经验丰富的管理者拥有广阔的前景和良好的技能,公司通过部门之间有规律的流动来最大化地开发利用他们的才能。如果在这个时期拒绝调任的话,以后可能追悔莫及。

大多数管理者直到这个阶段才知道自己的需要,感受与公司的融洽。但随着越来越多的妻子参加或重新参加工作,会产生更多潜在的不和谐。公司不仅会放弃调任到其他地方这种使人获得新生的工作方式,并且降职的情况会比以前更多——这种势头已经出现了。[3]结果,很可能会出现这种状态:管理者的职业会比现在趋于平稳,甚至会急剧地走向停滞。对管理层来说,在这种情况下使还有 15~20 年工作时间的管理者保持积极性,是个巨大的挑战。

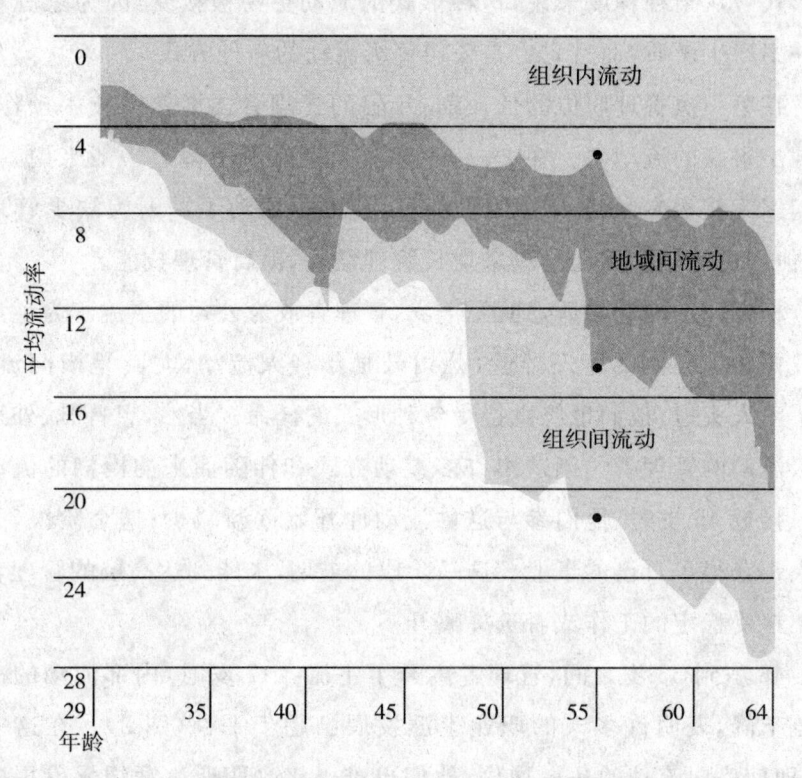

图2 管理岗位职业生涯流动频率示意图

（纵轴：平均流动率 0、4、8、12、16、20、24；横轴：年龄 28/29、35、40、45、50、55、60、64；曲线类型：组织内流动、地域间流动、组织间流动）

注释：用回归曲线表示数量化的流动类型。曲线在每个事业阶段上下波动，表示每种流动类型。采用分别计算流动率的方法表现流动类型。通过要素分析，把流动率归为三类，代表71%的变化趋势和整个流动频率。

54岁之后，地理流动曲线明显下降表明，年龄大的管理者对工作机会已不再感兴趣。54岁之后，工作已趋于稳定，任何形式的调任都可能是一种降职。职业中期的管理者愿意异地调任是因为他们认为会带来更多机会，年长而稳定的管理者却不这样认为。除非高层管理者能够提供独特的理由或是极具诱惑力的条件，大多数年长的人都不愿调任。一位61岁的管理者的话做了最好的总结："调任对我会有什么好处呢？"

第二章

　　组织内流动：在职业生涯中，管理者内部流动的次数多于其他的流动形式。从某种程度来说，这种形式的流动更易被接受，因为家庭和事业并不产生矛盾，而且它也是公司等级流动的一种方式。

　　在第一次管理职位的任命前，年轻的管理者逐渐熟悉技术操作时，表现出很高的流动率。在29~36岁流动率有所下降。一般来说，一旦他们因为技术专长进入管理职位后，就很少流动了。因为缺少管理经验，他们更愿意利用此阶段来增长管理经验，提高管理技能。

　　积累一定的经验后，到了37岁，管理者成为公司的主流。为了培养和发挥他们成熟的管理经验，公司鼓励年轻人流动，尤其是横向流动。为了出人头地，他们也愿意接受各种形式的任命。当然，想晋升、外迁和平级流动的管理者们创造出许多流动方式和伴随而来的模糊的流动方向。接近46岁时，他们参与这种流动性开始逐渐减少；这个阶段，大多数人都获得了自己的事业。这一阶段的末期，未能到达高层的管理者不得不接受稳定的工作或者选择离开。

　　48岁到55岁之间，管理者离开了主流。47岁时，内部流动的次数急剧下降，表明许多人的职业生涯发展已趋于平稳（图2）。在这一阶段，即使横向流动的几率加倍，他们也难以接受职业生涯缓慢发展的事实。那些愿意把他们的流动界定为晋升的人使用"责任和贡献的延续"而不是"责任的增加和发展"这个字眼。

　　组织间流动：我在研究管理者的职业生涯期间发现，他们的组织内流动，虽然不一定是公司内的异地调任，要多于组织间的流动。流动最多的阶段发生在32岁以下。这也证明了年轻人容易跳槽的论断。事业中期以后，流动次数的下降表明组织间的流动急剧减少。

　　经历了最初的跳槽阶段后，32岁至39岁之间管理者开始致力于发展业绩。许多人发现跳槽后未必会有更大的收益，理想中的职位仅是一个幻想而已。一旦他们进入公司主流获得管理职权后，他们会全身心地投入工作。许多报道宣称他们找到了合适的位置。此外,在大多数人看来,向另一家公司流动同时会带来职位的重新安排,他们认为这一阶段不适合流动,因此对他们的吸引力也不大。

在39岁至48岁这一阶段,曲线开始平稳,表明管理者进入第二个跳槽阶段。正如早期我们所看到的那样,公司内部的流动也开始增加。以上现象暗示了个体已达到了他的事业成熟期,随之而来的是对职业选择的焦虑。

如果事业没有达到预期的愿望,管理者比以前更愿意寻找新的工作机会。由于年龄和收入因素,处于职业生涯中期的人们会发现机会减少了。当同事们已达到总裁阶层,而且留给自己做到高层管理者的时间越来越少时,一些中层管理者会迫切希望成功。正如一位46岁的管理者透露:"在这我真的非常开心——我从来没想过自己会离开——但我知道,现在是一个生死存亡的时刻——我还很年轻,我不想放弃。"

这一时期,跳槽频率的增加与人们向中年过渡有很大关系,例如永远不可能成为高管,也就是丹尼尔·J.莱文森(Daniel J. Levinson)所称的"幻觉的影响"(de-illusionment)。[4]此时人们的事业和生活中还会出现大量心理问题。[5]当然我们无法确定跳槽频率的增加在多大程度上造成了事业中期的危机,但可以肯定的是大多数管理者开始重新审视他们的职业生涯目标和计划。对有些人来说,换个工作是正确的选择;而对另一些人来说那是唯一的选择。

48岁以后,管理者如果没有进入高管层,那么他们的职业生涯中的机会也就随之急剧减少。虽然他们努力工作,但他们所期望的薪酬、地位会与实际所得到的相差甚远。同时,他们还有德鲁克所谓的"金色桎梏"的投资顾虑,如养老计划、股权等,这些也都成为跳槽的经济顾虑。所有这些就导致管理者在48岁以后,组织间的流动开始持续下降。

第二章

图3 职业通道指数：流动型管理者与非流动型管理者

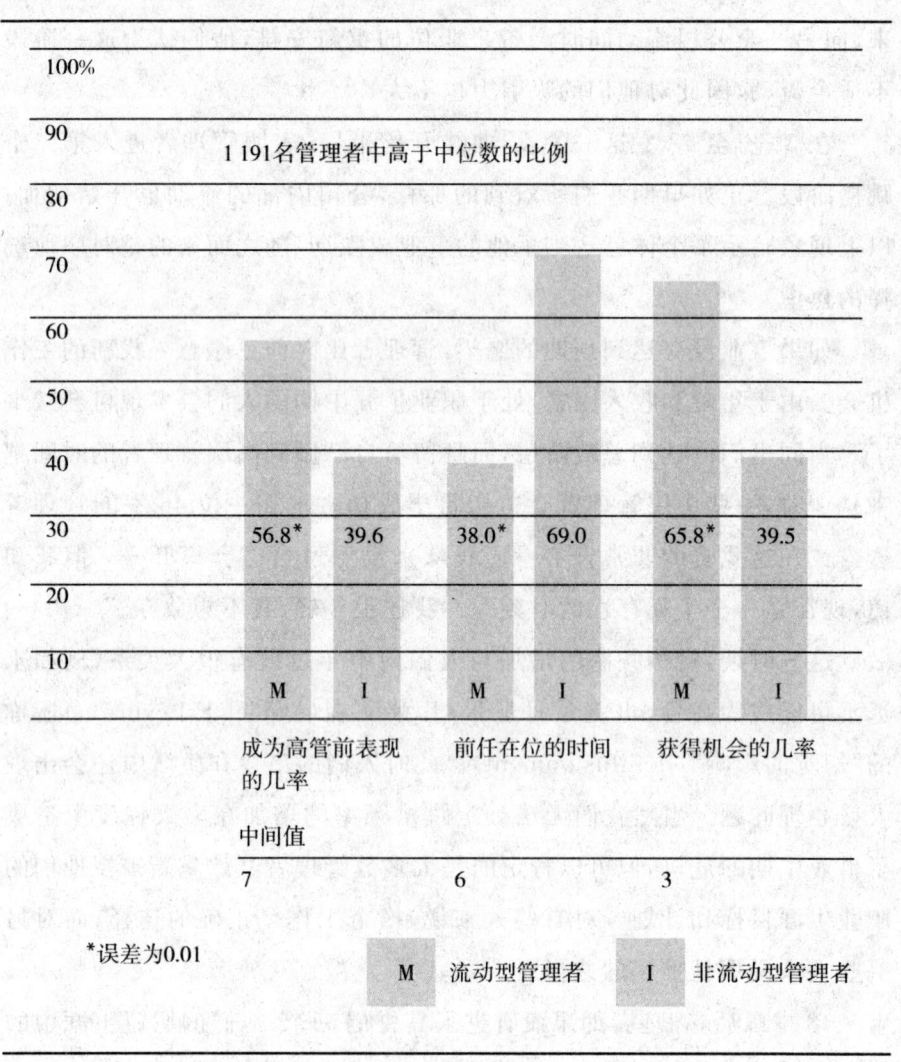

	M	I	M	I	M	I
	56.8*	39.6	38.0*	69.0	65.8*	39.5

1 191名管理者中高于中位数的比例

成为高管前表现的几率	前任在位的时间	获得机会的几率
中间值		
7	6	3

*误差为0.01

M 流动型管理者　　I 非流动型管理者

流动型管理者是一个独立的类别吗？

在本文中我把管理者分为两类，低于3.9年流动一次的称为流动型，高于4年流动一次的称为非流动型。同时把他们分成两组——560

名流动型和 631 名非流动型。两组成员拥有相似的物资条件、家庭大小和受教育程度，他们来自公司的各个部门。流动型管理者的平均年龄是 45 岁，非流动型管理者的平均年龄是 49 岁。

虽然以上条件相似，但二者的流动类型具有实质性差别。流动型管理者平均每 2.9 年流动一次，而非流动型却是它的两倍还多，每 6.9 年流动一次。一般来说，流动型管理者在前一个位置上的时间不超过 2 年，而非流动型管理者在前一位置要待上 4 年。流动型管理者在事业中保持快速变动的步伐，而他的同行们要比他慢得多。

除了步伐上的区别外，流动型管理者比非流动型管理者更愿意调往其他地方（39% 比 28%）。显然，职业流动和重新安置职位的意愿之间具有很强的联系。令人奇怪的是，流动型管理者不易对组织产生过多的职业期待，他们一般跳槽的公司数不会多于两家；喜欢待在家里的非流动型管理者最多跳槽一次。两组人都认为自己的流动是晋升，从每年大量的流动数额来看，很难理解他们的流动都是晋升。然而，考虑到他们为了流动而背井离乡，有职业期待的管理者有理由将他们的流动看作是一种发展。毫无疑问，这两组人有着截然不同的职业经历，包括职业路径和职业动机。

他们的职业路径有何区别？成功的含义是在合适的时间处于合适的位置。调查中，很少有管理者否认才能和经验的重要性，但他们都认为有些人的职业路径较之其他人提供了更大的发展潜力。尽管影响职业流动的因素有很多，我详细研究了其中的三个——接触高层的机会、前任者的任期以及职业机会（图 3）。

1. 接触高层的机会：一般而言，管理者们表示有 14% 的项目时间需要接触高层，而其中又有 50% 的时间花在得到高层认可上（由于有效的接触取决于高层的认可，我把两个数字相乘得到一个可信指数——14% 乘以 50% 中值为 7%）。正如我们所料，根据流动型管理者的自我估算，

第二章

他们的职业路径较之其他人有更多的有效接触高层的机会(57%,比中值40%要高)。

他们能有如此多接触上层的机会是因为经常换工作。从流动率来看,他们在部门之间进行广泛的接触。有了这些经验,其他管理者也愿意听取他们的意见,同时提供进一步的接触机会。在职业生涯中期接触的差别就更大了,流动型管理者平均花费35%的时间接触高层,而其他人平均只花费15%的时间。

在有没有机会接触高层的问题上,管理者们列出了另外几点理由。有些人认为老板不愿与他人分享职权和信任。一位管理者说道:"我工作的那家工厂的经理坚持,要在每份报告上签字。我很少被邀请去参加重要的会议。我的工作就是使经理们看上去不错——我在为他提供技术支持然后他享受成果。"其他人认为,社会和与工作无关的政治因素例如会员身份和教徒身份很重要。虽然很难说,工作以外的接触确实影响着发展。较之擅长或远离办公室政治而经常变换工作的管理者是不流动型管理者的两倍。

2. 前任者的任期:虽然前任的任期不是发展潜力的硬性指标,但它却是说明该职业流动速度的重要因素之一。我所研究的流动型管理者比非流动型管理者更倾向于效仿前任的流动性。如图3所示,仅有38%的流动型管理者的前任任期高于六年,与此形成鲜明对比的是69%的非流动型管理者的前任任期高于6年这个平均值。总体来看,流动型管理者的前任平均任期是4.9年,而非流动型管理者的平均任期是7.5年。此外,非流动型的前任卸任时,他们横向流动的几率是平常的两倍。

为什么流动型管理者更容易达到管理位置,并拥有更多的流动机会?流动型管理者的成功仅仅是因为好的计划、机遇,与上级接触或得到别人的赏识、提携吗?对许多人来说,公司的选拔程序起到很大作用。在就职以前,高层管理者会提出一些关键性问题:"这个人在该岗位上工作会觉得快乐吗？"（可以解释为："在我们提供另一个机会之前，他会在该岗位安心工作吗？"）通常情况下，高层管理者不会向那些期望快速成长的人提供阻碍其职业进程的职位，对一个管理者来说，这种做法是一种多大程度上的自我完善，又有多大程度的影响，仍然是个值得探讨的问题。

3. 职业机会：管理者常常不能正确判断什么工作最适合自己，但他们的自我评价能表明他们如何预见自己的职业机会。约70%的流动型管理者认为他们有可能担任公司中四个以上的职务；然而仅有40%的非流动性管理者认为他们有四次以上可用的机会。类似的是，大多数流动型管理者相信在其他公司他们也能够获得相同的职位，而非流动型管理者认为他们这样的机会最多不超过50%。后者的悲观可能有两个原因——对自己晋升缺乏信心和缺乏对职业机会的了解。正如一位管理者说的那样："我对现在的状态非常满意，为什么还要浪费时间去左顾右盼？"

什么促使他们流动？虽然流动型管理者比他人更具活力，但却不清楚原因。他们自己给出许多理由，一位管理者说："我已经疲于等待晋升了，所以开始寻找机会。"另一位说："你不可能一直等待直到高级管理层发现你；精英有可能到达高层，但对我来说那太漫长了。"其他人认为，"工作已不再是挑战"，"新工作的薪水更高"或是"我需要更大的发展空间"。尽管理由很多，但最重要的只有两个——害怕停滞不前和缺乏耐心。

大多数管理者对事业停滞不前持观望态度，而60%的流动型管理者对此高度重视。在事业的早期，无论是流动型和非流动型管理者都不愿接受事业的缓慢发展，但到了事业中期，只有流动型管理者不持积极态度，面对事业停滞，很多人还会感到沮丧。当认识到通向高层的机会有限并享受到不断变换工作的好处后，他们更愿意选择有规律的流动，即使是"每三年一次的平级流动"。同时非流动型管理者也发展缓慢，他们也害怕停滞不前；但他们认为自己已失去竞争力，不愿意流动而倾向于稳定。

第二章

图 4 流动型管理者与非流动型管理者职业回报

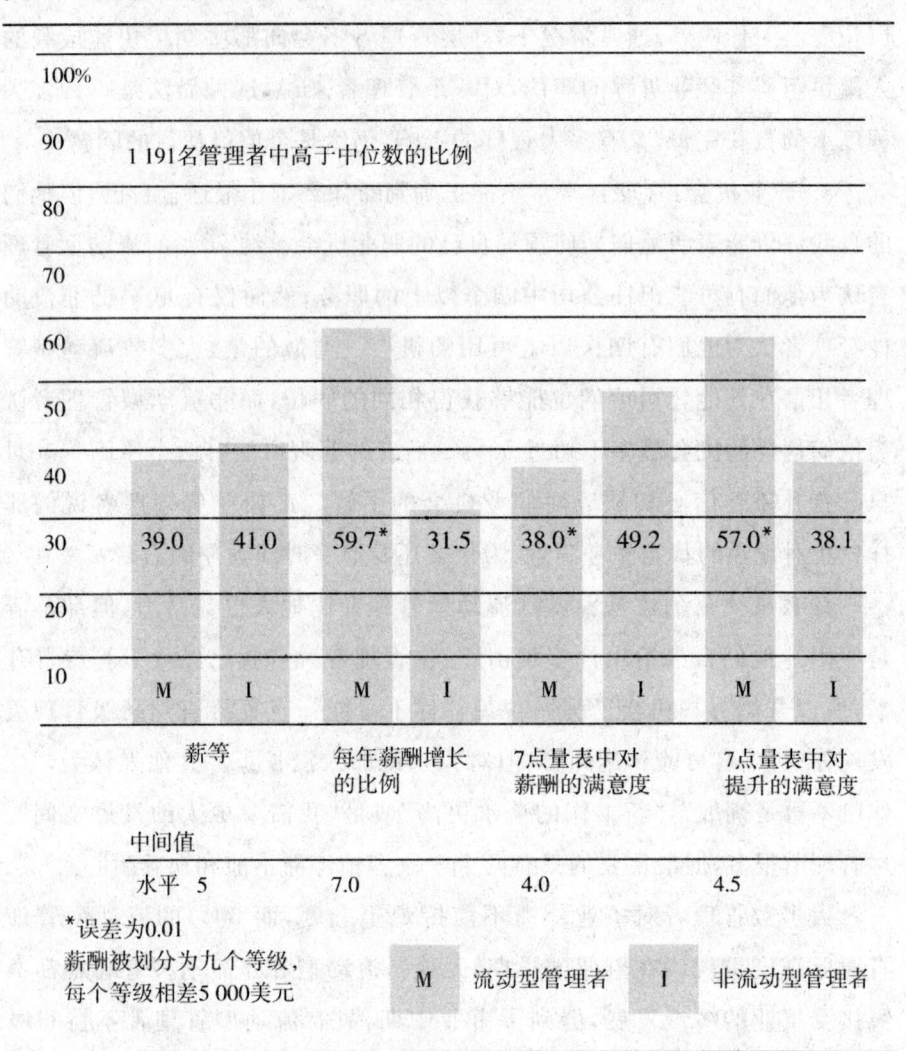

	薪等	每年薪酬增长的比例	7点量表中对薪酬的满意度	7点量表中对提升的满意度
M	39.0	59.7*	38.0*	57.0*
I	41.0	31.5	49.2	38.1
中间值 水平	5	7.0	4.0	4.5

1 191名管理者中高于中位数的比例

*误差为0.01
薪酬被划分为九个等级，每个等级相差5 000美元

M 流动型管理者　　I 非流动型管理者

流动型管理者是一个缺乏耐心的团体，大约57%的人在自身发展上完全处于被动，而只有38%的非流动型管理者达到这种程度。非流动型管理者对事业发展进程感到满意，他们认为流动过程毫无意义，并且说："我工作很努力，做自己的工作……我无法控制谁会晋升，为什么

要担心我下一步去哪里呢?"相反,流动型管理者对此表示了高度兴趣:"从我工作的那天起,我就迫不及待关注我的发展……我会时刻注意自己的事业是否陷入了困境。"

显然,流动并不能消除他们对停滞不前的担心和不安。他们的需求来自于工作中的期望和一种信念,这种信念被社会学家们称为"无限成功理论",即成功是可以实现的。在这种情况下,如果事业趋于平稳,他们会有严重的挫败感。这就是不断追求成功的原因吗?

回报是什么?

如果你问一个流动型管理者,他从频繁的流动中得到什么,很可能会得到冗长的报酬清单——有许多报酬是无形且特别的。另一方面,流动更缓慢的管理者则回答说:"我为什么要流动呢?"尽管二者在流动的意义上不能达成共识,但薪水和工作满意程度仍然是他们考虑的重点。

流动型管理者能赚更多的钱吗?如图4所示,流动型管理者并没有更高的收入。尽管他们在第一年有很大增长,60%的人年薪增加7%——但他们的总收入并不比非流动型管理者高。一个关于流动型总裁的报告表明,在事业发展中期,不跳槽的管理者的实际收入比那些经常跳槽的管理者要高。[6]非流动型管理者因他们的工作表现得到期权作为报酬,并且年薪逐年增长。也许可以这样解释,前面所说的年增长率的不同,流动中的管理者在不停地追赶。当达到职业生涯的中期并成为高管后,在多个公司的工作背景和丰富的合作经验就会得到丰厚的回报。

流动型管理者对他们的工作会更满意吗?两种管理者对工作满意度的相同方面表现在:成就、职责、认同感、工作、同事、上司、老板和公司政策;只有两方面不同,那就是工资和发展方面。

薪酬是引发管理层不满意的最大因素(平均满意度为4/7),流动型

第二章

管理者明确表示不太满意（图4）。尽管一些人指出歧视是不满的主要原因（"每次调动我都会涨工资，但我得努力让那些百般挑剔的有着较深资历的人对我的工作感到满意"），许多人认为工资和"丰富的工作经验所能达到的期望值"不符。

非流动型管理者不这样看待"不平等"——"快速流动者来了，又走了——少数人在做事，但大多数人没有。他们忙于考虑下一次流动，而剩下的我们才是真正的工作者，保证部门正常运转。"

除了薪酬，发展是管理者不满意的第二大原因。在这个问题上，较之流动型管理者，非流动型管理者更为不满。但他们并没有要离职的意思，还耐心等待发展机会。他们很少考虑其他职业路线和机会，似乎把自己逼进角落，他们的矛盾情绪体现了流动过程中的无能为力。

流动值得吗？对于一心想要流动的管理者来说，这纯粹是个理论问题——他们喜欢流动。对于对金钱感兴趣的人来说，答案则是否定的，除非流动能带给他高薪的总裁职位。就工作满意度来说，答案也是否定的。

但是，人们会面临怎样的挑战？他们能从工作调动中感到安定吗？难道那就不是回报的方式之一吗？对于喜欢和理解流动性的管理者来说，答案很明显是肯定的，因为他们能够意识到晋升不是衡量事业成功的唯一标准。但另一方面，有些人把流动看成零和博弈并失去热情。但我相信，这些人在适应角色的过程中将会遇到很多的困难。当职业发展阶梯坍塌时，他们将陷于严重的幻觉当中。

可能的矛盾过程

流动型管理者认为他们按照不同的节奏前进——对多数人来说，流动的想法与生俱来。我认为，这类人较非流动型管理者要缺乏耐心，面对事业的停滞更容易产生挫败感，但他们不会背叛公司。约翰·W.迪安

(John W. Dean)阐述了流动型管理者的观点:"我在梯子的底端,本能地往上爬。"[7]不管流动是本能的还是被激发的,这样的管理者可能会与组织产生矛盾。他们沉湎于自身需求和发展,看不到自身战略中存在的缺陷:

很多调动在管理者眼中都是发展,但实际上只是横向流动。因此,他们很容易无意中陷入对发展的幻想当中。

快速流动的代价是频繁的搬迁。除非他们愿意频繁搬家,尤其是在事业中期,否则就要认真考虑这个问题。

除了极少数人能达到总裁级的高层职位,不然流动和回报是不一致的。

流动频繁的管理者常常卷入成功的漩涡——尤其在事业的顶峰时期——仅仅是为了从对晋升的幻想和对职业选择的不满中解脱出来。

流动无法保证工作的满意度;不流动的管理者却在享受工作。

流动不是一个零和博弈——除非你把缺少流动等同于失败。高层管理者已经意识到了他们与其他管理者的矛盾。他们经常面临这样的困境,既要提供真实评价又不能打消能干的下属的积极性。总之,应该公正的面对这些现实需要。

由于流动的自发性,他们不得不面对那些流动型管理者。这不是工作设计和管理的问题,而是因为管理者想要尽可能的迅速晋升——事实就是这样。

不可否认,要到达高级管理层必须经过流动,总裁们的亲身经历证实了这点。但问题是组织在多大程度上会支持这个观点,即流动会得到回报以及成为高层的价值所在。组织中的高层人员或多或少会支持这个观点;那些不支持的人在失败时也会感受到。为了避免不必要的失望,高层管理者需要描绘发展前景,客观评价管理者的未来并创造除晋升以外的其他价值倾向。

第二章

看似矛盾的是,通过鼓励管理者"把握"自己的事业,高层管理者来增加对职业机遇的需求。如果你鼓励人们确定什么是他想要的,他认为你会帮他实现愿望。除非高层管理者真的想实现它的承诺,否则鼓励管理者规划自己的职业生涯是弊大于利。

如果有人鼓励横向流动,管理者一定要提高警惕。用横向流动重新安置管理者是相当合理的;然而以此来欺骗有才干的管理者就不一定正确,甚至可能会导致他们离开公司。高级管理层要看到横向流动的实质并坦然对待,才会实现真正的晋升和流动方式。

参考文献:

1. 参见 Eugene E. Jennings, *The Mobile Manager*(New York: McGraw-Hill, 1971)以及 *Routes to the Executive Suite*(New York: McGraw-Hill, 1971)。

2. 参见 Fred H. Goldner, "Demotion in Industrial Management," *American Sociological Review*, vol. 30, 1965, p.718。

3. 参见 *The Career Development Bulletin*, Columbia University Center for Research in Career Development, Winter 1979, p.1。

4. 参见 Daniel J. Levinson, *The Seasons of a Man's Life*(New York: Alfred A. Knopf, 1978)。

5. 参见 Manfred Kets de Vries, "The Midcareer Conundrum," *Organizational Dynamics*, Autumn 1978, p.45。

6. Gerard R. Roche, "Compensation and the Mobile Executive," HBR Novermber-December 1975, p.53。

7. John W. Dean, *Blind Ambition*(New York: Simon & Schuster, 1976), p.29。

第二节 何时由新任管理者来负责

约翰·J.加巴罗

由于分公司陷入严重危机,高层管理者聘请了一位在其他行业创造了良好业绩的年轻的市场部副主管,并委派他为全权代表。他采用品牌管理理念对市场部进行重组,对销售部门进行改组,并确定了新的市场战略。但利润仍持续减少,九个月后,他被解雇了。

在另一家公司,高级管理者也聘请了一位其他行业的管理人员,并给以相当大的授权以扭转公司的亏损。他依据品牌线制定了全新的市场战略,不到一年的时间利润就提高了,三年后分公司已有盈余,销售额也翻了一倍。

从表面上看这两种情况极其相似,两位总裁都是30多岁,对新的行业都没有经验,两人的做法也很相似,只是他们为不同的老板工作。一个成功而另一个却失败了。造成不同结果的原因是什么呢?

为了回答这个问题,我们需要深入研究两位总裁所面临的环境、他们的背景和接任程序。

尽管成功的案例总是引人注目的,但是最近研究表明,管理者到近50岁时,一般已经接任了三到九个管理职位。[1] 由于接任的频率因管理者情况各异,所以很难对继任过程进行总结。

通过14例继任案例的研究,我发现影响他们继任成功与否的因素,并且这些因素也影响到他们成功的程度(参见"经理接任")。

我所说的"接任"是指学习和开展工作的过程,一个继任者从刚到任到能够利用组织的资源和有限的权威来开展新工作的过程。

继任过程由几个可预见的阶段组成,每个阶段都有不同的任务、问题和困难。我的研究是要打破全能总经理的神话,让人们知道他们也会

第二章

陷入困境。我的研究表明,管理者的经验对他们怎样继任、所关注的领域和在多大程度上能成功地控制新局面有着重要影响。

新任管理者

我研究继任过程已有一段时间,其中两个特点最为突出:第一,继任过程需要很长时间。在我研究的案例中,美国的高级经理人需要两年到两年半的时间;在欧洲和英国则需要更长时间。第二,继任过程中不会都是稳定、持续的学习和行动,而是相对集中的。还有,经理人学习和行动的性质都是随时间而变化的。

大多数经理人在组织中的变化倾向于集中体现为三次爆发性活动。图1清楚地表明了这几个阶段。图2说明了如果忽视继任的类型,爆发行为仍会发生。图1、2、3、4的数据显示了一个完整的继任过程,即新任经理接任这个工作大约两年或更长时间。图不包括三组继任失败的数据。衡量组织活动的标准是这些经理给组织带来的组织结构和人事上的变动。

这种现象普遍存在的原因是什么?为什么主要变化一直稳定地存在于三种行为之中?研究表明,学习和行为的基本类型是这一时期产生强烈变化的原因。它们是新任经理试图在短时间内控制陌生环境,进行学习和行动的必然结果。更特别的是,数据显示,继任的过程包括五个可预知的阶段:上任阶段、磨合阶段、重塑阶段,巩固阶段和改革阶段。每个阶段需要的时间都不同,在同一阶段,有的人需要11个月,而有的人只需4个月。因此时间不是划分阶段的标准;真正的标准是其学习和行为的特点。我们来具体分析每一个阶段。

继任经理

根据一个研究课题绘制此图表,该课题对两个系列的14例继任进行了研究。第一个系列是对新上任的四名部门经理进行纵比研究,我用三年时间完成了此项研究。作为第一系列的补充和验证,第二个系列对十个案例作了史实研究。这14个案例对销售额在120万和30亿的美国和欧洲公司继任进行了研究,既包括职能部门的经理也包括一般经理,其中包括正常情况和特殊情况下成功和失败的例子。

在进行纵比研究时,我采用了现场观察,使用公司文件和在第3、6、12、15、18、24、27、30个月的月末和新任总监及下属进行访谈的方式。进行史实研究时,我仅采用了搜集公司文件和部门访谈的方式。(参见"Stages in Management Succession", *Havard Business School Course Development and Research Profile*, 1984.)

经理研究总结表

公司产品	公司收入(美元)	管理者的工作	前任上司	突变情况	特殊经验	组织内部或组织外部	地点	继任成功或失败
纵向研究								
工业和办公用品	2.6亿	部门总裁	是	不	是	内部	美国	成功
机器工具	1.75亿	部门总裁	否	是	否	外部	美国	成功
消费品	0.7亿	部门总裁	否	是	否	外部	美国	成功
建筑产品	0.55亿	部门总裁	是	否	否	外部	美国	成功
文献研究								
有线电视分公司	12万	总经理	否	否	否	外部	美国	失败
食品批发	2 100万	部门总监	否	是	否	外部	美国	失败
地区销售	3 000万	部门总监	否	否	是	内部	美国	成功
饮料生产	9 000万	总经理	否	是	否	外部	尼德兰	成功
塑料金属制品	1亿	总经理	是	否	是	内部	英国	失败
饮料生产	1.1亿	部门总监	是	否	否	外部	意大利	失败

续表

公司产品	公司收入（美元）	管理者的工作	前任上司	突变情况	特殊经验	组织内部或组织外部	地点	继任成功或失败
人造纤维	2亿	部门总监	是	是	是	内部	英国	成功
计算机产品	7.8亿	总经理	否	否	是	内部	瑞士	成功
工业和消费产品	30亿	总经理	否	是	是	内部	英国	成功
公共教育	无数据	部门经理	否	是	是	内部	美国	成功

注：收益以1982年为标准。
失败是指由于没能力或是达不到高层的预期，而在36个月内被辞退的。

上任阶段

第一阶段——上任阶段大约是3~6个月，如果不能明确后期的工作方向，也能为以后的阶段奠定基调。（继任者接任后6个月内的人事和结构变化见图3。）上任阶段是紧张的学习和行动阶段。如果新的任命是提升或者有很大变化，新任经理人会感到很大的压力。一位新上任的部门主管说：

"你会一直觉得如坐针毡。似乎没有任何知识背景，你需要学会熟悉产品，认识周围的人，学会分析问题。你必须迅速熟悉组织和周围的人，这恐怕是最难的事情。起初你做每件事的时候都提心吊胆，生怕捅娄子。问题在于，你既要从中不断学习又要保证组织顺利运行。"

在这个阶段，管理者要解决的问题是认清新形势，了解工作任务和问题所在，并能正确把握组织的需求。管理者要确定自己的目标，对形势进行估计，从而形成初步认识。例如，一位在其他行业任职的部门主管这样描述他的熟悉过程：要学的东西太多了，我不得不把自己锁在房间里，用四天时间来深入研究战略、财务、市场营销和行业报告。早期他甚至每天早上要花几个小时来处理信件，一方面是因为对业务不熟悉，另一方面是因为这个行业有自己的专业术语和专有名词。类似情况下，另一位管理者这样描述:"我发现每天的时间都不够用。"(我调查的经理全部为男士,我相信女性管理者也会经历相同的阶段。)

在上任期间,即使有的业内人士对组织和产品已经有所了解,评估和定位对他们来说仍然很重要。一位有着25年经验的部门主管在新工作的头三个月内所做的事情是熟悉关键人物和发现部门问题。他得出了几点结论,其中之一是,一名副总裁在他的团队里,通过几次会议、下属们的意见、前五年的工作计划、派系攻讦、部门之间的矛盾和上级对公司两个海外销售人员无动于衷的态度等,他作出了一个评判,但这个判断是令人困扰的,于是他开始怀疑人的判断力。大多数业内人士在这一阶段都会对自己的感觉和信念产生怀疑。

上任期间的行为都倾向于改进行为。根据自己的经验和对新形势的了解,新任经理会解决他们力所能及的问题。但是,改进情况各不相同——有的是短期介入,有些时间比较长。例如,虽然继任者在提出部门战略前进行了五个月的考虑,但由于他的经验,一个月后他就认识到需要一个成本系统和立刻减少生产线。

然而,CEO们在这一阶段的情况却完全不同。出于对商业制造的熟悉,一位CEO在工作初期没有做大幅的短期调整,而是关注产品战略策划,并设立了委员会和工作组来开展计划。虽然他在行动上没有重大转变,但这些行为仍然至关重要,适当地促成他的成功。

改进时间的长短也各不相同。一位有着25年经验的部门主管在上任的第三个月重组了他的部门,而另一位外行的部门主管直到第二年才适应新的形势,而这远远超过这一阶段的时限。

磨合阶段

磨合阶段比上一阶段要平静一些。如图3所示,第一个六个月后形成急剧下降趋势:仅有6%的组织变化和9%的人事变化发生在第二个

第二章

六个月内,这段时间正是磨合阶段的开始。虽然变化减缓仍然至关重要,因为在这段时间里,执行官们要进一步了解新环境。在我研究的美国的案例中,这一阶段要持续4~11个月。

与第一阶段相比,磨合阶段的继任者在工作中更加见多识广,处于更冷静和特别的学习过程。所以到这一阶段末期,他们已经形成新的观点或至少有了很大改变。

图1 上任阶段组织每三个月的平均变化情况

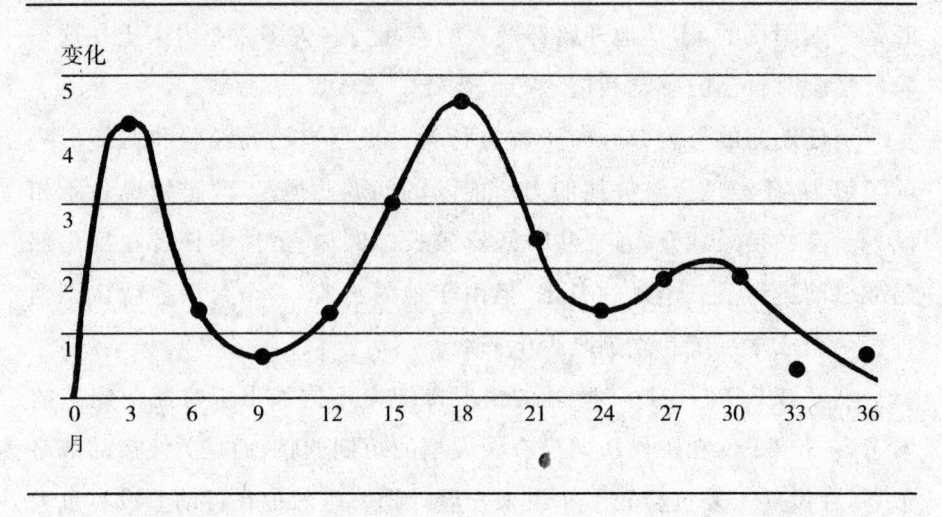

管理者在这一阶段集中学习,因为他们已经投身于组织运营当中,从每天的沟通和冲突中学习。随着经验的积累,他们不断摸索出新的方法。例如,尽管新的部门经理实施了几项重大改革——重组生产线制造和完善控制、日程和成本系统——在上任阶段,制造成本问题始终存在。到了磨合阶段,他发现所有问题都源于产品设计,而根本上在于工程部门的结构问题。这个根本性的问题日趋明朗,大约需要6~8个月。

即使上任阶段工作发生一些变化,磨合阶段仍旧提供了深入了解的机会。新问题一般都被表面问题所掩盖。例如,部门主管对各个部门进行重组，由功能结构转换为地域结构，但由于国内与国际相分离，出现了一系列新问题，这是他和他的管理团队在这一阶段始料未及的。早期的重组极大提高了美国和国外市场功能的敏感性、生产率和协调性，虽然这些领域得到改进，但美国国内的营销机构和它的销售渠道却出现了缺陷。旧机构的交叉性功能问题掩盖了这些缺陷。

图2　上任阶段组织每六个月的平均变化情况的分类图

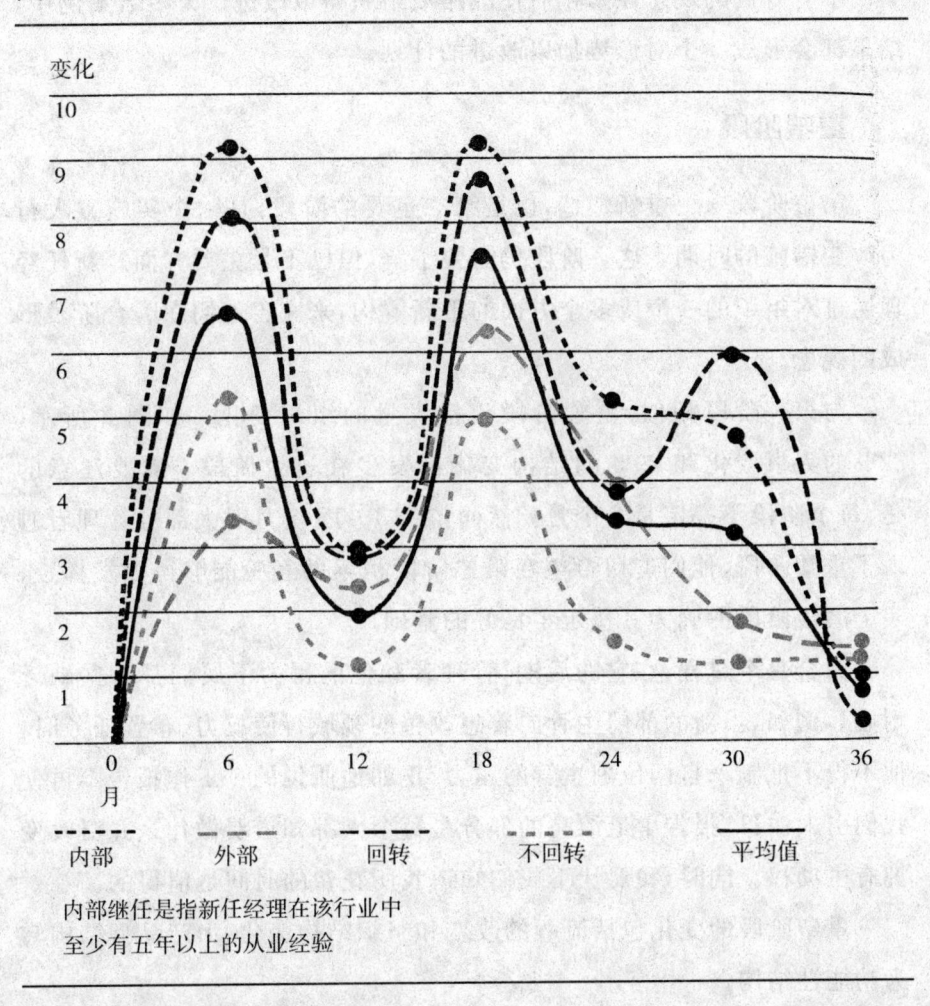

内部　　外部　　回转　　不回转　　平均值

内部继任是指新任经理在该行业中至少有五年以上的从业经验

第二章

在磨合阶段,新任管理者常常要考虑是否人岗匹配,上任阶段经常对他们的能力表示质疑,现在就很容易解决了。与此相似的是,我研究的案例中有一半以上的人对其员工产生怀疑,并同他人讨论过这个问题。

分析、调查、讨论,甚至冲突会使新任者对组织的发展过程、人员和行业本身有更多的了解,这一阶段形成的观念也不那么偏激了。14个案例中有6例的观念在修正后使战略或组织得以改进。大多数案例中,结果都会形成一个对形势加以改进的计划。

重塑阶段

第三阶段——重新塑造,也是第二重要的阶段,是一个实施重大行为改变措施的时期。这一阶段仍需要了解,但已不是主要方面。新任经理通过对组织的一个或多个方面的重新解构,来完善他们在磨合阶段形成的观念。

与第一阶段相似,重塑阶段包括大量的组织变化。如图3所示,32%的人事变化和29%的结构变化都发生在这个阶段。需要注意的是,每个阶段不一定是6个月。然而,在13~18个月时大部分管理者进入了重塑阶段,他们迫切希望在第二阶段积累的经验能够得以发挥,事实上磨合阶段的确为其奠定了良好的基础。

磨合是个过程,在它的后期,管理者和他的得力下属们都有些缺乏耐心。例如,当新的部门主管向着想改善的领域行使权力、布置任务时,他不得不抵制来自两位副主管的压力,正如他所说的:"工作报告不再使我们引人注目,报告中最漂亮的部分是每个人都知道要做什么并对改变拥有主动权。同时,我要让下属们知道我所花费的时间是值得的。"

重塑阶段的变化包括流程的改变和组织结构变化,由产品型结构转为功能性结构。

可以想象，重塑阶段非常繁忙，特别是牵涉到重大转变时。例如，当管理者对市场和销售部门进行重组时，他要召开两类会议（一次面向将影响到的管理者，另一次向地区销售人员解释这种变化）；解决职位调换和调任的细节问题；还要与重要的客户和批发商们磋商。因此，虽然管理层开始就宣称已制定好应变计划，但对新任主管、市场部副主管和国内销售经理来说，要持续8个星期左右。这段时间最需要的是反馈，例如，销售部门重组给主要批发商和订单所带来的影响。

图3 以六个月为周期的人事和结构变化

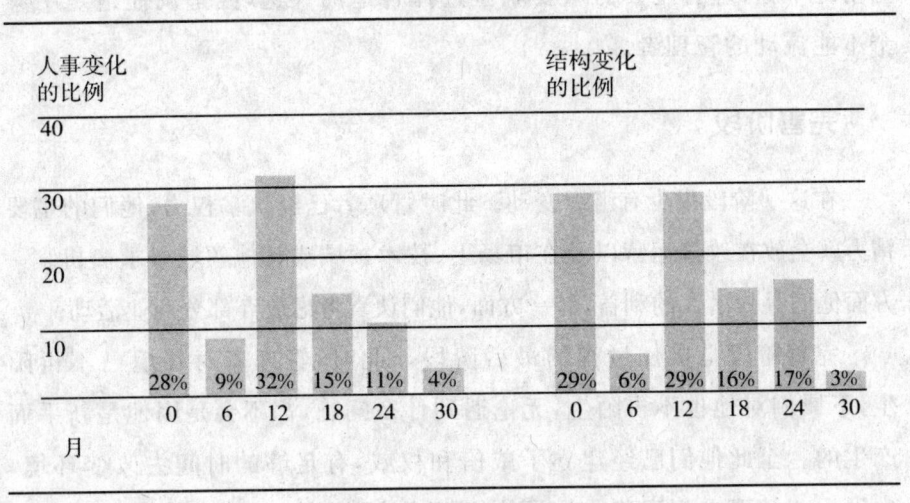

人事变化的比例						结构变化的比例					
28%	9%	32%	15%	11%	4%	29%	6%	29%	16%	17%	3%
0	6	12	18	24	30	0	6	12	18	24	30

月

在适当条件下，当新任管理者把他的理念付诸实践时，重塑阶段就结束了。在实践中，一些因素会影响工作的进程（最主要的是关键职位空缺）。

巩固阶段

巩固是接任过程的第三阶段也是最后阶段。此时大多数管理者把重点放在巩固已有的成果及继续进行重塑阶段的变化上。这是一个评估的过程；例如，新任管理者和他的核心员工们评价他们在上一阶段的成果并进行改进。

我们要解决两方面的问题：一是如何解决上一阶段留下的问题。例如，在重塑阶段，新任主管将生产结构改组为职能结构，但直到其他改组完成，他才把以前的一个生产制造部门并入制造部门；而大部分重组完成后，他和制造部副主管才开始研究如何整合生产部门。

另一方面的问题是重塑阶段的改变带来许多无法预料的问题，巩固阶段的主要任务是判定、研究和改进这些问题。

最后，新任管理者还要处理他们以前没有解决的问题。例如，在某些情况下，管理者还要为重要职位选择合适的人选，或是调任组织中某个不能流动的管理者。

完善阶段

在这一阶段很少有组织变动。此时管理者已经执掌权力，他们的主要精力就会放在改善运营以及在市场上、技术领域或其他领域寻求商机。一方面他们寻找潜在的利益，另一方面，他们认真考虑放弃部分商业活动。

完善阶段是接任过程的最后阶段。此时，管理者对环境已不再陌生，下属们对他也不再陌生，无论遇到什么问题，都不会是因他是新手而产生的。至此他们已经建立了威信和权威，有足够的时间去改变环境，也因为业绩而受到褒奖。如果他们仍然感到不安，多是因为行业压力如经济萧条或利率增长，而不是对工作不熟悉。

这是一个平静的阶段，此后，经理们的经验会更加丰富。经济、市场或技术的重大发展可能会扰乱这份平静，但是，无论管理者学到什么或做什么，他们都已经变得成熟。不管怎样，他们已经掌管了权力。

差别是怎样产生的？

执行官在这个阶段的发展和管理是否成功受到很多因素的影响。

其中重要的决定性因素包括新任管理者的经验、企业是否需要转型、个人管理风格和个人需求、一年内与重要人物的关系以及和他的管理方式是否与老板相冲突。下面将进行详细介绍。

忍耐的根源

在其他条件相同的情况下，管理者的职能背景、管理经验决定他的管理方式的特殊胜任能力：他们将采取什么行动以及如何成功地实现它们？

管理者的职能经验对行为的重大影响令人惊讶：对14名管理者的研究发现，有13位所采取的最初行动和三年内实施的重大变革都发生在他们有丰富经验的领域内（图4）。职能管理者采取这种方式并不奇怪，但总经理们也采用这种模式说明了经验对思维和行为的影响巨大。

图4是一个总结，它反映了经验对行为影响的普遍性和特殊性。图5对十位管理者的经验和行为进行了详细分析。

如果对接任的五个阶段进行考察，就会发现这种模式并不奇怪。实际上，任何通过接管新任务而获得重要经验的管理者都要通过磨合阶段的深入学习、重塑阶段对知识的运用以及巩固阶段的进一步总结，才变得更加成熟。

内部人员和外部人员。新任管理者原有的行业经验极大地影响了他的管理方式和遇到的问题。第一，行业内部人员（在新企业所在的行业有五年以上工作经验）接手时间比外部人员要迅速得多，他们开始会采取大量的基础措施。例如，内部人员所采取的结构性调整措施中有33%发生在头六个月内。第二，业内人士的行动次数不仅在上任阶段而且在整个接任过程中都要高于外部人员（研究表明他们的行动次数是平均水平的两倍）。此外，四分之三的管理者失败是因为缺少行业经验，但是，成功的管理者中也有40%缺乏这样的经验。（新任管理者在三年内就被解雇，被定义为失败。）

第二章

图 4　经理的职能经验对他们行为的影响

实施行为	纵向研究				历史研究									
	部门总裁				其他总经理					职能经理				
	1	2	3	4	5	6	7	8	9	10	11	12	13	14
初始行为														
初始行为受原有职能经验影响	X	X	X	X	X	X	X	X	X	X	X	NO	X	X
第一次结构改革受原有职能经验影响	X	X	X	X	X	NO	NC	NC	X	X	NC	NO	X	NC
主要行为														
第一个三年内的重大变化受原有经验影响	X	X	X	X	X	X	X	X	X	X	X	NO	X	X
大多数重大变化受原有经验影响	X	X	X	X	X	X	NC	NC	X	X	NC	X	X	NC

X=是
NO=否
NC=无变化：无结构变革

一位销售经理在包装业和化妆品行业已经有15年经验,当他成为总资产11亿的饮料公司的市场销售部主任后,由于外行带来一些困难。从表面上看,他以前的背景是很有利的条件,但新行业在许多重要方面都与传统包装业有区别。他以前的经验对上任阶段的产品计划和系统变动以及后来的销售、队伍重组都有很大帮助,但这些经验却不足以应对销售队伍和主要批发商,这些都需要亲自实践。上任阶段末期,他已经无法解决这两个群体所带来的问题。第一年末,他冷静、专业的管理方式使他失去了一些重要的批发商,以至部门总经理不得不在关键时刻介入,这些降低了他在客户和下属面前的威信。

峰回路转

在我研究的案例中,新的不利形势会影响接任过程。当形势突变,管理者在迅速处理问题时会感到巨大的压力。有人可能认为,在突变时期由于形势紧急,执行官的上任阶段可能会减短,但所有数据和个案资料都显示并非如此,甚至有数据显示,转变时期上任阶段会延长。

这种行动要持续相当一段时间,但重塑和巩固阶段的高峰期要提前3～6个月到来。毫无疑问,这反映了突变中的紧急处理方式。

数据所显示的正常的接任和突变之间的差别并不让人感到奇怪。经历突变的管理者告诉我说,他们不得不重新处理在上任阶段作出的变动。

有一个案例,新任总经理在报告中说他凭经验判断(这是他第三次转变),要想建立一个成本系统需要5～6个月的时间,这个系统足以完备地提供他所需要的所有信息,根据这些信息可以分析生产资金的流失及其原因。他得出的结论是,他没有足够的时间去把事情做得完美,只好建立一个系统来尽快解决问题。

第二章

图5　管理者的职能经验和行为比较（历史研究）

主要业务,经理头衔以及公司的销售额	前任职务	职能经验	最初包括的主要领域	第一次组织构造变化影响的领域	组织构造主要影响的领域	在最初的三年中,由重要的变化所影响的领域
辅助有线电视一般管理 12万美元	通讯公司（在另一家公司）	工程	构造和工程设计	工程安装和构造	相同	对主要工程师的重组会影响整个工程的构造和安装
食品批发分销 主管营销与销售的副总裁 210万美元	主管营销与策划的副总裁（在另一家公司）	营销和产品管理	产品策划和减少销售的压力	创设生产经理的职位以及重组销售团队	营销（设立了产品经理的职责）	介绍产品管理
区域销售服务 区域经理 300万美元	销售服务主管（在同一家公司）	客户服务	销售服务评估	（没有造成组织结构的变化）	（没有造成组织结构的变化）	销售服务培训
饮料制造部门一般管理者 800万美元	部门一般管理者（在另一家公司）	营销和营销策划	销售压力和营销	销售队伍	设置了营销智能以及重组销售环节	重新划分任务范围,修订了影响营销和销售的营销战略
塑料和金属制造 团队主管 1 000万美元	部门一般管理者（在同一家公司）	制造和工程	制造合理化	（没有造成组织结构的变化）	（没有造成组织结构的变化）	制造合理化
饮料制造 市场营销部主任 1 100万美元	市场营销部主任（在另一家公司）	营销	销售、销售流程和信息系统	销售队伍	销售和营销	销售系统和流程

续图

主要业务,经理头衔以及公司的销售额	前任职务	职能经验	最初包括的主要领域	第一次组织构造变化影响的领域	组织构造主要影响的领域	在最初的三年中,由重要的变化所影响的领域
人造纤维生产部主任 3 000万美元	工作管理(在同一家公司)	制造和工程	对生产管理进行流程再造	制造	相同	对产品生产进行合理化重组
计算机及相关科技产品集团副总裁 7 800万美元	集团营销管理(在同一家公司)	营销、销售、生产和工程	营销和销售生产	集团职能(财务、控制、团队支持)	销售和营销	重组销售流程生产
产业和消费集团CEO 3亿美元	集团生产管理(在同一家公司)	生产管理和产品控制	生产战略和产品规划	制造和产品设计	制造和产品规划	制造运作、产品规划、质量控制和流程设计
公共教育行政长官	行政长官(在同一系统)	教育行政管理	学校纪律、体育活动和交流			纪律、学术、学生活动和交流

管理者们都不愿意出此下策。当管理者和下属们问题减少时(通常在巩固阶段),他们很愿意回头对已安装的系统或程序加以改进。

虽然突变时期管理者的压力比正常情况下要大,但他们会从某些有利条件中受益。一般来说,与正常情况相比,公司会授予管理者更大的自主权去采取行动,尤其是在上任阶段。文章开头的两种情况清楚地表明了这点。

第一个案例中,在工作的前六周,新任销售副主管提出全新的销售战略并很快得到高级管理层的支持。这在正常情况下是很少见的。在第二个案例中,这位新经理的上司不仅给他比部门总经理更大的自由,而且在头两年里为他力排众议。当他度过突变期后,高级管理层告诉他从现在起必须严格遵守规定和公司政策。

通常情况下,由于形势紧迫,突变时期的管理者比同行们拥有更大

第二章

的权力,来自觊觎他职位的主要下属的压力也较小。但是,少数人反映说,他们对整个组织的恐惧和紧张给了他们额外的压力,因为这一时期要求他们迅速解决问题。

新任管理者的风格

我所研究的14个人的管理风格各不相同,包括他们怎样分配时间,如独处、开会和旅游,他们喜欢什么样的会议,如连续的周期会议或特殊会议,还是安排好的会议,他们对正式或非正式的偏好。

管理风格影响着人们对初期处理方式的反应和整个接任程序,包括如何做决定。印象最深的例子是他需要控制权并在实践中解决问题。因为他认为生产部门有意阻止他发现一些职能上存在的问题,所以在磨合阶段他不断努力。最后,他完成了从生产结构到功能结构的转变。变革的过程对组织来说非常艰难,由于两个部门分处两地,每个星期几位副总裁都要来回奔波。然而,整个过程非常顺利。

对这位总裁来说,按照他的风格进行改革是十分必要的。四年后,他告诉我说,如果不按他的意见对公司进行重组,公司是不可能实现转变的。他的继任者也对公司进行了一系列的改革,同样使公司焕发活力。

与核心人物的关系

成功者与失败者最显著的区别在于一年后的人际关系问题。例如,四分之三的失败者与两个以上的核心员工和同事的关系很糟糕,而所有人和上司的关系都很差;相反,在同一时段,成功的管理者中只有一位与老板的关系不佳,而且没有一个人和两个以上的下级关系不好。

产生人际矛盾的原因很多。例如竞争问题、目标不一致、对有效措施的不同看法和管理风格之间的矛盾。然而普遍存在的问题是,新任管理者和老板及重要下属不能达成共识。正因为缺乏共识,他们就无法信任对方。

研究表明,形成和谐的工作关系是接手和磨合阶段的重要任务。如果管理者在任期开始时不能发现组织内的重大差别,就会出现更大的问题。成功的管理者一般在磨合阶段的末期遇到问题并达成一致或通过分公司来解决问题。

管理风格之间的冲突

奇怪的是,研究中许多管理者(14个中有6个)认为与老板的管理风格冲突是接任阶段的主要问题。虽然与下属之间也存在这个问题,但我强调这个问题是因为这种不一致无一例外地出现在所有失败的情况中。

冲突通常涉及控制和授权问题。新任总经理在上任五个月后大怒,因为老板不同意撤消前任签发的资金需求。老板要求他的财务和技术人员讨论一下情况并在行动以前向他报告。总经理认为老板管得太多了,而在细节上把握不够。

相反,另一位管理者认为他应该尊重老板的意见。一年后,老板对他评价不高,认为他忽略细节并且对下属授权过多。

在这些例子中,冲突的产生是由于管理者和老板没有互相澄清自己的想法,但主要原因在于一些非理性因素,例如对正确管理方式的不同理解。也就是说,优秀的总裁应该制定明确的目标,自主地授权给下属;而优秀的管理者应该注重细节、正确引导、坚决果断。

新任管理者应该如何处理管理风格的差异问题?研究表明,他必须主动消除差异并与他的老板达成有效的共识。在第一个例子中,他取消了关于资金计划的请求,而与财务和技术人员共同完成此任务。第二位管理者专门向老板说明他的绩效目标以获得授权。

在三个充满尖锐冲突的成功案例中,新任管理者采用了类似的方法。

第二章

是僵持不动吗?

我们可以看到,管理者接任是否成功受到许多不同因素的影响。关键是他们的经验以及他们与老板和重要下属之间的关系。虽然有些因素更重要,但没有一个因素占支配地位,然而它们的总和却能表明新任管理者所面临的问题的难度。我们用本节开头的两个例子来说明问题,表面上看两个问题很相似而实际上差别很大。

在第一个案例中,新任销售副总裁的任期仅有九个月,缺乏行业经验是失败的主要原因,此外他的顶头上司和部门管理层也同样缺乏经验。老板的失误在于没有把他的绩效期望和两人之间管理风格的冲突告诉他。最后,和同事工作关系的恶化和对他的暗中破坏导致问题复杂化。

如果双方僵持不动,就像上面的例子那样,除非新任经理和他的老板足够明智去缓和矛盾、加以弥补或以其他方式减少问题,否则悲剧必然发生。在另一个例子中,虽然情况与前者相同,但两位当事人的处理方式截然不同,所以他会成功。

图 6 继任:任务和困难

1. 上任: 定位、评估, 矫正行为	任务	对新环境的了解 采取矫正行为 确定优先处理的事情 作出初步规划 建立起有效的工作关系的基础	
	困境	如何对出现的问题作出快速反应? 行动太快——风险:	由于缺少足够的信息和知识作出不成熟的决定 采取行动应对未预料的随后发生的事情

续图

		行动太慢——风险：	失去了"蜜月"期的好处 为表面的不成熟决定而失去威信 失去宝贵的时间
2. 融入： 有良好收益的开发性的学习和管理	任务	对新环境和员工的进一步深入的了解 评估上任阶段的行为结果 优先事务的再评估 解决重要的人事问题 对环境的再认知；观念的修复为重塑行为做准备	
3. 重塑： 按照修正的观念行为	任务	在进一步了解的基础上进行组织完善 解决剩余问题 处理由于第二阶段的变动产生的未预料的问题	
4. 巩固： 评估学习，事后处理，矫正性行为	任务	对重塑阶段行为事后问题的处理 处理重塑阶段未预料到的问题 继续处理新问题	
5. 改革： 完善操作，寻找新机会 管理新任经理			

　　研究结果发现几种情况，对现行的一些假设和实践提出了异议。第一，我们可以清楚地看到，对环境的了解和影响不可能在一夜之间完成。快速发展式的任命最终并不会使个人、新的部门或组织获益。

　　第二，通常总经理不可能在任何情况下成功。经验和胜任能力才是关键。

　　最后，人类的多变性如管理风格不仅使组织环境产生差别，而且使新任管理者的商业决策和实施也产生差别。

第二章

其他的软性因素,如管理风格的潜在冲突和新上任者形成有效的工作关系的能力也同样影响成效。然而,主观因素通常无法讨论,所以在制定计划时高级管理层很少考虑到,只有明智的人才会给予极大的关注。

让我们更详细地讨论一下研究所发现的有关继任人和组织的继任计划和职业生涯发展的结论。

何时接任

对处于接任中期的管理者来说,这篇文章的内容可能让他悲喜交加。一方面,他们很高兴看到整个过程包括确定的学习和行动任务(见"接任:任务和困境"的总结);另一方面,当获知在工作第一阶段的3~6个月后还要继续学习和行动时,他们多少感到有些沮丧。

另一个未解决的潜在问题是,每个阶段管理者们都如履薄冰。例如,上任阶段似乎还处于蜜月期,那么在这期间他必须建立自己的威信。如果行动太慢,很可能失去蜜月期的优势和宝贵的时间,显得缺乏主见。但是如果行动太快,由于知识积累不够很可能做出错误决定,或考虑不周就采取了行动。

行业外经理处于棘手状态。在获得良好的建议和准确数据之前,最好在磨合阶段增加了解再进行重要变革。在我研究的行业外人士的继任案例中,第一阶段的时间较短而第二阶段时间较长,这是因为他们对两难的处境有直觉的认知。

最后,人际关系因素表现为不同的方式。例如,如果新上任者遇到管理风格的冲突,不应该大惊小怪;因为有一半人会出现这种情况。

总而言之,成功和失败的过渡相比说明了前期工作非常重要,尤其要解决与老板之间的期待值差异。在成功的案例中,管理者尽可能明确具体地执行任务,并使上司了解他们的行动情况,例如,与他们详细讨论变革方案——尤其在接任的初期。相反,失败的管理者并没有这样做。

成功的管理者也意识到自己经验和技能有限,他们选择性地进行学习或寻求同事的帮助。

继任计划和职业发展

正如前面的讨论所表明,高层管理者尽可能采取措施帮助新任管理者减少问题,最明显的表现是明确对他们的授权。如果无法实现(因为高层不了解情况或行业处于动荡时期),新任管理者应该知道怎样做。例如,管理者在上任九个月后失败,因为总部并没有告诉他当前的紧要任务是扭转下属分公司的亏损。而这位新任的副总裁却开始买进市场份额,这在短期内势必造成亏损的进一步扩大。

公司还采取其他办法来推进接任程序的发展。例如,通用电气公司召开旨在加强融合的会议来加快解决新任管理者和核心员工间的期望值问题。会议由人力资源部主持,在会上他们可以直接交流各自的想法和上任初期的打算。特别是在接任阶段,高层管理者会帮助新任管理者解决缺乏相关经验的潜在问题,并通过来自下属或同事的支持来减少这些问题。

对继任计划研究的重要发现是接任(通过影响和学习)需要时间。在上层或中层进行短期任命的公司很容易陷入困境。如果任期比接手阶段还要短,那么他只会解决一些他能够明确解决的问题。如果他的经验丰富就会应对自如,但是一旦短期任职成为公司的政策,那么对个人和公司都不利。经过激烈的讨论,短期任职的政策受到许多观察家的批判。[2]

从职业生涯发展的角度来看,短期任职没有意义。大多数的短期任职还处于磨合阶段,但公司的本质变革和个人经验的增加要在后期才会出现。磨合阶段是重要的学习阶段,这时行业外人士对环境已经非常熟

第二章

悉，能够探寻到存在的问题和细微的因果关系。直到重塑阶段，管理者才能检验自己的学习成果，评价自己的行为，以便在巩固和改革阶段学到更多的知识。

经验对于继任计划和职业生涯发展具有重要意义。在其他条件相同的情况下，具有行业特殊经验和相关经验的行业内人士与无经验的业外人士相比，遇到的困难就要少得多。在美国和欧洲的大公司中，四分之三的失败者都是如此。

研究强调，经验的重要性向职业经理人提出了挑战。虽然突变应对专家能应对一切情形，但他们是个例外，因为他们拥有丰富的经验。

我并不是说全面的管理才能不存在，或人们不能适应新的环境。我只是想说明缺乏相关行业经验和职能经验会给接任带来很多的困难，公司在制定继任计划的时候一定要对此有所考虑。

在选择管理职位的继任者的时候，高级管理层一定要平衡个人、集体和组织三方面的利益。如果组织的目标是培养一位受过良好训练的管理天才，总部就应该把管理者们安排在能够施展经验的部门。这就意味着可能损害某些集体的利益，至少在短期内是这样的，问题在于在个人和组织上所消耗的成本是否值得。而且，和其他人一样，管理者在学到有益的经验的同时也会学到有害的东西（有人还讨论说他们从很多人身上学来的东西都是不利的），所以当他们出现问题时，高层就会决定他们的任期。

另一方面，如果管理层只任命经验丰富的人，就会使管理者无法拓展经验，而这对于上层和中层人员来说越来越重要。所以在任职时要发挥管理者的经验，并在长期任职过程中处理重大问题。

参考文献：

1. John P. Kotter, *The General Managers* (New York: Free Press,

1982).

2. Robert H. Hayes and William J. Abernathy, "Managing Our Way to Economic Decline," HBR July-August 1980, p.67.

第二章

第三节　管理过程中的权力失效

罗莎贝丝·莫斯·坎特

权力在美国是最卑劣的字眼。与谈论权力相比,人们宁愿谈论金钱,甚至是性。人们否认拥有权力;内心想得到它的人表面上也不会表现得十分功利;而且,已经参与权力运作的人也做得十分隐蔽。

然而,由于权力是有效管理行为的重要因素,它应该重见天日。通过多年研究不同的组织领导的风格或技能,许多分析家包括我不再把个人品质和环境适应性作为关键,而是努力寻找领导者权力的真正来源。

获得资源和信息以及迅速作出反应的能力使人们能完成更多工作,并将更多的资源或信息传递给下属。因此,人们都希望老板有"权力"。当雇员感到上司兼具内外影响力时,他们通过协作提高自己的地位,增强士气,对上司的批评与抵制也减少了。[1] 越有权力的领导越喜欢分权(他们太忙,分身乏术),越喜欢表彰有才能的人,并建立一个团队把下属安排在显要位置。

相反,无权容易滋生官僚习气,培养不出真正的领导。至少,在大公司中,无权经常造成无效、散漫的管理和狭隘、独裁和死板的管理风格。无权力的责任——无资源可支配——导致挫折和失败。软弱而无权力的人们受到下属抵制时常常使用惩罚性的手段来施加影响。如果说组织的权力能"使人变得尊贵",那么,最近的研究则发现组织的无权力会导致"腐败"。[2]

所以,至少在组织内部权力不是一个坏东西。权力意味着效率和能力——管理者可以运用权力使组织向着既定的目标前进,而不是统治、控制和施加压力。组织内的权力与物理上的力相似:使资源(人力或物质)移动来完成任务。权力的真正表现是成就,不是恐惧、害怕和专制。

有权力"存在"的地方，系统就是有价值的；而权力"不存在"的地方，系统就没有生机。

但是在组织中权力会带来效率的说法并没有告诉我们权力的来源和人们有计划地追求权力的原因。在本章，我将探寻有效权力的来源，我关注的不是个人——传统意义上有效率的管理者和员工——而是个人在组织中所处的职位。

权力从哪里来？

权力的效力表现为两种能力：第一，工作中获得资源、信息和必要支持的能力；第二，在必要的事务中合作的能力（表1指出一个管理者的权力所具有的特征）。

这两种权力不是来自领导的风格和技能，而是来自于他们在正式或非正式组织中所处的位置——在公司中的职位界定和与重要人物的关系。即使与下属们合作的权力也受到外部权力的限制。人们很看重老板，觉得似乎他能给他们带来更多的东西。

我们把组织的权力来源划分为三条"路线"：

1. 供给路线。作用于外部，受到环境影响。意思是管理者赢得公司所需的能力——包括物质材料，资金，作为奖赏分配的资源，甚至是威望。

2. 信息路线。为了达到高效率，管理者必须对正式和非正式的情况都"了如指掌"。

3. 支持路线。在正式体制中，管理者的工作特性要涉及不寻常的行动，通常是决策和判断。因此，管理者可以进行创新和风险行为而不需要经沉闷的多数通过程序。在非正式条件下，他需要得到公司中重要人物的支持，这样才能做自己想做的事情。

需要注意的是，有价值的权力必须与系统的其他部分相"联系"。这

第二章

种系统方面的权力来源有两个——工作行为和政治联盟：

1. 在需要决定（允许灵活的、适当的、创造性贡献的非惯例的行为），认可（清晰度和注意程度）和关联（集中处理组织问题）的工作中，最容易积累权力。

2. 权力来自与发起人（拥有支持、声望和背景的高层管理者）有紧密联系的人，同事们（带给你声望和信息的熟悉的圈子，在这里小道消息比正式渠道传播得更快）和下属们（他们可以减轻管理者的负担并代表他的观点）。

当管理者处于有权力的地位时，他们比较容易完成任务。因为工具已经准备好，他们的积极性被调动起来，同时下属们的积极性也被调动起来。他们朝着同一个目标共同努力，管理者可以灵活地解释和制定政策，以满足特殊领域、紧急情形或环境突变的需要。他们的互相尊重和合作有助于获得权力，下属的才能对经理来说是一种资源而不是威胁。因为管理者有如此多的关系而且可以向外部发展，所以他们更容易将权力下放，培养更多独立的下属。

无权力的生活完全是另一番景象。由于没有供给、信息和支持使事情变得简单，最终的武器就是——压制权力：排挤他人和对他们的所有可能的威胁进行惩罚。

图2总结了组织和工作计划中有权和无权的几种主要情形。

无权的职位

对拥有权力和无权的典型表现有所了解后，管理者可以迅速识别组织中常见的问题，并把它归咎于不合适的人：

一线主管的低效率。

专业人员维护微小利益和保守。

最高领导的危机。

我们来看看个人在组织中的职位,而不要责备他们个人。当然,职位的有权和无权并不能代表问题的全部。人们有时由于能力有限"一定会"犯错,这样就需要重新培训或调换工作(参见本文中关于妇女的特殊案例)。只要有这种模式存在,由部门的坚持而带来的问题,组织的权利失效可能就是原因。沃尔沃公司的总裁佩尔·盖伦汉默(Pehr Gyllenhammar)说,我们不应该把无权的人看作"反面人物",他们应该是"受害者"。[3]

一线主管

雇员和上级之间的关系最为重要,因此当他们提到"公司"的时候,通常指的是直接上级。因此直接上级的行为是与雇员关系的重要决定因素,也是生产环节中的关键一环。

然而据我所知,在美国没有一家公司的员工对直接上级的表现完全满意。大多数人认为上级太过严厉,并且没有对他们进行任何培训。对一家制造公司的员工进行问卷调查,内容是"从工作中学到了什么",在七个选项中"从上级那儿学到的"排在倒数第二位(排在倒数第一的是公司培训)。而且,据说直接上级并没有将公司的政策付诸实践,例如,他们并没有对每个雇员进行工作审查和职业生涯指导。

在种族和性别歧视的法庭诉讼中,一线主管通常被称为"歧视的管理者"。[4] 在对工作进行创新设计和工作性质的研究中,他们被看作反面人物;他们破坏事情的程序并影响效率。总之,他们被人看作是"不合格的管理者"。

白领和蓝领的主管中都存在这样的问题。在一家大型政府管理机构,办公室主管和总部进行信息交流并影响着士气。"他们的态度很消极,"一位高级官员说,"他们使大家和管理部门对抗并压制高层管理者,对上级议论纷纷以此来抬高自己的地位,还阻止下级直接获取信息。我们实在受不了这种与员工交流的方式。"

问题出在哪儿？需要对主管进行管理培训还是工作人员的不足？两者都不是。问题很大程度上在于职位本身——普遍性导致了无权的产生。

一线主管是"中间人物"，他们被看作问题的根源。[5] 他们是高层和职员之间的纽带，所以我们要透过现象看本质。其他的组织类型都不是无权的主体。

首先，这些主管实质上已走到职业生涯的尽头。上司一般会把高层管理职位安排给外来的 MBA 们。因此从劳动力层次上升到主管，仅仅是抓到了一根救命稻草而不是晋升。雇员们并不认为主管已进入组织的领导圈子，所以认为他们与高层的联系并不紧密。有时主管的流动率相当高，以至于职员们认为他们可以与老板抗争。

其次，虽然他们缺少影响力，且不能获得上层支持，他们还是要管理计划和解释无法插手的政策。一家公司新的人事政策规定，主管要经常与雇员召开咨询面谈，但主管从来没有受过这方面的训练，也无从下手。咨询只是一种职责，管理者会鼓励职员们回避主管或对他们施加压力，人事部门也会说这种面谈是他们的基本权利。如果主管此前觉得自己处于无权地位，那么现在他就能感觉到下面的压力和上层的操控了。

图1　经理权力的一般表现（对上和对外的影响）

经理所能达到的程度——
对组织里遇到的麻烦进行调解
为有才华的下属提供理想的职位
同意超出预算的开销
给下属超出一般水平的加薪
在政策会议中安排议程的内容
与高层决策者的迅速沟通
与高层决策者进行有规律的经常性沟通
获取政策变动和决策的信息

图2 影响权力和无权的组织因素

因素	产生权力 当因素是	产生无权力 当因素是
工作的内在规则	很少	很多
工作中的程序	很少	很多
已有规则	很少	很多
任务变化	高	低
可靠或可预知的回报	很少	很多
人员的流动性	高	低
非常规决策的赞成	很少	很多
地理位置	中心	边远
工作活动的公共性	高	低
任务与现存问题的关系	中心	外围
任务的焦点	工作团体外	工作团体内
工作中人与人的联系	高	低
与高级官员的联系	高	低
参加会议	高	低
参与问题解决	高	低
下属的期望	高	低

　　被监督者也有多种方法使主管的日子难过，这种情况发生在主管脱颖而出的时候。未能胜出的同事会感到不满并嘲笑他们，因为他们似乎正在超越大家。职员们更容易打破规则，并使许多事情失败。

　　当一线主管被其他规则所限制的时候，人们还要根据这些规则来评判他们。他们缺少资源影响或回报大家，毕竟职员的工资和福利都是由其他人支付的。当事件发生时,他们无法控制局面,甚至还要作出反应。

例如,在工厂里,主管们抱怨无法控制工作进度:只有获得充足的供应才能完成生产配额,但他们无法影响资源供应者。

一线主管们缺少支持,特别是在大公司中,这种现象在其他公司也非常明显。当被问及是否与能够提供支持和信息的高层接触会消除工作中令人头疼的问题时,七分之五的一线主管的反应很积极。对他们来说,"接触"同感受到工作被接受和组织中的团队气氛有很大关系。

但是,在另外两个有着更多接触的工作群体里,人们会感受到更大的职业生涯威胁。进一步调查表明,只有当主管们陷入困境时才会引起注意。然而,没有人愿意跟他们讨论。对这些特殊的主管来说,高层管理者的话并不意味着认可或潜在支持,而是危险。

所以,主管经常表现出无权,例如过度的监督、注重规则、事必躬亲而不是培训职员(因为工作技能可能是所剩无几的让他们感觉良好的东西之一了)就不足为奇了。也许这是他们为什么成为上级和下属之间障碍的原因。

专业人员

专业人员也可以在某种工作环境下成为无权者。作为幕后顾问,他们必须出谋划策并交换资源,但除非他们提高了在公司权力网中的地位,否则他们就无法交换。他们是公司重要工作的得力助手,但在日常运作中是无关紧要的。他们的工作无疑是远离相关领域的日常管理,很少进行创新,这样就会出现无权的情况。

此外,在某些公司中,除非以前有直接经验,否则调动的职位就很有限。专家的晋升阶梯非常短,专业人员也被"固定"在诸如没有威信的小职员或是代理商这种工作岗位上。

专业人员和占据要职的人不同,他们是因专门技术和特殊背景被雇用,但管理层无意把他们培养成为更大的组织资源。由于发展前景不乐观、在很小的团队中单枪匹马工作,他们不可能培养他人或传承权力。他们也忽视了一个重要方式,即权力是可以积累的。

有时,专业人员会发现他们的工作其实是顾问,如房产顾问或组织开发人员。管理者对他们的日常工作很满意,但涉及风险或疑问时就会从外部聘请专家,因为对专家来说,地位比经验更重要。因为公司可以短期雇用有能力的人,所以,公司的管理在这种机制下,是否还需要自己的员工,就变得不那么明确了。

由于专业人员是重要工作的得力助手,他们的业绩和贡献常常无法衡量,而他们的工作也没有得到关注和认可,承担风险也与他们无关。

他们的思维受到局限体现了他们无权的状况。他们在公司中有一小块自己的空间,认为只有自己能控制工作标准、评价自己的工作。他们有时错误地把自己划分为专家(别人都不能胜任他们的工作),以区别于非专业人士。这种划分却把他们排除在主流之外。

差别表现为两种形式,一是当管理者要采取行动时,专业人员认为侵犯了他们的领域,就会产生异议。二是为争夺新"问题"的控制权,团体之间会进行斗争,结果双方都无法从根本上解决问题。为了解决无权的状况,他们会评价自己的地位并与他人划清界限。

对公司中人尽其才的人来说,专业人员的工作缺乏竞争力——对年老以后不适合调动和太年轻而不能退休的管理者是一个很好的避风港——那这个团体中将会充斥着保守主义,并拒绝改变。他们不再从事有风险的工作,反对"任何人"的改革建议。过去在公司中,人事部门总是最后一个知道人力资源培养的革新,在申请中也是最不积极的。

第二章

高级管理层

虽然公司高层拥有大量资源和责任,他们也可能出现无权的情况,而且原因与员工和主管们相似:缺少供给、信息和支持。

我们对领导充满信任,因为他们能控制事情的发生,为每个人创造机会,为公司引进资源。这就是他们的供给。但是外部影响——下级权威的来源——随着环境变化而减小,使领导无法控制局势。尽管高级管理层对公司进行了规划,形势仍然很紧迫。至少,公司外部的事情会转移领导的注意力和消耗精力。更加不利的是,决策给公司带来严重的后果,影响了高级管理层的权力意识和管理风格。

例如,在20世纪60年代中期,几乎每个公司的负责人和大学的校长看起来——并因此让人觉得——都很成功。显而易见的成功使公司领导树立了权威,同理,也给予他们推动新事物发展的权力。

过去几年里,环境发生巨大变化,领导的权力也受到极大限制。新的"巨擘"开始控制权力,如阿拉伯石油组织、政府管制和调查委员会。管理经济下降不同于管理增长。当高层领导无法控制局势时,公司的管理功能才得到了加强。

公司低层的无权表现在日常工作中,在这些工作中,绩效测量以工作规则和缺乏变化为标准,在更高层次的工作中也是如此。日常工作取代了非日常工作。成功变成了确定细节的问题。短期的成效带来了既得利益,使股东们和其他的赞助商感到满意。

强势的领导者愿意牺牲短期利益以获得长期收益。一线主管致力于按规则办事,领导关注短期利益而缺乏长远目标。这种情况的变化是自我的强化。人们对长期目标关注的越少,领导就越会感到没有权力,并极力证明自己至少还控制着日常事务。高管层发现他越是短期地介入组织,对长期目标就越缺乏控制,最终就越可能失去权力。

高级总裁的威望来自他们的卓越表现：明辨是非、创造、发明、策划和非日常方式的工作。但是因为日常问题看似容易、易于管理、变化较小、能得到部分人的同意，可以在短时间内解决，所以，领导做下属们应该做的事情，从而规避风险。最终一位领导解决了一切琐碎的问题，这使尝试更具挑战性工作的领导者也树立了信心。当沃伦·本尼斯（Warren Bennis）还是辛辛那提大学校长的时候，一位教授打电话说教室里的暖气坏了。在谈到这件事时，本尼斯说："我觉得教授好像希望我拿着扳手去修理。"[6]

高层管理者要从公司的日常运作中抽身出来，去开发和使用权力。但抽身会导致另一种无权——缺少信息。在一家跨国公司，高层管理者们坐在宽敞的办公室里，接受大家的奉承和无微不至的照顾，但他们却因为远离实际问题而感到沮丧。[7]

身居要职的人内心除了秘密和隐私外还有挥之不去的孤单。在一家银行里，员工们从未见过高层管理人，对此他们已经习惯。当新任高级副总裁去分行视察时，大家竟然对他此行的目的感到怀疑甚至惧怕。

因此，不能融入组织信息网的领导者无法体会到下属中发生的事情，他们的隔绝也会带来负面效果。高层管理者制定了"有利于"新雇员的政策或宣布一项新的人性化决策（如"我们现在的风格是积极参与管理"），却发现大家对政策无动于衷或表示不信任，原来他们以为制定政策的老板并不引人注意。

当管理者与公司的其他人或其他决策者严重隔绝时，这样的信息中断会带来更严重的后果。就会像尼克松那样戏剧化，看不到即将下台的命运。隔绝的原因一部分是由于他在公司中身居要职，另一部分是由于他的管理风格问题。

例如，领导者会形成由"doppelgangers"组成的内部圈子，他们就是自己的主要信息来源，并且只谈论自己想知道的事情。而被曲解的原因

第二章

有很多种：心腹们想减轻领导的负担，他们设身处地为领导着想，全力维护目前的权力和地位，众所周知的"封杀消息"综合征使领导身边的人不愿意把坏消息透露给他们。

最后，就像主管和下层管理者一样，高层管理者们也需要支持者以行使权力。但是对于他们的支持可能不仅仅是个人的赞同支持，更多是社会法制资源的支持。问题在于总裁能否被同行认可，以及社会公众和其他的公司员工是否认可他得到晋升。

然而，如果公众不支持，领导经常受到攻击，或少数赞助商和雇员发现他们的利益与领导权不一致而与施压团体一致，无权现象就会产生。

如果失去了共同目标，系统的政策就会影响高层管理者的能力。管理失效和对利益冲突的双方进行调解都会导致更加被动和倒退的局面。当公司内外的局面都失去控制时，许多高层人士就会站在管理者的立场并对调解人提出异议。但两者都不是特殊的授权者。

所以当高层管理者失去供给、信息和支持的时候，他们就会陷入无权状态。他们希望掌握所有权力，并削弱他人的权力。在这样的控制下组织无法变革，它设定的更多是限制而不是目标。财务目标是削减多余的员工，而不是给他们更多的选择去发展自身的能力。高层经常发表独裁性的言辞，进一步扩大无权状态，以至于组织反应迟缓，人们关注的只是保住现在所拥有的而不是尽可能的生产。

如果每个人都玩"山中之王"的游戏来满足自己的嫉妒心，那这个游戏就成了镇上唯一的游戏。

分享权力才能扩大权力

我所描述的三个等级的人们并不总是处于无权状态，但在某些条件下，他们可能会处于此状态。图3总结了各个层次无权状态的表现情况和行为的来源。

图 3　三个重要职位无权的表现及其来源

职位	表现	来源
重要主管	密切,规则来监督 事必躬亲,为下属的发展和信息交流制造障碍 下属抵制,低生产情绪	程序化的,规则化的工作和不控制供给 有限的信息 对自己前景的有限发展和对下属发展有限介入
专业员工	势力保护,控制信息 专家主义 保守的抵制变革	所做的程序化工作被看作是真正任务的补充 妨碍职业生涯的发展 容易被外来的专家代替
高级总裁	注重内部削减,短期成果,和"处罚" 独裁的,由下至上的交流 具有相似目的的附属人员	由于环境的变化对供给失去控制 缺少组织下层的信息 由于合法性的挑战,支持减少(例如来自公众和特殊利益集团的压力)

我对大公司中经济和政治权力大量集中的现象进行了分析,并与高层职位的无权现象进行了比较。伴随不同层次的职位产生的不是成功的能力——生产能力,而是惩罚、防范、下跌、减少或是解雇的权力,从不考虑后果。这是一种压制性的权力,也就是我们常说的腐败。

为防止权力对个人和社会的侵害,国家认为必须对位高权重的人进行制约、制定规则和法律以防止他滥用权力。如果压制性权力使人道德败坏,那生产性权力的缺乏也会如此。在大公司中,无权问题比权力问题更大。

戴维·C.麦克莱伦(David C. McClelland)对压制性权力和生产性权力进行了相似的比较:

"消极方面……权力的表面特征是统治—服从模式:如果我胜利,你就会失败……这是权力最简单直接的含义(例如侵略性)。它不容易形成有效的社会领导,因为人们会把其他人当成棋子。人们觉得自己被动而无用,但领导者从统治中得到满足。奴隶是人们创造出的效率最低的

第二章

生产力。如果领导要使权力产生长远的影响,就必须让追随者们拥有权力并独立地解决问题……即使是最独裁的领导,如果不使追随者们有权力去实现他的目标,他也不会获得成功。"[8]

通过分享一部分权力,组织的权力就会增值。对新的组织形式了解不够时,我们不能说生产性权力无限扩张或者哪里是我们能达到的最高点。但我们很清楚分享权力并不是弃权或失去权力,授权并不意味着弃权。

经济领域的基本原理可以引入组织领域和管理领域。在厂房和设备上的资本投入不是生产率的关键。如果技术基础加强,国家的生产力也会提高,这点和组织是一样的。人们通过工具、信息和支持会作出更多决策,反应更迅速,完成更多的任务。领导者授予他人权力并不会削弱自己的权力,相反还可以使它得以增强——尤其是整个组织运转良好的时候。

这个分析得出了与直觉相反的结论,重复地说,无权的关键是没有权力。无权的人对权力并不信任,他们害怕权力被滥用。但他们从权力分配中受益最多,新的选择权也会改变他们的行为。

如果没有实权的老板与他人分享权力,他们的权力就会增值。当然,只有对外在权力放心的人——他们的供给、信息和获得支持的路径——才明白授权给下属是收益而不是损失。权力的两个方面(获得和交出权力)是紧密联系的。

对下属和试图变革组织的人,即领导者和变革者来说有很多教训。下属应该全力帮助老板加强权力,而不是抵制和批判他,那样只会增加他的控制欲。管理者要提高组织的生产力,就应该进行结构方法的调整,如开放供给和支持的路径,而不是培训和调任。

同样,为了新计划和政策的成功,组织的变革者应该确认变革,而不应造成使组织的其他管理层无权。在改革中,明智的做法是让关键人物和两个直接或相邻的部门参与进来,获取信息,加以考虑,才能建构自己的权力意识。如果没有这种参与,最好让他们离开,否则他们会抵制和影响计划,从而削弱权力。

在某种程度上,分散权力意味着向人们阐明权力的新定义。然而,不是说说而已,管理者需要这种新的管理经验。

以下是一个大公司职能部门的副主管向团队精神、积极参与和分享权力的管理进行转变的过程:

"参与管理者的决策制定和通过,不要放弃你的这项权力!告诉他们你想要什么,你来自哪里。不要追求独裁者的'民主',要参与管理层的工作……"

"要坚持住,不要放弃。不要'回到从前',因为所有的事物都在进步。大声地说——告诉人们你的感受。他们会希望你参与合作——因为他们也不想回到原来的状态……下属会让你'更像个老板',他们希望跟随别人而不是自己当老板。"

当然,在学会分享以前,人们需要获得权力。劝告管理者改变自身的领导风格是不可能的。在一家大型电器公司的工厂里,一线生产主管是经理们抱怨的主要对象,说他们是公司生产的绊脚石,工作没有效率。于是工厂人事部门实施了两套方案来提高主管的效率。第一种方案是依靠传统的竞争和培训模式使他们成为具有专门技能的成功主管。而第二套方案是通过直接授权影响他们的流动,使他们享有资源,和高层进行接触并控制工作环境。

在初步收集主管和下属的有关信息之后,人事部门召开会议,给予所有主管制定与他人分享信息的行动计划和合作解决工作中常见问题的办法。然后,与组织的普遍做法不同,他们给主管新的工作压力去解决工作问题以及在他们和下属中常见的职业生涯问题。这些工作压力包括给定预算、咨询、相当于高层管理者的工程指导委员会的代表权,并对他们改革的性质和范围给予极大自由。简而言之,资源、信息和支持都向他们开放。

第二章

　　在主管们取得成绩后，工厂管理层认识到改变权利结构比传统培训方式更能提高主管的效率，随之取消了传统培训。开拓者们不但为公司设计出新的程序，取得了令高层惊讶的成绩，而且懂得了如何更好地管理下属。

　　一些团队决定让底层工人融入工作计划，他们从自身经验看到了让下属参与解决问题的好处。其他主管开始尝试推行"参与性管理"，给下属更多的控制权和影响力，但不会影响自己的权威。

　　很快，在"公司最大的麻烦"中的"问题主管"就会获得最高的绩效评价，并被视为直接生产管理的典型。高层的权力分享发挥了权力的生产性作用。

　　人们可能会不解，为什么没有更多公司采用这种授权战略。答案是：对看重权力的人来说放弃控制权是一种危险；人们不愿意把权力下放给他们看不起的人；管理者害怕失去自己的地位和特权；组织通常更看重"可预见性"而不是"灵活性"；等等。

　　但是我仍然怀疑这些员工的能力。许多现代行政管理系统的设计是通过制定程序化决策来减小对个人能力的依赖性。因此，当看到以前从事程序化工作的员工解决复杂问题并自主支配资源时，高级总裁大为吃惊。

　　在上文的电器公司里，在季度末，主管们汇报工作并请求通过新的预算。任务压力保证他们提前做好准备，高层领导对此留下了深刻印象。其实他们不断称赞主管，说主管能轻松地从事复杂的人事工作。

　　起初，主管们的虚荣心得到满足，高层的称赞起到一定的作用。但是，当第一缕光环消退，部分人就会略显怒色，他们觉得大量的赞美带有施舍和侮辱的味道。"难道他们认为我们不会思考吗？难道我们不胜任自己的工作吗？"一位主管说道，"他们一定把我们看成一群动物，不然怎么会安排给我们如此缺乏创意的工作。"

　　就我们谈到的主管而言，他们很有能力，即使是潜在的能力。作为个人他们并没有变——仍然是组织的掌权者。

女性管理者经历特权的失败

女性在管理中的典型问题是说明正式和非正式行为如何造成了无权。依先例来看,女性发现她们从事的是日常化、变动少的工作。在员工时期,她们为直线经理服务却没有自己的直接职权;处于主管职位时还要管理"固执"的下属。她们从没有处于这样的位置,即承担树立威信的风险或集合聪明的下属以建立自己的团队。

这些与商业无关的工作使女性无法进入公司主流。因为难于进入信息和支持网络,女性比男性更容易处于无权的地位。有权的女性大都因为家庭的关系,才进入公司社交圈的主流。

在一线主管和专业人员阶层,女性管理者的比例很不均衡。她们和男性一样也会处于无权地位,但无权是一些其他管理者暗中造成的。

其他管理者造成女性无权的方式是对她们过分保护:把她们安排在"一个安全的位置",但不给她足够的权力去证明自己,并且不给她们安排高风险的工作。这种保护有时是出于"好意",要给予她们成功的机会。出于关心,认识到女性要面对男性不必面对的问题,好心的管理者要保护他们的女性下属("这是一片丛林,为什么要派她们进去呢?")。

对女性的过度保护可以掩盖管理者的恐惧心理,他们觉得女性可能会失败。一位仅次于副总裁的高级银行官员非常欣赏高绩效的、有财务经验的女性向他汇报工作。虽然欣赏她的工作经验,但他还是不放心把其他工作交给她,他觉得那样会冒很大的风险。"如果其他管理者也跟我一样不接受女性呢?"他问道,"我知道我应该冒一下险,因为其他管理者认为我的认可比她们的品质更重要。她们为什么没有被任用呢?因为我的判断起了决定性作用。"

比起缺少管理支持的无权来说,过分的保护相对缓和。例如,一个人如果没有威信,那其他人都不会尊重他。如果女性的直接主管或其他管理者愿意听到对她的批评,关心每次对她的负面评价,女性就会被认为工作不称职,并被削减职权。如果管理者让人知道他很注意这个人或者测试她来看她做得怎么样,他会让其他的人留意她工作中的失误。

第二章

此外,人们认为自己可以超越女性同行,因为她们"缺少信息"和"不知道危机"。即使女性可能因为能力或经验而受到尊重,但别人认为她们的才能仅限于工作的技术需要。事实确实如此。许多女性都是以"外部人士"的身份进入高管层,而不是通过一般的渠道进入上层。

因为直到最近,男性才习惯于看到女性管理者(以前女性被排除在商业团体之外),他们不再以世俗的眼光来看待女性。任何人,不论男性还是女性都被看作是"内行人","对内幕"消息的缺乏是信息有限的表现。

最后,即使女性可能获得了权力,也很难树立威信。获得个人以外的权力支持,需要下放和分享权力,需要下属通过与上级的接触获得授权。一般来说,没有人认为女性会支持别人,即使她们已经获得了成功。女性被看作支持的接受者,但却不是支持者本身。

(随着女性在组织中证明自己而且有很强的意识去提拔年轻人,这种情况可能会有所改变。但是,我听到的关于女经理们的最多的问题还是她们怎样能从顾问、支持者和同行那里得到帮助,而不是她们怎样利用她们的权力使别人受益。)

对有权和无权问题的研究使关于女性和领导权的两个问题得到了解释:没人希望有个女老板(虽然研究表明女老板会有正面的工作经验),没人希望有个女老板的原因是女人"控制欲太强、程序化、小气"。

第一个问题说明,权力对领导来说很重要。组织领导职位进行分配时,男性获得的权力职位要多于女性,男性也更愿意与别人分享权力。同样,"管理女老板"是无权的最佳诠释。这是所有男性无权者的特点,但因为我曾经提到过的环境,女性比男性更容易出现这些特点。有权力的女性仅被看作是与男性一样有效率。

最近对600家银行的经理所做的访谈中,当女性说出了无权的细节后,人们认为她之所以那样做是因为"她是女人"。令人惊奇的差别在于,一位男性做了同样的回答后,人们认为那是他个性的一部分和特点,不把它归结于这个人是否适合管理工作。

参考文献：

1. Donald C. Pelz, "Influence: A Key to Effective Leadership in the First-Line Supervisor," Personnel, November 1952, p, 209.

2. 参见我的著作 Men and Women of the Corporation（New York: Basic Book, 1977）, pp. 164-205。

3. Pehr G. Gyllenhammar, People at Work（Reading, Mass: Addison-Wesley, 1977）, p, 133.

4. William E. Fulmer, "Supervisory Selection: The Acid Test of Affirmative Action," Personnal, November-December 1976, p. 40.

5. 参见我写的那一章（与 Barry A. Stein 合著）"Life in the Middle: Getting In, Getting Up, and Getting Along," 收于 Life in Organizations, Rosabeth M. Kanter and Barry A. Stein 编（New York: Basic Books, 1979）。

6. Warren Bennins, The Unconscious Conspiracy : Why Leaders Can't Lead（New York: AMACOM, 1976）.

7. 参见我写的那一章 "How the Top is Different," 收于 Life in Organization。

8. David C. McClelland, Power: The Inner Experience（New York: Irvington Publishers, 1975）, p. 263. 引用已经过许可。

第二章

第四节　权力是最大的激励因素

戴维·C.麦克莱兰　戴维·H.伯纳姆

是什么造就或者激励出一位出色的管理者？答案太多了,每个人都在试图寻找答案,以至于不知从何说起。有些人会说出色的管理者就是成功的人；大多数商业研究者和商界人士知道是什么使他们的事业获得成功。成功的关键原来是被心理学家称为"有成就的需要"的东西,即把事情完成得更快更好的愿望。所有的书和文章都总结说,成就动机对于想要成功的人来说非常必要。[1]

但是成就动机和出色的管理到底有多大的关系呢？一个人努力追求高效率就会成为优秀的管理者,这是没有理论根据的。听起来似乎是每个人都应该有成就的需要,而实际上,正如心理学家们定义和测量的成就动机,它使人们表现出特殊的行为,却不一定能带来出色的管理。

一方面是因为他们注重个人进步,把事情做得更好,有成就动机的人事必躬亲。另一方面,他们需要关于绩效的短期的具体反馈以了解他们做得怎样。但是在大公司里,管理者不可能事必躬亲,管理别人才是他们的本职工作。但是,下属反馈绩效情况可能很不清楚,以至于如果让经理自己去做每一件事情反而更加节省时间。

看来,管理者的工作更吸引那些喜欢影响别人的人,而不是比别人做得更好的人。就动机而言,我们更希望成功管理者的"权力欲望"多于成就需要。除了权力欲望,他还需要具备一些其他的品质。本篇文章的主题就是这些品质和它们之间的相互关系。

为了确定管理者的动机是好还是坏,我们对美国一些大公司的管理者进行了研究,他们参加管理研讨会,目的是为了提高管理效率(讨论技巧、调查方法和使用的术语见附录)。

这项研究的基本结论是，公司的高层管理者必须有很强的权力欲望，即千方百计地影响他人，但必须加以控制和规范才会有利于公司，而不是满足他的个人野心。此外，高层管理者的权力欲望要比受人爱戴的想法更强烈。

现在来看看这些观点在具体的个人和环境中的含义，以及优秀管理者的内涵。最后，谈谈研讨会和它对行为变化的影响。

衡量管理效率的标准

我们所说的优秀管理者的"权力欲望"比"成就动机"更强烈是什么意思呢？具体来说，让我们看看肯·布里格斯（Ken Briggs）的例子，他是美国一家大公司的销售部经理，也是管理研讨会的成员之一。大约六七年前，他晋升到公司总部的管理层，负责管理销售人员，而他们的业务占据公司业务的绝大部分。

在肯填写研讨会的调查问卷时，他表示自己非常了解工作要求，就是使他人成功而不是达到个人目的，也不是与下属搞好关系。但是，当提及研讨会其他成员写出的一份管理形势报告时，肯不经意地透露出他从不关心这些。实际上，他发现自己成就需要的分值很高——事实上超过了90个百分点——而权力需要的分值很低，大约有15个百分点。肯强烈渴望成功并不让人惊讶——毕竟他曾经是一位成功的销售员，但是，影响他人的动机显然达不到工作的要求。肯略有不安，但是他想到可能是这个测量工具不太准确，其实理想情况和测得分数之间的差距不是看起来那么大。

令人震惊的是，肯的下属道出了真相：他是个很差劲的经理，对直接下属的正面影响也很少。下属们都觉得自己没什么权力，他从不奖励他们，还经常批评他们。办公室没有好好管理，常常是一片混乱。在这种情况下，他们只能完成国家标准的10%～15%。

第二章

当肯和研讨会的一位领导私下谈到这些时,他感到越来越不安。然而他最后说,这个调查结果证实了他害怕承认自己和别人的感觉。多年来,他在经理的职位上感到很苦闷,现在他才知道原因:他从来没想过也没有能力去影响和管理别人。回想以前发生的事情,他意识到以前影响员工的做法都是失败的,他感到了前所未有的苦闷。

肯明白了自己的失败是因为标准太高——公司在他心目中占了98%——而且事必躬亲,这几乎是不可能的;他未将权力下放的做法使下属们士气受挫。肯的典型特征就是有强烈的成就需要而权力欲望却很淡薄。他可以成为一名成功的销售人员,甚至会被提升到管理职位,但是,事实上,他并不胜任该职位。

如果成就动机不能造就出一位出色的经理,那么需要什么样的动机呢?不可否认,权力动机非常重要。在权力动机和其他特长方面,很难证明有比肯·布里格斯更出色的经理。但如何确定谁做得更好呢?

单凭一个人在生产、销售、财务、科研和发展上的管理效率很难衡量他的真实业绩。在肯的公司里,谁是更优秀的管理人员,我们并不仅仅参考上司的意见。由于种种原因,上司对下属真实业绩的判断可能不太准确。在没有业绩衡量标准的情况下,我们认为,评判他们业绩的最好指数是他所创造的工作氛围,这些会反映在下属的精神状态上。

确切地说,一位优秀的管理者应该让下属感到有士气和有责任感,对下属的成绩适当进行奖励,让下属知道应该做些什么。总之,管理者要使员工建立强烈的团队精神和特定团体的自豪感。如果他开创和鼓励这种精神,员工们就会表现得更好。

在肯的公司,我们把员工的士气和业绩进行了比较,销售额很好地体现了业绩。1973年4月,来自公司16个销售地区的至少三位销售人员填写了关于组织透明度和团队精神的调查问卷,取其平均值并统计出了每个公司的士气指数。与1972年的情况进行对比,可以看出每个地区的销售额上升还是下降。从地区销售图来看，最高达到30%，最低是8%，中间部分大约达到14%。图1表明了销售额的平均增长和士气指数增长平均值之间的关系。

图1　美国一家大公司的士气指数和销售业绩关系图

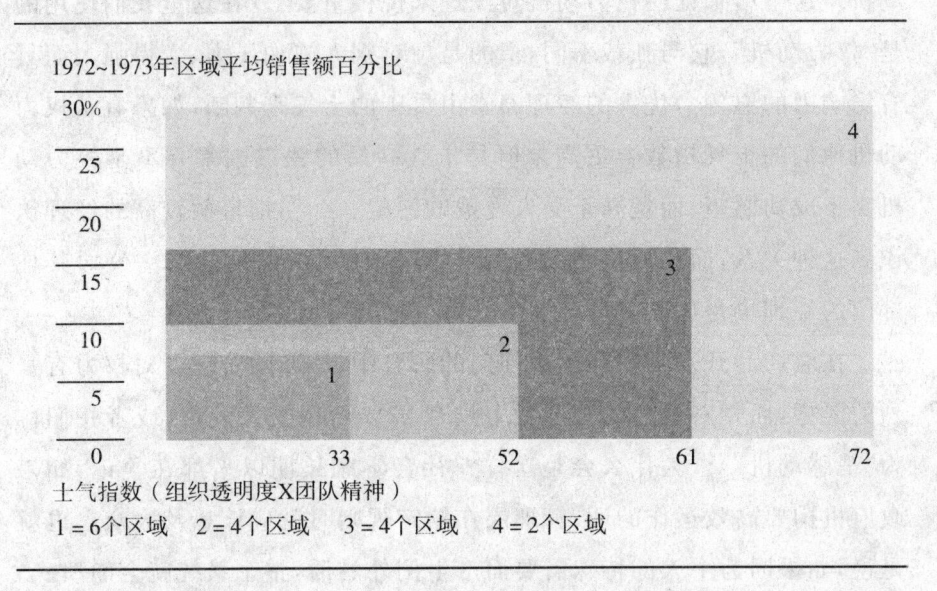

1972~1973年区域平均销售额百分比

（图：纵轴为0到30%，横轴为士气指数，依次为33、52、61、72，对应四个柱状：1、2、3、4）

士气指数（组织透明度×团队精神）
1 = 6个区域　　2 = 4个区域　　3 = 4个区域　　4 = 2个区域

　　从图1中我们可以看出销售额和士气之间的紧密关系。六个年初士气欠佳的地区到年末时平均销售额只有7%（虽然这个团队内部发生了很大变化），然而两个士气最高的地区却达到了28%。当士气指数达到国家标准的50%时，销售额会明显得到提高。在肯的公司，组织气氛良好预示了来年的销售佳绩。

　　似乎是那些能提高销售人员的士气的主管在别的部门也做得一样好（比如说生产部门、设计部门等），假定在那些士气高昂的办公室里都有一位优秀的管理者存在，那么这位管理者具有的普遍特征是什么呢？

第二章

对权力的渴望

在研究同一公司各个部门的50位经理的动机时,无论士气是高是低,我们发现大多数人——70%以上——与普通人相比都有强烈的权力动机。这个结果证明权力动机对经理来说很重要。(在这里我们使用的是"权力动机",它与独裁不同,指的是想对别人施加压力、变得强大而具有影响力的愿望。)优秀的经理通常由员工的士气来判断,如果有了权力动机他们的士气指数会更高。但是士气高昂的关键因素并不是权力动机高于成功愿望,而是高于受人爱戴的愿望。80%销售额较高的经理认识到这种关系,而相对逊色的经理中只有10%认识到这点。公司其他部门的经理也是如此。

在对产品开发部门和运作部门的研究中,73%的管理者对权力有强烈的渴望,而相对逊色的管理者中只有22%希望受人爱戴(或者我们称为"情感动机")。为什么会是这样?社会学家长期以来都在争论,如果政府机构要高效运作的话,管理层在制定规则时就应该惠及大众。也就是说,如果因为个人的特殊需要而产生例外的话,整个系统就会崩溃。

希望受人爱戴的管理者愿意与每个人相处融洽,因此,他们最容易因特殊需要而加以优待。如果一位员工要请假回家帮助生病的妻子照顾孩子,这位仁慈的管理者会很同情他,并不假思索地准假。

当福特总统对尼克松事件发表意见时,他说他"感到非常痛苦"。他的反应就和这位仁慈的管理者一样,因为他更多地考虑了尼克松的需要和感受。社会学理论和我们的研究都表明,渴望被人爱戴的管理者不能成为一个出色的管理者。这种管理者不会创造出良好的组织气氛,因为他没有体会其他人的感受,对个别人的例外其实是对其他人的不平等待遇,就像美国人觉得释放尼克松和对参与水门事件的人减轻处罚就是不公平的。

社会性的权力

目前我们的结论也有点让人担忧。难道优秀的管理者就只注重权力,而不关心其他人的感受吗?当然不是,他们也要具备其他的品质。

首先,优秀的管理者的权力指向不应该是个人的独裁而应该是他所在的组织。另一项研究表明,当人们编写故事的时候,表现出的一些控制行为和抑制行为,在很大程度上表明了他需要哪种权力。[2] 我们发现,如果过分抑制会带来强烈的权力动机,那么这个关于权力的故事是利他主义的,即故事中的主人公为了他人的利益而行使权力。这就是与个人权力所不同的权力的"社会性"方面,是人们故事中关于权力的比喻的特征;而个人权力却没有抑制和自我控制的意思。在早期的研究中,我们发现大量的证据证明,后者会因一时冲动而行使自己的权力。他们对人无礼、酗酒、带有性别歧视,还置办能够体现个人荣誉的象征物,如豪华汽车和大公司。

从另一方面来说,权力欲和控制欲都很强的人会更多地为组织着想;他们会被更多公司看中,会控制自己的酒量,并愿意为他人服务。并不奇怪的是,在研讨会中我们发现,优秀的管理者在权力和抑制力方面的得分都很高。

优秀管理者的形象

我们对讨论进行概括并对数据进行分析发现,优秀的管理者的权力动机和抑制力都很强,但情感动机不明显。他们关心组织的权力,行使权力是为了激发员工生产更多的产品。现在,我们把他们与情感型管理者(即情感需要多于权力需要)和个人权力型管理者(即权力动机比情感型经理强但抑制力较差)进行比较。

第二章

在我们所研究的公司的销售部门,三种类型的管理者平均分布。图2是他们的下属关于责任感、组织透明度和团队精神的评价。为了使结果具有代表性,至少三名下属给各自的管理者打分,每种类型里有几名管理者代表。可以看到,希望受人爱戴的管理者容易让下属觉得他们的个人责任感不强,组织程序不明确,在这个团队中工作没有自豪感。

总之,如我们所料,情感型管理者从个人偏好出发制定了太多个别的决策,却忽视了有规律的程序。他们对程序的忽视使得下属感到无能为力、没有责任感,不知道下面将发生什么,也不知道怎样与管理者配合,甚至不知道该怎样做。这种类型的管理者在图2中所占的分值在30个百分点以下。

注重个人权力需要的管理者在某种程度上是比较有效率的。他们对自己作出的决定非常负责,最重要的是,他们有很强的团队精神。他们被喻为巴顿将军那样成功的坦克指挥家,他的勇敢激发起了士兵们对他的崇拜。但是要注意到,在图2中,这部分人的分值比起具有强烈权力动机和抑制力、较弱情感的"制度型"管理者来说,在组织透明度这一项上只占40个百分点。

由于个人权力型管理者不能很好地自我约束,无法成为优秀的制度建设者,下属是对他个人的忠诚而不是对他们所服务的组织忠诚。个人权力型管理者一旦卸任,组织就会出现混乱。下属强烈的集体精神是靠他的个人魅力激发的,也会随之涣散,下属自己也不知道自己要做些什么。

在这三种类型中,"制度型"管理者最成功地创造了有效率的工作气氛。图2表明下属们觉得他的责任感比较强。此外,他们带来很高的士气,因为他创造出真正的组织透明度和团队精神。如果这位管理者卸任,另一位管理者可以轻松地接任,因为下属们是对组织效忠而不是对特定的个人。

图 2　下属对不同动机类型管理者的选定范围的分值评价

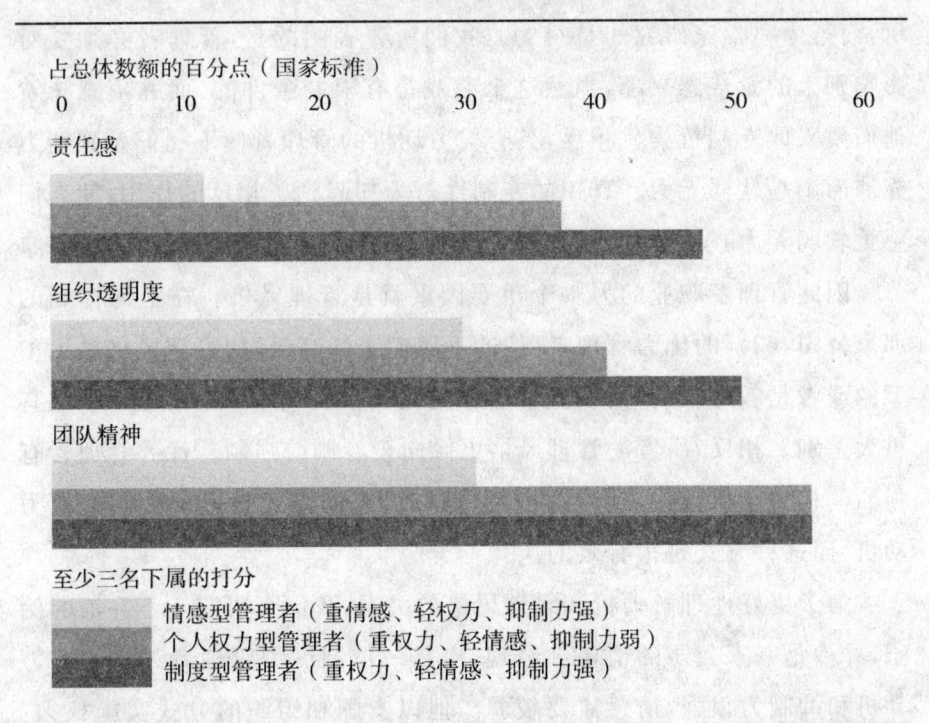

占总体数额的百分点（国家标准）
0　　　10　　　20　　　30　　　40　　　50　　　60

责任感

组织透明度

团队精神

至少三名下属的打分
　　情感型管理者（重情感、轻权力、抑制力强）
　　个人权力型管理者（重权力、轻情感、抑制力弱）
　　制度型管理者（重权力、轻情感、抑制力强）

管理风格

由图 2 不难看出，比起"民主"导向型，任何一种权力导向型的管理者在下属中间都能创造出一种良好的精神气氛，所以我们必须考虑权力对有效管理的重要性。我们的研究结论似乎应验了一个古老的，有相当影响力的组织心理惯例，这个惯例坚持认为专制管理对这个国家的大多数行业来说都是不适用的。坦率地说，对专制的恐惧一直被错误地用来贬低权力在管理中的重要性，毕竟管理的目的是影响别人。民主管理的支持者似乎忘记了这一点，要求管理者更多地关注人们的人性化需要而不注重任务的完成。

第二章

我们的研究结论与行为科学家冲突的地方在于,我们研究的是动机,而行为科学家研究的是行为。我们所要表明的是,管理者必须要对影响别人的游戏感兴趣,当然这个游戏是有限制条件的,而并不意味着他们要采取专制行为。相反,具有权力动机的管理者使下属们感到精力充沛而不是软弱无力。真正的专制性行为却起到了相反的作用,使人们感觉软弱无力。

因此管理者职业的另一个重要因素就是管理风格。在上面提到的那家公司,63%的优秀管理者(他的下属们士气高昂)的管理风格是民主型的或者是教练型的,而较差管理者的比例只有22%,这在统计学上有重大差别。相反,后者的管理风格更倾向于专制或强制。优秀管理者有强烈的权力动机,落实到行动中,他们以民主的方式表达了他们的权力动机,而这种方式是很有效的。

为了更好地理解动机和管理风格的关系,我们来研究一下乔治的例子,乔治是一家公司的销售部经理,也是一位制度型管理者。他的权力动机和抑制力很强,情感需要较弱。他以支配和组织的方式实施权力。他的事例又一次证明了以上结论。例如,他写道:"人们开会时感觉非常好;他们刚制定了公司的重组计划;公司被大量的组织结构问题所困扰。这个团队在一位优秀的年轻总裁的带领下,完成了公司的新职位和职责的结构重组……"

以上是对乔治的真实描述,不久以后,他被提升为主管销售的副总裁。但是,在同事的眼中乔治是个怪物,一个铁腕人物,如果乔治的祖母阻碍了他的发展,他都会"把她踢开"。乔治有着恰当的动机组合,致力于组织发展而不是个人权力的膨胀,但是他的管理方式非常糟糕。由于得到了公司高层的暗示,乔治告诉下属必须要完成某些事情,如果下属不愿意做,他就用可怕的后果威胁他们。

当乔治的专制运用于工作中的时候,他认识到这种方式不能激发员工的士气,事实上,他的方式会导致士气低落,随后,他改变了管理方式,使自己更像一位教练。乔治清楚地认识到,他的工作不是强迫别人去做事,而是帮助他们更好地完成工作。

制度型管理者

乔治能够很容易地改变他的管理风格的原因之一是,在他的幻想故事中他考虑到要帮助其他人,即拥有制度建构动机模式的特殊人群。在对制度型管理者的思想和行为的进一步研究中,我们发现他们主要具有以下四点特征:

1. 他们都以组织为目的;他们愿意参加更多的组织并认为自己有责任建构组织。此外,他们都看重权力集中的重要性。

2. 他们都宣称喜欢工作。这个结果非常有趣,因为对成功动机的研究促使一些人认为成功动机能够提高"新教徒工作道德",反之也是正确的。渴望成功的人通过提高效率来尽快完成工作,他们愿意以更少的时间和努力去获得成功。但是制度型管理者却更喜欢有规律的工作,这符合他们做事井井有条的风格。

3. 他们似乎为了组织利益而愿意牺牲个人利益。例如,他们更愿意为慈善团体做贡献。

4. 他们有很强的正义感。他们认为,如果人们为了组织利益而努力工作或牺牲个人利益,组织应该给予他们奖励。

很容易看到这四点中的任何一点是如何帮助一个人成为出色的管理者的,这关系到制度目标的达成。

成熟。在继续研究讨论会是如何帮助管理者改进管理风格、认识自己的动机之前,我们先来研究一下乔治·普伦蒂斯所在公司的优秀管理者们。他们相当成熟,成熟的人不自高自大。某种程度上,他们对自我形象的明确认识对做事很有利。他们不会刚愎自用,而愿意听取专家的建

第二章

议,高瞻远瞩。由于不断地积累经验,所以他们看起来很成熟也很睿智。他们清楚地认识到,自己不会长生不老,个人发展前景已经不是最重要的事情。

图3　管理者接受培训前后50多位销售人员对组织的评价

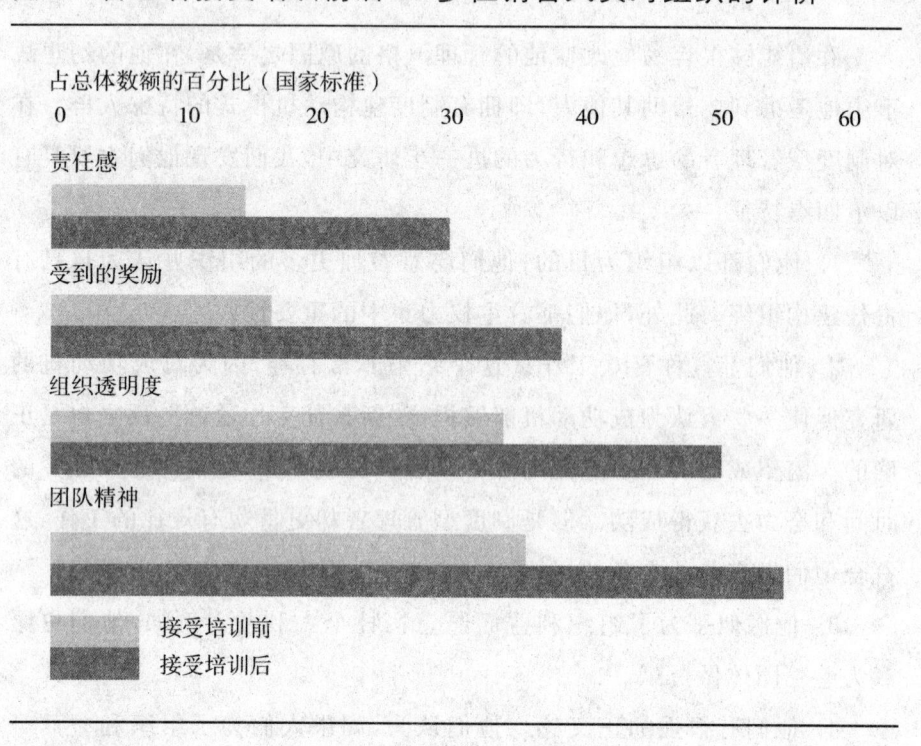

占总体数额的百分比(国家标准)

责任感

受到的奖励

组织透明度

团队精神

接受培训前
接受培训后

美国很多商界人士都很惧怕这种成熟。他们怀疑这会使他们工作不努力、思维不开阔并影响组织效率。我们的数据不支持这一点。这些都是乔治进入研讨会以前所害怕的。后来,他成了有效的管理者,不是因为不管自己的感觉,而是因为他意识到个人发展前景本身不重要了。原因很简单:下属们认为他是真正地关心公司,而不是关心自己。下属们以前敬畏他,现在信任他。曾经他通过与人谈论他新买的保时捷汽车(Porsche)和本田汽车(Honda)来让人觉得他是"大人物",但是现在,当人们看到他时,他总是说:"我不会买那些东西了。"

改变管理风格

乔治在研讨会中更加了解自己,改变了管理风格。但是自我认识普遍能够改进管理行为吗?

一些人可能会问:"如果我是管理者,拥有强烈的权力意识、适当的情感动机、纪律性、较高的成熟水平和训练式的管理风格有什么好处呢?我应该怎样做?"答案就是,研讨会为管理者提供了更多信息去改变他们的管理风格。

观察图3比较"前"和"后"的分值。我们再次把下属的意见作为评价管理者效率的标准。根据下属们的反映,培训后,管理者的效率明显提高。下属们感到管理者给了他们更多的职权和奖励,组织的程序更加明确,士气也越来越高涨,这些变化都很明显。

但是这些变化对人力资源有什么意义呢?管理者是如何变化的?有时候管理者认为他们应该换个工作。例如,肯·布里格斯就有过这样的想法,他发现自己无法胜任管理者的工作,因为他对影响他人没有任何兴趣。他意识到要想做好现在的工作,他必须改变,在管理层的帮助下,他最终决定回到老本行——做销售工作。

肯·布里格斯加入"促销员"队伍,为公司的产品寻找销路,以减少去年的存货,跟上每年的新形势。在新岗位上他做得非常成功;他降低了成本,增加了销量,并以自己的方式独立销售了公司的库存,满足了公司的需要。并且他再也不需要管理别人。

在乔治的例子中,不需要太多变化。他很能干,也具备高层管理职位所需要的一切条件。在晋升之后,乔治更加成功,因为他知道在工作中要更加积极,在管理方式上则要减少强制性因素。

如果人们发现自己不具备管理者所需的条件,又不想换工作时应该

第二章

怎么办？

查利·布莱克(Charlie Blake)的例子最有说服力。查利与肯·布里格斯一样，权力意识很淡薄，成功的需要也并不强烈，但他的情感动机却很高，因此他属于情感型管理者。但是，他的下属们士气很低落。当查利得知下属的责任感和对奖励体制的理解只占到10个百分点而团队精神只占30个百分点时，他感到非常震惊。看完关于三种管理风格的介绍后，查利发现原来他造成了专制的气氛。当讨论会上的其他人说出了查利管理风格的局限后，查利很生气，他抵触组织活动也拒绝接受培训。

在此后的一次访谈中，查利说："我无法再冷静，当我向你喊道一切都完了的时候，你说根据这种管理风格的调查结果，我肯定会如此对待我的销售人员的时候，我简直都快疯了。眼下我知道一定是出了问题。大多数问题都出在我身上，而不是我的销售人员。在报告中，下属们表示，他们的职权太小而且我从来不奖励他们。因此我最终决定坐下来好好想想我应该怎样做。我觉得自己应该学会做一个管理者，不用事必躬亲，也不应该失去冷静，因为下属们不可能按照我的设想去做。最后，当我冷静下来，我意识到犯错误并不可怕，可怕的是不吸取教训。"

从此以后，查利按照他的计划去做。半年后，下属们再次给他打分。他参加了第二次讨论并在得出分析结论之后说："回家的路上我很紧张，我知道自己一直和他们一起工作，而且没有常常炫耀自己，但是我仍然担心他们会说些什么。当我发现团队精神和其他的低分项已高于30个和55个百分点后，我高兴极了，以至于好半天我都不知道该说些什么。"

当被问及和以前相比有什么变化时，他说："以前，当公司说我们要完成110%的份额的时候，我对销售员说：'这可真荒谬；我们不需要完成它，但是如果我们完成不了，你们知道将会发生什么。所以你们要努力工作。'结果是我每天工作20个小时，而他们无所事事。"

"这次我的方法完全不同。我告诉他们三件事。第一，他们必须为公司作出某些牺牲。第二,拼命努力工作未必会取得好的效果,因为我们已经很努力了。我们需要进行特殊分派和促销,这样你们必须想出新的方法。第三,我会支持你们,给每个人制定一个可行的目标。如果你完成了我的目标而没有完成公司的目标,我不会惩罚你们;如果你两项目标都完成了,我将给予你们特殊的奖励。"

当销售人员质询查利说他没有足够的影响力给予他们奖励的时候,查利不但没有生气,还承诺给予的奖励在他的权力范围之内,比如长假。

查利的表现已经具有制度型管理者的部分特征了。他的权力动机更加强烈,希望影响他的销售人员,也不再事必躬亲。他要求销售员为公司作出牺牲。当员工质询他时,他不再训斥他们,而是指出什么是员工所需要的。他发现他的工作更多的是支持和强化他的下属,而不是批评他们。他也愿意对员工的成绩给予奖励。

方式的改变使他的工作收到很大成效。他所在的部门1973年的销售额比1972年增长了16%,而且1974年还在持续增长。1973年,他们的年度营业额排在第七位;1974年排在第三。他不是公司里唯一改变管理风格的人。公司的总体销售额在1973年得到较大增长,从1972年的亏损1 500万变成了1973年的赢利300万,而在1974年增长了11%,利润增长了38%。

然而,并不是每个人都能通过研讨会有所改变。亨利·卡特(Henry Carter)是公司的销售部主管,在他接受培训以前,这个部门的士气很消沉,六个月后也未有所好转。受士气影响,总销售额仅仅比上年增长了2%。

奇怪的是,亨利的问题出在他太受人欢迎了,他感觉不到变化的压力。在聚会上他很受欢迎,因为他为其他的管理者提供打折的名贵香烟和葡萄酒。他凭借与每个人的关系在公司里占了一席之地,而实际上他的部门的业绩并不好。

第二章

在一次商业游戏中,他的人际关系技能表现得非常明显。当问题转到他糟糕的工作业绩是否是与他的行为方式有关时,两位很有声望的会员立即为他辩护,称他的行为方式对其他人和公司都有所帮助,结果亨利根本不需要处理这样的问题。他如此受大家喜爱,虽然他的销售人员业绩不佳,但他根本没有改革的压力。

控制和平衡

我们从肯·布里格斯,乔治·普伦蒂斯和查利·布莱克那里学到了什么呢?原则上说,我们发现各种动机的组合造就了一位有效率的管理者;我们还发现,品质的组合也能造就一位有效率的管理者。

尽管组织中存在大量的、各种各样的动机,但奇怪的是,大公司的优秀管理者未必有很强的成就需要。高层管理者权力需要很强,并喜欢影响他人,但受人爱戴的想法却不是很强烈。管理者对权力的关心应该被社会化,即加以控制,那么受益的才是整个组织而不是个人。具有这种动机的人和民族才是公司的缔造者,他们创造良好的氛围并使组织发展壮大。

但是这种动机中仍然潜伏着危机,在公司和国家中,可能形成霸权主义和专制主义。

进行有效权力管理的动机也会使公司和国家致力于统治他人,表面上有利于公司的发展。因此,联邦机构要不断对大公司进行控制,这并不奇怪。看来国际机构也会对国家的权力建设进行规范。

对个人来说,优秀管理者的两个特点可以实现规范功能——情感的成熟和民主的、指导性的管理风格。情感成熟的人就不会自高自大,由他来控制组织的权力动机就不会出现侵略性或自我本位的权力扩张。

控制对国家来说意味着公民可以把握自己的命运,不会带来侵略和敌对;对个人来说意味着他们可以控制下属并影响周围的人,不易产生专制型管理风格。真正大公无私的政治才能对国家和公司产生重要作用。

综上所述，通过经验调查和数理统计，我们的研究结论似乎成为一个常识。但是比常识更有用的是优秀管理者的特征已经广为人知了。公司管理者的任务是挑选有望成为优秀管理者的合适人选，培训那些处于管理职位的人使他们更有效率和自信。

讨论会的方法

本章中的案例和数据都来自公司的一系列讨论会，在会上，总裁们了解自己的管理风格和管理能力以及如何提高它们。然而讨论会有双重目的，其中一个目的是为我们提供研究的机会，去研究动机类型、成功因素、权力因素和人员因素以及它们的组合能否创造出最优秀的管理者。

管理者第一次参加讨论会时，会填写一份关于工作的调查问卷。参加者们分析他们的工作，表明他们认为管理者所需的品格。管理者根据图片上的不同工作环境进行一些描述。这些描述被看作是他们对成功、情感和权力的热衷程度和他们的抑制力和自我控制能力。把这些结果与国家标准进行比较，工作要求和动机类型的差别有助于评价他们是否称职、是否是晋升的合适人选以及能否胜任现在的工作。

在讨论会和本章中，我们使用了《成功的社会和权力：内在的经验》一书中的术语，"成就需求"、"权力需求"和"情感需求"。这些术语涉及到了组织和个人的可测量性因素。通过个人对渴望比以前做得更好（成就需求），建立和维持与他人良好关系（情感需求）和影响他人（权力需求）的理解，可以测出他们的性格特征。因此，动机分类是最准确的术语，即定义和衡量的方法，如同物理中的"重力"和经济学中的"国民生产总值"一样。

为了确定参加者的管理风格，我们制作了一份调查问卷，他们要选择现实中不同问题的处理方法。他们的答案被归纳为六种不同的管理风格或处理方式，分别是：民主型、情感型、同步型、指导型、强制型和专制型。管理者需要讨论各种类型的效率并根据自己的喜好来给它们命名。

第二章

> 确定管理者效率的一种方法就是询问他的下属。因此,为了区分优秀管理者的特征,我们至少对每位经理的三名下属进行了调查,通过他们的回答来判断管理者的类型,判断的参数是:(1)对规则的遵守程度;(2)给予下属的职权;(3)部门对业绩的强调;(4)对成绩的奖励和对失误的惩罚;(5)组织的透明度;(6)团队精神。获得最高士气得分(透明度乘以团队精神)的管理者被认为是最优秀的管理者,拥有最好的动机类型。
>
> 管理者返回工作岗位六个月后对下属们又进行了一次调查,观察讨论会后他们的得分是否会提高。
>
> 参加者们发现了另一个决定性因素——成熟度。成熟对于优秀的管理者来说至关重要。管理者根据自己对权力的态度和对特定事件的情感表现把成熟过程分为四个阶段。
>
> 处于第一阶段的人依靠他人的指导和力量;第二阶段的人对自主权特别感兴趣;第三阶段的人渴望控制别人;第四阶段的人不再自高自大,愿意为他人无私奉献。
>
> 本章的结论来自美国25家大公司的500名管理者。但是图表中的数据仅来自于其中的一家公司。

参考文献:

1. 比如,可以参见我的著作 *The Achieving Society*(New York:Van Nostrand, 1961)以及(与 David Winter 合著)*Motivating Economic Achievement*(New York:Free Press, 1969)。

2. David C. McClelland, William N. Davis, Rudolf Kalin, and Eric Warner, *The Drinking Man*(New York:The Free Press, 1972)。

第五节　总裁工作的成功途径

约瑟夫·C.贝利

　　公司总裁要做到其他人做不到、不能做或不应该做的事情吗？从更大更广的范围来说，他是否有特异功能，还是比其他人做得"更多"？是否常常出现这样的统治者，他们能顺利解决公司的"棘手问题"，即使他们来自不同行业、公司、组织类型甚至不同文化背景？总裁必须拥有其角色所赋予的解决这种问题的能力吗？他的工作中是否隐藏着值得我们探讨的重要部分？

　　从我对公司总裁的调查来看，这些问题的答案无疑是肯定的。看来真是这样，公司的棘手问题需要——而且"必须"经过——高层的特殊关注。而且，这些问题常常被沉默和秘密所掩盖。最后，对我来说，研究这种复杂的性格特征颇具挑战性。

　　在切斯特·I.巴纳德(Chester I. Barnard)的《经理人员的职责》(The Functions of the Executive)一书中"道德冲突"这一章里提到我研究的唯一线索。[1] 这章的内容是，控制不同个人行为和为合作目标而努力的团体的方法并不相同，因此，合作者之间会不可避免地产生矛盾。

　　在经理人员的职责中，巴纳德认为解决正式组织间不可避免的矛盾是最重要的，也是成功领导的关键，特别是对于高层人士。对这些问题他的解决办法是"创造更好的精神道德"——人们就可以在更高层次的兴趣和价值观上达成一致，但在组织寻求发展目标时仍然会产生矛盾。

成功的途径

　　根据我对这些问题的长期经验和最近的调查，如果要顺利解决道德矛盾，创造性技巧和技能非常重要，但是颇有难度。

第二章

可以肯定的是,作为公司的最终决策者,总裁成功的关键在于他的能力,而不是他掌管工作的一部分。进一步可以断定,成功更加源于与工作必然相关的能力,而不是紧缺能力。什么样的行为、态度、价值观、技能和培训是比同行更会处理"矛盾"问题的首席执行官的特征?从他们之间和处理问题的方式之间的关系能看出成功的途径吗?

看起来是有的。事实上,我更加肯定的是,因为我所举的例子非常有限,即使在这篇文章中要提到的人们可能仅仅会变成那些在企业中确实不可缺少的人才,在这样的时刻就确信更多的途径已经开始显现,还为时尚早。

然而,总裁特殊的行为模式与大部分同行形成了强烈反差,这些模式与他们对工作和自己的价值观和看法一致。根据我的经验,后者通常在处理棘手的问题时感到束手无策,对解决方案缺乏自信,也更容易搁置、忽视或者回避(而不是从容、自信地面对)问题并将其严重性缩小。

必须牢记,本文讨论的共同性质是从随机挑选的总裁样本中得出的,他们在用某种方法、在某些方面处理问题时比同行做得更好。

压力管理

在所有高层人士的共同特征中,最明显的是他们处理压力的能力。他们学会了与压力共存,而且大多数情况下是独自面对。他们学会了如何调节、压制、疏导和消除压力,简单说来就是"关闭压力之门"。同时,他们使自己放松、休息以重获解决道德冲突的可接受的方法。

用来应对重压的实践、策略、习惯以及精神和情感指向具有无穷的多样性和创造力。它们受到性情、背景和个人风格的强烈影响。然而,在这些多变性的背后隐藏着——通常是明确表示——一个被承认的事实,即如果不对重压加以"管理",也就是说,如果不把压力控制在一个可容忍的范围内,那么它很快就会失去控制,造成恐慌并使补救方法失效。

为应对压力,一些高级执行官会转而思考其他问题,并在数小时内完全陷入沉思。有时,他们会随时回到办公室,比如深夜或清晨,把自己隔绝在空无一人的办公楼中进行思考;也会认真创建一份备忘录,尽可能简明扼要地记录遇到的问题,并标明有哪些解决问题的方法。这个过程会带来两种结果:

(1)对该问题以及希望的解决方法最平实的叙述。如果完成这一点,就能使总裁们"忘记"这个问题,确切地说,是引起他们潜意识对问题的注意。

(2)使总裁们尽全力理智地解决问题,并将一切做成最新形式的摘要传送给神经系统,以备不时之需。

无论达到以上哪种效果,都能使总裁从思想和精神上纠缠不休的问题中解脱出来,获得短暂的休息,使他们在探索和奋斗之前全面恢复。

沿着以上范围进一步研究发现,有些人是在偶然的机会中找到解决问题的方法。在长期、紧张的思考解决矛盾的办法之后,他们会突然进行一次远足、运动或娱乐(比如钓鱼或在高地上捕捉麋鹿),这些都是他们生活中的兴趣所在。在离开惯例和常规工作两三周以后,并且是在身体和情绪上都尽可能地远离它们。也许还在旅途中,总裁们会发现答案已经呼之欲出。他们知道这种行为不一定是成功,但是当他们"江郎才尽"时,卸下一些包袱也许会激发灵感。

我访问的一位总裁就是在那个早晨通过这种方法获益的。他不顾妻子的反对,在四点钟起床,然后去附近山下的丘陵地带骑了很长时间的马,突然欣喜地得到了困扰他长达数月的问题的解决方法。那是个根深蒂固的规范冲突,引起董事会成员之间、不同的股东集团之间以及认为自己社团利益被卷入其中的民间团体领袖之间的公开斗争。他说那是他所遇到的最棘手的问题。

第二章

自我牺牲的品质

这些人出现共同的信念和行为就是认为自己是"可以牺牲的"。很明显,这种态度是抵抗压力的最后武器,所以应该放在成功的途径之后加以讨论。但是,因为它具有决定性的意义,所以把它单列为一节。

把工作放在与公司长期福利相联系的问题之上,这或许是最简单的试金石,通过它可以看出谁是成功的公司总裁。

有时人们会直接使用,事实上是最后通牒:"如果继续执行,我们的劳动关系政策不到五年就会遭到清算或破产。即使有受到打击的风险,也必须重新制定或修改。如果目前的政策不加以改变的话,我就离开公司。"

大多数情况下,总裁对工作置之不理通常意味着危机形势的到来。但是,这种情况表现得非常明显,并且被那些和他共同决策该问题的人所察觉。当高层人物尽最大努力寻找到解决矛盾冲突的方法时,他已经准备好承担后果。人们除了肩负起这一关键职责外别无选择,这时人们最需要的是信心。

对自己缺乏信心的人,他们缺少实践机会,只取得初步成功,不能平静面对工作中的权力、名誉和内心满足感的丧失,做决定时会偏离理性的轨道,并且希望通过回避将风险最小化。他们发现将自己看作可以被牺牲的会带来不舒适感,想到在新环境中重新开始自己的事业也会感到焦虑不安,在这个环境中他们也许不能再次获得组织中的卓越成就。

在履行总裁职责的过程中自我牺牲精神涉及的心理动力是如此明显,以至于仅仅需要注意被访者的共同特质就能发现这一点(更深层的解释是心理作用的重要性)。然而,从组织上看,当总裁独自面对重压时,它的价值会更加明显。对他来说,这是最后一道安全阀,我想心理动力能保护他很好地作出重大决定,而不为个人命运感到恐惧和担忧。

在询问高层管理者一旦解决重大危机,他们会关注谁的赞同、嘉奖或理解时,大多数人对自我牺牲的价值的认识就显现出来。可供参考的团体包括:董事会成员、商业团体(从界限之外观察)、本公司管理层成员、投资团体(通常与部分危机有重大利害关系),如果将他们的组织看成一个整体,它也在某种程度上涉入其中。

令人惊奇的是,样本中多数高层管理者没有选择任何一个以上团体——他们在被询问后陷入短暂的沉思。答案大概是这样的:"我。我必须首先让自己感到满意,我一定能把事情做到最好。这样,其他事情或别人的称赞当然令人开心,但也只是锦上添花而已。"

看到高层人士在回答问题时首先考虑到自我赞赏的重要性,我也很快接受了这个结果。因为每个人都把优先权和必要性看成是他在公司中地位的表现。

集中注意力的能力

与自我牺牲态度紧密相关的另一个频繁出现的因素,也应该被看作是总裁们的共同特性之一。有时在访谈中它很早就被提及,特别是当总裁感到有必要对自己的晋升过程作出摘要时;有时会出现得晚一些,如当我问到他们擢升和责任增加的要点时。

通常从公司的第一份工作开始,他们就表现出对工作的巨大热情和不同寻常的忘我精神。而这一特质在其他特性出现之前就已经被提及。不仅是这些布置的任务,还有任务带来的回报:更多的工作和更重要的职责。

高级执行官似乎比同行提升更快(这是超越惯例的),要归功于他们寻求更多的挑战,而不是追求比同行更多的机会,这种能力已经得到证明。他们对公司章程了如指掌——取而代之的是,他们集中自己的注意力并转移精力——在工作上比其他人做得更好。习惯上认为,这种深深

第二章

专注于手边工作的品质产生了承担责任的天性。

通过仔细聆听执行官们的故事、研究访谈中的细节以及从别人那里听到的说法,我认为,他们中的许多人并没有把时间和精力投入到"到达顶层"的竞赛中。事后回想起来,他们能成为高级执行官是他们做好每一件事的结果。(在对一些人的访谈中,我对他们在自己成为总裁时感到惊讶产生了深刻印象。)

成功的执行官把注意力集中在日常工作中,不仅有效利用了其他竞争者花在派系活动、权力游戏、追求绝对权力等等上的时间和精力,而且在总裁职位空缺、大家机会平等时,将他们从不成功的竞争暗礁中解脱出来。在某些情况下,他们的成功取决于他们在提升中较少得到别人的关注;此外,起决定性作用的因素在于他们能被大多数未来的部下接受,而"竞争者"在晋升道路上有太多对手。

"模范"的影响力

在与高层的早期会谈中,一位副总裁总是迅速进入谈话,并在谈话过程中不断重复。虽然很少与正在讲述的具体事例直接相关,他还是被描绘成在总裁的组织生涯中举足轻重的人。

他通常比谈话者年长30岁,常常在这位年轻人刚进入公司时就开始认识,而且多数情况下年轻人会被派入长者领导的组织部门工作。通常,在初次见面时长者只是一般管理者或部门经理;或者长者已经成为总裁,然后是董事长,只是最近退休或去世了。

正面典型。我现在开始期望有着"模范"成长背景的人物进入我的访谈,几乎在每个案例中他都会出现。

他经常会影响到正在谈论的"例子",因为讲述者对他的热爱是显而易见的,充满了崇拜和感激之情。经常听到总裁这样说:"你应该知道他;他是我见过的最好的执行官,"或者是"他使我成长,还教会我专业知识,""他给了我展示自己的机会,他是公司的真正缔造者。"有时,谈话者很难回到讲述与自己相关的问题上,即使回去也带着遗憾和明显的被动,因为他们发现我们正在进入一个更加引人入胜的话题,即"工作导师"的个性和品行。

他扮演了父亲的角色? 或许我们无法用言语来形容他的重要意义。从谈话的另一层面来说,长者帮助年轻人形成、解决和实践他自己的组织行为模式是无可非议的。除了他们所说的钦佩之情,90%的年轻人对长者(导师? 教练? 顾问?)行为模式的理解是激发斗志、取得成就、减少矛盾等等。这是年轻人选择自己的行为方式时的模板。长者还可能扮演什么角色呢,他是年轻人热衷模仿的对象,他的成就也得到大家的信任。

反面角色。少数高层人士没有立刻介绍自己的模范,而是在接下来的叙述中提到了一个具有相似背景的人物,这个人似乎起了相反的作用。为了明确表达这种在总裁的成长道路上的人,我把他们叫做"反面模范"。

在随后的讲述中,他们通常以另一种方式被提及,如"你知道某某人的事情吗? 他是我早期的一个前辈。我这样问是因为他在那个年代是很出名的"。通过这样的方式开始谈话,他们把"将组织带向破产边缘"首席执行官称为某某人,因为"他独自作出所有的决定",或者"他除了自己之外谁都不相信;他从来不把权力交给任何人",或者"你不用对他说什么,因为他什么都听不进去",又或者他"专制"、"麻木"、"残忍"、"记仇"、"固执"而"自负"。

提到这位反面角色时,总有固定不变的说法:"我注视他的每一个举动,因为我不相信我看到的。我问自己,他是不知道他的行为(通过一个前辈的具体行为说明)会给组织中的成员造成多大的损失、让他们付出多大的代价,还是对这些根本不关心? 一个人怎么会对组织中的事物如

第二章

此愚笨不堪,而他竟然能当上总裁?"(其中一位是通过在股票市场上获得的巨大利益来控制公司的;而另一位则是得到了一个显赫家庭的庇护。)

这些总裁从他们的反面模范中得到了如亲身体验般的教训:"在我的脑海里形成了这样的观点,如果我是总裁,要做的恰恰是与 X 相反的事情,我不会造成这么大的损失!"或者,"我迫不及待地想要取代他,尽力消除他造成的损害。"又或者,"我想试试看我们还能不能抓住他放弃的机会。"

从另一方面讲,不管他是否承担反面角色,他的一举一动都被小心戒备;他的策略和管理实践都被留心观察的人例行公事般地审视、分析、评论,这些人会对一个或两个知己透露他作为高层时会作出什么样不同的举动,用哪些具体的方法能让组织变得更好及其原因。这些反对者针对高层的反对、不赞同的组织行为是关于细节管理的第一手知识,这些知识是他们的竞争者在更加建设性的环境中需要的。

其他品性

在以上四点之外,还有一些更为相关的共同品性。其中之一就是敢于直言的人对于总裁的价值——这样的人和他们在公司中的地位相近——他们是难以应付的积极批评家和怀疑者,总裁可以通过他们来检测自己的改革计划。这种忠诚的反对者是值得鼓励和嘉奖的,因为"他把我们从一个上帝都感到恐惧的错误面前救了回来",或者"如果他在计划中挑出无法克服的漏洞,我会放弃这个计划"。

除了已作为范例的特质,我发现其他共同特质都没有频繁出现或清楚地表现出来。虽然我相信这些个人特征能显示出他们的共同特质,还有待于从更多高层人士中收集更多资料。

先天的还是后天的？

在这点上牵涉到先天还是后天的问题。他们是如何实现自己的理想的？他们组织行为的哪些方面是后天习得，哪些是先天拥有的？在到达高层以前，他们获得多少职业培训机会？成为总裁后得到了什么？进入公司以前他们对自己的角色感到适应吗？不同工作的日常评估对高层工作是否有意义？

没有定论的文献

对于这个长期存在的问题，寻找准确的答案一直困扰着我们。虽然聊胜于无，读者仍然希望从关于创造力和创造性人物的文献中找到进一步的结论。我独自在这个领域中也进行了探索，试图找到相关问题，即他们是怎样"采取这种方式"的。总裁要有更大的成就需要进行怎样的职业培训呢？在多大程度上可以说是各种因素的意外组合呢，部分是天生的而有些在我们的能力之外？特别是，我要了解相当一部分高层人士曾经得到哪些机会——现在能得到哪些——通过经验、培训和各种类型的帮助去更好地处理部门内部的矛盾。

关于这个话题，作者们的观点包括：少数人认为"他们天生就是那样"，大多数人认为，创造力在常人身上是千变万化的，如果这种"培训"对个人有重要影响的话，通过努力还会得到发展。当然，这种观点说明教育是伴随终生的，并且能避免问题的产生。这些观点的中心是需要培训的是大部分人——持怀疑态度和不愿提出观点的人。

我的观点是，既然目前没有足够的把握解决问题，我们就应当听从给予创造性意见的人。并非所有的人都有创造性，也可能都没有创造性。但对于大多数人来说，抱着开放的态度去看，更重要的是一个人所经历的事情是否给我们"教导"。许多优秀高层人士的事例都很好地说

第二章

明了这个观点,他们始终坚持以下两者的价值和必要性:①25～30年的管理培训;②拥有可以与之竞争或对抗的人物——通过有组织的行为以及特殊的方式。

对"新上任者"的培训

如果有其他数据证实了我的猜想,即这种特征普遍相同,那我们就可以设计一些测验或审查程序,以更快更好地应用于这些人身上,他们拥有或正在开发与大多数成功总裁相似的特质。如果选择度的变化不超过5%～10%,他们仍然可以从中获得巨大利益。最大的受益者就是拥有作为总裁所需要的特殊才能的人。

当然,其他向往这份工作但缺乏这种特质的人会朝着目标不断努力,使自己的能力更符合要求。组织通过更好地安排经理人员的任务可以明显地获利,这些经理人员的行为方式可以表明来自低效、焦虑以及工作损耗等等方面的节约将是非常巨大的。随着公司活动的重要性与日俱增,这个社会需要更多能干的人们。

候选人的培训机会不断提升、扩大和加强,这也使他们获得更大的收益。例如,如果对有潜力的总裁候选人按照"模式"熟练地进行监督管理,就像那些拥有好运的总裁一样,公司的各方面都会得到繁荣发展。至少,另外5%～10%的人基于我们现在"试验－错误"方式的改进,会获得巨大收获。

对现任者的帮助

回到当前,我觉得有必要使大家关注总裁们所肩负的涉及整个组织乃至社会利益的决定性的重任。这些任务举足轻重,劳心费神。但这丝毫不能减轻我对总裁们的看法,他们中的许多人实际上喜欢与一些几乎不能解决的问题较量。我知道他们能胜利,也很高兴结果能够如此。但是我衷心希望更多总裁对此有同感,这也正是我想要做的事情。

这些总裁独自面对组织中最有压力、最重要的问题——过于孤军奋战影响了健康,也使自己的能力达到了极限。而在我看来,总裁们不需要过多地独自面对问题。

最重要的是总裁们需要与一个值得信赖的人交流。他们需要在一定程度上与他人共同承担压力——去探究和阐明一些问题,以更短的时间从大量繁杂的事情中找出重点问题。总之,总裁们需要一个人帮助他找出问题的关键。

他们不需要一个支持者或替他解决问题的人;遇到存在冲突的问题时,他们不需要一位该领域的专家;在没有先例发生的领域里没有专家;他们不需要一个只会说"是"或"不"的人。他们最需要的是一个全新的自我去与他人共同找出核心问题——一个能够刺激他寻找改变的人,而不是一个坚决反对他最终决定的人,而此人有十足的理由说明他不会分担任务的成本和风险。

据我所知,需要粗略型帮助的高级总裁往往不是较成功的总裁(这些成功人士可能是第一个使用上段提到的方法的人)。然而,高层人士需要的是那些眼力非凡的人的帮助。在紧要关头的一点帮助可能就会扭转大局,增强他们的自信,我感到这样的总裁是幸运的。

结论

我们的目标是什么呢?应该怎样对调查的第一部分进行总结呢?根据自己对这次初步调查的理解,我总结出了以下四点:

1. 总裁面对的是组织中其他执行官不解决和不能解决的问题。这是总裁无法选择必须做的事情。他们的职责是作出最终决定,这个职责是不能推脱的。虽然有些方面——尤其是技术和财经事务——可以委托他人来研究和分析,但是作出最后决定不能委托给他人,至少不能全

第二章

部委托给他人。从我的调查来看,以后的调查只会证实、不会改变总裁的职责。

2. 因为一些问题需要确定"是"或"否"的答案,所以,它们必须要总裁来解决。这些问题需要得到组织中拥有最高权威和对组织负责的人士的关注。这些问题的解决不但需要最高权威还需要全面的能力,因为组织对此要承担风险。这些问题需要精英们来解决。

除了潜在的风险,这些问题非常复杂使你疑惑不解——与正规组织结构无关,其中经常夹杂着前所未闻的非组织因素,这些非组织因素具有决定性的重要作用。它们既复杂又模糊;问题的某些或是多个方面经常被隐藏,甚至问题的核心方面都会被隐藏,或者问题的解决办法就在其中却难以捉摸。

伴随着问题的复杂、模糊、具有高风险性的是人们的生气、气馁、焦虑和恐惧等矛盾心情,毫无疑问,这些问题会快速地呈交给上层("让总裁来解决吧!难道这不是他的职责吗?")

这一部分我阐述得要更清楚一点:即最棘手、最空前、最广袤、最难以处理的问题被送到总裁的桌子上。以上问题恰好是总裁要解决的问题因为那是他的职责——处理那些其他人没有权力来处理或是独自处理的问题。

3. 准则冲突——需要制定更高位阶,范围更广的准则——适用于各个正式组织。因为这仅仅是一个人的解释和判断,包含了许多悬而未决的事例,特别是它已被其他研究家论证或已被用其他的方法证明。

4. 已有数据所揭示的组织行为模式与前人文献中的创造性行为模式惊人地相似。如果对这些相似点感兴趣,我推荐大家看一本非传统的书——亚伯拉罕·马斯洛的《优心态管理》(*Eupsychian Management*)。[2] 马斯洛对他所称的"上级人物"非常感兴趣,他发现这些人的许多特点和品质,因为具备了这些特点和品质他们成为了领导者和管理者。事实上我所阐述的与马斯洛很相近似，我推荐马斯洛是希望对高层们的创造性行为能有更大的发现。

参考文献：
1. Cambridge，Mass.：Harvard University Press，1938，Chapter 17.
2. Homewood，Ill.：Richard D. Irwin and Dorsey Press，1965.

第三章 管理他人的职业生涯

当你事业有成的时候,你就会被要求对你下属的工作进行监督,引导和指导。此外,你的下属也会期望你能从他们的利益出发考虑问题,实现他们的个人理想。一个人越渴望成功,在实现自我理想的过程中就会感到越大的压力。下属们希望经理的行为方式能够增强他们的胜任能力、适应能力和向着个人目标实现所做的努力。如果经理做不到这点,下属们士气就会受挫,致使流动频繁,组织气氛沉闷,导致产生员工对组织不满或其他的对个人和组织不利的行为。

下面我们讨论的是,当你事业有成,即当进入被埃里克·H.埃里克森(Erik H. Erikson)称作产出阶段的时候,如何去有效地管理别人。在这一时期,你经过千辛万苦由青年走到中年,你也开始关注你的家人和下属的发展。对一个经理人来说,心理上认识到要通过各种形式的指导等方式帮助年轻人实现价值是很重要的。

在考虑是否步入一个这样的心理阶段时同样存在的问题是在职业发展中,是否对原来的职业生涯进行发展或者对职业进行变革。无论哪种情况你自己的成长阶段和心理阶段都是如此。

在《定制总裁开发战略》("Tailor Executive Development to Strategy")一文中,詹姆斯·F.博尔特(James F. Bolt)阐述了四家公司

第三章

是如何使总裁开发程序化并与用来衡量总裁业绩的成果相联系。下属们对总裁的行为的评价也包含在各个培训程序中,这样可以促使管理者随时反映并在必要时调整自己的行为。尽管博尔特的论述是针对公司活动的,但你可以据此推断你自己的管理行为模式,使自己的管理行为得到聚焦和强化。

彼得·F.德鲁克(Peter F. Drucker)以他独特的方式在《怎样作出正确的人事决定》("How to Make People Decisions")中提出要使人和角色相匹配。他清楚地说明了匹配的步骤。读者会发现从德鲁克的判断标准转向本书前两节提出的准则是很有用处的,这两节主要讨论了人们感觉自身的行为方式和如何朝向自己的理想努力。读者可以描述一个假定的角色然后再与我所概括的"选择第二个职业"进行比照。自我和角色之间的比照可以通过对自己的优势和劣势评价来缩窄中心。

当然正如德鲁克所表明的,并不是所有的任命都是成功的。在《谁应该为不称职的管理者负责?》("Who Is Blame for Maladaptive Managers?")一文中,我认为许多失败的任命都是由高级管理层造成的。我详细论述了六种使读者仔细检验自己行为的方法并且在观念上避免了监督带来的问题。

奥奇·佩顿(Arch Patton)在《即将出现的晋升减速》("The Coming Promotion Slowdown")中宣称,当越来越多的经理去角逐少数的总裁职位时,晋升率会显著降低。一部分是因为婴儿潮,一部分是因为许多组织正在进行合并。正如我所阐述的那样,当渴望实现自我理想的动力急剧增加导致对已成功人士形成压力的时候,晋升率就成为了一个紧迫问题。佩顿所提问题就是帮助处于重要管理角色中的人来解决,在佩顿前面描述的情形下出现那种竞争感觉的问题。

杰弗瑞·索奈菲尔德(Jeffrey Sonnenfeld)在《解决劳动力老龄化问

题》("Dealing with the Aging Work Force")中谈到了如何管理中年人和老年人的问题。他回顾了与中老年人机会减少相关的问题。呼吁人们应该关注许多经理的士气和绩效都在下降的问题,尤其应该关注中年经理的流动问题。士气减弱一部分是由于遭受挫折的原因,一部分是由于青春过后受到了精神伤害。他指出对认为老年人陈旧化的思想给予严厉反驳是非常重要的,并就老年人继续有效发挥作用方面提出建议。他提出了经理人员处理此类问题的几个详细的步骤。

可以肯定的是,不管是由于年龄、组织结构变化、精简人员或是经济衰退,一些经理都要流失。巴兹尔·罗伯特·卡迪(Basil Robert Cuddihy)在《如何使被淘汰的管理者重新开始》("How to Give Phased-Out Managers a New Start")中阐述了加拿大的 Alan 公司如何帮助被辞退的员工找到新的工作同时也帮助他们了解被辞退的原因。他提出了几点措施,雇员的经理作为一名顾问,通过他实现雇员的辞退工作。这一章的内容对想辞退别人的经理是有启发作用的,同时可以判断自己是否有被辞退的危险。这些详细的措施结合人们的切身感受,使他们建设和创造自己的职业发展。

杰伊·W.洛沙克(Jay W. Lorsch)和高木郁夫(Haruo Takagi)在《使管理者远离隔板》("Keeping Managers Off the Shelf")中指出,即使进行了组织重组,大多数的人的事业会停滞不前。这样很容易使经理认为自己无用和产生挫败感甚至会迁怒于上级管理层。因此教导这些人,刺激、激励他们就变得极其重要了,但是更重要的是如何避免事业停滞不前。作者认为主动型经理和被动型经理最大的区别在于他们早期的任命是否与公司活动的主流相关。他们详细说明了可以避免经理人从早期职业生涯发展衰退和在事业停滞不前时的行为。

第三章

第一节　定制总裁开发战略

詹姆斯·F.博尔特

目前美国公司流行的是与以前完全不同的总裁培养和发展办法。专业的培训人员并不是培养的主导者,真正起作用的是首席执行官和首席运营官。培训是结果导向的。这种变化的本质是由注重培养发展经理们的行政潜能转向贯彻公司战略和实现公司目标。这些公司培养和发展的对象集中在董事会成员。

最近,我对美国一些著名的大公司进行了调查。结果如下:
高管层在制定管理培训和发展课程方面起了最直接的作用。

生产效率提高,世界范围内的竞争压力和公司文化的变迁等问题使公司需要进一步培训和开发高管。

高层管理者——包括首席执行官——不但要管理下属,他们自身也需要培训和开发。

转变的根本在于观念的转变,认识到以前的管理观念已经偏离了方向,现在应该让它重新回到轨道上来。20世纪80年代,威廉·J.阿伯内西(William J. Abernathy)和罗伯特·H.海斯(Robert H. Hayes)总结出了美国经理的一些缺点:注重短期结果;为了本年度的收入而醉心于成本的减少却不在意以后的风险,也不进行有利于长远利益的革新,从而忽略了长远的战略目标。[1]

批评苛刻吗?可能苛刻了点。但是已经有太多人意识到这个问题以前太被轻视了。安东尼·G.阿索斯(Anthony G. Athos)和理查德·坦纳·帕斯卡尔(Richard Tanner Pascale)强调说美国引以为骄傲的管理方法已经发挥不了那么大的作用了。一位和通用公司董事长雷金纳德·琼斯(Reginald H. Jones)齐名的政治家也参与了对美国现有管理模式的批评，他最近在一篇文章中写道："许多事例已经证明了这点，应给予高度的重视。"

很明显，首席执行官们已经清楚地意识到了这点。许多大公司的领导寻找到的解决问题的最有效的方法是制定一个能够充分利用现有资源和指导高层经理人发挥才能的计划。

我研究了四家公司的培养计划——通用食品公司（General Foods）、施乐公司（Xerox）、摩托罗拉公司（Motorola）和联邦百货（Federated Department Stores）——了解它们是怎样开发和培养高管人员的，但结果令人失望。

总的来说，表现为以下六种思路：

1. 都是由组织的高层来推动成功、高效的执行官来培训和发展计划。
2. 所有的四家公司的培养计划都有明确的目标。
3. 四家公司的培养计划最重要的核心是都关注了执行官对贯彻公司战略和实现目标方法的作用，包括盈亏结算。
4. 公司的高管层团队都参与了计划的制订。
5. 其中三家公司总裁教授部分课程。
6. 各公司的计划都是按习惯制定的。

因为四家公司培养计划的目的类似，所以我们抛开培养目的直接来详细分析结论。

高管培养计划的要素

尽管现在评价这些培养计划的效果还为时过早，但它们为总裁发挥高管层的潜能描绘了一幅有价值的蓝图，让高管人员为实现共同目标而努力。

第三章

高层管理者是计划的推动力

上述四家公司中,总裁是计划实施的有力后盾。通用食品公司的总裁兼首席执行官菲利普·L.史密斯(Philip L. Smith)、施乐公司的总裁兼首席执行官戴维·T.卡恩斯(David T. Kearns)、摩托罗拉公司的主席罗伯特·高尔文(Robert Galvin)和联邦百货公司的首席执行官霍德华·戈德费德(Howard Goldfeder)都认为有必要为他们的高管们制定培养计划。我并没有过分强调这点。以前大部分的总裁都不能充分地听取高管们的建议,他们也不仅仅对专家培训计划进行反馈,这些都为员工以后的培训成果播下了种子。

1981年秋天,菲利普·L.史密斯成为通用食品公司的总裁兼首席执行官。在早期,他认为公司需要一个计划把高管人员的能力和努力集中到一个方向上来,管理领导培养计划应运而生。"如果没有菲利普·L.史密斯的努力,"一位通用食品公司的员工说,"我很难相信计划会得到实施。"

施乐公司的情况也与之类似。高管人员的培养计划源于一些强制性的商业原因和戴维·T.卡恩斯的关于高层开发是振兴施乐的关键因素的决断。

多种因素——大多是由于行业竞争的加剧——的结合导致了复印机产业巨子发展速度的减缓。20世纪70年代中期,施乐公司的市场份额开始减少。80年代初,收益增长率放慢,利润降低。卡恩斯,一位管理培训的长期支持者,看出这是一个改进管理的好机会。"我们在培训方面的投资将会帮助经理们有效地处理80年代以至80年代后期的复杂的管理问题,"他写道,"并且对市场占有率和利润率都产生长期回报。"

卡恩斯决定把他的想法应用于公司高层的培养。1982年初,施乐公司完成了对未来十年战略和目标的大规模调查。卡恩斯把高级管理层纳入了培训的范围。他把对高级管理层的培训和发展计划看作使公司的250名执行官了解公司的战略和目标以及让他们一同努力去实现公司目标的理想方式。

在摩托罗拉公司,主动实施执行官培养计划也来自高层。1982年末,罗伯特·高尔文指导职业培训和发展部门研究了该计划的可行性。他密切关注该项计划的发展,威廉·魏泽(William Weisz)和约翰·米切尔(John Mitchell)——公司的另外两名首席执行官——也参与了此次活动。

这些执行官对高级执行官培养计划的重要性毫无疑问。1983年,摩托罗拉公司三位最高执行官在给参与培训者的信中写道:

"这个计划给我们每个人提供了一次很好地对公司负责的机会,它对摩托罗拉公司未来的稳步发展至关重要。回到各自岗位的整整一个星期,我们需要彻底挑战我们的管理现状。我们以前也强调,反思我们现在通往成功的方案,会发现现在的好多想法是不正确的。这一周是大家反思的绝好机会。你会在一个更大范围内不被打扰的情况下得到最优秀的学者们的启发,并且集中在全球问题和所面临的现实问题。"

联邦百货公司,也是美国最大的连锁店,拥有雄厚的资金和稳固的市场地位。但是由于行业变革和竞争的加剧,联邦百货公司也需要转变。

1981年夏天,霍德华·戈德费德,公司新任命的首席执行官,对商店的总经理,或者是商店负责人,进行了一次关系到公司发展战略的全面研究。

霍德华·戈德费德关于持续成功的培训计划强调组织战略,追求高回报,谨慎扩张和严格控制资产。这项计划还包括教会商店经理们更多的技能,给予他们更大的权威,以便他们更好地进行管理。这位新任的首席执行官寻找了许多职业技能和管理技巧去完善现有的零售业职业

第三章

技能。

四位总裁在对他们的高管层进行培训上高瞻远瞩，没有他们的认可，这项培训计划就会被搁置，也不会取得他们所希望的成果。

目标明确

以前培训计划的目标经常界定不清和目标不明，然而在我研究的四家公司，公司的管理层清楚详细地说明了三到五个目标。

在通用食品公司，该项培训计划的制定者认为想要完成培养计划的总裁需要实现五个目标：

1. 更精确地界定每个单位或职能部门可以取得的成果。

2. 为了更有利于以后的发展，部门要进行必要的变革以改变部门的现状。

3. 通过下属的反馈信息，认识到下属作为部门领导的影响。

4. 能够识别有利于授权单位或职能部门的战略和机会。

5. 能够识别有利于部门和公司强化和奖励对实现目标的有益的行为和活动。

同样，在施乐公司的培训计划中（该计划在1986年被修改完善）也规定了五个明确的目标，包括明确战略、辩明方向、识别机遇和困境以及培养团队合作。

摩托罗拉公司在确定目标的过程中，制定了长期和短期目标。摩托罗拉公司计划构想出一个以年度培养计划为主的长期培养体系。该体系含有两个最重要的目标：(1)增加高级执行官的知识，加深他们对未来局势和外部环境的了解以及局势和环境对摩托罗拉公司的潜在影响；(2)增强高层管理者在未来面对不可预测的影响时进行变革的能力。大约有18~25名官员参加了这项六天现场计划。

1984年高级执行官培训计划的明确目标是：认识到亚洲公司的竞争威胁已经形成了；认识到造成亚洲市场易于变化的因素，并且这些因素可能影响到摩托罗拉公司的业绩；提供一个有利于实现和改进各部门战略的规划。

在联邦百货公司，高管层的四个明确目标如下：

1. 开发参与者对联邦百货公司的组织和运作模式的理解力，包括公司各部门和仓库等。

2. 与高级经理探讨出一个适应联邦百货公司的市场环境、文化背景、规模和运作变化的领导模式。

3. 刺激参与者正确地评估自身的强势和弱势，制定自我发展计划。

4. 在经理中，发展对商店总经理职位的作用和功能的理解。

最后一个目标包括以下几个小目标：让参与者进行更有战略性的经营；加强与公司管理层的协作，以公司目标整合个体行为；创造一个有利于实现公司战略目标的氛围；适时、有效、及时地使用信息。

重点是实施战略

四个计划不注重"做得漂亮"，而注重实现可测量的管理目标。通用食品公司的领导培养计划的目的是帮助参与者根据公司环境变化进行适时的调整以获得更好的发展。计划针对的主要是公司的高管人员在实现公司目标即成为最优秀的食品和饮料公司时的作用。

个人培训计划的目的是使高管人员能熟练运用所学的内容。通过总结会议上的讨论结果、下属们的反馈以及他们对公司远景目标的理解，了解自己部门的期望以及对自己深刻反省，参与者们查明了对公司的成功至关重要的因素。公司的目标是由每个执行官各自分工共同完成一个行动。为了确保贡献和与战略计划实施紧密联系的激励，执行官向其他人宣布了该项计划。

第三章

在施乐公司,该计划涉及到员工对公司战略的全面看法,战略的经济内涵(包括参与者所在部门资产回报的增加)和每个主要商业部门的检查。在参与者实施战略的过程中,会以独特的眼光对诸如人力资源和技术方面关键性的职能战略进行仔细的思考。

施乐公司的计划也涉及到了管理风格和管理实践。参与者收到了一份关于下属对他们管理实践的一系列评价的报告,这些管理实践对实施新的战略计划具有非常重要的作用。这些反馈为个人的培养计划提供了基础,使人们认识到需要对哪些领域进行改进。

摩托罗拉公司的高级执行官计划也是一个重要的里程碑。在12年多的时间里,摩托罗拉的执行机构以每组16人的形式在亚利桑那州对执行官们进行为期一个月的培训。教师队伍由世界知名的管理学大师组成。培训的目的是提高高级经理们的思维能力。

到20世纪70年代末,该项计划中断了。一位观察家解释说:"摩托罗拉的执行机构对公司的管理非常到位,但是外部环境变了。竞争加剧,同时商业运作也越来越复杂。令人感到意外的是,在亚利桑那州沙漠进行30天培训的效果虽然似乎不错,但却被认为是不必要的。"

接下来的六年都没有对执行官进行培训。高尔文使执行官培训卷土重来。1982年末,他召集了成为培训和发展对象的员工来研究实施高级管理培训的可行性。以后的培训比起以前的更为结果导向。"坦白地说,"一位密切注视计划发展的人士说,"我认为我们的高级执行官们不应该对一周的计划漠不关心,虽然那类计划在某种意义上与我们整个行业并无太大的关系。但是这个世界变得很复杂,一切都变了。我们也应该改变我们处理事情的方法。"

联邦百货公司的高级执行机构突出了两个重点:避免在发生重大变化的行业里开展竞争和培养商业领袖。

不足为奇的是,四个计划都对参与者进行了了解下属们对他们的看法的反馈调查,这样能反映出他们在公司的行为。这些做法使计划适合每个执行官的特点,并且均以结果为导向。打个比方,就好像史密斯、卡恩斯、高尔文和戈德费德想站在每位参与培训的执行官的肩上说:"既然你已经真正地理解战略,那么你将作出怎样的改变来帮助公司实施战略呢?"

管理层参与计划的制订

在以上四家公司里,负责设计培训计划的人与公司的12~80名高级执行官进行了深入的访谈。根据这些访谈的内容调整了随后实施的每个计划的目标、范围和内容。

应史密斯的要求,通用食品公司的培训和发展人员对高级执行官、官员和总经理进行了多次访谈,目的是确定公司的问题和有关的领导需求。三种反复提出的需求是:

把新调整的公司使命转化为商业行为。

识别和交流可接受风险承担的因素,目的是使执行官更加有进取心和创新精神并且知道仍然在公司的范围内活动。

开发能够获得支持、强化、奖励的个人领导行为。

问题的根本在于存在这样的观念:认为高管层的培养必须以显而易见的方式进行,并且必须要有助于通用食品公司成为有创新和进取精神、对机会迅速反应的公司既定目标的实现。结合访谈的数据,研究小组设计了一个能满足整个高管层培养需要的方案。

施乐公司也得出几条结论,一位设计培训和发展计划的员工说:"没有需要,我认为我们就会迷失方向。"这些需要包括:

为了统一的目标、共同的目的和一致的管理风格,施乐公司的高级经理需要理解公司的整体战略。

第三章

  高级经理需要独立面对战略实施的挑战。

  高级经理需要了解每个阶段的战略目标和决定成功的重要因素。

  为了决定是否要把经理们的执行官培养计划放在首要位置,或者放在了首要位置,什么又是重点,对此,摩托罗拉公司的研究人员与公司领导层对一半以上的人员进行了访谈。除了一个人,大家的意向明确,近80位官员都非常同意实行新的计划。最后,多数意见认为,主要问题在于如何处理摩托罗拉公司所面临的世界竞争。如我们所见,这些结论和其他的结论都深刻地反映了影响摩托罗拉公司所实施的计划的范围和内容。

  在设计执行官发展计划中,高级管理层最全面地介入到其中的是在联邦百货公司,在联邦百货公司,参与者被要求与戈德费德,与他的高级管理小组的成员和其他的几位部门负责人继续一对一的访谈。目的是"确定想成为20世纪80年代末的一位成功的部门负责人应该拥有哪些关键的技能、活动、实践和个人性格特点。"

  通过一系列访谈得出制定培养和开发计划是必需的。在1981年10月的负责人会议上,高级管理者协会的概念公布于众。高管层对此反应相当好,允许进行深入的分析和开发。大家得出很多有价值的,对机构设置产生影响的发现。尤其以下四点应给予充分的关注:(1)计划应该具有现实意义,并与联邦百货公司的现状相吻合。(2)计划应该对高级经理形成挑战并促使他们努力工作。(3)计划应该能开拓参与者的商业视野。(4)协会应该为执行官们提供准确、迅速的反馈,让经理们判断自己的优势和弱势。

  在四家公司,高管层能够有力地影响计划制定的重要性主要由于以下两个原因:第一,高管层对此负责并拥有最终的决定权;第二,它能够确保计划的设计满足执行官的需要并且计划是可以实现的——即使不能实现——也是有价值的。

高级执行官亲自授课

在通用食品公司,史密斯谈到他对项目参与者的期望,并以非正式的形式探讨了他对通用食品公司的看法。在施乐公司,卡恩斯花了一天的时间听取项目参与者的意见并参与了他们的谈话。在摩托罗拉公司,高尔文、魏泽和米切尔参与了每个计划的最后一天的讨论。以下是讨论的细节。

通用食品公司计划的第二个阶段是交流看法,目的是帮助参与者理解他们的领导角色,他们对组织成功的影响,以及怎样强化绩效。这一阶段的重点是听取高尔文对于通用食品公司的个人看法和讨论通用食品公司的每一个执行官为了使计划成为现实所必须做的事情。

我不能评价史密斯的领导观点,只是总结出了几个要点。包含五个方针:

1. 开发一个你能清楚地向组织的其他人表达的观点。

2. 指出明确的方向以便组织的其他人知道该如何把你的想法变成现实。

3. 对你的观点和指明的方向的实现承担义务。

4. 创造适合组织实现你的想法的氛围。

5. 从高层建立起整合统一的信任感,并且给予组织做它想做的事情的信心——即使从员工自身的利益出发是很不必要的。

第一天的晚饭过后,每个参与者都讲述了一个领导对他的生活和人生价值产生深远影响的故事,史密斯主持了这次讨论。参与者得出一个重要启示:领导影响他们的行为,因此他们要对被他们管理的人产生长久的有压迫性的影响。

与史密斯的谈话是随心所欲的。一位谈话的观察者说:"你会感到在这里没有一个人是不可批评的,所谈的话题没有一个是被限制的。谈

第三章

话给你的感觉是尽管史密斯对通用食品公司的看法和对领导的评价是清楚的和意义深远的,但他并不反对有不同管理风格的其他执行官。"

施乐公司高级管理层计划制定小组的成员大多是公司的高级执行官:首席财政官、首席战略官、人力资源负责人以及重要的业务主管。在为期一周的活动将要结束的时候,参与者分成几个小组对他们怎样实现公司的战略问题进行了讨论。讨论的重点是在个人或组织的权力范围内斟酌行为方式和问题解决办法。

每个小组向卡恩斯汇报他们的建议,卡恩斯花了半天的时间听取代表们反映的情况。这些不像练习那么简单:卡恩斯要求将大多数建议提交到公司管理委员会或是提交给对此事负责的委员会成员。卡恩斯自己以身作则,他也要求其他的人这样做。

可能最重要的是卡恩斯把这次会议当作了传授知识的工具。如果一个建议看起来是模棱两可的,卡恩斯会把它明确化。如果一个观点很模糊,卡恩斯会把它具体化。当合理性问题产生时,卡恩斯会让人们对它有足够的重视;如果该问题是合理的,那么就要采取行动。一位参与者这样描述卡恩斯:"他是灵感的传达者。"另一种说法是:"他为大家提供一次公开交流和分享的机会,他给大家的感觉是你不会因为提出一个问题或是反对一个问题而遭到拒绝。"

在摩托罗拉公司,高级执行官起的作用与卡恩斯在施乐公司所起的作用几乎相同。在摩托罗拉公司进行计划讨论的第六天和最后一天,参与讨论的成员被分成小组进行讨论。他们识别并把问题分成等级,从而找出解决问题的方案。小组把他们的讨论结果建议呈交给摩托罗拉公司的三位首席执行官中的一位。

这些执行官对高级执行官计划的重要性给予了充分的肯定。他们每个人在讨论计划的过程中都是学生和听众以及知识的参与者。其中的一个人说道:"人们对高级执行官计划最深的印象是领导指导他们的行为,传授他们知识和开阔他们的视野。他们非常优秀。"

每个计划都是独特的

每个公司的习惯做法是设计一套自己的计划。施乐公司的计划也不例外,它们可以适用于其他三家公司。在通用食品公司,培训和发展的员工们为公司开发该项计划。

通用食品公司计划的第一个阶段——掌握管理观念,就是让每一个参与者理解和内化能使他们的公司向着更高阶段的绩效发展的内容。每个参与者都单独或以小组讨论的形式构想当公司成为了"食品和饮料行业的巨子"后的面貌。培训员为参与者明确指导了他们的组织环境、员工、商业目标和战略规划。最重要的是,学生们客观地评价了在通用食品公司中自己的优势和弱势。通过理想世界和现实世界的对比,总裁们认识到他们需要填补哪些空白,在哪些领域进行变革。

施乐公司进一步充实了它的五天半计划——所有这些都是为了满足自身的需要而定制。课程包括八个方面,首先是介绍施乐公司所处的市场环境和世界范围的竞争威胁。参与者研究1992年的形势并判断施乐公司在这样的环境中承担的角色。最后,他们被要求谈谈他们对要克服的困难的感想,尤其是经济障碍和他们对1992年形势的把握。

在以下的四个部分——公司战略方面、战略的财政意义、每个阶段的战略和职能领域内的战略——每个部分的最高级别的人代表了该部分。例如,首席财政官负责战略的财政部分和资本回报,每个部门的负责人负责该部门战略的讨论。

这项活动在消费者满意部分有其独特之处。施乐公司主要客户的高级客户代表——西屋电气公司、数字电器公司、汉华实业银行(Manufactures Hanover Trust)——被邀请以座谈小组的形式谈谈施乐公司让它们满意和不满的地方。座谈人员鼓励这些客户谈谈他们对施乐产品的

第三章

成本、质量、可靠性的评价以及建议如何与他们保持长期融洽的合作关系。

坦率的现场讨论贯穿了整个招待会和晚宴。施乐公司的高级执行官亲自听取客户的直接意见。这个程序实现了施乐公司的主要目标,并大力改善了客户的满意程度。

摩托罗拉公司计划的内容与它特殊的需要和独特的市场地位息息相关。1984年计划的第一天,与会者对摩托罗拉公司在美国所占的市场地位进行了回顾,认为当前的美国经济正处在充满竞争的世界市场中,还讨论了全球远景目标的实质和价值,并检验摩托罗拉公司在亚洲的运营情况。

第二天,对与摩托罗拉公司有特殊利益关系的亚洲国家和地区——中国大陆、中国台湾、日本和韩国进行了分析,目的是给摩托罗拉公司所有的执行总裁们一个框架来评判其他国家和公司的优势和劣势,同时也有助于改进摩托罗拉公司实现自身战略的能力。参与者继续评判了亚洲国家及地区的主导经济实体和世界上能与摩托罗拉公司抗衡的竞争者。与会者考虑了经济、政治和社会因素。目的是要回答以下五个问题:

国家特殊的经济行为要符合它的经济目标吗?

国家的经济行为要适应它所处的国际环境吗?

一个国家的经济政策能够带来使经济行为与它的目的相符合的变化吗?

期望政治变革的发生和它能够影响经济行为的想法合理吗?

未来的国内和国际环境如何?各个国家的政府能够接受已发生的挑战吗?

来自各个学术机构的专家主持并对每个国家的讨论进行演讲。计划的一个特别的地方是专家们虽然以课程为基础却没有过多地强调理论。当区域专家在前面滔滔不绝发言的时候,生活在这个地区较长时间的第二位专家——通常是一位国务院官员或是一个顾问——坐在后面。坐在后面的那位专家对第一位专家提出挑战并列举一些实际的例子加以论证。在分析过程的最后,参与者们总结出重要的结论,并阐述这些结论对摩托罗拉公司的影响。

一位参与者说:"学术专家和经验丰富的专家的结合为分析注入了强有力的因素。它打开了话题也为整个计划增加了巨大的可信度。你会对该国家有更丰富的了解。经验带给我们一些书本上学不到的东西,而且使此次活动具有很大的现实意义。"

对各个国家的分析结束后,开始评价摩托罗拉公司在那个国家的主要竞争者。"那使我大开眼界,"一位观察者说,"突然你觉得大家正在讨论的不是一个模糊的概念,如'日本的',而是一个真实的销售给你客户产品的公司。"

计划的第五天一直是对国家进行逐个的分析,摩托罗拉公司的三位高级执行官做小组演讲。

联邦百货公司的六天半计划的头三天用来讨论战略规划。经理们分析了零售业市场,形成明确的竞争战略。他们学会怎样在组织内向上和向下贯彻此战略,以及以制定与战略相一致的决议的方式实施战略规划,并在需要时对战略进行修改和补充。学生们懂得了关键的管理模式对公司未来成功产生的潜在影响的复杂性,以及制定战略规划不仅要考虑国内和国际因素,还要考虑公司的财务状况。

剩下三天半中的两天时间用来分析与联邦百货公司极其类似的虚构的公司模型。参与者学会了如何识别和分析竞争因素以及评判一个部门的优势和劣势。他们懂得了制定战略规划不仅要考虑国内和国际因素也要考虑公司的财务状况。

计划第二部分的焦点集中在通过商店负责人管理组织。作为管理

第三章

者，商店负责人必须通过其他人实现公司目标。在两天半的时间里，经理们学会了如何判定组织的氛围和对他们的行为产生了什么样的影响。

高级管理协会的第三个也是最后一个部分是讨论联邦百货公司领导方式中的伙伴关系。在联邦百货公司，"伙伴关系"通常指的是发生在两个部门最高负责人之间的合作关系。如果没有高级管理协会的目的掺杂在其中的话，则它包括观念上存在的贯穿职能和组织系统的协作和配合。协会利用这些方式培养一种能力，在必要的时候用这种能力来明确一个职位和巩固它的地位，使其他的人用合乎逻辑的方式来处理问题，解决积极行为和共同利益行为之间的冲突，以及影响其他的人，让他们也支持该项授权行动。

这样的计划适合你吗？

如果让每个公司都制定一个这样的执行官发展计划，似乎是一件愚蠢的事。这些计划并不适用于每个人，也不一定都容易制定和实施。

首先，时间选择上一定要正确。在我所描述的四个案例中有三个，执行官在他上任后的两年或更短的时间内发起了该项计划。当时的环境也适合新事物的发展。而且在以上的四个案例中，执行官们都对未来描绘了清晰的蓝图。没有以上的条件，任何执行官的发展计划都可能失败。

另一个关键的因素是高级执行官与对执行官计划负责的人之间的关系。在以上的四个案例中，接受培训的人都是他所在领域中最优秀的人，也是对管理充满信心的人，并且具备一定的技能足以发起和维持此类计划。在许多——甚至大多数——的公司里，情况却不是这样的。培训和发展只是商业运作的附属品。在这些情况下，接受培训和发展计划的人员既没有远景规划，也没有制定和实施计划的影响力。

不受公司层级制度的约束、没有正确的计时、缺乏有能力的开发员工就发起一项执行官发展计划，等待员工们的只有灾难。公司的前景被已经启动但却没有实施——更坏一点的是——已经发起但却缺乏预期的计划搞得一团糟。

认为这些执行官计划对公司的业绩会产生影响的想法很愚蠢。当然，最终的检验标准是，这四家公司战略贯彻到什么程度以及它对未来几年公司目标的实现有多大的作用。

然而，我们可以从缺乏实验根据的数据那里搜集一些东西。在通用食品公司，公司领导计划是1983年的11月启动的，反映如此积极，以至于该项计划实施了一个月之久都没有什么变动。史密斯写到："这个问题的反响卓越，以至于人们都在思考和谈论领导。"

当史密斯得知"公司里的人不了解通用食品公司是关于什么和做什么的时"，他感到很惊讶。然而，有效率的领导机构会在这些要素的交流中发挥作用。史密斯的介入给了他对公司加深了解的机会。通用食品公司的计划号召大多数的执行官——大约有350人——在1985年初完成该课程。

1983年3月至1984年1月，施乐公司实行了12项高级管理计划。288名高级经理——所有的公司官员、职能领导和主要业务部门的负责人——参加了以上计划。大家对计划的反应非常积极。一位参与者写到："这个计划提供了让人信服和可以理解的公司所处位置和发展方向的蓝图。计划明确指出了公司所处的困境，但是这些困难并非不能解决。我知道自己该为公司做些什么，也知道如何使公司走出困境。"当然，这正是施乐公司所期望的。

施乐公司决定在以后对高级执行官以下级别的梯队培训中，加入"理解和实现施乐公司战略"要素，并在1986年对公司的275名高级执行官再次进行最新的培训。

摩托罗拉公司高级执行官计划得到的回应是，所有的执行官都参加

第三章

了此项计划,而且反响也非常好。摩托罗拉的计划将继续实施下去,每年举行一次,每年都有新的主题。此外,相似的为公司主管层的计划也在酝酿之中。

在联邦百货公司,200名高级副总裁兼执行官参加了高级管理协会组织的10次会议,并且反响也很积极。

在未来的五年里,公司将很可能会继续更加注重细节。越来越多的公司会从宽泛的教育计划中走出来,走向更具体的目标。然而,这是扩展公司前景的需要,也是公司的合理选择。好比钟摆总要回到中点一样,公司会利用计划满足它扩大的需要和实际情况。

施乐公司——可能已把现在的计划纳入到1982年的计划中——决定重新制定高级管理计划,公司所有的高级经理每两年参加一次。未来的计划包括战略方向和目标的更新,对新战略的讨论和对已实施计划的回顾——为了清楚地认识自己的成绩,参与者对管理实践的回顾也包含在内。代表施乐公司当时利益的思考模式也被包括在内。

未来的趋势可能是,计划的主题既要有力度,以管理为导向,又要以教育价值为导向。但是不管未来是什么样子的,有一件事情是值得肯定的。由于首席执行官在其中起了很大的作用,总裁培训不可能是一个模式。而且这些计划对公司都是有积极意义的。

参考文献:

1. Robert H. Hayes and William J. Abernathy,"Managing Our Way to Economic Dedine," HBR July-August 1980,p. 67.

第二节 怎样作出正确的人事决定

彼得·F.德鲁克

执行官们在管人和选人上花费的时间要远比在其他事情上花费的时间多,他们也应该这么做。其他决定不会拥有如此长远的影响,也不会如此难以选择,而且一般而言,执行官在晋升和员工的人事决定上往往都是不太成功的。总体来说,他们的成功率不会超过 0.333,也就是说最多有三分之一的人事决定被证明是正确的;三分之一是低效的;还有三分之一是完全失败的。

在管理方面,我们遭遇如此可怜的表现。事实上,管理也的确不会如此完美。经理所做的人事决定不可能是完美的,但是他们应该努力争取满分,尤其是在我们所熟知的管理领域。

一些执行官的人事决定已经相当不错了。在珍珠港时期,美国军队中的每一名将军年龄都偏大。尽管年轻人们以前从未在真正的战斗或实际的指挥中接受检验,但是美国取得了二战的胜利,并且拥有了世界上数量最为庞大的优秀军官群体,而这是其他国家的部队所不曾拥有的。总司令乔治·马歇尔亲自挑选每个人。虽然不是每一个选择都是完全成功的,但实际上没有一个是完全失败的。

在阿尔佛雷德·P.斯隆(Alfred P. Sloan, Jr.)经营通用汽车公司的 40 余年里,从最高执行官到最小的附属部门里的制造经理、质量控制员、工程经理和机械主管,他都亲自挑选。以今天的标准来衡量,斯隆的观点和价值观可能显得很狭隘。的确这样,他关心的只是与通用公司有关的绩效。然而,从长期来看,他的人事决定非常出色。

第三章

基本原则

这世界上没有谁能够做到一贯正确。但是还是有一些执行官会谨慎对待人事决定。

马歇尔和斯隆是两种完全不同类型的人,但是他们在做人事决定的时候都认真遵守了同一原则:

我给一个人安排了工作岗位,如果他不称职,那么我就犯了一个错误。我没有必要去责备那个人,没有必要用"彼得原理"来解释,也没有必要抱怨。错了就是错了。

"士兵有权利胜任交给他的任务"是恺撒大帝时期一句古老的座右铭。经理的职责就是保证被任命的人能胜任他的工作。

在经理做的所有决定中,人事决定是最重要的,因为这决定了组织的绩效表现。因此,他必须要做好此项工作。

不能做的是:不要轻易给新人安排重要的任务,这只会增加风险。把这种任务交给组织中你所熟知并且信任的人。把高水平的新加入者安排到已有的职位上,在这些职位上,对他们的期望是明确的,对他们的帮助也是充足的。

我所见到的一些最失败的人事任免与美国公司雇用的欧洲人才有关——其中一个发生在匹兹堡;另一个发生在芝加哥——他们的任务是领导新成立的欧洲合资公司。汉斯·施密特(Hans Schmidt)博士和琼·佩兰(Jean Perrin)女士(化名)在刚进入公司的时候被看作是天才,一年以后,他们都被辞退了。

在匹兹堡,没有一个人理解施密特博士竟然花六至九个月的时间来思考、研究、计划,以及为决定做准备。同样,施密特博士也没有想到匹兹堡需要的是迅速行动和立刻改观。芝加哥也没有一个人会相信,佩兰这样一个稳重和信念执著的人竟然会意兴昂然地挥动着手臂对一些琐事发表演说。虽然这两个人随后在欧洲的大公司里成为了很成功的首席执行官,但是在不理解他们行为的公司里,他们都失败了。

然而,另外两家美国公司同一时期(20世纪60年代末至70年代初)在欧洲成功地建立起它们的事业。在公司的起步阶段,每个公司都将一位美国的执行官派往欧洲,他以前从未在欧洲工作和生活过,但是公司的管理层对他们非常了解。同样,这两位执行官对他们的公司也非常熟悉。同时,每家公司聘请了六位欧洲年轻人前往美国,并把他们安排在公司的中高级管理职位工作。几年后,两家公司在欧洲的业务都已初具规模,并且有了一支训练有素,经验丰富,值得信赖的管理队伍。

就像温斯顿·丘吉尔的祖先马尔伯勒公爵在三个世纪前所预言的那样:"战争联盟的基本问题在于,人们不得不把胜利的希望托付给一位指挥官,而人们仅通过他的名气而不是他的战绩来判断他的能力。"

企业和军队一样,如果没有通过一段时间所建立起来的个人威信,是不可能存在真正的信任和有效的沟通的。

决定的步骤

和上面的基本原则一样,要想作出有效的晋升和任免决定,还需要遵循以下几个重要步骤:

1. 考虑任命。职位说明书可能已经存在了很长时间。例如在一家大型的制造公司,部门总经理的职位说明书自从公司30年前开始分权之后就几乎没有改变过。事实上,罗马教廷主教的职位说明书自从13世纪教会法第一次修改后就没变过。但是任命却是不断变化和无法预期的。

有一次,在20世纪40年代的早期,我告诉斯隆说,他对一个低职位的任命——一个小型附属部门的销售总经理,在三个条件相当的候选人

第三章

身上似乎花费了很多不必要的时间来考虑。"看看最近几次我们对同样职位的任命。"斯隆回答说。让我感到惊讶的是,每次任命的情况都是不同的。

在二战期间,在需要任命一个师长时,马歇尔通常会首先观察这次任命在接下来的十八个月至两年内的本质所在。招募一个师的士兵并且训练他们是一回事,而在战斗中指挥他们是另一回事。指挥一个战斗受挫的部队并且恢复他们的士气和战斗力又是另一回事。

当要挑选一位地区销售经理的时候,负责的执行官首先必须要清楚该任命的实质:是因为现有的销售人员已经面临退休,所以需要招募和培训新的销售人员?还是因为公司的产品虽然在原有地区的传统行业中销路很好,但却无法进入新兴市场,所以需要去打开新市场?或者是因为公司大部分的销售都来自已有25年历史的产品,所以需要为公司的新产品找一个市场代表?以上这些任命都需要不同的人选。

2. 考虑相当数量的潜在合格者。这句话的关键词是"相当数量"。正式的资格是考虑的最低条件;不符合条件的候选人自动被淘汰。同样重要的是,候选人和职位要互相匹配。为了作出一个有效的任职决定,执行官需要考虑三到五个符合条件的候选人。

3. 考虑怎样评价候选人。如果一位执行官已经对职位有了一定的研究,他就知道一个新人应该运用他的优势,集中精力做什么。主要问题不是"这个人适合做什么而那个人不适合做什么?"而是,"每个人的长处是什么并且他所拥有的长处是否是这个职位所需要的?"缺点是对候选人的限制,并且很可能会让他出局。例如,一个人可能在岗位要求的技术方面很有优势;但是如果职位首要的条件是具备建构一个团队的能力而他又缺乏这种能力,那么他并不适合这个职位。

但是高效的执行官并不是从一开始的时候就关注候选人的弱点。你不需要在你的弱点方面作出成绩,你只需要发挥你的长处。马歇尔和斯隆都是非常严格的人,但是他们都知道关键在于是否拥有职位所需要的能力。如果那种能力存在,公司通常会忽略其他方面;而如果那种能力不存在,他在其他方面再优秀也无济于事。

例如,一个师需要一位训练军官,马歇尔会寻找能把新兵训练成士兵的人。也许擅长此任务的每个人在其他方面都有很严重的缺点。可能,第一个人在作为战术指挥官时并不出色,在涉及战略方面时更是一无所长;第二个人经常管不住自己的嘴巴并且与媒体的关系很紧张;第三个人骄傲、自负、个人主义而且经常与他的指挥官对抗。这些都不是问题,问题是他能训练新兵吗?如果答案是"是的,他能"——尤其当答案是"他是最好的"时——他就获得了任命。

在挑选内阁成员的时候,富兰克林·罗斯福和哈里·杜鲁门说:"不要介意个人的缺点。先要告诉我他的优点。"在20世纪美国的历史上,两位总统都拥有最强有力的内阁,也许这并不是一种巧合。

4. 征求候选人同事意见。仅仅依靠一个执行官的判断是没有用的。因为我们所有的人都会有首因误差,偏见和偏好,我们需要听听其他人的看法。当部队要挑选一位将军和教会要挑选一位主教的时候,这种扩大范围的讨论是一个必经的程序。有能力的执行官在做这件事的时候不拘一格。德国银行的前总裁赫尔曼·阿布斯(Hermann Abs)挑选的成功执行官的人数比任何人都要多。他亲自挑选的高级经理大多数都推动了战后德国"经济奇迹"的出现,他在确定人选时都要先与该人选以前三四个老板或同事进行讨论。

5. 确保被任命的人了解该项工作。上任后的三到四个月,他应该关注的是现在工作的要求,而不应该把注意力还放在以前的工作上。执行官的职责是把新任命的人叫到办公室,然后对他说:"你现在已经就任地区销售经理(或是其他什么职位)三个月了,要想在新的岗位上获得成功你需要做些什么呢?回去思考一下,一个星期或十天后写出来交给

第三章

我。但是有一件事我可以马上告诉你：你为得到晋升所做的事情肯定不是你现在应该做的。"

如果你没有按照以上的步骤去做，那么当你的候选人工作得很差劲的时候，不要指责他，应该指责你自己，因为你没有尽到一名经理应尽的职责。

晋升失败的最大原因——据我所知那是美国管理的最大浪费——是没有思考和帮助别人思考什么才是新工作所真正需要的。最典型的例子是，几个月前，我以前的一位很优秀的学生打电话给我，向我哭诉："一年前我得到了一次非常好的机会，公司任命我为工程经理。现在公司告诉我说一切都结束了。但是我工作得非常努力。我已经为公司成功地设计了三种新产品并且申请了专利。"

我们会对自己说，"我一定是在某个方面做得很优秀否则不会得到这个新工作。因此，我需要把这方面做得更好。"对大多数人来说，很难意识到全新的工作需要全新的行为。大约五年前，我的一位上司在把我调到一个更高的职位之后，考验了我四个月。直到他把我叫到办公室以前，我仍继续做我以前做的事情。值得赞扬的是，他意识到使我认识到新的工作意味着不同的行为，不同的关注点和不同的人际关系正是他的职责所在。

高风险的决定

即使执行官们按照以上所有的步骤做了，他们做的一些人事决定仍然会失败。但是大部分时候，他们还是不得不作出这种高风险的决定。

例如，为专业化很高的组织——比如说一个研究实验室，一个技术开发部门或是一个法律部门挑选经理就存在着很高的风险。专家们不会尊重一位在他们所从事的领域没有名望的经理。因此挑选一位技术开发部门的经理,选择的范围只能限定在部门内高水平的工程师里。然而,作为工程师时的绩效表现和作为经理时的绩效表现并不相关(除非是负相关)。同样,也经常发生这样的事:一位优秀的运营经理被调到总部负责人事工作,或是一名人力资源专家被调到一线任职。从本质上来说,技术类型的员工并不适合处理紧张气氛,处理公司遇到的挫折和工作中复杂的人际关系。一流的地区销售经理如果被提升去从事市场开发,销售预测或是产品定价,他很可能做得一塌糊涂。

我们不知道如何判定和预测一个人的品质能否适应一个新的环境。我们仅能从经验来判断。如果从一个工作转向另一个种类的工作没有获得成功时,作出该决定的执行官必须快速地消除这种不适。而那位执行官也必须承认:"我犯了一个错误,我有责任去改正它。"让一个人做他不适合的工作是很残酷的。但是也没有理由辞退他。一个公司同样需要一位好的工程师、分析家和销售经理。合适的做法——而且通常是很有效的——是让不适合新工作的那个人回到原来的岗位上去或是给他找一个类似的职位。

有时候人事决定之所以失败是因为这个职位已经成为"寡妇制造者",这是 150 年前新英格兰船长们的叫法,用来形容那些遭遇了致命"意外"的帆船。不管这只帆船设计和建造得多好,遭遇了这种"意外"后,船主不可能重新设计或建造它了。他们会尽可能快地把它毁掉。

"寡妇制造者"——在职场是指那些即使是优秀的员工也无法做好的工作——通常在公司发展或变化很快的时候出现。例如,20 世纪 60 年代到 70 年代初,美国银行的"国际副总裁"职位就是一个"寡妇制造者"。这个工作一直被看作很容易的。实际上,该项工作很长时间以来被看成是一般人都能做好的工作。然而,突然之间,一个接一个的任职者在这个职位上遭遇挫折。事后人们才明白,当时的国际事务在没有征兆的情况下快速转变为各大银行和它们的企业客户日常业务的一部分。

第三章

一个容易的工作变为了理论上一个无人能做的工作。

当一个职位先后让两名先前一直表现良好的任职者遭遇失败时，说明公司里出现了一个"寡妇制造者"。当这一切发生时，负责任的执行官不应该去寻找一个天才，而是要废除这个职位。那些中等水平的员工无法胜任的职位是不应该设立的。除非有所改变，不然悲剧会再次发生。

作出正确的人事任免决定是管理好组织最重要的方法。这样的决定体现了管理的水平和管理的价值所在，以及管理层对待工作的态度。不论经理们对人事任免多么地保密——到现在有些人还在这么做——人事任免决定是藏不住的。它们极其容易被发现。

执行官们通常很难判断一个战略行动是否是个明智的选择，他们也没必要对此感兴趣，普遍的反应是："我不知道我们为什么在澳大利亚买下这份产业，但是它并不影响我们在沃思堡的业务。"但是当这些执行官读到"乔·史密斯先生成为了某某部门的负责人"的时候，他们通常比高层更了解史密斯。他们会说："史密斯很适合这个工作，他非常优秀——正是该部门所需要的能够合理控制快速发展的合适人选。"

但是，如果史密斯是因为擅长搞权术而得以晋升的，那么以后每个人都会知道真相，那时他们会告诉自己："那是获得晋升的一种方式。"他们会因为被迫搞权力斗争而轻视公司的管理层，或者是选择辞职或者是也使自己成为一个擅长权术的人。正如我们一向所知道的那样，组织里的人会按照被奖励的人的做法行事。如果奖励被给予那些没有成绩、擅长奉承，或是仅仅有小聪明的人，那么这个公司注定要走向衰落。

那些不努力作出正确的人事决策的执行官们所冒的风险不仅仅是绩效低下，他们同时也冒着在公司里失去威信的风险。

第三节　谁应该为不称职的管理者负责？

哈里·莱文森

当一个人开始从事管理的时候,许多商业人士认为这时改变个人"性格"已经太晚了。在很大程度上,这种观点是正确的,小时候和年轻时的经历的确很重要。管理者许多错误的态度和行为被认为是受"性格"影响的,然而,也可以归因于管理活动本身。换句话说,虽然"性格"相对持久,但很多管理上的"人事问题"却是管理本身所造成的。在对各行业的多次调查中,我发现下属们那些不良行为是被他们上级的无意识行为所激励和强化的。这种论述对于下属已经不是新闻了——这种话现在对他们来说是老调重弹——但是经常被他们的上级所忽视。

一方面,这些观察得出了关于现代管理实践令人沮丧的结论;另一方面,这却是一个激动人心的消息。因为既然"人事问题"是管理本身造成的,那么就可以通过改变相应的做法来取得迅速解决问题的效果。而不用等那些长期的培训项目和教育程序来起作用。

在这篇文章中,我将要讨论六种常见的会引发下属不良行为的管理活动,并提出可供参考的解决办法。这项分析是建立在287个案例的基础之上的,由门宁格基金会的15个执行研讨机构的代表提供。

产生问题的行为

我将要描述的行为常常在行动的时候看起来是合情合理的。短期看来,它们可能会带来防御效果,但从长远来看,它们都会变成组织的负担。从有利于组织成长的观点来看,我们可以把这些行为界定为错误行为。

错误1:鼓励追求权力。能够执行紧急任务,充满热情地工作并且

第三章

快速成功地完成任务,这样的下属深受上级的喜爱。这些人成为了公司的"喷气机"、公司的"希望"、"闪光灯"。他们通常被认为是乐观的、精力充沛的、有能力的、前途远大的管理者。有时候,正如在我们的研究中所发现的那样,他们往往仅凭个人智力就把组织从失败中挽救出来,或是出色地解决了那些棘手的问题。

因为他们有能力、有干劲,并取得了很好的成绩,高层管理者自然会对他们进行相应的奖励。管理者因此鼓励他们在广泛范围内追求更大的个人权力。然后会发生什么呢?管理的导向作用发生了变化。从某种程度来说,进一步提高不再是他们自己单独可以做什么,而是提高他们的领导他人的能力,而不是驱动他人的能力。

在我们的287件案例中,有12例这样的人。尽管数量很小,这个群体却相当重要,因为这些人很有才能。他们之所以被看成是问题所在,是因为他们过分地控制了他们的下属;他们不能够培养或发展下属的能力;当让下属做不必要的工作时,他们关注手头的决策制定过程。一句话,他们过于注重权威。他们的成就导致了他们的晋升,然而他们的光环在相当长的时间内模糊了这样的事实——他们正在毁坏或者破坏组织的发展。

人们经常说只要他们能够"和别人合作",他们就可以很出色地获得成功。既然他们不能够,他们要么离开公司,要么就陷入虚荣心受挫的境况。他们不能和其他人很好地合作,可能是他们自身的原因,也可能是因为组织的压力,从这些例子中,还不能很清楚地得出结论。但是,可以肯定的是,这些因素都是包括在内的。

可能的选择

面对这种情况,在为时不晚之际,高层管理者还有若干选择。如果管理只是希望关注组织的建设和促使人们承担更多的责任,那么就必须对他们进行密切的监督。监督的目的只能是支持下属,奖励团队,而不是仅仅关注个人利益和生产率。确实,一部分"喷气机"式人物可能不管做什么,都不能与他人很好地合作,最后只能选择离开;但他们只会在经过努力却没有达成自己的期望,或是组织对他们的发展提出了不现实的期望的情况下才会离开。

如果情况是需要英雄般的拯救或是个人的重建努力,他和他的上司们应该认识到在特定情况下,他那种独有的能力的价值。也应该认识到当解决了这个问题时,他是否能够在别的地方再发现类似的问题。我的调查显示了这种个人英雄般的组织或重建任务需要花费三到五年时间。在那之后,这种曾经建立起了组织架构的个人行为,必须让位给集体行为。对于那些曾在组织中呼风唤雨的人来说,往往很难接受他们的行为受到越来越多的外部制约。通常,在最初建设的结尾阶段,需要引进一个新的管理群体,他们的能力并不在于勇猛的进攻,而在于协调和支持组织中的解决问题的能力。这种现象在许多不同的环境中都是很常见的,从足球比赛中的进攻和防御的队形,到军事组织的游击队和政治中的改革运动。但是它在商业中还没有被广泛地认识。

错误 2:疏于控制。从一些案例中可以看出,高级管理者看起来经常宽恕那些超越自己工作界限的行为。这不仅伤害了容忍这些行为的人,还损害了组织利益。对这种行为容忍的代价特别表现在调查中我所说的 15 个"愤怒者"身上。他们把自己的愤怒发泄到别人身上——同事、下属、上级。人们长期以来对这些人持批评态度,认为他们过于严格,对人粗鲁无礼,似乎不能很好地适应工作环境。

同样,有时很难判断产生这些行为的原因,有多少是由于组织中所发生的事情所致,有多少是由于人们自己的性格所致。但是有一点是明确的——他们的粗鲁让他们付出了代价:与同事关系紧张,伤害了他人,同时也给自己带来了内疚和悔恨。

第三章

在另一组20人的样本中,最大的问题是以自我为中心。这种以自我为中心的表现形式是通过剥削或攻击其他人以巩固或提高自己的地位。他不同于那些权威型或领导型的人,因为他有更大的控制欲。以自我为中心的人很明显地表现出自我夸大,并且毫不关心他的这些行为对他人产生的影响;而权威型的管理者更喜欢以一种家长式的作风关怀其他人。

令人诧异的是,他们虽然胁迫其他人,但却往往能够逃脱惩罚。他们中的一些人多年以来一直如此,因为他们拥有组织所需要的特殊技能或非凡的才能。甚至当负责的管理者知道了这样的行为对组织、对下属和对他自己都有害时,他也常常容忍它继续存在。他的借口是有才能的人都是"变化无常的",或者是"这是有创造力的人通常都会有的问题"。

这种行为可能是展示权力或引起别人注意的方式。对于一些人来说,任何关注,不论是来自上级的批评还是来自他人的喜爱,总好于什么都没有。愤怒或以自我为中心可能是日益增长的不安全感或焦虑的表现,尤其是当工作压力太重或感到失败的威胁时。无论是什么原因,只要高层管理者宽恕或者容忍它,问题就会潜伏在管理活动中。

在这种情况下,上级会害怕下属的突然爆发或是敌视。如果下属发怒,他会像低层的雇员那样退缩,不敢与之对质和采取控制手段,因为惧怕,情况会进一步恶化,或者下级的敌意会在某一具体的问题上引起上级的愤怒,事后上级又会为此感到内疚。如果上级对自己的愤怒感到非常内疚,并且怀疑自己的控制能力时,他会转入消极的工作状态,以一种麻木的方式处理问题。[1]

在某些案例中,下属可以肆无忌惮地向其他人发泄他们的不满。他自己和容忍他这么做的上司都会成为这种行为的受害者。同事间的工作关系被破坏了;上级对自己没有及时制止这种过激行为而感到自责;下属不满的行为没有得到帮助,依然会给自己和组织带来损害。因此,当负责此事的管理者没有进行足够的控制时,他就是放纵了那些不能控制自己的下属。

加强控制

控制过程的第一步是对问题进行界定。当其他人容忍了一个愤怒者的行为时,他是不会停下来的。这是肯定的。因为他很容易感到,尽管导致了别人对他的抱怨或者个人人格的降低,只要其他人忍受了他,尤其是他的上级忍受了他时,他的愤怒或者对别人的操纵就一定是正确的。

一旦上级认为下属的某些行为是不能接受的,并且把所看到的问题当面提出来时,双方就有必要审视一下彼此之间的关系。可能是上级的某些行为导致了下属的不满,也可能是上级间的角色冲突导致了下属的心理隔绝。也有可能是工作压力过大所致,还有可能是下属在无意识地向上级要求更多的帮助。不管是哪种情况,双方都需要共同考虑造成这种情况的因果关系。上级需要警觉下级没有表现出来的那些恐慌或者忧虑,例如对失败的恐惧感,对监督他人的不满足感。

不管是否存在冲突,管理者都必须划清界限,规定允许做什么,不允许做什么。他不能仅是简单地不允许破坏性行为的继续存在。如果激发不满的环境因素并没有改变,而且看起来也确实没有什么可能激发不满情绪,那么我们就可以合理假设——问题主要在于个人,因此他自己必须为之做些什么。改进的机会在于寻找专业的帮助。如果是这种情形,他就一定要解决这个问题,否则组织不能忍受这种行为。如果界限划清之后,他仍不能控制这种不满情绪,那么他就需要辞职。

管理者不能主观地认为采取禁止手段就能够彻底杜绝令人不快的事情。对问题的讨论仅仅意味着——有工作关系的双方所进行的自我检查。这并不意味着谈话仅限于上级告诉下级他必须停止这样的行为。

第三章

需要进一步的措施来完善讨论结果。例如，上级以让下级以协商的方式参与制定公司的策略、政策、程序的方式来加强组织结构，以此解决问题。

当一位上级发现他自己因为觉得下属"太有价值了，以至于不应失去"，从而宽恕了敌意的行为或没有采取及时的措施时，他实际上为他的目光短浅付出了昂贵的代价。因此，常常在出现问题时，高层管理者承认下属给他带来的麻烦比他的价值更多，他自己也感到很气愤也很遗憾。

错误3：刺激对手。在36个案例中，主要问题来自于内部竞争产生的对手。有时候，管理者意识到了这点，但通常情况下并不是如此。比如说，尽管在他的描述中，问题来自于内部竞争已经表现得很明显了，但是他可能把注意力集中于两位下属之间的敌意，而不关注他们之间为何会变得敌视。例如：

一个人晋升的时候就会成为他上级的竞争对手。例如，当董事会主席任命一位执行副总裁去辅助总裁的工作的时候，这位执行副总裁已经对他的上级形成了威胁并觊觎上级的职位。但是下属在工作中没有了晋升前工作的热情，也没有了晋升前的工作绩效。他的上级还不明白这是为什么。

一般来说，竞争对手存在于部门经理或不同职能部门之间，例如，在销售部门和生产部门之间；并且人们并没有意识到竞争对手的潜藏心理原因。因此：

以生产为导向的总裁意识到该部门需要具有很强销售能力的人才，随后雇用一位很有能力的销售主管，没有想到的是，他嫉妒这位销售主管的成功。以后这位总裁经常在工作中给销售主管制造麻烦，不配合他的工作，却不知道他为什么要这样做。

在我看来，现任的执行者很少意识到具有挑战性的竞争对手带来的破坏性影响。执行官不会认识到彼此竞争的对手深层心理的根源和在竞争中所产生的内疚感。一般情况下,他们鼓励竞争是基于这样的主观假设:所有的竞争是好的。他们不理解为什么一位非常积极的竞争者会突然停止竞争,留给下属们巨大的心理困惑。

尽管管理者能够认识到为什么两名同事的其中之一晋升时,他们不再是朋友,或者资深的下属会反对年轻的上司,然而,一般情况下,他们很少阻止或减少这种摩擦。一些晋升速度超越年长者的年轻管理者会对于自己抢占先机感到内疚。但这种感情上级管理者并没有意识到。

在我们的讨论中,任何案例中的竞争者本身、竞争者的上级都没有对竞争问题进行讨论,他们没有意识到解决竞争问题是做好新工作的前提条件。

竞争,准确地说,是有竞争力的企业所不可或缺的东西。但是在这样的企业中,组织的最终产出才是所需要的结果,所有的努力都应该集中在这点上。当一位上级使他的下级相互竞争,或是通过其他方式激发竞争,或是与他的下属激烈竞争时,他使下属们的精力从与其他组织之间的竞争转向了组织内部的竞争。人们不再关注组织所需要解决的问题。此外,下属也可能会变得充满防备,或是用互相攻击取代相互合作,或是致力于取悦上司。这种组织内部的竞争密度越大,公司的政治问题就会越尖锐。[2]

有建设性的讨论

公开讨论和共同解决问题可以使经理们把那些可能会消耗在破坏性竞争中的能量投入到赢利性行为中。在处理这一问题时,上级需要重新审视他自己的动机:

他可能有意或者无意地促进了竞争,因为他喜欢激烈的竞争,并且相信更有价值的思想和更有能力的人会是最终的胜利者。

第三章

位于管理职位的人对于竞争有很强烈的感觉,他们知道如果执行官们有足够的自由去处理问题,那么竞争将存在于大量的现实问题中。人们对不同的问题会有不同的想法和判断。让人们互相竞争只是一种心理驱动手法。那些对问题不感兴趣的人会不为所动。他们甚至会变得麻木不仁。在这种情况下,管理者让他的下属进行竞争的效果,与一个家长让他的孩子进行竞争的效果是一样的。

他可能对其中一个对手感到生气,并且利用其他人作为武器去发泄他自己的敌意。

这是经常发生的现象。高层管理者可以问问自己疏远、诋毁、鄙视一个下属到了什么程度。当他发现自己并没有意识到正在做这些事情时,他的行为很可能就是引发两名下属之间冲突的原因。他需要做的是直接与令他感到生气的人对话,而不是利用另一个人作武器去攻击他。

他可能害怕下属的竞争者会危及到他的位置,于是就破坏他们之间的平衡,或者通过鼓励他们互相竞争从而自相残杀。

在成长过程中,很少有人不害怕年轻人取代自己的位置,不管他们如何喜欢和爱护那些年轻人。这种出于自然的恐惧对于一个人来说还是很难接受。从常理来看,人们认为他不应该有这种想法:为什么他不在合适的时间毫无遗憾地退休呢?他已经得到了一切,还想要什么呢?但人的感情并不那么简单。在管理阶梯中前进就像在玩小孩子"山大王"的游戏。一个人经常会感到好像他一直在推动着前面的人从山顶上掉下来——尽管这只是座小山。同样不可避免的是,对他来说,也会觉得自己是被别人从职位上推下来的。如果他没有意识到他是这么想的,就必然在很多方面保护自己。如果他理智地接受这种想法,他就会更好地控制他的感情。

这种竞争很可能代表了他自己内心深处的价值观与公司其他方面的冲突。

通常管理者的晋升是建立在自己独特的能力、技术、经验的基础上的。然后,达到较高职位之后,他们发现原有的技术已被淘汰,必须学会更多的技术。例如,一个生产工人升为主管后,却发现自己处于市场经济时代,他需要把注意力从生产转向营销,或者至少要对营销有更多的了解。

一个人要转移注意力或拓宽视野,就意味着要改变自己原有的认知。例如,一个把营销仅仅看作操纵手段的生产工人去从事营销工作,内心会产生很多矛盾。即使他可以很好地认识到市场需求,但仍然不愿做一个销售员。他内心保持自我的想法和希望组织通过有竞争力的营销在市场上获得成功的愿望产生了冲突,最后很可能使他无力作出任何决定。

这也反映在冲突中,此时他要背负相互冲突的两种责任。在难以辨别的时候,他可能有时支持一方,有时支持另一方,或者支持双方。两个下属很快会发现原来已成为竞争对手,究其原因是由于他们"交流很少",或者理所当然地认为"销售者通常是这样的"。可能仅仅当第三位继任的销售副总裁也辞职的时候,总裁才会意识到问题不仅仅在于"个人品质冲突"。这种冲突会在向他报告的下属的行为中暴露无余。

在任何管理者的升迁或调动中,应该格外注意组织内部的竞争。这些是新工作中必须处理的问题。对那些必须接受一位新上级或新同事的人来说,以下几点可能是很有帮助的:真实地评价自己的价值,认识到竞争感是不可避免的,认识到尽管竞争的压力会一直存在,但工作仍然要完成,新上司会得到上级全力支持,从而管理团队朝向组织既定的目标前进。

错误4:没有成功地预测到不可避免的事情。生活中的许多经历是令人悲痛的。例如,衰老以及随之而来的身体不适和无力,是许多人要

第三章

面对的。另一些人在工作生活中的遭遇是比较特别的,例如,没有获得预料中的晋升或者期待中的退休。我们把这种痛苦的经历称作"心理伤害"。

这种伤痛是不可避免的。但是在我们的287件案例中,很少有公司认识到这点并且已经采取措施来阻止或减轻这种伤痛。结果是受此伤害的人产生了大量的不满,这种不满在人们内心压抑着,得不到宣泄。有时候人们产生退休的想法是因为受到了伤害。那些没有得到期望中的退休的人经常会拒绝培养下属,会成为下属晋升道路上的妨碍者,会向组织和下属发泄这种被压抑的不满情绪。身体上的变化,例如听力下降或者心脏病也会导致人们在试图否认自己的无能的同时,产生了愤恨。其他来源的心理伤害是:

没有像预料的那样被晋升;

自己的意见遭到反对;

自己的工作任务被移交给别人;

孤独——想变得受人欢迎,但是却不得要领,因此感到被其他人排斥,结果是导致了进一步的心理伤害。

帮助的步骤

从过去九年中我们对高级管理者的分析来看,比起任何一种形式的伤害,高级管理者觉得心理伤害的害处最大,并且试图为此做些什么。但是,他们在处理这些问题时遇到了很大的困难,尤其当对象是拥有很长工龄的管理者时。在许多上级为"有问题的人们"提供了很好的支持并且挽救了他们的工作的例子中,他们的工作都非常艰苦,并且充满了英雄式的拯救尝试。

但是,人们并不需要这种超常的措施——并且经常伴随着伤痛和挫折——来为预期可能带来的伤害做准备。人们不但有权利预先知道将要发生的事情,而且可以为最终的结果做准备以及选择应对的方式。如果他们事先没有得到通知而后来却从高层管理者处受到突然的打击,他们完全有理由相信自己被人操纵了,自己的权利被剥夺了。组织需要对管理失灵负责任,当它没有:

……系统地让人们为将来工作中不可避免的现实做准备;
……以提供建议的方式,帮助人们减缓压力,帮助人们治疗心理创伤。

  在发生任何重要的变化之前,相关的人们都要对它进行讨论。讨论的主要方式应该是为他提供能够无拘无束地表达感受的机会。当一个人可以向他的上级说出自己对组织决定的感受,那么他会有这样一种感觉:他作为一个人被组织接受和尊敬。这反过来支持了他的自尊并且使他更加合理地处理遇到的变化和感情。任何赞美都不能代替这种倾听的感觉。
  当一个人遭受打击的时候能够得到帮助从而恢复过来,就会在一个更好的位置上调动资源来处理已经发生的问题。一般情况下,一个迅速给受害者提供帮助并给他们提供护理的高级管理者,在同样情况下,就很难发现他所受的心理创伤。
  错误5:给能力有限的人施加压力。对待能力有限的人最常用而无效的方法是正面批评。高级执行官常常试图劝说一个顽固的人试图使他不再顽固,劝诫一个依赖性太强的人变得独立,劝说一个易冲动的人变得更有自我控制力。尽管执行官在内心深处知道下属是不灵活的或是无力承担责任的,他们也倾向于对他们采取行动,似乎这样可以强迫或促使他们改变。因此:
  对于大多数成功的管理者来说,他们很难理解成年的人会害怕,还

第三章

会有很强的依赖性。有时候,他们错误地刺激下属,给他们更大的职权,让他们更多地参与决策。

这种作法比劝诫更容易让趋于稳定的人产生被胁迫的感觉。有时候,管理者却是对那些问题任务存在幻想,认为他们承担更大的责任或是参加了一个管理开发课程之后就会改变。他们并不理解,对一个努力控制或保护自己(这也是那些异常行为的意义所在)的人来说,这种作法只会给他增加不必要的压力,从而产生反作用。如果一个人在本性上就是固执的、依赖的或冲动的,那么在上级行为所导致的压力之下只会让他们越来越固执、依赖和冲动。

那些冲动的人给他们的上级带来了另一个问题。由于他们智商很高,甚至是极具天赋,所以他们的上级不愿意面对他们带来的问题,而只会对他们偶尔的失败感到恼火。我们讨论的案例中包含了"当他们想做工作时就可以做得很好"的八个案例。但是,他们经常缺勤、纠缠于各种家庭困难中,有时候,甚至不能尽职尽责地完成自己的工作。还有一些人,尽管不酗酒,但当上级不在时会饮酒过量,还有一些人,在高层管理者面前会表现得很糟糕。这些行为会带来强烈的自我挫败感。

难以控制冲动和忍受挫折通常会导致强烈的焦虑和不安全感。通常这种行为需要专业咨询的帮助。反复警告常常是没有效果的。

在我们的案例中,有14个人的缺点是不灵活。这些人中接近一半的人的问题被定义为不能够为变化做好准备或者接受变化。其他几个人看起来反对变化,不是因为他们个性不灵活,而是因为组织没有很好地考虑他们,因此他们很生气。在一个例子中,组织是如此地顽固,以至于最好的人不能晋升,仅仅因为他不信仰上帝!

顽固的人在一个良好秩序的社会里具有很强的自我保护欲。他们为自己制定了很高的标准。在压力之下,他们变得越来越固执,从而为他们自己建了一个保护层。

管理层行为

管理层应该怎样处理以上的问题？

首先，应该明确一个人的职责，这样可以使它在明确的政策指导下进行细致而标准化的工作，还要让他搞清楚哪些并不在他的职责范围之内。

第二，高层管理者应该考虑什么需求使人们感到焦虑不安和产生防备心理。正如我们在前面指出的，如果要把压力最小化，变革就需要上级的支持。高层大多数时候都理所当然地认为人们愿意并有能力变革，但是很少人能够在没有压力的情况下进行变革。最有效的支持体现在共同解决问题上——一起有步骤地进行变革，这样人们可以感觉到他仍然是自己命运的主人，而不是被他不能控制的无名力量所左右。

第三，管理层应该努力地研究组织的"氛围"。在我们所研究的案例中，很多执行官都认为，不能按预期完成任务是因为人们以前一直在极度专制的环境下被压抑了多年。一旦获得上级的支持，他们中的一些人就能够出色地完成任务。而有些人单凭自己是不能作出决定的。

独立工作不是一件容易事，尤其是当组织一直提倡顺从的行为。在顺从是生存第一法则的地方，劝告不会产生任何效果。在很容易找出错误和责任人的地方，很少有人会有犯错误的机会。因此，让他感到增加责任的仔细监督并不是纯粹的鼓励。这样的监督有效果也有成本。这样的情况一般会造成高层管理者之间的冲突——在那些希望下属拥有主动权的管理者和希望完全控制的管理者之间。

错误6：人事安排失误。即使有大量的心理咨询、评估和排序量表，以及关于晋升的大量文献，但在我们的案例里，细致的评估并不能指出一个人能力的极限，也不能预测他没有能力去承担更多的责任。在那些人们在工作中过度成长的例子中，似乎都没有预料到这种事情能够发生。结果，并没有继续对该问题进行讨论，以帮助人们理解怎样做才能

第三章

有利于他们的工作。同时,在他工作能力变差或不得不放弃的时候,也没有对他的支持。相反,当人们不管由于什么原因而无法提高时,他仍需要在工作中挣扎,因为在他的上级看来那不是他的错,而是他们没把他安排在适当的职位上。

在人事安排失误的47个案例中,根据我的理解,一半的人不能完全适应扩大化的责任。通常,这些人能够做好责任较小的工作并表现得能够胜任更大的责任。其中一些人,尽管事实上上级已经知道他的劣势,并且知道他不擅长监督别人,还是被安排在管理职位上。当技术知识被认为是作为领导最重要的资格时,掌握了一定的技术知识的人就会得到晋升。这个群体中的其他人始终不能满足工作对他们的要求。他们通常会把工作的某些方面做得很好,但不是全部。

相关案例中有大约三分之一的人不能跟上组织和工作发展的节奏。这些案例中的大部分执行官们并不具有扩大化的工作所要求的知识和技能。不断发展的工作需要已超出了他的经验、组织能力以及决策水平。当任职者已经在该职位工作多年或者是当他曾为组织作出了突出贡献的时候,问题会更严重。在这些情况下,上级主管要忍受很大的痛苦,因为要对公司有贡献巨大的老员工采取行动让他感到很无奈。他的怒火来自于使得他陷入这种境地的人,然而这种怒火却让他感到很内疚,感到受到良心的谴责。

我不知道不能与公司保持同步发展在多大程度上是对公司被动的侵略,即人们没有胜任自己的工作。被动侵略的表现就是工作上的僵化和停滞不前以及不能按公司的意图去完成工作,以各种方式让老板感到失望。被动侵略是一种极其普遍的现象。

推荐方法

解决人事安排失误的最有效的方法是与心理顾问保持持续而密切

的联系。心理测试和心理评价几乎能够准确了解被测试的那个人。他的判断和预测表明了他对人员、职位和公司的了解程度。如果他以上三样都具备，那么他对公司就有了足够的了解，对特定工作所需要的知识和监督也有所了解，最终，也会对候选人有所了解。既不了解公司也不了解候选人所适宜职位的心理学家所给出的标准化建议的价值是很有限的。邮购式测验的价值更小（不考虑涉及的道德问题）。只是偶尔提供建议的当地心理学家很难充分了解该公司的氛围。

发展是生存的关键。我们都希望随着年龄的增长变得越来越睿智。大多数的人都在寻找不断发展的机会。然而，一些人却不愿或不能做到这一点。当执行官的角色变得越来越复杂的时候，这样的问题会频繁地出现。为了避免失误，公司必须在这样的问题产生破坏性的后果以前就采取处理的方法。如果心理顾问能够与执行官保持长久的合作关系，那么他就会知道什么时候他们处于特殊的压力下，在必要的时候为他们提供支持和帮助。在发展迅速的公司里，心理顾问的任务就是找出不能跟上公司发展节奏的人。

结论

在现在的管理学界，人们经常抱怨下属缺乏能力，缺少潜在的优秀执行官。这些抱怨看来是真有其事，因为公司大量聘请咨询顾问来解决公司可能出现的问题和组织重组事务。这些现象反映了公司管理中存在的弊端，即人力资源的浪费以及公司试图有所改变的本质。[3] 卡尔·门宁格（Karl Menninger）博士用"嗜好外科手术"来形容那些反复要求对所抱怨的事情采取行动的人们，但是我们也不能把所有的对管理问题的解决都称为"嗜好外科手术"。

正如门宁格博士的"嗜好外科手术"不是对外科医生的批评一样，顾问这个词也不是。这两者都有很强的目的性。顾问指的是一种特殊的

第三章

管理方法,通过对公司进行重组和削减以解决人们所造成他们自己所无法了解的问题。之所以会出现这样一种趋势,是因为执行官像那些需要别人来解除他们身上的病痛的病人一样,常常自己就拥有解决管理问题的权力。尤其是当这些问题本来就是他自己造成的时候。

本篇文章通过分析执行官们的案例,得出了管理下属过程中的六种失误,也提出了相应的解决办法。大多数的管理问题看起来都需要增加资金,需要更多的专家和长期的规划、执行才能得到想要的结果。本文所讨论的这些问题并不需要这样。尽管管理中遇到的问题不会比人事问题更棘手,但是只要对此多一点关注和敏感,这些问题是很容易解决的。经理仅仅需要更加仔细地检查自己的行为。当然,例如产生内疚感这些问题,不管看起来多么容易解决,仍然存在很大的困难。但即使是这样,当潜在因素摆上台面时,问题也会更容易解决。可能,最伟大的能够自我治疗的管理智慧,正如赞美诗的作者所写的那样,在于"简单即是智慧"。

参考文献:

1. 参见我的著作 *Emotional Health:In the World of Work*(New York:Harper & Row,1964)第 18 章,以便详述这一观点。
2. 参见 Edger H. Schein,*Organizational Psychology*(Englewood Cliffs:New Jersey,Prentice-Hall,1965),pp.80-87。
3. Karl Menninger,*Man Against Himself*(New York:Harcourt,Brace,1938)。

第四节　即将出现的晋升减速

奥奇·佩顿

20世纪80年代的通货膨胀和"婴儿潮"一代的老龄化使得美国工业面临着前所未有的人事问题。而且,美国商界很晚才认识到这些问题的产生与中层管理者的激励和生产力有关——这是私人企业福利系统的重要因素。

问题的严重性以及所能产生的影响在很大程度上取决于通货膨胀率。如果通货膨胀率降到艾森豪威尔时期的2%到3%,一些问题就会消失,另一些会显得不那么令人难以忍受。但那是不可能的。20世纪70年代的通货膨胀率一直维持在每年7.5%左右。如果20世纪80年代继续维持这个速度,很可能会出现下列情况:

正如越来越多的管理者所认识到的那样,提前退休的趋势将会被扭转,因为未来的生活水平越来越高,他们的退休金根本无法承担。

结果执行官的晋升速度将会减慢。

公司试图缩小快速扩展的退休金缺口的同时,退休金开支却在快速增加。

但是即使在通货膨胀率很低的情况下,20世纪80年代发生的人口统计学上的变化本身就是非常棘手的问题。例如,在1980至1990年间,35岁至45岁年龄段的群体,从2 530万增长到3 690万,增长了46%。同时,55至65岁年龄段的人数将稳步下降。这就意味着中层管理职位——35岁至45岁年龄段公司职员的奋斗目标——的竞争会很激烈。因而薪酬降低的压力将会与他们的高预期发生冲突。另一方面,55岁以上经验丰富的管理者的短缺将会对高层的工资带来向上的压力。

20世纪80年代,美国商业面临的最严重的人事问题就是晋升率明

第三章

显下降。执行官们很可能在原来的职位上呆更长的时间,因为他们负担不起退休后的生活;同时,期望晋升到他们职位的候选人规模将会以极高的速度扩大。

当然,晋升是工业化社会里最有激励作用的因素,因为它意味着地位和金钱。所有试图减弱晋升对生产力的激励作用的行为只会产生反作用。

人们对通货膨胀学和人口统计学给予的关注远远不够。在20世纪80年代,人们尤其需要关注它们。

惊人的数字

经济萧条年代的低出生率导致了20世纪70年代经验丰富的执行官的短缺,前十年也是这种情况。美国公司以从其他的公司掠夺管理人才的方式来应对执行官短缺问题(这种情况在20世纪60年代也很突出)。由于这个原因,20世纪70年代的另一个特征是在新聘请的总裁上任前,公司就会给他将近百万的红利。

当公司迅速应对通货膨胀和人口统计带来的挑战时,在后来的十年里它忽视了一个关键问题:退休金。去年麦肯锡对100家大公司的21家进行了调查来估算退休金,包括社会保险。看这样一个例子:在1979年10月,一位在1969年10月退休的雇员,退休时他的年龄是65岁,在公司工作了30年,退休前三年的工资是每年2.5万美元。

1969年退休金的平均数值是1.26万美元,大约是工资的50%。十年后,退休金的平均值将会涨到1.89万美元,也就是说,执行官退休金的平均数值——包括社会保险——只增长了50%,而生活费用却增长了100%。

更重要的是,因为企业的这些行为,在增长的6 300美元里,政府不得不以社会保障的形式补贴3 700美元,而雇主只拿出了2 600美元支持退休金支出计划。

当然,以上是平均数据,被调查的 21 家公司的情况各不相同。有两家公司在十年内四次提高了退休金,总额提高了 45%,然而另外五家公司却完全没有增加退休金。有几家公司"根据需要"对退休金进行了调整。(相反,同样环境下联邦雇员的退休金在 1969 年是 1.41 万美元,1979 年 3.15 万美元——后面这个数字比他们工作时的工资高出了 6 500 美元。)

显然,公司需要在 20 世纪 80 年代针对退休金做点什么。然而,这些开支已经花去了大公司平均 30% 的利润。此外,根据精算师的统计,通货膨胀率每增加一个百分点,退休金应该增加十个百分点。如果每年的通货膨胀率在 7.5% 左右,即使最小限度弥补退休金中"通货膨胀缺口"的尝试也要花费公司大量的利润——尽管这只是推断。

同时,退休人员怎么办呢?其他的问题,如联邦政府的长期财政赤字、对国外石油的依赖以及那些希望从政府得到财政支持的人群,每年 8% 的通货膨胀率都是很可能出现的。

用这个比率来计算退休人员的收入。如果他在 1980 年退休,得到的退休金是 5 万美元,到 1990 年左右,他的购买力将会降到 2.36 万美元。换种方式计算,如果要保持原来的购买力,在 1990 年,退休者的收入必须增加到 99 920 美元(保守估计,因为没有包括税负)。

当然,大多数的退休者在退休后至少要活 20 年。按每年 8% 的通货膨胀率计算,每十年购买力就会降低 50%,即 10 400 美元;或者退休金需要增加一倍,达到 201 600 美元。

当然,这些数字只是一种可能。但是,即使这个情景只有部分成为现实,就会给数以百万计的已退休者和潜在退休者带来可怕的问题。

推迟退休

最简单的和理论上成本最低的填补退休金缺口的方法就是允许雇

第三章

员推迟退休。其他办法的成本非常高——或者是带来员工们不能接受的问题——所以这种方法被广泛地应用。

推迟退休有很多优点。对雇员来说,这意味着伴随着通货膨胀,薪水也可以随之上涨很长一段时间,可以减少对固定退休金的依赖。对雇主来说,工作期限的延长可以降低退休金成本,或者可以以同样的成本去支付更多的退休金。推迟退休也意味着可以继续利用只有经验才能带来的管理技能。最后,延长创造生产力的时间对个体的身心健康多有好处也对国家有益。

但是推迟退休也会产生问题。年龄大的经理什么时候开始降低公司的效率?判断应该退休的标准是什么?普遍的推迟退休会在多大程度上影响晋升率?

行政组织喜欢用政策来统一规定退休年龄。但是个人的生产力因年龄的增长而有所不同。一些总裁的能力在50岁左右开始下降;这些人的能力在职业生涯的最后十年内逐渐滑坡。也有一些人身体和心理的活力能保持到70岁。

推迟退休可以代替对年龄的判断。这个转变能使人们根据绩效公正地对个体进行判断。由于害怕通货膨胀,大多数优秀雇员都欣然地接受了推迟退休。所以他们把退休的日期定在了未来的某个时候。

然而,推迟退休对晋升率的影响可是灾难性的。显然,在上层梯队里这个问题变得更加严重。到达高层需要经过很长的时间;因此,到达这个层次的雇员很可能已经非常接近传统上65岁的退休年龄了。首席执行官的平均年龄一般在60岁左右,而其他的高管层也只比首席执行官年轻几岁而已。

但是大型上市公司的高级总裁,由于高额的薪酬和福利,他们往往很难接受在65岁就退休。而小公司的高层经理们并不是那么令人羡慕,因为公司的退休计划往往并不充分。

当然，在所有的公司里，低层管理者很少有人接近退休年龄。但是，因为他们的工资水平和累积的退休金比起高层管理者来说要少很多，他们更需要推迟退休时间。

在典型的组织里，高层推迟退休会阻碍下层晋升的机会。我回想起在一家大型的零售店里，部门中65岁的副总裁的退休将带来20个晋升机会。很少有高层的退休带来的晋升机会少于六到七个。

最大的问题是：推迟退休多长时间能够有效地填补现在存在的退休金缺口？我认为推迟五年是最低的要求。

但是五年的时间对等待晋升的来说似乎太长了。前些年的调查结果显示，三分之二的公司总裁在七年内晋升一次或者根本得不到晋升，只有三分之一晋升了两次以上。以此为根据，即使推迟五年退休也会使很大一部分期望晋升的管理人员的等待时间加倍。

减小预期

当晋升希望渺茫时，管理人员应该怎样去缓解心理上受到的损失？当公司需要更多的生产力的时候，这个问题显得尤其重要。

许多公司的作法是"购买"一些执行官的提早退休，他们不再有足够的能力满足工作的需要，他们处理问题的能力也衰退了。这种作法通常会造成退休金总额的增加，但是管理层认为这种作法从长期来看成本很低，因为他们让一些有才能的人来填补了这些职位。这样的行为也使晋升的道路变得更加通畅。

这种作法的长期成本，至少在一定程度上取决于公司对通货膨胀给退休员工造成的影响应该负的责任——不管是道德上的，还是法律上的。如果联邦政府决定采取相应的措施，那么公司支出的成本会很高。

发展较慢的公司，尤其是那些拥有大量员工的企业，可能采取"文字改变式晋升"的方法来应对晋升过慢问题，这在联邦民事服务方面非常

第三章

普遍，在那里全面的晋升仅仅是把职位说明书中的"某些责任"改为"相当多的责任"。尽管组织经常做些细微的调整，但是在新的安排里，既没有增加职员，也没有增加责任。

文字改变式晋升的方法在公司文化中很有限的范围内可以起到一些作用。但是在面临众多公司竞争的环境下，这种方法的价值很小。

近十年里，55岁至65岁人才的短缺（由于经济萧条带来的人口减少）将会使年轻的执行官以更快的速度到达公司的高层。为了成功达到这个目的，许多高级执行官都要改进他们判断当前绩效和未来潜在绩效的能力。

即使如此，很多公司发现生活方式和个人兴趣使得他们手下很多杰出的人才不愿意晋升。可能是这些年轻执行官的配偶喜欢他们自己的工作，可能是家人拒绝搬到其他的地方，或者仅仅是因为执行官拒绝冒险。

情况就是如此，公司需要加速高潜质经理们的发展，让他们愿意接受晋升的风险。由于杰出人才有限，很可能有必要改变那些很有能力但却因为这样或那样的原因拒绝晋升的经理的生活态度。这就要求高层的执行官比现在更多地了解年轻的经理们。然而，20世纪80年代中层经理职位上的激烈竞争强化了企业文化的原则：使年轻的执行官们更加现实地面对现在的生活方式。

值得肯定的是，出于对人才的需求而对公司的管理风格进行的改革在日本实行得非常成功。然而，处于高层的年龄较大的人比处于激烈竞争压力下的年轻下属们转变观念要慢。

无论怎样，低层管理职位的晋升仍然受中层管理者流动的影响。不幸的是，20世纪70年代婴儿潮一代追求超常速度的晋升，因此对这十年他们一直保持着很高的期望值。降低这种期望值需要时间，也需要高层的创新行为。

仅仅依靠金钱并不能满足人们对于晋升的渴望。根据我自己的经历,获得金钱只是晋升的一部分。所以,必须用情感上的刺激,诸如成就感等,来激励人们从晋升渺茫所造成的动力缺失中走出来。

坐在扶手椅中的战略家对未来十年情况的预期是有很大风险的。管理是一片有待开发的领域。但有一件事是肯定的:来自于对既定目标的追求所产生的激情,在杰出领导下将会产生无边的动力。

我认为,20世纪80年代那些出色的领导者带给公司的激情,将会激发更多的成功。成功取决于领导者个体,也取决于当时他所面临的环境。

第三章

第五节 解决劳动力老龄化问题

杰弗瑞·索奈菲尔德

去年四月,美国法律将法定退休年龄延长到了 70 岁,这一规定使得大多数公司感到无所适从,并且引发了对劳动力普遍老化的潜在恐惧。在过去的一年里,针对劳动力变化状况,管理专家和新闻记者各抒己见,给出了不同的观点和看法。

我们过去常听到关于"绿色美国"的预言,现在我们会经常谈论"灰色美国"所引发的诸多问题,因为我们的国家刚刚才意识到人口统计倾向、生活预期的提高和社会立法的改变所产生的综合影响。管理者被迫去预测存在于雇员的绩效和工作态度、绩效评估、退休动机、培训计划、职业生涯路径障碍、集体保险养老金以及共同行动目标等诸多棘手问题中的变化。

商业管理者一直是媒体中那些肤浅而矛盾的忠告的对象。最近一位任职于一家有影响力的纸业公司的主管向我抱怨道:"起先我们十分重视这些忠告。但是他们说的都是同样的东西,我们听到的只是发出火警的声音,但是却没有人告诉我们应当到哪儿去救火。"

对不同劳动力的需求掩盖了 20 世纪 80 年代的许多其他的问题,而这些问题是管理者和他们的组织必须面对并解决的。就像其他有组织的活动必须适应变化的环境一样,人力资源计划引起了在雇员招聘、开发、工作结构、激励机制以及绩效评估等诸多方面的检讨反思。因此管理者的注意力现在应当集中在中期和后期职业规划的专门的具体问题上。

除去了整个人口老龄化的影响就很难理解个体老化的过程。如果议会和卡特总统没有延长劳动者的工作年限,美国企业的管理者们现在还将面对麻烦的人力资源变动。

由于第二次世界大战后有 4 300 万人出生,现在中年人口数量激增,35 岁到 40 岁这一年龄段的人口将会增加 80%。到 2030 年,这一年龄段的人的平均年龄将是 65 岁,将使相应的人口比例由占全美人口的 12% 增加到 17%,人口总数将由 3 100 万增加到 5 200 万。[1]

一些劳动力分析人士指出即使是劳动部的数据统计也是保守的,因为医疗条件的改进使得死亡率下降的变化没有在预测中得到反映。今天,人的平均寿命大约为 73 岁,比 20 世纪 50 年代延长了约十年。

通过考察这种变化,我们可以看出在 62 岁到 64 岁之间提前退休的人口规模在 2000 年以前不会受到明显的影响。到 2000 年,与 1975 年的数据相比,这一人口群将会以每年 7.6% 的速度增长。2000 年到 2010 年人数将会增长 48%。可见,那些认为至少还有 22 年问题才会出现的观点是错误的。人口膨胀问题将会在达到提前退休的年龄之前出现在一些职业中。

我们应该停下来思考一下在接下来的十年里,人口膨胀问题是如何出现在"中年危机"时期的。这新增的压力将使得与这一年龄段的有限机会相关的劳动和非劳动问题变得更加严重。青年人口的下降导致了现在中等学校的不断合并,在不久的将来,它将改变公司招聘雇员的方式和个人能力间的平衡。

青年劳动力的减少将会导致许多初级职位的空缺。尽管已经有一些关于到 20 世纪 80 年代中期蓝领职业人员将会出现短缺的预测。[2] 因此用不了多久管理者们就必须要着手进行公司员工的统计工作。

前述关于延长法定退休年龄的立法,更加强调了近年来对工作绩效的重视。出乎这部法律的拥护者们意料的是,商业管理者们正面临着设法长期保留高级雇员的问题。

当然,这部法律作用的发挥还取决于年纪较大的劳动者如何利用继

第三章

续工作的机会。许多公司看到了提前退休的趋势,并且得出结论认为这种趋势将会抑制延长工作年限可能性的出现。55岁以上和60岁以上的人继续工作的比例正在下降。

一个商业研究组织国家工业研讨理事会的退休事务专家指出:"人们想要在他们还年轻和健康的时候退休,以使他们能够享受他们选择的生活。"[3]这一组织的另一位研究员指出,这些年轻的退休者们致力于接受教育、旅游和在自己身上进行高消费。[4]

通用公司的员工福利部门主管维克托·M. 津(Victor M. Zin)也认为:"在过去,离职是一种耻辱,但是现在它成为一种追求。以前退休者会觉得悲伤,但现在反而觉得快乐。提早退休反而成为了企业的压力。"[5]

然而,研究表明,这样一种趋势影响了工人工资、教育水平、工作条件和退休保障等状况。那些不满意的劳动者和那些有良好的养老保障的劳动者更倾向于选择提前退休。Sears, Roebuck,宝丽莱(Polaroid)以及一些引入了灵活退休机制的保险公司的实践表明,年龄在65岁以上的劳动者中,至少有50%选择继续工作。相反,未达到65岁的劳动者中,仅有7%会选择在65岁之后继续工作。

老年学家也不赞同提早退休。他们的理由包括老年美国人政治运动的增多,家庭看护病人平均年龄的提高,而哈里斯1974年一份关于65岁以上退休人员的调查报告表明,如果这些退休人员不是被迫离开工作岗位,他们将会继续工作。[6]一个相反的趋势将会更加明显:由于65岁将成为提早退休的年龄,劳动者将看到更多的工作机会。

中年职业者的考虑

随着中年职业者迅速成为劳动力群体的主要部分,以及老年劳动者的逐渐增加,管理者们不得不开始关注年龄与工作绩效之间的关系。

在年轻的劳动者成为稳定的"灰色劳动力"之前，年龄和工作绩效之间的关系较为明显。通过考察30岁到40岁的职业群体，我们发现工作绩效和工作激情都远不如从前，并且会伴有较频繁的人员流动。人在中年时期通常也具有较高的可动性。

将每10年作为一个阶段，通过对过去30年的纵向研究表明，尽管在某些行业就业困难越来越大，但30岁到40岁仍然是变动工作的高峰期。因为在诸如销售和服务等行业存在非常高的人员流动率，因此这种变动性在不同的职业领域会有所差异。

再次择业者通常为40多岁的人，他们发现在个人理想与现有成就和提升机会之间存在着差距。这种差距将随着发展机会的减少而更加明显，并且会导致对职业的沮丧心理。

职业的萧条

一份对1000多名中年管理者和专业人员的调查表明，有六分之五的被调查者表示在他们30多岁时感到失望和沮丧。工作绩效、情绪稳定和身体健康状况都受到了严重的影响。研究还发现，有六分之一的中年劳动者没有完全摆脱精神的痛苦，他们的奋斗激情逐渐泯灭，取而代之的是对身体健康和死亡的忧虑，斗志的消失使得他们降低了奋斗目标和个人预期。

心理学家埃里克·埃里克森首先对中年职业危机进行理论研究，并把它作为"生产和萧条"之间的冲突的特征表现。[7]中年劳动者认为生活不可能再有新的开始了。

老年学家伯妮斯·纽加滕（Bernice Neugarten）在他对中老年时代的最新研究中指出：

"生命的计算已经不再是从出生到现在有多少时间，而是还能够活多少时间。不仅生命的计算标准发生了转变，而其对于时间有限性的认

第三章

识也是中年人的一个显著特征。因此,'你会听到许多幼稚的关于死亡的谈论——这些都是你在这个年龄发生的变化。年轻人从来不会考虑这些'。'只剩下有限的时间了'成为人们经常谈论的话题。这些事情不会在你20多岁的时候被谈及,因为那时你会认为未来的生活全部属于你。"[8]

哈佛精神病医师乔治·E. 瓦利恩特(George E. Vaillant)将这一时期比喻为青春期的压力和对权威的反叛。他最初的临床研究是针对40多岁成年人的生活,并且对成年人的发展进行了深入的、有价值的分析。瓦利恩特认为,到了40岁,人们开始"将30多岁时订立的奋斗目标放在一边,重新感到迷茫和不确定。但是,这段过渡期通常会使生活发生一些变化,并为人自身以及人与人之间的需要提供新的解决途径"。[9]

针对他的关于人们中年时期的发展变化的临床研究,耶鲁大学的心理学家丹尼尔·莱文森持不同看法,"这并非是青春期的延伸,而是成年人生活中具有高塑性的发展的独立阶段"。他指出,尽管平稳的过渡期是可能的,但大多数人都会经历一个混乱无序的过渡期。从前的生活结构(例如职业、婚姻生活)突然变得不合适,必须作出新的选择。

根据莱文森的说法,"如果作出的选择和他的梦想、价值观、才能相符合,那么他会拥有一个令人满意的生活结构。如果选择不佳,新的生活结构就会存在严重的缺陷,在接下来的生活里他将付出惨重的代价"。[10]

不管导致这种紧张时期出现的原因是什么,社会中的一些实践表明这一时期人们的表现是会传染的:

首先,那些处于职业生涯中期的人们在接下来的10年里将会接受更进一步的教育并且会有更远大的抱负。到1980年,将会有四分之一的劳动者取得大学文凭。

其次,职业发展模式表明在狭窄的职业体系中发展机会将会越来越少。劳动统计局所作出的到1985年的未来需求的不乐观预测更加说明了这一点。专业职位仍然稀缺,但是20世纪60年代导致许多年轻人去接受专业教育成为工程师、科学家、教师等的大量需求已经成为历史。办公人员、销售人员、服务人员和操作人员将会有大量需求。

再次,战后人口的激增说明对现有机会的激烈竞争。这种竞争是由于人们都涌向相同的职业而不是进行合理的职业分配。

最后,关于调整法定退休年龄的最新立法也进一步限制了发展的机会。

公司必须对不可避免的中年职业萧条有所准备。也有个人或组织发出社会欺骗了他们的抱怨。在付出了多年宝贵的时间进行深造学习后,毕业生们发现他们进入了一个萧条的劳动力市场。在许多情况下,对于不同的劳动力需求者而言,学位已经成了不必要的负担。

许多研究表明了日趋增长的职业自我满意度预期的危险性。角色冲突导致了恶劣的身体状况、精神失调等。

一些社会分析学者指出,意大利和欧洲其他国家的恐怖主义分子的无政府主义倾向表明了对社会秩序的背离的愤怒。这个国家过去十年里,火烧学校大楼的事件在接下来的十年里还会发生,以此来表明他们对有限的机会的失望和发泄他们的失败感。

过时的认识

经营者所担心的一点是他们无法解雇老年劳动者。最初反应是想办法"除去多余的朽木"。养老金的诱惑、吝啬的对待、更加苛刻的绩效评估和其他能够解雇年老的不合用的劳动者的方法被设计出来。

谁应该是这些设计的目标?专栏作家威廉·L.萨菲尔(William L. Safire)道出了将年龄和工作绩效相联系的经营者的顾虑:

第三章

"……老年劳动者年龄逐渐增长并且生产能力逐渐下降,他们应该退休以便公司能够得到更好的管理和运作。我们应当尊重老年劳动者,但不是把他们当作青年人来对待。如果政治家们恣意创设权力导致生产力的下降,那么他们就侵犯了消费者以最低成本获得商品的权利……"[11]

职业后期

弄清楚年龄与衰老、无能和劳动力价值丧失是否有必然联系非常重要。65岁成为 New Deal 强制退休的年龄是种武断的做法,他们效仿了19世纪德国的俾斯麦的社会福利体系。

当然,我们仍然能够在现代社会的重大贡献者中找到老年人的身影。他们在包括艺术、工业、科学和政府管理等各个领域作出了巨大贡献,并且他们会继续发挥作用和创造价值。

与年龄有关的变化

心理上的转变是人进入老年的最明显的变化,但是心理变化程度却在个体间存在较大差异。尚无法证实哪些变化是由年龄导致的,哪些变化应当归因于生活方式。但是研究者指出,50岁以后生活方式的影响小于年龄本身的影响。

与年龄相关的变化之一就是生理器官的变化,尤其是视力,免疫力的下降将会导致心血管和肾的疾病,以及风湿性关节炎等老年病。65岁以上的劳动者中有85%的人患有无突发性症状的慢性疾病。60岁到64岁的劳动者中有75%的人患有不同的疾病,但这些疾病都能在现代医疗环境下得到有效控制。这些疾病的主要影响是使人丧失斗志和活动力。

日益增加的"神经噪音"和大脑随机反应阻碍了大脑对神经信号作

出及时反映,从而延长了反应时间。这导致了行动速度的缓慢和低级错误的增加,为了避免错误,行动前需要更多的时间进行准确的判断。一个关于识别能力的研究表明,老年人在作出决定时会有更多的顾虑。老年人不太会使用记忆的技巧来联系相似的概念。他们要有75%的把握后才会采取行动,相比之下年轻人就更易于去冒险。[12]

在不受时间压力的时候,老年人的工作绩效和年轻人没什么区别。在自我调节的学习和考试中,不考虑速度和准确率的因素,结果是老年人的表现更好。

由于反应力下降导致记忆力衰退,学习也会受到阻碍。老年人学习中的困难主要在获得和回想阶段,而不是在保持阶段。这与记忆过程的两个阶段(初期的介绍阶段和后来的保持阶段)有关。就是说,由于神经噪音的影响,老年人很难运用短期记忆储存信息并进行长期记忆,这也是老年人在回想过程中遇到的困难。

但是,一旦对信息进行了长期记忆,它就能获得保持。这个信息的输入和输出过程会受到时间间隔的阻碍。识别是老年劳动者的最大困难,它与解决问题、做出决定和学习能力紧密相关。运用适当的精神方法进行训练可以克服短期记忆中的许多障碍。

同样的,智力测试在设计上就是带有年龄偏见的,因为它注重速度与准确率之间的关系。在最近的研究中,研究者试图避免这种偏见,他们发现问题的解决、计算能力和语言理解力是不受年龄影响的。发现并应用基本原理解决问题的能力更多地与个体的灵活性和受教育程度有关。

工作态度

对美国劳动者工作的所有部门进行的研究发现,年龄和工作的满意度之间具有积极的联系,但是很明显不考虑具体的工作经历而单纯考虑

第三章

工作满意度对个体来说并无意义。[13]公司必须认真思考他们所检验的满意度的类型,并且考察生产率较高的和生产率较低的劳动者在不同年龄段的变化。也许公司的奖励激励机制仅仅能够留住那些低生产率的老年劳动者,而不是高生产率的老年劳动者。

同样地,如果出色的劳动者注重的是个人的发展空间和事业成功,而不是金钱,那么采用金钱激励机制而不提供各种工作机会就是一个最大的错误。支配力和成就感与工作满意度紧密相关。这样,对控制力和成就感的满足就会更加重要。

对于老年劳动者来说,工作结构和社会关系网络的突然改变是很可怕的事情。他们的社会地位很大程度上取决于他们在工作中的贡献。工作代表了友谊、习惯、价值感和身份。老化和工作变动是老年劳动者最恐惧的事情。

工作绩效

通过研究不同年龄段的劳动者的工作绩效,我们发现了在绩效评估中所固有的偏见。我们也对不同的个体进行了研究。老年人间的差异也可能用来解释老年和青年劳动者间的不同。换句话说,虽然从事相同的工作,老年劳动者在技能、兴趣等方面也会有所不同。

首先看一下管理人员,我们会发现随着年龄的增长他们会更加谨慎小心。维克托·H.弗鲁(Victor H. Vroom)、伯恩·帕尔(Bernd Pahl)发现了年龄和风险之间的关系,以及年龄和对风险的评价之间的关系。[14]他们用选择题形式的调查问卷研究了来自200个公司的1484名年龄在22岁到58岁之间的管理人员,结果表明,相比之下年龄大的管理者不愿意轻易冒险,并且一般对风险的评价较低。

这些发现得到了另一个对管理信息搜集和决策作出中的关键性因素的研究的支持;79位年龄在23岁到57岁之间(平均年龄40岁)的一

线管理者回答了决策激励调查问卷。[15]在除去了从前决策经历的影响的情况下,年龄较大的管理者需要更多的时间来做出决策。

但是,年龄较大的管理者能够更好地判断新信息的价值。研究同样表明了他们对风险的犹豫,以及对自己所做决定的不确定。

另一个关于工作导向群体的研究也表明老年人试图选择可靠的工作来降低风险。[16]而年轻人则更喜欢在企业内部调换岗位以及更好地利用别人的经验,相比之下年轻人更具有灵活性和容忍性。

对于专业人士的研究主要集中在科学家和工程师身上。也许因为他们的工作成果更具有可比性(例如出版物、专利)。研究发现因为年龄的作用,会有两个创新的峰期。在改进实验和研究实验中都会出现两个出成果的高峰期,他们之间相差大约10年。研究实验的第一个高峰出现在40岁时,第二个高峰大约会在50岁时。在改进实验中,第一个高峰出现在45岁到50岁之间,第二个高峰大约出现在55岁到60岁间。[17]这些都是对被测者的职业生涯进行纵向研究的。

在治学和艺术领域,第一个高峰期大约在40岁,而第二个高峰期大约在50多岁。在生产力方面,我们可以清楚地看到创新能力在21岁到50岁之间随着年龄的增长是逐渐提高的。[18]年轻的学者和科学家想要在其研究领域等到大家的公认是更加困难的事情。

年龄大的人同样能够胜任销售工作,并能够保持良好的工作状态。保险公司、汽车销售商、大型商场的报告表明年龄是一笔资本,对工作绩效具有重要意义。

对加拿大的两家大型商场的销售员的调查表明,工作绩效会随着年龄和阅历的增加而得到改进,事实上销售人员的最佳状态出现在55岁左右。[19]但是在一些诸如高科技公司中,员工的积极性会随着工作年限的增加而降低。这些新出现的企业将销售当作管理工作的入门职位。那些工作了十多年的雇员会对他们想获得提升的目标感到受挫。

第三章

年龄对手工工人的影响是相当小的。在一些研究中,劳动者的工作绩效直到 50 岁都很平稳,在 30 多岁时会出现不明显的高峰。与最佳状态相比,50 多岁时生产能力的下降不会超过 10%。出勤率不会受到严重的影响,流动率(中止、解雇)在 25 岁以下很高,在 45 岁以上很低。[20]

这些发现并不仅仅表明老年劳动者具有较高的信赖度,在某种程度上它也说明了继续留在工作岗位上的劳动者是最出色的。这种对才能的判断并不能应用到所有的工业领域。工厂中的工人会随着年龄的增加而逐渐离开工作岗位,在重工业和建筑业中,旷工率会随着劳动者年龄的增加而增加。这可能是工作需要和体力不搭配而造成的结果。

与年龄的差异相比,在同一年龄段的手工劳动者在工作表现方面会表现出更大的差异性,这表明个体差异比年龄差异更重要。在个体的基础上而不是在其年龄的基础上进行潜力判断在研究中已经得到了普遍的承认。

同一年龄段劳动者间的明显的差异性在办公人员的身上也得到了同样的体现。一份对 6 000 名任职于政府和私人企业的办公人员的调查表明,年龄并不是造成差异的最重要因素。老年劳动者具有更加稳定的工作表现,并且做事一样很准确。研究者发现那些年龄较大的办公人员,无论男性或女性,都具有与其他人一样的出勤率,并且有较低的流动率。[21]

公司的经验

许多权威报告指出在许多没有采用法定退休政策的公司中出色的劳动者可以一直工作到 70 岁甚至 80 岁。例如,Globe Dyeworks 在费城的总裁托马斯·格林伍德(Thomas Greenwood)仍然保留着从他祖父时期就在公司工作的雇员,他认为:"只要一个人能够生产,他就可以继续工作。"[22] General Foods 下属的一家小公司 Ferle. Inc 的员工的平均年龄是71岁,它的87岁的总裁认为:"年龄越大的人越稳健,并且更加熟悉工作规则。"[23]纽约梅西百货的销售员从来不用遵守法定退休规定,并没有因为年龄的增长而影响他们的工作绩效。

Banker's Life and Casualty Company 自豪地指出,他们具有开放的雇用制度,以及允许优秀的管理者、办公人员、秘书一直工作到60、70甚至80岁。在Banker's Life总部工作的3500名员工中,有3.5%的人超过了65岁,他们中的一些人是一直在Banker's Life工作的,其他人是从别的公司退休后才加入的。公司认为年龄较大的劳动者具有更加智慧的头脑,对公司更有帮助,而且更加忠于职守。对Banker's Life和Casualty Company的旷工率统计表明,65岁以上的员工具有非常好的出勤记录。

近年来,许多大公司采用灵活的退休计划,收到了令人满意的效果。美国钢铁公司已经允许超过153 000的非办公人员在保持令人满意的工作状态和通过身体检查的条件下继续工作。

宝丽莱公司发现,那些选择在65岁之后继续工作的人都是具有出色工作绩效的劳动者,乔·帕金斯(Joe Perkins)解释道:"如果你喜欢工作,那么通常你会成为一名出色的劳动者。"他补充道,出勤率就是很好的证明,年龄较大的劳动者"经常会自责由于三天前的感冒而耽误了一天的工作。当人们渴望工作时,也会产生良好的社会效应。"在宝丽莱,没有人会被强迫更换工作,除非他自己提出这样的要求。即使在需要重体力劳动的工作中年龄较大的劳动者也能保持良好的工作状态。

工作绩效评估

通常上面提到的公司不会解雇这些继续工作的年龄较大的劳动者,即使他们的工作绩效不佳。没有人能够保证员工们始终保持最佳的工作状态,并在他们不能胜任工作时立即离开。即使公司和员工想要继续

第三章

保持它们之间的关系,将公司的工作机会与员工的技能进行完美的结合也不是都能实现的。

这需要对年龄较大的劳动者的生产能力进行识别,而利用现有的绩效考评方法进行这种识别是很困难的事情。这个识别过程必须客观、持续,并且建立在统一的公正的基础之上。当纳利公司(R. R. Donnelley & Sons Company)的副总裁阿瑟·C. 普林斯(Arthur C. Prine)最近指出:"一旦你开始进行选择,那么必然会伤害许多人,尤其是当他们十分敏感时。我非常害怕把某人叫来并对他说:'你已经工作了 45 年,并完成了出色的工作,但是现在你必须退休了。'"[24]

如果劳动者的生产能力降低,雇主应当尽早决定是否解雇,以免产生年龄偏见。大都会财险公司(Metropolitan Life)的总裁理查德·R. 希恩(Richard R. Shinn)指出:"如果某个人不再适应公司的工作,那么雇主应将尽早做出是否解雇的决定。"[25]

在工作绩效评估中,对未来工作绩效的预期是一个重要的标准。即使是用正规的传统标准进行评估也无法消除对年龄的偏见或者避免在评估过程中的主观因素。

这种偏见在最近的对管理者的调查中得到了体现。一份 1977 年对 HBR 读者的调查问卷说明"对年龄的偏见对管理者的决策具有明显的影响"。[26] HBR 读者认为,年龄较大的劳动者更加顽固并且缺乏适应性,因此建议将他们解雇,而不是帮助他们克服困难。赞同者倾向于保留年龄较大的劳动者,但拒绝向他们提供深造的机会,并且不再给予他们与其他年轻劳动者同样的晋升机会。

这种偏见的问题很大程度上在于许多公司认为员工的潜力是个人评估中的重要因素。正如前面所提到的,年龄并不是衡量员工潜力的有效标准,而且这种做法现在是违反雇用歧视法案的。诚然年龄会导致一定程度的差异,但是到目前为止并没有明显的证据表明年龄会对能力产生重要影响。个体之间存在着显著的差异性,有效的衡量标准必须能够识别其中的差异性。

最有名的功能性标准之一是 GULHEMP 系统,它是由 DeHaviland 航空器厂的物理学家利昂·F.科伊尔(Leon F. Koyl)设计的。[27]这个系统由两部分组成,第一个是生理—精神模块,第二个是工作—需求模块。劳动者需要接受以下七个方面的检测:身体形态、上肢、下肢、听力、视力、精神特征和个性。这些独立的因素将被排列在一张图表上,并与工作—需求的那张图表进行比较。受测者将被检测出最适合他的工作是什么。虽然已经试验成功,但是这项联邦政府支持的项目并没有得到政府财政的重视。因此这项计划最终被中止了。

但是,功能性测评并不是对工作绩效评估中问题的回答。它提供了一种可以计量的专业标准,它的作用在于评估体力劳动者的潜力。工作绩效评估中最敏感的部分是对一些不确定因素的评价。

对"精神能力"和"个性影响"的考核是 GULHEMP 系统中最薄弱的环节,也是工作绩效评估中最敏感的部分,事实上是白领工作和管理工作中唯一相关的因素。一些咨询公司已经对良好工作绩效的重要因素进行了分析,认为包括公司的人事状况、建立合理的公司雇用制度和开发计划。

管理者能做什么

公司将如何处理在本文开始时提到的纸业公司的高管所遇到的困惑?到哪里去灭火?了解一种社会倾向比想出适应这种倾向的办法要容易得多。很明显美国的劳动力已经步入老龄化。年龄较大的劳动者会变得更加谨慎小心,具有更强烈的沮丧感,并在不同程度上会表现出老龄化特征。

然而公司不能听之任之。在这部分我们将讨论管理者在应对公司

第三章

内部变化了的环境时所应优先考虑的六个方面:

1. 年龄构成

事实证明年龄与工作绩效并没有必然的联系。相反,管理者应当关注公司中不同工作岗位上员工的年龄构成,并结合工作绩效标准,来考察哪些职位今后可以完全开放,不受年龄的限制,以及对于不同的工作岗位,过去的工作绩效标准能够说明什么。

2. 工作绩效的标准

公司应该十分明确不同的工作岗位所需要的技能的类型。对公司中各个岗位的明确界定是恰当的人员选择、合理的工作设计和避免年龄歧视的前提。例如,工作可以被设计成自由型的、可以是需要定期更新的,或者是需要一定体力条件的。

许多公司看中的是不同的工作岗位所需要的技能,在他们的员工中有高级管理者也有延长聘用时间的劳动者,甚至是具有一定经验和判断力的已经退休的人员。例如 Banker's Life and Casualty 公司的总裁罗伯特·P.尤因(Robert P. Ewing)讲道:"我们的公司为每个工作岗位订立了绩效标准,这些标准就是雇用的标准。年龄并不重要,能够胜任工作才最重要。"

这种方法需要对所需要的工作能力进行认真地评估,包括特征、动机、知识和技能等。一旦这些信息被确认为符合公司的发展规划,将来的人力资源需求就能够得到准确的预测。同时可以预知已经落后的工作职位,并可以提前对职员进行再培训。必要的工作经验不能立即获得,开发计划应当与公司的人力资源需求相互协调。

3. 工作绩效评估

与改进的工作岗位的分析相一致,公司也必须改进对个人的绩效评估。评估方式和管理者的态度都反映了年龄偏见。管理开发计划应该意识到改变这种偏见的重要。Banker's Life 和宝丽莱都成立了专门的部门来审核对年龄较大的劳动者的评估,来纠正其中不公正的地方。这些部门还对在工作中受到年龄歧视的员工提供帮助。

公司必须对现在的劳动力状况进行全面的了解以制定有效的人力资源计划。如果不知道员工在现阶段的优缺点,公司就不能正确地调整其开发、选择和培训计划。此外,员工安置上的矛盾和报酬程序都要求可靠的决定标准。

4. 劳动力兴趣调查

一旦管理层清楚地了解了公司的人力资源需求,以及公司员工所拥有的基本技能,接下来就应当考虑现在员工需要什么。如果管理层决定有选择地鼓励某些类型的员工继续为公司工作,而调动其他类型的员工,那么接下来就该考虑不同的激励机制对不同的人群会产生什么样的影响。

另外,管理层必须清楚员工的需求和价值取向,以便预测和防止士气低落。了解劳动力的意愿可以减少事业停滞期带来的不利影响。例如公司可以对那些频繁更换工作但都不成功的职员进行个别辅导,或者可以考虑改变企业文化的传播方式等与竞争力和士气有关的方面。

5. 教育和辅导

管理层应该会发现员工在结束了现在的工作后同样会面临选择生活方向的问题。关于退休和再就业的辅导已经被广泛地应用来帮助员工在离职后重新进行自我定位。

IBM现在向员工提供了针对他们的各种兴趣的课程,员工可以在退休前三年和退休后参加。课程的内容不一定与工作有关,许多员工参加课程是准备再就业(学习新的技能、专业和初级的商业管理知识)。

辅导也有助于继续工作的员工及时发现自身的问题。每个公司必须准备避免事业停滞的职业规划以及防止落伍的培训计划。教育计划必须符合年龄较大的劳动者的特殊学习需要。例如自我调节的学习方法

第三章

是很有效率的。年龄较大的劳动者可以学会新的技能,但他们需要不同的教授方法。

6. 工作结构

对工作的基本要求和员工的能力爱好有较好的了解能够及时地对工作进行重构。但是在重构工作开始前,管理层必须清楚公司的中心工作任务是什么,以及公司需要哪些类型的转变。对传统的工作模式进行改变必须考虑到劳动力的状况。一些组织的领导者表示应该限制兼职人员的数量,以免削弱了全职职员的力量。管理层也想了解如何更好地管理兼职职员。一些兼职人员发现他们在小公司中根本不受重视。

管理层可以采取更大的灵活性而不是硬性改变诸如工作节奏、工作时间的条件、出勤率以及工作上的挑战等方面。由于老年劳动者较为严格的报酬体系,他们的工作满意度将主要取决于现有工作的内在因素。

美国的劳动力正在老化,但是美国的公司不会因此而一蹶不振。老年劳动者仍然能够提供有价值的生产力,但是需要公司制订一种政策来确保人力资源能够继续得到有效的利用。公司必须谨慎地改变劳动力需求并且灵活地适应这种需求。

参考文献:

1. U. S. Bureau of the Census, "Current Population Reports," Series P-25, No. 61, "*Projections of the Population of the United States, 1975 to 2050*" (Washington, D.C.: U.S. Government Printing Office, 1975).

2. Neal H. Rosenthal, "The United States Economy in 1985: Projected Changes in Occupations," *Monthly Labor Review*, December 1973, p.18.

3. Jerry Flint, "Early Retirement Is Growing in U.S.," *New York*

Times, July 10, 1977.

4. Jerry Flint, "Businessmen Fear Problems from Later Age for Retirement," *New York Times*, October 2, 1977.

5. 同上。

6. "The Graying of America," *Newsweek*, February 28, 1977, p.50.

7. Erik Erikson, *Childhood and Society* (New York: Norton, 1963).

8. Bernice Neugarten, *Middle Age and Aging* (Chicago: University of Chicago Press, 1968), p.97.

9. George E. Vaillant, *Adaptation to Life* (Boston: Little, Brown, 1977), p.193.

10. Daniel J. Levinson, "The Mid-Life Transition: A Period in Adult Psychosocial Development," *Psychiatry*, 40, 1977, p.104.

11. William L. Safire, "The Codgerdoggle," *New York Times*: September 3, 1977, p.29.

12. 作为认知能力研究的一个例子,请参阅 A.T. Welford, "Thirty Years of Psychological Research on Age and Work," *Journal of Occupational Psychology*, 49, 1976, p.129。

13. 比如,可参见 John W. Hunt and Peter N. Saul, "The Relationship of Age, Tenure, and Job Satisfaction in Males and Females," *Academy of Management Journal*, 20, 1975, p.690;也见于 Bonnie Carroll, "Job Satisfaction," *Industrial Gerontology*, 4, Winter 1970。

14. Victor H. Vroom and Bernd Pahl, "Age and Risk Taking Among Managers," *Journal of Applied Psychology*, 12, 1971, p.22.

15. Ronald N. Taylor, "Age and Experience as Determinants of Managerial Information Processing and Decision Making Performance," *Academy of Management Journal*, 18, 1975, p.602.

16. Ross A. Webber, "The Relation of Group Performance to Age of Members in Homogeneous Groups," *Academy of Management Journal*, 17, 1974, p.570.

17. Ronald C. Pelz, "The Creative Years in Research Environments," Industrial and Electrical Engineering, Transaction of the Professional Technical Group on Engineering Management, 1964, EM-11, p.23,请参考 L. W. Porter, *Summary of the Literature on Personnel Obsolescence*, " Conference on Personnel Obsolescence, Dallas, Stanford Research Insitute and Texas Instruments, June 21-23, 1966。

18. Wayne Dennis, "Creative Productivity Between the Ages of 20 and 80 Years," *Journal of Gerontology*, 21, 1966, p.1。

19. "*Age and Performance in Retail Trades*," Ottawa, Canadian Department of Labor, 1959,请参考 Carol H. Kelleher and Daniel A. Quirk, "Age Functional Capacity and Work: An Annotated Bibliography," *Industrial Gerontology*, 19, 1973, p.80。

20. U.S. Department of Labor, *The Older American Worker*, Report to the Secretary of Labor, title 5,参见 715 of the Civil Rights Act of 1964 (Washington, D.C.: U.S. Government Printing Office, June 1965)。

21. 比如,可参见 U.S. Department of Labor, Bureau of Labor Statistics, *Comparative Job Performance by Age: Office Workers*, Bulletin No. 1273 (Washington, D.C.: U.S. Government Printing Office, 1960);以及 U.S. Department of Labor, Bureau of Labor Statistics, *Comparative Performance by Age: Large Plants in the Men's Footwear and Household Furniture Industries*, Bulletin No. 1223 (Washington, D.C.: U.S. Government Printing Office, 1957)。

22. J.L. Moore, "Unretiring Workers, to These Employees, The Boss is a Kid," *Wall Street Journal*, December 7, 1977.

23. S. Terry Atlas and Michael Rees, "Old Folks at Work" *NewsWeek*, September 26, 1977, p.64.

24. Irwin Ross, "Retirement at Seventy a New Trauma for Management," *Fortune*, May 8, 1978, p.108.

25. 同上。

26. Benson Rosen and Thomas H. Jerdee, "Too Old or Not Too Old," HBR November-December 1977, p.105.

27. Leon F. Koyl and Pamela M. Hanson, *Age, Physical Ability and Work Potential* (New York: National Council on the Aging, 1969).

第三章

第六节　如何使被淘汰的管理者重新开始

巴兹尔·罗伯特·卡迪

曾几何时,只有办公室行政人员和蓝领工人才会成为商业环境恶化和财政危机的牺牲品。高级管理人员和实验室中的专家们永远都是安全的。但是这种日子已经结束了。现在管理人员和专业人士被解雇已经是很平常的事情了。但是与办公室行政人员和蓝领工人不同的是,管理人员和专业人士对于他们的失业通常没有任何心理准备,首先,他们所在的安全职位使得他们无法预期自己将会被解雇;其次,他们通常没有慎重地考虑过自己的职业生涯。

虽然大量的高级雇员被解雇是出于利益的考虑或其他财政上的危机,但是危机本身并不能导致特定个体被解雇。他们的失业或多或少是由于他们进入了职业的萧条期,或者他们的管理技能已经落后了。当裁员风暴到来时,他们就会成为目标。

过去,公司通常用两种方法来处理那些不再对公司发展有所贡献的职员。第一种方法比较温和:没有人提及发生了什么,但是每个人心里都知道发生了什么。比如,某个人发现他的工作减少了,他的名字从工作安排中被除去,也不再需要参加任何会议了;第二种方法就是直截了当地告诉他被解雇了。对于那些能够接受的人来说,这种方法从长远来说更好,因为它可以使职员对其在公司中的位置不再抱以任何幻想。但是对于那些不能接受的人来说,这种直率的做法将会导致严重的甚至是致命的身体上或精神上的损害。

在这篇文章中,我将介绍一种不同于以往的、解决管理者过剩问题的方法。这种方法首次被应用在我的公司中时,由于无法扭转的商业困境,有超过200人的专业人士和管理人员将不得不被解雇。首先我将探讨一下如何确定被解雇的对象,以及对公司裁员责任分担的必要性;接下来我将描述一下我的公司采用的这种新的、建设性的裁员方法的具体过程;最后我将为其他公司进行最小化损失裁员以避免痛苦的不安提出几点建议。

达成一致的危机

Alcan 是加拿大铝业公司(Alcan Aluminum Ltd.)的简称,同时代表了它众多的子公司和整个 Alcan 集团。在这里我们所研究的是蒙特利尔总公司及其最大的一个子公司——加拿大铝业公司在蒙特利尔的办事处。1971 年底,由于长期经营不善,Alcan 高层决定至少解雇 200 名就职于总部的雇员。在考虑如何解决这一问题时,公司高层决定放弃解决裁员问题的两种传统做法。那两种方法都是以职员是唯一需要对他们失业负责的人,而 Alcan 公司认为对于裁员,公司、老板、组织文化和职工都是有责任的。

许多年来,Alcan 为他的员工提供了稳定安全的职业生涯;似乎失业已经成为同最初找工作同样困难的事情了。这种态度自然导致了一种公司没有理由解雇职工的安逸心理。

Alcan 认为,公司中存在的另一个导致职员绩效不佳的因素是老板和下属间缺少必要的沟通。许多员工已经有 15 甚至 20 年没有接受正式的绩效检查或评估。当然公司中也是存在一些评估的,但是这些评估做完后往往被搁置在一旁,没有将相关信息及时反馈给有关人员。更何况许多评估的进行都是很不正规的,许多职员根本没听说过或者根本不理解评估的内容。因此,许多雇员根本不了解公司或者老板对他们的看法。因此也就可以理解为什么他们通常对自己的工作绩效很满意。

另外,社会环境中的因素也导致了工作绩效和工资奖金间的不公平。一个公司的高级管理者通常成为社会的精英。这一身份的取得并

第三章

不是基于工作绩效,而是根据他们作为管理者的意识、活动和对"正确的事情"的参与等。很明显在选拔职员时,许多与才能无关的因素被考虑进去了。

最后,许多管理者要对自身的困境负责,他们有的根本没有进行过认真谨慎的职业规划。通常,他们在大学时会作出一些随意的无方向的决定,并在今后的择业过程中遵循这一模式。一旦在 Alcan 开始工作,他们就不再思考未来的工作了。他们认为无论做得对或错,公司都会安排和照顾他们的。大多数时候他们在他们的职业生涯中获得了可观的年薪增长,并因此认为他们工作得很出色。

如果这些人曾经进行了有效的职业规划,他们就会要求对他们的工作绩效进行及时的反馈。遗憾的是,所提及的大多数管理者们都生活在一个人们不去怀疑和挑战权威的时代。

因此,我们所解雇的大多数雇员是行政、管理和专业人员,并且主要为 40 岁到 60 岁的人。严格地说,他们中的许多人并非没有能力,而是他们自己和他们的上级没有认识到他们的才能。即使是他们(或其老板)最终决定应该改变工作,把他们分配到公司中的其他部门也是很困难的。其他部门的管理者大都不愿意给不适应环境的人提供机会,即使他们已经掌握了一系列新的技能。

不管事情是如何发生的或者谁应当对此负责,Alcan 确实出现了问题。它需要一个积极的、对社会负责的计划来帮助这 200 个中年雇员到公司外寻求新的职业。

职业的误区

由于传统的处理冗余雇员的方法都无法适用,因此需要成立一个专门的机构帮助雇主和雇员更好地解决裁员问题。这个单位由一个从职工中选出的执行经理、两个外部顾问和一个职工心理医生(我)组成。

执行经理是这个机构的核心。因为他是在解雇谈话后第一个与职工接触的人,这个计划的成功很大程度上取决于他的技能。他是一个关键性的人物,因为他在公司中具有良好的口碑,他不仅是一名管理者,而且他的年龄、工作年限以及在公司中的地位与那些将要被解雇的人员都很相近。

那些专门从事人事工作的人往往不能很好地完成这项工作,为了保证公司的利益,他们往往照章办事。这项工作需要很强的灵活性、理解力和判断力。他必须既能够掌握工作原则又富有同情心,他必须对这个特殊的组织有充分的了解。尽管专门的人事人员也会很有同情心,但是我们发现这并不能很好地帮助那些刚刚被解雇的职员。过分的同情和诸如"我会尽量在公司中为你做些什么"的话语都会使职员产生能够扭转被解雇局面的幻想。

由于这个机构是独立于日常管理工作的,他能够有充分的时间与雇员接触,因此比雇员的上级更加了解雇员的特殊需要。但是需要说明的是完成这项系统工作的重要因素之一是公司管理层的全力支持,包括物质上和精神上的。没有这些,这项计划注定会失败。

工作流程

事实上这个解雇的过程是围绕这一系列步骤展开的,通常需要四个月的时间完成。

这个计划始于职员的上级认识到该职员是多余的,换句话说,在他管理的部门中已经没有适合该雇员的岗位了。接下来人事部门需要在公司的其他部门中为该雇员寻找合适的岗位。如果仍然没有合适的职位,那么该雇员就会被认为对于整个公司是多余的。

紧接着管理者将会与专门的部门商谈有关财务和其他相关问题。所有的有关停止工作的时间、财务解决、养老金、人身保险、医疗保险等相关问题都会被详细地写入解雇信中,并由雇主在解雇谈话中交给被辞

第三章

退人员。这封信的作用在于:(1)建议该职员与公司的相关部门和人员取得联系以明确解雇后的相关细节;(2)列出专门机构组成人员的姓名和电话;(3)建议该雇员尽快与专门机构取得联系。

在解雇谈话之前,该机构需要向医生核实该雇员的医疗记录,来判断解雇是否会使其旧病复发。如果记录中显示解雇会对该雇员造成意想不到的伤害,那么管理者(进行最初解雇谈话的人)、一名专门机构成员、一位医生将会进行一次会议来研究恰当的解雇谈话方案。这对于管理者和将要被解雇的雇员都非常重要。解雇和被解雇都不容易。管理者需要事先演练,必要时还要写下会谈中需要说的话。如果存在医疗问题,还需要安排雇员在谈话后立即到医疗中心。

如果存在严重的生理上或心理上的问题,进行解雇谈话的管理者通常还需要为该雇员向专门机构预约,而不需要等到该雇员与专门机构进行第一次接触。而这个会面通常被安排在谈话的同一天进行,或者最迟在第二天上午。一周中应该尽早通知被解雇的雇员,以便专门机构可以在周末以前着手帮助他,因为周六周日坐在家里孤立无援是件非常痛苦的事情。

生产工人

对于这一点我认为有必要谈及一位被 Alcan 解雇的雇员的经历,同时,包括一些在终止流程中他和专门机构人员间的有关谈话内容。

彼得·马丁(Peter Martin)是一位 54 岁的电气工程师,在公司工作了 28 年。他逐渐被提拔到现在的位置——从能源操作室的初级工程师到助理指挥再到我们下属的一家冶炼厂的电气维护的负责人,最后电线和电缆销售服务代表。彼得是在决定解散该部门时被认为多余的。当时他的年薪是 24 000 美元。他有四个孩子,其中一个孩子和他与妻子生活在一起,另外两个孩子在其他城市上大学,他的女儿已经结婚了。

解雇谈话后,彼得感到很震惊。他马上与我们的执行经理见面,并且表示:"我无法理解公司怎么会这样对待一个为它努力工作了 28 年的职员。我知道有很多能力不如我的人仍然可以在这儿继续工作,因为有人特别关照他们,并为他们安排工作。为什么你们不能也为我找些事情做呢?"我们的执行经理向他解释道,不管他如何认为,公司已经尽力为他寻找了可能适合他的职位。解雇谈话本身就意味着在公司中没有适合他的职位。

图 1 终止流程的步骤和时间

多余雇员的识别	非正式——在解雇前的 3 到 6 个月
内部寻找替代工作	解雇前的 1 个月
管理者与专门机构的首次讨论,准备解雇信	解雇前 1 到 2 周
核实雇员的医疗记录	解雇前的 1 周
培训解雇谈话的进行者	解雇前的 1 到 2 天
解雇谈话	只能在周一到周四进行,并且在上午——不能在放假前进行
解雇员工与专门机构的执行经理会面	解雇谈话后立即进行
咨询并对外界重新定位	解雇谈话的同一天,持续一周,定期谈话方式
与外部顾问和职工心理医生的初次会见	解雇后的 3 天
可能与公司的医生见面	解雇后的 3 天
开始心理评估	解雇后的 1 周
重新定向岗位	解雇后的 1 周
与顾问共同完成简历	解雇后的 10 天
向职工福利部门咨询意见,了解有关解雇的政策	解雇后的 10 天
发出简历和第一次工作面试	通常 3 到 4 周
与专门机构的执行经理和职工心理医生谈话	持续 2 到 3 周直到职员逐渐恢复自信心
反馈会议——讨论和评估的结果	解雇后的 2 周
应聘面试的时间	通常 3 到 4 个月
找到新的工作	通常 4 个月后

第三章

执行经理需要向解雇人员强调并使其认识到其与公司间主要的雇用关系已经结束。他应当建议该职员立刻采取行动,不要把时间浪费在考虑自己为什么会被解雇的问题上。重要的是尽快找到新的工作。显然,只有一个铁面的执行经理才能够完成这项任务,他需要让职员面对现实。

公司会发给解雇人员一些关于求职中注意事项的文字资料。资料中会载明城市中较好的管理职业中介公司的名称和地址,以及政府机构中人事部门的主要人员的姓名和联系方式。它还包括有关简历准备、财务管理等基本知识。接下来执行经理需要向解雇人员说明,公司将给他一定数额的钱来支付求职过程中的交通费和其他项目的支出。

解雇政策中的一个十分重要的部分就是财务问题的解决,这一问题需要在第一次谈话中与被解雇人员商谈。Alcan为其行政、管理和专业人员准备了足够的解雇金。解决的办法通常是根据其工作年限,工作第一年按一个月工资计算,以后每年按两周的工资计算。但是具体解决方法可以根据年龄、工作的质量、参加养老金计划的时间、健康状况等有所变化。

这种财务解决方法缓解了职员在寻找新工作中的压力,以及由解雇所带来的孤立无援、痛苦、紧张的心理。

解决了这些重要的问题后,彼得讲到了更多的个人问题:"我要怎样告诉我的妻子和孩子负责全家生计的人已经被赶到了大街上?"我们通常建议职员在谈话后尽快把解雇的实情告诉家里。我们发现这很困难,在一些情况下,我们需要帮助被解雇人员向他们的妻子解释现在的情形。这个年龄的妇女通常出现有更年期带来的生理和心理上的问题,她们的丈夫被解雇的消息会使问题变得更加严重。如果孩子们已经长大能够了解情况,那么也应该把实情告诉他们。我们发现,在这段需要节省开支的特殊时期孩子们能够发挥巨大的作用。

彼得表示他太累了不想找工作，以此表达他的愤怒和失望，他说："我想我需要几周时间来整理思绪，积攒力量，再去寻找新的工作。也许我应该把我的房子也卖了来维持我的资产。"这种做法是不被支持的：在这个关键时刻休息将会使宝贵的时间流逝，同时失去重要的机会。在找到新工作前卖掉房产也是一种财务浪费。

在谈话过程中，我们看到很多雇员都很关心自己的身体状况，他们通常会要求进行彻底的身体检查，即使在年初才刚刚进行过。这很容易在公司的医疗中心进行。正如我们所想的，雇员的年龄越大，他们的担心程度就越高，因此就更加希望进行身体检查。

最后执行经理还需要告诉被解雇人员需要从现在的办公地点搬到办公楼的某一层公司专门提供的地方。在这层楼被解雇人员拥有一间办公室和秘书，可以免费使用其中的文具、电话以及打印和复印设备。

工作地点的突然改变使被解雇人员离开了原来的工作环境和朋友，开始难免沮丧，但是这也有其有益的方面。首先，被解雇人员可以在这间临时办公室中见面并通过交流有关工作、报纸广告等信息来互相帮助。其次，在这里被解雇人员可以感到明显的心理优势。他们可以不用面对从前的工作，避免与朋友见面的尴尬，同时他们可以在一个稳定的场所中寻找工作。被解雇人员可以利用这个空间直到他们找到新的工作，而不论求职的时间有多长。再次，这个搬移表明了一个180度的转变：在这个新的环境中解雇人员被迫积极地迎接未来的挑战，而不是一味关注痛苦的过去。

裁员必须具有建设意义……

在整个流程中，公司的主要目标就是帮助被解雇人员恢复自信，并积极进取。因此，在与执行经理会谈后，我们会尽快安排他与外部顾问谈话。这些顾问的职责是相互独立的；一个负责技术的人员，例如化学、

第三章

物理、工程方面的人员;其他的负责管理和专业方面,例如经济、法律、财会以及那些离开技术领域多年的从事行政管理工作的人员。

创造新的职业

彼得得知有顾问的帮助后略感安慰。"我猜想他们会帮助我找到工作。这对于我这样的年纪的没有进入过求职市场的人来讲是一种安慰。"这种观念必须马上清除。我们力图使这些被解雇人员明白,这些顾问的作用并不是为他们找工作,而是交给他们一些技能以使其尽快适应市场需求。

在被解雇人员提出请求的会谈中,顾问会给每个人8到10个小时,来帮助他们进行一系列的练习和模拟面试,以使他们完善工作表现和改正面试中的不足。他们帮助这些人员准备个人简历,有时他们会建议准备若干份简历,来描述他们教育和工作经历中的不同方面。这些被解雇人员被要求阅读当地的、国内的和财经类的报纸以及商业的和政府的出版物,因为当中会有许多就业信息。这一环节还有一个好处,就是使这些人员在被解雇后一段时间内有事情做,这是解雇后初期的一种有效的治愈方法。

自信心

终止流程的下一步是安排被解雇人员和公司职工心理医生谈话。这通常被安排在与顾问见面的同一天。这些心理医生的作用不同于专门机构中执行经理的职责,但与其工作有互补作用。执行经理在某种程度上采用稳健的直接的方式安慰被解雇人员。他告诉这些人公司的具体打算和安排。而心理医生则是试图帮助被解雇人员理解他们的处境以及在接下来的艰难日子里他们所要面对的问题。

当彼得被建议接受公司心理医生提供的帮助和服务时,他并不像我们想象的那么恐惧。当彼得来找我时,他说:"我已经可以吃东西了,但是睡眠还是不好;自从前天接到被解雇的消息后我就经常晚上做噩梦。"我试图向他解释在求职的过程中忧郁和紧张是正常的和可以理解的,如果这种现象很严重,医生可以开给他一些温和的药物。

彼得最初的反应是很典型的。"我真不敢相信。你怎么会认为我需要靠药物维持正常生活呢?"我向他说明在接下来的几个月的特殊时期,所有生理的、精神的、心理的有效方法都应该得到应用,药物在人生的某些时候是很有帮助的。

每位被解雇人员都将被要求进行一个心理评估。尽管我们强调指出评估的结果会得到有效的保密以及所有的信息都会直接反馈给个人,但它仍然被认为是危险的做法。彼得问了一些直接的问题:"评估包括哪些内容?我需要做什么?需要多长时间?对我有什么好处?"我向他解释说他需要进行一次谈话和一些关于智力、能力、爱好、个性的测试,来帮助他明确自己的长处和短处,使其能够更好地推销自己。

彼得很疑惑。他说:"我在高中时就进行过心理测试,并且被告知进入大学后就不会再有这种测试了。不管怎样,现在告诉我应该做会计而不是工程师又有什么意义呢?一切转变都太迟了。"我告诉他评估的作用并不必然要求他转变,而是使他减少偏见,更加客观,对自己进行科学定位。评估能够帮助他找到以前工作中的问题,以便在新的工作中避免同样的问题发生。它甚至能够帮助他认识到自己的市场价值。

包括彼得在内的大多数被解雇人员虽然开始不能接受,但经过几天思考后都会接受公司提供的评估。(为了保证他们的利益,我们让他们与曾经得益于这种评估的人员进行交流。)

为了避免给被解雇人员造成额外的压力,我们将测试安排在两天内进行。测试结束后需要 10~14 天的时间来等待结果。在这段时间里,被解雇人员将与顾问进行交流,发出个人简历和信件,准备进行面试。

第三章

接下来心理医生将向每个人说明测试的结果。像其他人一样,彼得这时也很紧张和担心,并且失去自信心。当他来找我时看起来垂头丧气。"我不再抱怨公司了,因为我一无是处,这些年来我都在自欺欺人,其实我没有什么才能。"由于通常这时他们还没有收到用人单位的回信或面试的通知,因此这种感觉会更加强烈。

现在去见心理医生,了解测试的结果会使他们更加失去自信心,自尊心是最后的稻草。彼得说:"现在我最需要的就是像你这样的人来给我一个明确的结论。但是不管怎样,我在进行测试时并没有完全达到标准,因此我可能根本就不行。"这种抵制的态度是很典型的。在 99% 的事例中,被解雇人员都会大大低估自己的才能。当被告知在正常人的水平之上时,他们都不会接受。彼得回答说:"你只是想让我感到好受些,因为你知道我现在已经失业了。"(我们意外地发现被 Alcan 解雇的人员在测试的智力方面都在人口的前 8% 到 10% 之列)

在 3 到 5 个小时的谈话中,测试结果被详细地讲解给被解雇人员。心理医生需要说明测试的是什么以及被测者在测试中的表现如何。

反馈的另一个重要部分就是心理医生与被解雇人员的谈话。职员会被问到不同的问题和进行必要的阐述。通常他们会用自身的经历来说明所涉及的问题。在反馈过程结束时,心理医生会对被解雇人员进行口头的总结和提出一些建议。有些人认为有必要用录音机将谈话的内容录下来。

我们认为评估最重要的作用在于使被解雇人员恢复自尊心和自信心。被解雇人员明白心理医生会尽可能地诚实、坦率和客观(可能是他们工作中的第一次),他们听到并面对他们自己的优点和缺点。他会发现原来自己并不像开始想的那样差;自己是一个稳重、有才干、有价值的人,能够提供具有市场价值的技能,即使是在 50 岁或 55 岁。

从被解雇人员愤怒敌视地走进心理医生办公室到他离开时会有明

显的转变。当彼得离开时，他变得乐观开朗："我想我还不是很差，遗憾的是25年前我没有参加过这样的会谈。如果我在职业的早期进行这样的测试，也许今天就不会弄成这样。"

彼得现在在公司的大力支持下寻找新的奋斗目标。他告诉自己是他们错了，他们错过了一个拥有管理技能的人才，现在他要向他们证明，他要满怀激情地找到新的工作。

结论

通过这个计划在公司的运作，我们得出了两点结论：(1)中年管理者具有有价值的技能，如果他们愿意的话是能够找到新的工作的；(2)进行这项计划的成本是很高的，需要资金和感情的投入，如果有有效的指挥，这些成本会有所降低。

1. 中年管理者的技能是有市场价值的。

这次裁员表明，"如果你超过了40岁，就无法找到工作"的感慨是没有根据的，40岁到60岁的男性和女性都可以找到工作。大约90%到95%的人通过我们的计划在四个月内找到了新的工作。许多人的工作待遇和他们以前的工作一样，甚至更加优越。由于公司提供了可观的解雇准备金，那些由于失业而收入锐减的员工在求职时可得到足够的解雇金。

现在说所有的人在新的工作岗位上都更加出色还为时过早，但是初期的反馈结果是喜人的。他们中的许多人告诉我们他们喜欢这种转变，有些人甚至说这是他们一生中最幸运的事，因为他们感到在不同的环境中他们找到了更具挑战性的工作。

根据外部顾问的一份第一手资料，新的雇主对这些新雇员的表现也很满意。我们希望进一步跟踪研究在更长的工作实践中这些被解雇人员和他们的新雇主间的相互评价情况。

第三章

2. 一次足矣。

我们还需要清楚地认识到如果公司的人力资源计划科学合理,那么减员是完全可以避免的。值得庆幸的是我们的计划实施得很成功,但是资金和感情上的成本也是相当巨大的。这么高的成本是不必要的。

尽管在我们需要解雇一个人时我们还要应用这个方法,但我们还需要改进这个计划。也许将来这个解雇方案会被取消,取而代之的是成本更低的更有利于雇主和雇员的方式。但是在我看来,最好的办法是避免大批裁员的再次发生。

Alcan 的管理者和员工们认识到个人的自我发展是一生的事情,对此他们都有责任。从管理这方面来讲,我们需要建立各部门经理定期会晤的机制,他们在一年中至少开两次会议来讨论职员问题。这个机制能够帮助管理者们尽早发现雇员中存在的问题,并且制定有效的改进计划在下一次会议上进行讨论。因此,集体的压力能够迫使老板坐下来与他的下属共同讨论他们的职业计划。

Alcan 还为他的员工制定了职业计划方案。这些方案能够使员工尽早地了解到他们工作中的优点和缺点,并且促使他们认真思考他们的职业以及及时与上级进行沟通。我们希望通过这两个计划能够减少雇员和管理者间的沟通障碍。

最后,即使是那些仍然在公司工作的员工也需要明白别人不能永远帮助他们。他们要明白他们的首要职责是对自己负责,对公司忠诚并不能保证他们拥有成功的事业。如何利用自己的才能是自己的问题。当然,一名职员可能永远无法认识到他们全部的工作潜力,但即使这样也是他个人和公司机制都无法控制的。

第七节 使管理者远离隔板

杰伊·W.洛沙克 高木郁夫

我们可能不会称之为一辈子的工作,但美国大公司中大多数管理者在职业生涯中只受雇于一家公司,而且大部分人在最后10~20年间都处于较高地位。事实上许多管理者处于高位时仍然很有创造力,但也有许多人却没有。看看下面对比鲜明的例子。

拉尔夫·富兰克林在53岁时发现工作成为一种负担。每周最快乐的时光就是周五的午餐时间,他能和其他部门的同事在一起。虽然他也担心午餐时间是否变成了私人聚会,因为他还是保险公司的副总裁,这对他的健康和声望都有影响。

为什么还要在意公司的一切呢?他已经工作了25年并成为地区高级副总裁,没有人会关心他的意见——除了他能解决的保险方面的问题。随着他的工作标准不断降低,无人再询问他的意见。

哈罗德·怀曼是一家投资公司的副总裁和地区销售经理,他已经做了11年了。51岁那年,他开始对15位销售员进行日常指导。此外,他把自己看作分公司管理队伍中的重要人物。他经常和进行战略设计的股东谈话,还和其他销售经理一起招募、甄选和培训新的销售人员。哈罗德很喜欢和这些充满热情的年轻人一起工作,他想起和两个受训者的谈话时会露出笑容,因为他们说他的鼓励和献身精神都鼓舞着他们。

显然,大多数高级总裁都需要哈罗德这样富于献身精神和活力的管理者,同时他们也看到拉尔夫所表现出来的挫折感与痛苦。究竟有多少人会成为拉尔夫呢?还有很多。例如在IBM,80%~90%的管理者都在公司工作了很长时间。在通用电子公司,这个问题更大。在83 000名管理者和职员中,大约有11 000人工作了30年以上,26 000人工作了20年以

第三章

上,48 000人工作了十年。因此,大约有三分之一的人进入了职业生涯的第二阶段。而且,像婴儿成长期一样,越来越多的管理者会停滞不前。

如果进入另一行业,在起初的兴趣之后,大部分管理者会在20多岁时进入公司,直至退休。即使是在伯利恒钢铁公司,近年来经历了一次较大的重组,"终生"的管理型职员的比例仍然很高,达到80%。

当然,特别是在美国,管理者和专业人员愿意给新手机会,但这毕竟是少数。其他人——也是少数——因为表现太差而被解雇。而且,管理人员要付出长期努力才能达到事业高峰。当职员们在公司努力上进时,由于结构改变,晋升的机会也变得有限。

毫不夸张地说,在职业生涯的第二阶段,大部分管理者比如通用电子公司的管理者会达到事业高峰,他们不会再晋升了。对于哈罗德和拉尔夫这样的人来说也是如此。但是达到事业高峰并不意味着从工作岗位上退休。

上级常常把处于瓶颈时期的中层管理者看作即将被淘汰的人。他们可能忘了,这些元老级的雇员是公司的核心人物,并制定了许多日常决策。高级总裁们并不考虑如何淘汰这些人,而是提出许多问题:在职业生涯的第二阶段怎样才能改变他们的想法,鼓励并激发他们的动力?我们能采取什么样的措施以防止他们停滞不前?

我们所讨论的这些问题是最重要的。是什么使工作偏离了原来的轨道?另外,高级管理层怎样才能保证培养出更多的哈罗德而不是拉尔夫呢?

首先我们来看一个关于日本公司的研究,他能告诉我们为什么其他人只需要对提议进行批准,而处于瓶颈时期的管理者仍然要承担责任。[1]

承担责任还是停滞不前

东京制造公司直接从大学聘请未来的管理人员,并认为他们会一直为公司工作,直到退休。研究中的30位工程经理是1957~1966年进入公司的。之所以选中他们进行研究是因为,他们是公司管理层的典型代表,而且直到1982年进行调查的这天,他们经历了三个职业阶段:早期(21岁至30岁),中期(31岁至40岁),晚期(41岁以上)。

直到1982年,这些管理者已经工作了18年至25年。并由于对工作和公司的态度不同形成了两个团体。一部分人对工作和公司的前途都很负责,他们乐在其中并对公司有很大的热情。部门经理的意见很有代表性:

"我完成大量工作以促进公司的发展,我的职业和公司的命运紧密相关。我常常会在意自己的工作表现对公司决策的影响,我的努力会使部门生产效率更高。我的思考方式和行为都是为公司利益服务的。"

相反,另一组经理则大不相同。虽然并非对自己的工作不满意,他们对工作和公司也并未表现出特殊的兴趣和热情。一种代表性的意见认为:

"当我回首自己的表现时,并没有任何技术特长使我自信和认定这份职业。我只是实施了不同方面的调查和开发项目,所有这些都无以证明,并且微不足道。我对目前的职位和工资水平感到满意,并不想换一份新工作。"

是什么导致态度的不同呢?对两组经理来说,晋升的机会都等于零。那么答案很可能与他们职业生涯早期和中期的经历有关。

处于主流地位

主动和被动承担责任的经理之间有一个重大差别,就是早期的工作任命是否和公司的主流活动相关。一位经理在回忆他作为工程师的早期经历时说:

"起初我被安排在生产部门,一年后我进入研发部门,参与一个重要

第三章

的新产品开发计划,并负责进行电子元件的开发。我在生产部门时就对这个元件有了一些基本的想法。"

"在需要的时候我会直接向部门高层主管报告我的进展情况,每周我会向部门经理汇报,我必须考虑成本、投资甚至是技术。我正在开发一种能为公司赢利的部件。"

而一位被动的经理则这样描述他的早期经历:

"我所进行的产品开发对部门来说毫无用处,所以我担心并不能对公司有所贡献。我羡慕那些和我同时进入公司却在进行部门主要产品开发的人。"

当他们从工程师升为部门经理后,发现从事公司的主要活动更感到身负重任。一位部门经理回忆起他的经历时说:"实验室的高层主管委派我联合不同的生产部门去开发一个新的电子设备。那时公司正在制定与市场主导者竞争的计划,新产品便成为竞争的关键。"

"最后,我们开发出了新设备,很受顾客的欢迎,并实现了预期的赢利。我觉得自己开创了公司的未来。"

与这段经历不同的另一位消极的经理说:"作为研发部门的部门经理,我们的任务是执行其他部门的原材料或电子产品的特征实验。实验目的是在不改变其性质的前提下除去原材料和产品的不足。从根本上说,就是解决其他人引发的技术问题。"

"我对这些计划迅速丧失了兴趣。实际上,这些技术问题很难,就连设计它们的工程师们也难以解决。"

"我坚持这项工作仅仅因为它是我的任务,但我并没有尽全力去解决。"

在职业生涯的晚期,这些热忱的经理们对工作负责的重要因素在于他们早期的工作经历。在一个日本公司,工资待遇取决于他们在公司工作的年份,晋升也是这样。因此经理们最突出的特点就是他们的职位任命。

但是还不止这些,任职反映了各个职业阶段的不同要求。刚进入公司时,所有人都会接受技术培训,而年轻人都乐于展现和开发自己的能力。如果较早感受到自己在公司的重要性,他们就会对自己和公司都感到乐观。

最重要的是,在职业生涯的中期,部门经理在30多岁时,如果他们早已居于重要职位,就会对自己的技术能力深信不疑,并准备迎接新的挑战。对于准备承担责任的他们来说,他们所说的"重要使命"就是新的挑战。就像"主流"这个词一样,通过他们的工作和交际,他们才能处于公司的核心地位。

那些被动的人则有不一样的经历。在职业生涯的早期,他们的工作并不令人满意,和同事相比也不具竞争力,觉得自己被置于边缘位置。他们努力工作,实现理想,但缺少热情和责任感。他们对自己的运气和公司的抱怨过多,这可能是日本文化的反映;雇员应该对雇主忠诚并且不应该抱怨他们。

坦白的重要性

对于哈罗德和拉尔夫,日本管理者的经验告诉了我们什么?首先,当然要先指出了日本和美国人力资源实践的差异。在大部分美国公司里,工资增长和晋升都与工作绩效有关,但在日本却并非如此。同样,美国的管理人员和专业人士也和日本不同,他们要接受年度绩效评估。这些差异初看起来可以消除日本公司中由工作分配及其带来的价值观所造成的重要差别,但进一步研究发现,改变美国管理人员的关键是一样的:让他们担任主要的任务。现在我们用拉尔夫和哈罗德的例子来加以解释。

拉尔夫在保险公司的经历可以看出他不愉快的感觉是如何产生及

第三章

发展的。27岁时,他从大学毕业并服完兵役,进入公司。34岁时,他由保险业者成为分公司的保险经理,并任职十年。在分公司的第五年,他向上级要求成为分公司的经理。就像他的分公司经理进行业绩评估时一样,他们还是表示推托。没有人说他不能胜任这个工作,但也没有人鼓励他。44岁时,他成为地区保险业经理,几年后他荣升副总裁,并且他的薪水一直稳步增长。

对拉尔夫和公司而言,不幸的是,地区保险业副总裁的位置并不居于主流地位,而且一直无人过问。上级管理层曾希望拉尔夫和其他经验丰富的人能在制定国家保险政策和培养从业人员方面发挥重要的作用。随着市场进步和公司发展,主要活动都集中在分公司。拉尔夫和同事渐渐处于边缘位置,这个领域中的东西对他们来说渐渐成了"恐龙"。

在与拉尔夫这样的美国高级经理谈话时,我们发现,他们和日本同行其实非常相似。他们薪酬平等,也拥有许多头衔。但他们缺乏被重视的感觉,也没有达到自己所期望的位置。从表面上看,他们变得被动,对工作失去兴趣,也没有全心全意地为公司做贡献。

哈罗德作为地区销售副总裁,工作的重要性显而易见。在朝鲜战争时期服完海军兵役后,他加入美国的公司,第一份工作是保险销售员。开始,他对工作和高收入感到满意,也想过跳槽,但最终并没有实际去尝试。

35岁时,哈罗德成为副总裁,掌管新泽西的部分特殊销售团体,任职六年。这段时间,他发现自己善于领导他人并享受这份职责。实际上这个团队非常优秀,哈罗德开始梦想自己将来会成为合伙人。虽然65位合伙人中只有一位来自销售部门,这样的成就仍然非常出色。然而,他并没有成为合伙人,困难也随之而来。当他40岁时,内心仍然有这样的愿望,虽然老板和其他股东非常明确地告诉他这不可能。当他接手现在的工作时,他才明白自己的梦想彻底破灭。

正如那时的失望一样,他现在仍然有许多消极情绪,最突出的就是包括部门经理在内的部分合伙人不断向他陈述合作计划,同时强调他对地区分公司和公司成功的重要性的时候。回想起来,他觉得这并非虚无飘渺,只是他们的思考方式罢了。从他们的评价中,他得知自己被一视同仁,对公司也作出了重要贡献。

当哈罗德展望未来时,他的愿望远远不止这些。当然,工作、做生意、看着年轻人不断成长也是令人高兴的事情。实际上,他关心的是他是否能忍受退休之后的日子。

对哈罗德和拉尔夫的职位有两点需要强调。当他们都处于组织高层时,一个别无所求,另一个却认为责任重大。就像有责任感的日本经理一样,哈罗德仍然处于公司的主流地位,这使他不断上进。他的老板也和拉尔夫的不同,仍然很重视他对公司的潜在影响,并告知他远景规划,他们这种坦诚的做法使哈罗德度过了失意时期。

点亮心中的明灯

期待处于瓶颈时期的管理者有所作为似乎不太现实。他们会坦率地评价上级的失误,有些人还会自暴自弃,另一些人则意志消沉,满腹怨言,无法自拔。

假如大多数管理者在事业停滞时仍然承担起自己的责任,在工作上有良好的表现,这样他们虽然不能进入高级管理层,却对自己的业绩始终充满信心。他们没有受到心理因素的影响,工作也很称职。

显然,在进入瓶颈时期之前,早期的工作经验对管理者的想法有很大影响。许多早期经历对前景都会有影响,其中有两点最重要:一是他的职业前景是否明朗;二是工作任务是否具有挑战性。

我们所讨论的部分问题与防止管理者在职业生涯早期失去信心紧密相关,包括他们觉得自己遭遇瓶颈的时候。其他人则希望处于瓶颈时

第三章

期管理者能承担责任。

说出真相

在公司负责招聘的人员和未来的管理者讨论职业生涯发展的时候就应该坦诚相待。如果只是兼职,他也必须知道原因以及这只是暂时的。可以理解,初为管理者,他们对公司充满热情,新员工们也对自己有很多不切实际的幻想。这些期望形成心理契约并伴随他们多年。当"契约"破灭,他们就会对公司失去信心。这时,主管会影响年轻人对未来的渴望。

在我们所了解的一个公司里,经理对部门的三个新人许诺,他们有很多机会参与执行特殊项目。此后,他们却发现只是更多地参与部门的常规事务。老板退休后,他的继任者不再开展特殊项目,三个人也没有了用武之地,其中两个人辞职了。

通常上级对下属的表现和前途都没有明确的指示。拉尔夫的例子说明,缺少这方面的资料会导致不公平的待遇。

更糟糕的是,我们发现许多屈居上级之下的管理者认为他们还有晋升机会。当他们发现晋升无望时,会感到愤怒和不满,因为没有人对他们说实话。我们把这种情况和哈罗德相比,虽然他没有成为股东,但老板和其他股东向他说明了原因,并强调了他对公司的重要性,这使他认为受到了公平待遇。

对高级管理层来说,在雇员们职业生涯的转折点、人们生死攸关的时刻、孩子们渐渐独立时,坦诚相待非常重要。虽然不能帮他们处理这些问题,但可以帮助他们面对工作中的现实问题。

例如,一家大型消费品产品公司的部门总经理感到焦虑不安。在28年任职期间他不断得到提升,现在他开始担心自己能否成为较大部门的副主管。失望之中,另一个公司为他提供更有吸引力的职位。他很矛盾,于是向从前的老板——集团副总裁求助。

他的老板回忆说:

"我知道这个情况后大惊失色,因为我不想失去他。但我又不能肯定他会成为副主管,即使他胜任现在的工作。最后我还是鼓起勇气告诉了他,我们从正反两面对事情加以分析,虽然那时我并没有意识到我的坦白其实已经解决了他的矛盾。"

"第二天我就知道了,因为他打电话来请我和他们全家一起吃饭。他们不断向我表示感谢,并表示他愿意留在公司。一旦他了解了我和其他人对他的看法,明白了自己在公司中的位置,就能够安于现状而不是急于晋升了。"

坦诚使人们面对和接受不能晋升的现实,但结果却不一定这样富于戏剧性。一般来说,上级要给下属一定的时间和足够的耐心去接受现实。

当然,坦诚也并不容易。高级管理层就很难改变雇员们的想法,没有人愿意对别人的前景做出绝对的判断。正如哈里·莱文森指出的,人们对作出这样的评价有负罪感。[2] 在最后一个例子中,许多高层害怕下属因为知道真相而离开。当然有些人还是会走,但更大的问题在于,如果不够坦诚,管理者可能会失去奋斗的动力。

如果开始就和员工有良好的关系,那么在他们职业生涯的关键时刻,坦诚就容易得多。上级会就工作表现、前景以及对两者的期望与下属展开谈话。如果他们能像几年前一样对话,就容易互相信任,在提到这些难题时都比较能够接受。建立这样的关系有助于维护管理者的责任感。

挑战更好的工作

要更好的理解挑战的重要性,就应该了解人们在四五十岁时的心理

第三章

特征。虽然他们明白自己无法晋升,但目前的工作中仍然存在着挑战。这意味着他们工作中的技能和专长仍然有用武之地。

此外,如果他们在公司的 15～20 年所做的工作都是富有挑战性的,他们的理解会更深刻。并且,当人们与其组织的认同是一致时,他们会更关注培养接班人。[3] 这是处理埃里克森所说的生产力问题的一种方式,即"我会为后代留下什么?"

根据这种观点,有三种可行的路线:

继续寻找有意义的工作,这正是我们对职业生涯早期的建议,现在它的侧重点则有所不同。一方面,对具有专业技能和管理能力的人来说,这样的任务非常重要。拉尔夫如果能发挥他在保险方面的特长的话,会做得更出色。同样,日本经理如果能运用他的工程知识就会变得更有责任感。问题在于很多公司中提供管理职位和主要活动都是管理方面的任务。

建议高级管理者认识到陷入瓶颈的管理者在专业方面能做出很多贡献,并对他们加以奖励。例如,一家大型飞行公司聘请经验丰富的工程经理做工程组的顾问。

挑战方法之一是,将重要任务转化为平常的工作。[4] 例如,新任地区销售经理要面对新的顾客和下属,学习和处理新问题会增加他的职责。不论管理层如何看待有意义的工作,都必须人尽其才。

鼓励参与决策和活动。我们必须记住两件事情。第一,给管理者足够的自主权去履行他们的责任。允许他们用自己的经验和知识去做出决策,尽量不要过多地干涉。

第二,在工作之外如何发挥管理者的经验。工作动力和责任感是其中一种。你也许找到一种新方法,为什么不让瓶颈期的管理者成为决策群体呢?他们的经验和智慧不可多得,参与决策会使他们找回责任感。在一家商业银行,工作停滞不前的执行官、职员和外部领导具有共同职责,但重要的并不是这个,而是上级管理层如何使经验丰富的执行官为公司做出贡献。

不断开展教育和培训。因为年龄较大的执行官们将自己与公司视为一体,还很关心他们的接班人。他们是新职员和经理的导师,对他们的发展很有益处。但更重要的是,他们都需要瓶颈时期管理者心理指导。这样,他们会认为自己的全心奉献对公司的发展有利。

参考文献：

1. Haruo Takagi, *The Flaw in Japanese Management*（Ann Arbor, Mich.: UMI Research Press, 1985）.

2. Harry Levinson, "Appraisal of *What* Performance?" HBR July-August 1976, p.30.

3. Daniel J. Levinson 等, *The Seasons of a Man's Life*（New York: Alfred A. Knopf, 1978）.

4. 参见 Gordon E. Forward, "Wide-Open Management at Chaparral Steel," HBR May-June 1986, p.96.

第四章　处理职业压力

压力是普遍存在的现象,是自我现状和个人理想之间差距的重要产物。这种差距被组织或管理活动所扩大,因为组织或管理活动不是降低个人的自我形象,就是提升了自我的理想,从而加剧了两者之间的不协调。压力是有成本的。它消耗精力,如果长时间处于压力状态下,会导致身体疾病的发生或者流行。最近几年已有大量关于压力的研究。他们的大部分内容是相当简单和初始化的,虽然人们广泛地讨论这些问题但是并没有太多的作品指向职业压力,大多数讨论是关于失业、管理者的降级、规模减小、合并或者其他类似的变化。但是,某些压力确实与工作有关。部分压力会与你的发展阶段相关,一部分会与你的价值判断或者是道德相关,其他的会与你付出的代价相关,与你为了自己的职业利益所做的牺牲相关。

在这一章中,我们将详细地讨论这些话题。在第一篇文章中,我总结了中年管理者面临的职业转换问题以及在这过程中存在的潜在的心理冲突。我相信我所提出的如何处理中年职业转换的建议一定会对一些人有所启发。

艾伯特·Z.卡尔(Albert Z. Carr)在《管理者讲道德吗?》("Can an

第四章

Executive Afford a Conscience?")中讨论了工作压力这样一个焦点问题。在这篇文章中,他回忆了许多曾经被大多数管理者憎恨、反对而现在被管理者采取的积极措施。这是美国私人企业经济伦理基础的一部分了。他呼吁关注管理者的道德观,因为管理者不仅对自己的道德负责,而且要对组织的社会实践负责。卡尔的讨论,假设在当代经济中能大规模出现的话,是有益的。这些话题对于下列人是重要的:正在追求专职的人、开始一项新的业务的人、在中年或以后从事了新的不同职业的人、在组织中掌握重要权力的人。

在《为什么"优秀的"管理者会作出不道德的选择?》("Why 'Good' Managers Make Bad Ethical Choice?")一文中,索尔·W.盖勒曼(Saul W. Gellerman)列举了三个大公司的经历:他们的雇员并不明确是为了他们自己的利益还是为了自己的组织的利益而工作。当人们忽略了与自己选择的方法相联系的伦理时,他们最终会损害他们自己和组织的利益。作者的举例和讨论提醒了读者注意对他们自己和组织存在的潜在危险。当这些问题被忽视时,无论是对于个人还是对于必须为所发生之事负集体责任的人而言,都要承受巨大的压力。

正如戴维·E.冈伯特(David E. Gumpert)和戴维·P.博伊德(David P. Boyd)在《小企业主的孤独》("The Loneliness of the Small-Business Owner")中所指出的那样,这些问题也存在于那些管理小组织的人中。这很大程度上是因为这个所有者经常无人可以交谈,变得精力过分集中于他的工作和问题中,远离人群和忍受孤独。他们指出,孤独虽然对于这些小组织者来说永远不会消除,但是企业家可以采取措施逐步战胜这些问题并且改善他们所陷入的压力状态。

在接下来的另一篇文章《当管理者精疲力竭时》("When Executives Burn Out")中,实际上我结合了以前所谈论过的许多问题,并且试图阐明当人们由于紧张感和对自己理想和价值包括对组织的责任感的无情追求时，过分工作使他们筋疲力尽时，会发生什么？我论证了现代组织的复杂性增加了管理者心理憔悴的威胁，也论证了认识到管理者疲惫可以发生并且正在发生这个问题是很重要的。因此，组织和他们的管理者为了他们自己和自己的组织而行动是非常重要的。

　　费尔南多·巴尔托莱莫(Fernando Bartholome)和保罗·A.李·埃文斯(Paul A. lee Evans)在《成功的代价如此高昂吗？》("Must Sucess Cost So Much?")中，提出了家庭的责任感对于职业生涯的追求所具有的影响。他们提出在职业的追求中一个主要问题是从工作中引起并且渗透到家庭活动中的消极态度的影响。他们问到一个管理者在工作不愉快时会发生什么，并且指出一个功能良好的职业生活是愉快的私人生活的必要不充分条件。他们考察了管理者的花费并且指出了关于如何使个人和组织能减少在职业追求中由家庭压力所导致的紊乱花费的途径。

第四章

第一节　作为一个中层管理者

哈里·莱文森

　　对于大多数人来说，成为中层管理人员意味着到了中年，中年意味着从 35 岁开始且直到自己和命运相妥协（除非这样，否则一个人很难走向成熟）。当一个人全面地、多角度地参与复杂的社会时，就到了个人发展的高峰期。他已经从经验中获得了明智，从成熟中总结观点。他的行动和能力都处在如盛开的花朵一样的高峰期，他的职业生涯朝顶峰良好地发展。他走在了自己旅程中和人际交往中最顺畅的阶段。他已经牢牢地融入到了家庭、社会、职业和自己活动的大环境中。他的成功是人们效仿的榜样，他的失败，对其他人而言是现实的教训。他已经变成了从过去到未来、从家庭到外部世界、从他负有责任的人到对他负有责任的人的连接。一句话，他可以胜过某些人了。

　　一定会是荒凉而悲惨的结局吗？不是。

　　个人无法选择不可避免的命运，但他可以选择与命运妥协的方式。如果他这样做了，而不是仅仅消极地让事件发生，他就可以随着生命延长而让生活丰富多彩。

　　索福克勒斯(Sophocles)活了 90 多岁，在 75 岁时写了《俄狄浦斯王》(*Oedipus Rex*)，在 90 岁时写了《俄狄浦斯在科罗纳斯》(*Oedipus et Colonus*)。提香(Titian)在 95 岁时完成了他的杰作《勒班陀海战》(*The Battle of Lepanto*)，当他 97 岁时，才开始着手他的举世闻名的绘画《耶稣的下架》(*The Descent from the Cross*)。富兰克林(Benjamin Franklin)在 78 岁时发明了双光眼镜。本杰明·达格尔(Benjamin Duggar)，威斯康星州大学植物生物学和植物经济学院的教授，因为必须退休在 70 岁时才离开学校，他随后加入了 Lederle Laboratories，并在几年后

处理职业压力

为人类发明了金霉素;卡萨尔斯(Pablo Casals)在90岁时仍然演奏大提琴,这是其他人所没有做的;桑塔亚那(Santayana),大哲学家,在72岁时才写了第一部小说《最后的清教徒》(*The Last Puritan*);桑德堡(Carl Sandburg)在70岁时写了《纪念岩》(*Remembrance Rock*);弗洛伊德(Freud)的活动一直坚持到他80岁的时候。

当然,这些人是例外。但是这些人创造性的成熟的事实表明我们这些接近35岁的人还是有希望的。在这篇文章中,我的目的是观察一部分中年人的经历并且对如何保持潜在的创造力提出建议。

但是,首先,请允许我一个小小的解释。我不是专横地把管理者分为35岁以下和35岁以上的界限,那是不现实的。35这个数字不是固定不变的,它是会变动的,因为我在这里用它是基于一个阶段的意义,而不是指生日那样确切的某一天。

健康指数

在中年鼎盛时期背后,发生着严重的身体和心理转变。这反映在健康指数上。从生命之路观察者的数据中可以暗示这种特殊症状,例如过度疲劳、消化不良、胸部疼痛——急剧地在那些刚升入高级管理者层次的年轻管理者中上升。[1]调查人员报道说,在31岁到40岁的管理者中,发现的症状的三分之一可以归因于生理因素。他们指出这些问题的产生是由他们的生活方式和工作状态所导致的。

心理因素

无疑,这种日益增长的症状是由于年龄所致,同时也来自与日俱增的精神压力。英国心理学家埃利奥特·雅克(Elliott Jacques)主张,之所以35岁到40岁会是意外死亡高峰期是因为他们认识到一个人是不可避免地要走向死亡的。[2]这使大多数人为生命的短暂而在短时间内感到

第四章

沮丧。沮丧使人更容易染上疾病。有大量的临床实验证明身体疾病更容易经常和严重地发生于那些感到沮丧的人身上。

加利福尼亚技术研究所的李·斯托克福特（Lee Stockford）从对1100案例的研究中得出结论：六分之五的专业和管理人士在35岁左右时要经历一段时间的挫折，并且有六分之一的人永远无法从中恢复过来。斯托克福特把危机归因于这阶段所经历的一系列挫折：这是个严峻的时期——35岁左右——当一个人直面现实并发现现实与他的理想并不相符时。[3]

中层管理者生活中大量的因素强化了这些感觉并导致了如下症状：

困境时期日益增加的紧张感——人们担任公司总裁的年龄在日益年轻化。正如他所展示的，成功者之间的年龄差距也越来越小。竞争的节奏因此也越来越紧张。给利润目标的实现增加了推动力的目标管理的绩效评价制度也增加了这种紧张感。

生活和职业模式的不可分离性——对于在激烈竞争的职业生涯中的每一个管理者，每年都是一个里程碑。花费在工作上或标准上的时间是个巨大的变量。如果一个人不准时行动，他就会失去经验、位置以及首先成为一个明星的机会。这意味着随着时间的发展必然会出现持续的紧张感。

失败的持续威胁——当渴望成功的内外部压力太大，不管一个人看起来是怎样对待它，失败的痛苦都可能是毁灭性的。动物研究表明，当雄性在交配的战斗中失败时，高达百分之八十的失败者随后会死亡，尽管他们身体的伤口几乎很少导致死亡。我们不可能由动物而推广及人类，但是我们可以从中得到暗示——个人失败的经历对身体状况的巨大影响。当我们回头去看权力金字塔上的管理者们和他们不得不作出的选择时，很显然，大多数人经历过失败，并且所有的人不得不忍受失败。

依赖的增加——为了应对竞争，所有的管理者，不管他多么疑虑，必须依赖和接受专家的建议,因为他缺乏专业知识。实际上,约翰·肯尼斯·加尔布雷斯(John Kenneth Galbraith)在《新工业时期》中已经提到了这个议题:组织中技术的基础构成实际上起决定作用,只是管理者在正面上表示同意而已。[4]专家具有自己特殊的概念、行话和动机,这些都不同于管理者。每个管理者都想作出正确的决策。对于那些建立在他不完全理解的数据基础上的决定、那些建立在由他不完全理解的人收集的数据基础上的决定和那些以他不理解的术语表示的决定,他都感到不安。因此,在他能控制的背后,他经常会陷入因害怕失败产生的战栗和恐惧当中。

情感上的否定——管理自我职业生涯目标的实现需要自我认同和自我牺牲,并且同时要抑制亲密的、真挚的关系。一个人不能允许自己亲密接近那些竞争者或者他的决定将影响的对象,或者要对他作出决定的人。通常他要忍受因自己必须对别人所作的决定而造成的内疚感。[5]不管一个人对实现目标有多么强烈的愿望,对于他自己或自己必须付出牺牲的组织,对于必须放弃的另外的生活目标,他也会有愤怒的时候。如果这些情绪对于自己或自己组织的文化是不可接受的,他就必须克制住愤怒、热爱和内疚的感情。低落的情绪必须时刻得到控制,这个过程需要高度的警觉和精力。

持续的防御状态——管理者追求成功的过程就像在玩一场孩子们"山大王"的游戏。在那个游戏中,每个男孩为了高处的树桩、篱笆、木桶,甚至最后为了山头而竞争。所有的其他人都尽力把占有制高点的人从他的高栖息地赶出去。不同于这个游戏,在管理者生涯中没有暂缓。假设在这种状态中,和我刚才提到的其他情形一起,一个人必须"蓄势待发",就像要发生战争一样。处于这种准备好的状态中意味着一个人的身体处于持续的紧张状态,这会导致更大的折磨和痛苦。

主要生活概念的转化——西方社会的价值观是崇尚年轻的。当成

第四章

功是以失去年轻为代价,当人们不再对年纪和资历有更多的崇拜时,在某个时期达到人生的高峰状态也是完全令人失望的。这种认识也会伴随着一个人对他身体状况的下降所会有的意识。因此,在一个管理者成就的高峰期,他也有可能感到他仅仅做了一部分,他已经失去了一部分他想追求的东西。既然只有很少的人能同时既年轻又成功,人们就会对于中年成功的想法失去兴趣。

微妙的变化

与健康有关的话题仅仅是中年时期进程中的一个侧面。同时也有其他微小的、但是很重要的变化:(1)工作方式;(2)观点;(3)家庭关系;(4)个人目标。让我们依次轮流看一下它们吧!

1. 工作方式

一个有创造力的人的工作方式和内容在成年早期或者说是35岁前与成年期或在35岁以后是不同的。雅克经过观察指出:

"人们在20岁或30岁早期拥有非凡的创造力。这种创造力很明显并且是自然出现的,到了一定的阶段它就会显现出来……大多数的工作都是人们在无意识的状态下进行的。有意识工作的产量是巨大的,而创作的步伐是受到限制的,正如艺术家作词和作曲的能力限制了他创作的速度……相反,30岁以后的创造力是被塑造的创造力。这种灵感是炙热的和强烈的,无意识的创作并不比以往的少。但是在灵感的最初涌现和最终的创造物之间还存在巨大的差距。灵感的产生可能越来越慢。即使突然间有了灵感的涌现,它也仅仅是工作程序的开始。"[6]

雅克补充说,年纪大的人的灵感发展过程要经过作品的成形和发展,材料的处理和再处理,以及对已成作品的思考和再反思的过程。这个过程可能持续好几年。作品的内容也会随之变化,会从热情的或描述的内容转变为悲伤的和有哲学性的、平静的内容。雅克回忆起莎士比亚在他35岁前写他的早期历史剧和喜剧,他的悲剧则在后期才写出来。

和大多数人的错误认识相反,创造力并不会在人的青年时期停止。事实上,有创造力的人在40岁前已经取得了很大的成就,同时显示出这种创造性的人在之后的很多年也会持续发挥创造性。实际上,不论在艺术还是科学领域,富有创造力的作品都是作者在40岁以后创作出来的。

管理者像艺术家或是科学家一样,也有类似的经历。管理者说他们在40岁时的自信心最强。尽管他们都以组织为创作原本,但是年轻的和年老的在组织中的创造力是不同的。年轻人更加冲动、浮华、有星光闪烁般的观点;年老的人则是更关心组织的建设和形式。一个明显的例子是强有力的公司建立者,令公司感到惊奇的是,他变得很少关心公司的短期利润问题,而是越来越关心组织的持久发展。突然,他开始谈论起组织的发展问题。

2. 观点

与工作方式的变化同时发生的还有观念的变化,这种现象会发生在商业、政治等不同的领域中。不过,大体相同的是通常人们越老就会越保守。他们变得越来越无聊。

确实,许多问题本身就是无聊并且随着不断重复而变得更加令人厌烦,但是当一个人的观点改变时,其他的问题也不能吸引人们的兴趣了。

醒悟:一些厌烦来源于醒悟。早期偏向于行动的理想主义,对性本善的相信在一定程度上是对必然性的否认。年轻人喜欢说"世界是美好的。我要帮助实现美好的世界。"如果导致人们失败的因素是可以消除的,那么人们之间也是可以建立友好关系的。

但是在中年时期,实际上可以清楚地看到人们之间是不可能总是互相友好相处的,消除挫折并不能总是导致完善、友好、爱的行为;人们可

第四章

能在善良的同时变得丑陋和具有自我破坏性。对于醒悟的否定的例子之一就是很多大公司都努力使事情保持"美好和平静。"这样的公司最大的特点是无力接受冲突并且不能把冲突解决作为管理者最主要的工作。

退化：观念的变化与日益增长的退化有关。中年人感觉到他们已经在精神上、社会上和职业上与年轻人渐渐远离。这在今天被称为"代沟"。这种感觉是存在的，因为无论他跑得有多快，他都会感到不可能赶上时代的发展。因此，他们产生的无能甚至无助的感觉会不断扩大。这种状况也反映在中年管理者的态度上。

例如，我曾经忙于调查一个大公司的125名高层管理者群体。当我完成调查的时候，我请他们以小组的形式考虑三个问题：

1. 说过的所有话中，哪些是与他们的业务最相关的？
2. 最相关的当中，哪种应当优先确立？
3. 一旦优先确立，这个问题由谁来处理？

当他们反馈回来时，第一个问题处理得最好，没有人在判断相关性上存在困难。在第二个问题上他们有一点困难；没有一个人的回答碰到了第三个问题的实质，看起来好像他们没有能力来解决他们应当负责哪一个问题。

职业选择：如果他不是为了无关的或不确定的证明，这个变化可能反映了观念变化的第三个原因。哈佛的心理学家安妮·罗（Anne Roe）对中年人的职业选择作了一系列研究。在一项研究中，她试图找到人们在选择工作时是如何作决定的。

她说："在这些调查中给人印象最深刻的是，当考虑选择和作决定时，我们很少把自己作为一个考虑的因素，很少充分考虑背景因素后再作出决定。他们似乎没有意识到他们是一名选择者，而且应该对选择负责任。确实，我们发现这点令人感到很郁闷。甚至在执行官中间，我们发现突发事件的压力和外部影响是不容忽视的。"[7]

竞争的痛苦：远离变化，远离冲动，不再主宰自己命运的感觉使人们感到很无助也感觉到了自己的无能。正如我已经指出的，这种远离感随着竞争压力的感觉而进一步扩大。对于男孩来说，做"山大王"的游戏是有趣的。对于男人来说，对占有某个位置的赌注和进取心越大，竞争对手的威胁就变得越大。但是，在这个竞争环境内部，一个人要扶植他的对手并有可能会最终让位给他。这个游戏的恰当名字叫"扶植你的继任者"。

我回忆起了一个公司的特殊的情形：那个公司里总裁决定由谁来做副总裁。当他作出决定后，他的一部分属下都很吃惊，因为他所选的人是对总裁位置的最激烈的竞争者，通常情况下这样的人是被排挤的对象。我认为，这件事情令我感到惊讶的，不是这个选择，而是他的属下如此清晰地看到在竞争总裁时将会出现什么。当下属显然正在往上攀登并且很明显地觊觎他的职位时，让总裁去忍受这样的事实确实是很困难的。

这种现象的出现使管理者陷入两难困境。在管理心理学的高级课程里，有些案例重复讲到管理者并不能开发其他人，尤其是那些未来的安全感是确定的并且仍然有晋升的大门向他们敞开着的人。让我们想象，在这样的案例中，未被看到的，甚至不能被人理解的是，竞争环境在鼓励年轻人的同时使中年竞争者陷入了痛苦之中。巴德·舒尔贝格（Budd Schulberg）的《在塔尔贝格的日子》（*Life Review of Thalberg*）的段落中描述：竞争给生活和传奇带来了小插曲。

"故事中出现了一些戏剧性的结局：在仁慈而又充满嫉妒的市长与'他像喜欢儿子一般的'保护人之间存在不可避免的权力斗争。父亲和儿子在圣灵的问题上产生了冲突，他们在艺术的决定上产生冲突，他们在权力的分立上产生冲突。他们甚至在政治报酬上产生冲突，这仅仅是形式上的权力而已，如今他们已都是好几百万的富翁。看起来好像那个

第四章

年老的、暴躁的、狡诈的指挥官想要驱逐掉年轻的、柔弱的、固执的年轻的竞争者,他竟然想要市长给他相等的平起平坐的位置。"[8]

在这种情况中,竞争者的冲突是公开化的,很明显的。在那个环境中、那个层次中,竞争是伴随而来的。但是,在大多数情况下,如果竞争是无意识的,它就会小心地掩饰并变得更加理性化。连管理者自己也不情愿承认这种状况。因此,大多数的竞争是无意识的。双方很少关心他们为什么要争吵,他们都认识到了他们之间的冲突是不可能解决的。通过回顾继任者是如何占据了他的位置,尤其是当继任者改变了他曾经做过的前途光明的改革时,即使是他自己主动辞职,每一位总裁都可以从自己的经历中找到如此的感觉。

因而,对于我们每个人来说,发现与自己下属之间的没有硝烟的战争是非常困难的事,一方面想要他们成功,一方面又害怕他们成功。但是,下属并不能意识到他自己也有这样的倾向,他们能从老板的行动中清楚地看到这种现象。但是很少能通过一些有意识的行为让下属明白他的竞争者会做得更好而让他无语。

愤怒:观念的变化能够影响人们的信仰和加剧恐惧感(尽管总裁几乎不会说出这种惊恐),这些变化时常伴随着一种愤怒的感觉。这很容易从中年管理者对今天年轻一代的愤怒中感觉出来——年轻人比他们那一代更有钱、更有机会且更有魅力。年轻人更可以自由地去做他们自己爱做的事情,今天的管理者们因为害怕失去他们的位置感到紧张和压抑,甚至他们有时感到很难去做自己真正想要做的事情,这也引起他们的愤怒感。

人们通常以愤恨的形式表达对青年人的愤怒,因为,"他们总想在高位开始"、"他们不想轮流等待和获得经验"或者"他们只想让年轻人围绕在他们身边"。这种愤怒进一步反映在像"神童"、"黑玉"和"明星"这样既轻蔑又羡慕的词语中,这些混合感情的词语表示了他们的自我批评和背叛。

每次中年管理者使用这样的一个短语时,他好像在说他过去做得不够好或者自己被低估了。必须从与客户的亲密接触中才能得到市场信息的他,发现知识现在已经没用了,已经被从不需与客户面对面的计算机方式所取代。原先认为商业活动是"实践的"、"脚踏实地的"他,现在发现,他必须重新回学校,变得更有智慧,想法更超前,否则他会被淘汰。年轻人已经从侧翼包围了他。年轻人做得这样好,正在带领他们走向平坦的大道。

老一代经常抱怨说,年轻人不仅不尊重他们已经付出的努力,而且把他们经过奋斗得到的成果认为是轻而易举就能达到的。但是,管理活动已经不再重视管理者这样的感情的影响了。结局是天才的丧失,因为很明显,年轻人对管理的期望远多于公司给予他们的。

在我自己的思想中,我确信,是竞争和愤怒的联合作用致使年龄大的人在管理中不会创造性地使用年轻人。(当然这并不是问题解决的办法。)这在一定程度上说明了为什么年轻的大学生在他们进入公司的最初几年内大量流失,并且随后他们在管理职业中也会慢慢地醒悟。

3. 家庭关系

与商业成功周期逐步缩小相类似的周期缩短同样发生在家庭。人们更早地结婚,更早地有了小孩,更早地做了父母,因此也就更早地离开了父母。反过来,父母单独生活的时间变长了(平均是 16 年)。这给即将到来的中年生活带来了许多问题。人到中年时,他已经失去了与父母的联系,尽管他可能已经独立生活了好多年了,但是,第一次,他感到了精神的空虚。

因为一个管理者不可能很容易地在工作中建立友好感情,并且工作的流动性使他不可能在离开工作后仍然与同事保持密切关系,因此他倾

第四章

向于和孩子有更多接触。当孩子离开家庭后他们会有更大的失落感,这种失落感是难以补偿的,它不像失去了一个老朋友,可以用时间和距离来弥补心灵的创伤。

他在工作上的过分投入和妻子在孩子身上的过分投入,导致了他们之间的距离感——当他们的注意力同时投向孩子的时候,这个问题会变得模糊。当孩子们离开家时,他对妻子又有了同样的感觉,这种感觉曾经构成了他们婚姻的基础(有吸引力的、有魅力的、生动活泼的),或者潜意识的那种对妻子的感觉(不是母亲,但像母亲;接受不平等、不奉承的、理智等)。

但她不再是结婚时的那个小姑娘了。她已经老了,并且她的思想也不再是年轻时候的想法了。另外,如果他与她结婚的理由已经和以前相比不再那么重要了,婚姻就没有太重要的意义了,除非夫妻俩能为相互辅助找到另外的基础。

同时,对于大多数夫妻来说,夫妻互相的满意程度会降低,他们变得缺乏亲密,性生活的频率下降,并且很少进行交流。妻子们更加关心丈夫的身体健康,因为年龄的增长促使她们要无意识地为守寡做准备。丈夫们感觉到了这种关心和这种关心的原因,反而会更加排斥。这在一定程度上增强了前面提到的孤独感,实际上这时更加需要密切。这种因素导致近来的婚后"20年"离婚高峰期。

4. 个人目标

45岁左右时,创造力的管理活动大多是以自我为中心的。这时人们更多地关心自己的成功和自己的需要。在45岁以后,他开始逐步关心他以外的事情。[9]正如心理学家埃尔斯·弗伦基尔·布伦斯基(Else Frenkkel Brunswik)所说的,除了宗教和家庭关系,他开始关心理想和目标。他开始关注生命的目的。

处理职业压力

例如，被喻为公司中的"喷气机"的一位年轻的执行官，早期曾任副总裁。在副总裁期间，他开始致力于解决他所在社区的种族问题。尽管是总裁，并有可能晋升到整个集团的老总，但他仍然把精力放在解决社区问题上。相类似地，有一位管理者早早退休去关注资源保护问题去了。有的人会从经商转为从政，但也有相当多的人转变成了教父。

在转变的过程中（可能是不自觉地），也有一段时间的不宁静和不舒服。在45岁到50岁之间，存在着一个高峰期，并且随着年龄的增长、长时间的漂泊、寻找其他人，转变为孤独期。

不宁静和不舒服有另一个来源。当中年管理者开始转变他的方向时，他必须依赖心理的力量来完成这项工作。因此，这更难以使早期形成的、难压制的冲突得到控制。当一个管理者试图控制冲突并坚信自己终有一天会解决掉这个冲突时，这时尤其是正确的。当他感到时间已渐渐流逝并且他没有实现自己的诺言时，他开始经受内心的沮丧、紧张和压力。有时候，他试图在"身份危机"这类口号下隐藏这些冲突。

不久前，一位42岁的管理者告诉我：尽管他的年龄、他的专业工程师技术和他的职位都不错，但他还是存在身份危机。他说他不知道自己是谁，不知道自己要干什么。几个问题很快地揭示了他更愿意开始他自己的事业。但是，当我们谈到那个话题的时候，他又充满了借口和转移话题。他确实知道他想要干什么，他只是害怕面对它。他想变得独立但是他又不想打破公司带给他的安全感。他幻想着某一天他的冲突变得更加激烈，但是随着时间的推进，这似乎变得越来越不可能。

不管他在生活中做得如何，大多数人总要面对一定程度的困难和挫折。光明的前途即将出现却又突然消失，成功即将出现了却突然失败了，刚品尝了一点儿成功的喜悦，这种喜悦却消失了，我们通常会变得更加愤怒。但是我们中的大多数会很巧妙地转变努力方向而向着我们的理想前进。

第四章

正如心理学家夏洛特·比勒(Charlotte Buhler)指出的那样,问题的关键在于为了生存人们只能那样选择。[10]证据表明,一个人对于自己成功与否的评估和他老年的自我调整有关,而与他实际的身体状况和不安全感并没有多大的关系。换句话说,如果一个人理性地对待他的标准和期待,他就会更成功地适应他逐渐衰老的进程。如果不是,相反的事情就会发生:年龄的增长和经历的增加会使他因为没有达到自己的预期而对自己发火。对自己发火是心情沮丧的表现。我们已经注意到沮丧对身体疾病的影响了。

重要的启示

现在,我们已经看到了人们在老年化进程中产生的严重的身体和心理症状。现在让我们看看这些变化对个人和组织的启示吧。

面对危机

首先,我们每个人都必须承认在我们的生命中存在中年危机的事实。它是普遍存在的,没有必要去隐瞒躲避或者感到遗憾。它通常的表现形式是精神沮丧和一些心理症状,并且更容易发怒和不满,人们同时对控制世界已经失去了兴趣并且不再像以前那样地发愤图强了。

这种情况的一个现象是人们过早地向命运屈服,人们感到对发生在自己身上的事情毫无选择权,所以任由命运摆布。这是一个令人悲痛的时期:后悔、悲伤、愤怒,对已经失去宝贵青春感到失望,幻想的破灭。人们很有必要畅所欲言他们的损失、痛苦、悲伤,甚至可以流泪。我们确实每天都在一点一点地接近死亡;当我们没有能力去改变这个事实的时候,我们只有被现实改变。

当一个中年管理者开始经历这些感觉时,尤其是这些感觉已经干扰他们的工作或介入他们的生活时,他应该把他的这些感受告诉给别人,最好是向一个好的咨询人员咨询。这种悲伤比起逃避现实所带来的日益增加的紧张感要好得多。在倾诉的过程中,聪明的人会重整他的生活经历和说出他对生活的感受,直到他把悲伤全部释放出来,不再害怕衰老。

如果一位经理能认真地对待生命的轮回和他内心的感受,他就真的成熟了。在酿酒的过程中,在葡萄被碾碎后,剩下的液体还要经过好多年才能变成甘甜的美酒。在某种意义上,管理者也是如此。在年龄逐渐变老时,经理需要身体的健康、生活的丰富多彩和体会生命的香醇——简言之,这就是生命的本质。

像酒一样,能有效地处理老年化进程中的情感的人会随着时间的流逝获得一定的品质。他深化对自己和对他人的认识。他们用更敏锐的眼光去观察世界,用更大的耐心去容忍这个世界。他们变得很睿智,付出的多,而索取的少。他们接受自己的缺点,同时也肯定自己的贡献。正如雅克所说的"成功的、有创造力的成熟作品会容忍人性的不完美和缺陷。正是这种容忍给生活和工作带来了平静。"[11]

没有认清自己、周围的环境和自己感受的中年管理者,会把与别人的关系处理得很紧张,或者干脆放弃了这种关系。一些管理者把自己埋头于工作之中,一些人会用虚假的化妆面具来缅怀自己的青春,一些人会转向追逐女性,另一些人转向追求更多的权力。从某种意义上来说,一个人在成熟过程中的失败也给他所在的组织带来影响。他失去了周围的人,失去了真实的生活,只能回头看看他曾经按自己的理想走过来的路。

否认自己衰老的管理者会使自己在以后的机会中变得很被动,这个建议我将会在下一部分中讨论。否认衰老并继续奔波的管理者,当他不能做任何事情而只能面对自己的时候,他会变得很空虚。聪明的人会较早面对现实:他很清醒地认识到他的时间是有限的。

第四章

采取积极的行动

第二,人必须要行动。为自己利益而行动的人才是自己和环境的主人。太多的人接受既成的现实,大多数的人经常说"我做不了任何事情了",可是他们真正的意思却是我不想做更多的事情了。回顾你自己的经历,你多少次说的"不能"其实是"不想"的意思?精神治疗法一部分作用就是帮助人们看到他们是如何处于这种状态的。在许多情形下我们所陷入的困境都是我们自己选择的。

有很多有效的方法可以对个人生活和组织生活采取行动。在个人领域里,最重要的是对婚姻的重新审视以及与新朋友的交流。丈夫和妻子可以巧妙地交流互相积累起来的不同意见、失望和挫折,同样还有他们的希望和渴望。当他们重新界定婚姻契约时,他们澄清了他们之间是互相依赖了还是彼此不需要对方了?如果他们之间仍然保持沉默或对挫折不加以交流,那么他们就会以互相需要为代价,当他们愤怒至极时,等待他们的只有分手。

在社会领域里,管理者必须致力于建立新的伙伴关系,必须努力去发现和培养新的朋友。我们从对那些集中营的幸存者和正在经历老年化的人的研究中得知,那些有朋友的人能够更好地解决生活中的问题。他们很少会死于孤独。当一个人少一点以自我为中心时,他就会分出更多的能量来培养与其他人的感情。当他在交往的过程中表现得很有个性并且与其他人的感情发展良好时,他给别人的印象是他是一个有血有肉的人。

在公共领域里,管理者必须更有远见,但是这个时候要求他超越自己和工作。当他积极地投入到有长远目标的公共价值活动中时,他把自己投入了未来之中。众多的学校、大学、医院和社区工程——他们中的大多数是模糊的——等待着善于谴责的、有能力的人把谴责转化为行动。在这种情况下,大多数管理者只需要观察他办公室周围几个街区就能发现这样的机会。

在商业领域里,管理者应当认识到他应当有与众不同的领导能力,并且能处理组织中的各种不同问题。在中年阶段,埃里克·埃里克森的时代叫做"发电机的时代"。[12] 如果他选择了明智,对别人来说,他就变成了组织发展的源泉。他的明智和判断力给了有创造力的年轻人以榜样。这些将帮助他们把冲动转化成现实,并且经过反复塑造成为成千上万有用的产品和服务。在仿效和崇拜管理者中,他们也养成了这种品质。他逐渐成长为教练,从一天一天的操作成长为有较长的计划。他变得更关心要超越什么。

复兴

第三,组织在他的想法、计划和安排中应该认真对待中年期。我知道没有任何一个组织——企业、大学、教会或医院——这样做。没有人知道这样做的效果如何。

如果处理中年危机的需要是想有机会来谈论一下,那么每一项管理的和评价性的咨询建议就会对一些议题有所贡献。公司里的医生或者医院检查中心应当提供时间给病人讲述自己的年龄和生活方面的情况。如果是中年人组成小组讨论他们小组如何有效工作的话,这些话题也应该列进会议日程。公司教育机构应该让丈夫和妻子了解这个时期和这个时期特有的压力情况。个人顾问在他们的讨论中对这个问题应给予清晰的关注。

显然,应该给予35岁以上的管理者或他们的培训更多的关注。35岁以前的计划应该是让青年人"放纵",鼓励他们去"幻想",去寻找新方法来处理旧问题。这不是一个让人们完全遵守规则和秩序的时代,而是一个促使人们去寻找自己坐标的时代。因此培训应该围绕着需要灵感、

第四章

洞察力和理性的行动任务而展开。

对35岁以上的人的开发培训应着重于知识的更新、思想的与时俱进以及对组织和问题有概念性的认识。那些心理需要更新的人们的任务是重新设计、重新公式化、精炼和重新构建问题和任务。伟大的革新不可能从这些人中产生,除非他们是时局动荡的产物,就如教皇约翰二十三(Pope John XXIII)提出的现代化的口号一样。

相反地,他们应该把注意力从日常性的事务中解脱出来,更加关注新观点,在工作中检验和消化它们,思考它们对解决组织问题的实际应用。当他们走向未来时,他们不必走很多的弯路,就像一个人在冰上时,有一块木板在下面铺垫一样。外力过分的推动会使他们脱离木板而变得残疾甚至不能动弹。因此,培训课程应该以较小的风险来推广新方法和新观点,包括使用小的实验等方法。

给这些组织管理者的培训应关心如何培养新的管理者。这意味着不仅应该强调教练、咨询、教学和支持,而且应该给他们以时间和机会消除他们对对手的恐慌和失望,消除他们对那些工作得很好的年轻人的怨恨,这些年轻人拥有整个世界,他们只能勇往直前。最后,还应该给他们以认识、理解、接受独特角色的机会。他们可以更好地下赌注,并做自己乐于做的事情,而不是排斥年轻人。在年轻人的竞争中,他们也照样可以取胜。

对于管理者、他的下属和公司来说,中年是一个真正复兴的时期。

参考文献:

1. "Clinical health age ;30—40", *BusinessWeek*, March 3, 1956, p.56.
2. Elliot Jaques, "Death and Mid-life Crisis", *The International Journal of Psychoanalysis*, October 1965, p.502.
3. 未发表。

4. Boston：Houghton Mifflin,1967.

5. 参见我的著作 *Emotional Health：in the World of Work*（New York：Harper & Row,1964）中的一篇文章"Management by Guilt"(chapter 18)。

6. 前面所引 Jaques 著作第 503 页。

7. Anne Roe and Rhoda Baruch,"Occupational Changes in the Adult Years",Personal Administration,July-August 1967,p.32.

8. *Life*,February 28,1969,p.6.

9. "Adjustments and Reorientation in the Course of the Life Span", in *Middle Age and Aging*, Bernice L. Neugarten 编（Chicago：University of Chicago Press,1968),p.81。

10. 引自 Raymond G. Kuhlen,"Development Changes in Motivation During the Adult Years",收于 Bernice L. Neugarten 所编上述著作的第 134 页。

11. 前面所引 Jaques 著作第 505 页。

12. *Childhood and Society*（New York：W.W.Norton,1964),p.13.

第四章

第二节　管理者讲道德吗？

艾伯特·Z.卡尔

　　问一位公司的老板,他的公司里是否雇用童工,他要么认为你在开玩笑,要么会愤怒,认为你忽视了他的道德标准。在19世纪70年代的工厂中,雇用童工明显是不道德的和违法的。

　　但是,直到最近(1941),美国最高法院才确立了长期争论的宪法性文件《童工法案》,国会实际上在四年前就已经通过了。在过去的80年间,十岁左右的孩子在奴隶般的工作环境里每天工作11个小时,做着成人的工作,这种雇用童工的行为并未引起商业领域的人们的愤怒。

　　可以确信,仅仅很少的行业认为该法案的实施是有利可图的,并且大多数的经营者都不希望法令禁止雇用童工。所以,为了停止使用童工,政府不得不颁布法令,而政府任何的干预经济的行为都被认为是对上帝、人性、尊严的一种犯罪。如果一个工厂为了降低成本而雇用童工,而那些工作并不一定需要成人才能完成,这就变成了一个需要雇主与孩子的父母、孤儿院共同解决的问题。

　　正如从1860年到1930年的《商业周刊》上所显示的那样,私人企业家们号称禁止使用廉价劳动力就是打开了进入社会主义和无政府主义的大门,这是商人们习惯性的理由。

　　商业道德领域中的每一个进步都是通过长期的斗争和痛苦取得的。[1]变化过程开始于敏感的观察者对当前的实践产生怀疑时。他们的劝告通常被人们忽视,然而,直到经济领域和技术发生变化使旧的惯例变得不合时宜,人们越来越重视道德的作用。

　　从该法案中受益的商人强力地为该法案辩护,随后经过很长时间的公共大讨论,最后以法律的形式禁止了雇用童工行为。在20或30年后,新一代的商人认为这种行为在道德上是令人愤慨的,以前的人怎么会允许这样的行为存在呢?

长久以来被认为是价值来源的奴隶制度,在经过了一百多年尤其是在国内战争中达到顶点的激烈的争论后,终于被美国国会宣布为非法。又经过了100年,人们才消除了雇用中存在的种族歧视。经过了80年的暴力冲突,人们才接受了劳资谈判的原则;经过了110年的金融混乱后才有了法律来规范银行和股票交易。

以上的前进的步伐,都是一开始被大多数商人反对,后来慢慢变为美国私人商业经济的道德基础的一部分。

"耶稣" vs. "尼禄"

在20世纪后半期,随着美国人口、货币供应、军事力量、工业技术的迅速发展,严重的新道德问题又在美国的商业领域中出现:人口的增长、经济资源主要集中在几个大公司的手中、军事因素对经济控制的加强、经济利益和战争威胁之间存在的复杂问题。这些问题很可怕,它们迫切需要解决,不用再等一个世纪或者一代人的时间来等商业道德发生变化促使商人去行动。

我们的商业和社会面临的问题是紧迫的,甚至有恶化的趋势。如果不能用长远的眼光和有效的措施来解决这些问题,它们很可能摧毁我们的政治民主和经济体系。

实际上,考虑到我们的国内经济和国外军事力量之间存在着密切的关系和世界军备力量的崛起,我们可以毫不夸张地说,未来十年对人类产生决定性影响的将是企业家的道德新思维。

由于这些快速发展的问题数量惊人,道德判断的旧标准看来已经落后于时代的潮流了。一位商人的会计报表一定要诚实,要真诚地履行合同——他不能做有误导性的广告、舞弊价格、欺骗股东、不给工人报酬、

第四章

欺骗消费者、散播竞争者的谣言或在背后暗算别人。这种人在过去被认为是"道德高尚的人",他会自认为自己在道德上高于周围那些诈骗的人、阴谋家和背叛者等人。

个人道德标准已经不能被认为是商业道德的标准了。每个人都知道一小部分商人对于商业的伤害会影响到其他人和整个公众,从小的利益冲突,到销售有害药品、不安全的汽车等。在我们生活的商业危机中,这些不道德的行为,如同裸体画一样,已经失去了震撼力。

公众已经对公司总裁和他的同行串通制定价格漠不关心了。人们很高兴主管销售的副总理给客户提供电话。当我们听过这几个故事后,我们已经对这样的行为习以为常了。

但是,我们不能不管或嘲笑有实力的公司采取措施来反对这种对社会有巨大危险的行为,不能嘲笑他们对此作出的贡献。与为了增加收入而破坏整个人类健康与和谐的公司和管理者相比,一个偷盗公司钱财的人在道德上所犯有的错误是微不足道的,就好比用耶稣来对比罗马尼禄皇帝。

只考虑公司利益而不考虑社会伦理道德的执行官的道德定位是很模糊的。并不能因为他无法控制公司政策的实施而使他免受责备。可以说,他是有责任的。

如果他意识到公司的工厂污染了环境,或者他的产品损害了顾客利益,而他没有尽力改变公司的政策,那么他在道德上是受到怀疑的。如果他在雇用中曲折逃避了关于种族歧视的法律,他就增加了种族冲突,并在某种程度上破坏了社会秩序。如果他知道他的公司参与了对立法者或者政府人员的行贿,或与工会进行私下交易,或是利用由辛迪加控制的公司的特权,他的工作就会有蔑视法律或刑法之嫌。

如果他的公司为了军事合同的需要,来游说反对削减军费预算,他就要对文明经济的压缩、通货膨胀、城市衰败、房屋消费短缺、交通和学校的减少以及无力减少贫穷负有一定的责任。

从这点上,小心谨慎的管理者也会被认为是道德的诈骗者和背叛者,尽管他从没有触犯法律,也没有违背一般意义上的教规。

被抑制的内疚感

实践的问题出来了:如果一个在工作中负责的人发现公司的特定政策对社会有害,在保住工作的前提下,他该做什么呢?

与通常观点不同,没有任何资源的情况下,他不应该有任何行动。我将在文章的最后一部分中对求助的天性加以讨论。在这里,我想指出,除非管理者能用现实的策略来表现他的社会责任感,否则他的结局将是遭受挫折或别人的嘲讽。

一位我认识的管理者为自己的上司写了几部备忘录,描述了公司应当对严重的环境污染负责的例子,呼吁采取早期措施,这位管理者被尖锐地斥责为"消极态度"。

另一个例子,一个大公司的成功执行官,在一个秘密场合很严肃地告诉我,他不认为像他这个职位的人在办公室里可以提供奢侈的良心。他很真诚地说,他对自己公司的某些政策并不满意。他不再否认自己公司没有担当应付的社会职责,并正在从事一些贿赂的政治行为。

但是他有什么选择呢?他只有三种选择,并且他告诉我这三个选择他都不喜欢:

如果他极力争取改变政策以帮助保持净收入提高,他就会被上级认为是"不现实"的或"理想主义"——如果他坚持的话,他的工作会遇到挫折甚至他会被迫辞职。

保持沉默不仅会破坏自己对工作的热爱,而且会导致他不再尊敬自己。

如果他转到另一个公司中去,他仅仅是把他的道德疑虑从一处改到

第四章

另一处。

他感到很惋惜,他羡慕他同事的良心与比起穴居时代没有任何改变,他们很自然地接受了现状。他说他正在考虑他是否也应该像他们那样对社会问题采取冷漠的态度,毕竟,这种反应很正常。

可能他努力使自己获得了成功,因为他继续呆在公司里并得到了晋升。他可能还幻想过他失去了自己的道德——就像在马克·吐温的小说中的讲述者一样,他以一种很愉快的方式埋葬了到他门前请求给予施舍的流浪汉。

但是良心永远不会泯灭。当它被忽视的时候,它仅仅被深深地隐藏在心里,转变为很压抑的内疚感,甚至会转变为严重的身心问题。一个严峻的事实是一个有良心的管理者往往会在工作中处于不利地位,除非他能够采取策略获得成功而不必受道德的约束。

不信任的公众

公司里的员工遇到道德问题的同时,公众对商业道德的不信任感也越来越强。

人们羡慕公司总裁的影响力,尊重他们拥有的权威,但是很多人深深怀疑他们的道德——为数不少的成功商人的孩子们都认为他们的父亲存在这样的问题。美国许多大学的调查研究表明,大量想获得本科学历的学生认为商业的法则就是人吃人,所以他们中的大多数不想进入商界。

这种低调观点并不仅仅限于年轻人。一项涉及2 000多名美国人的调查显示,大约有一半的人认为:"大多数商人可以干任何事情,诚实的和不诚实的,他们的眼里只有美元。"[2] 但这个观点并不能代表所有公众的观点。(这份调查同样显示了大多数美国人意识到商业对于他们物质生活所起的巨大作用;这两种观点是不矛盾的。)

处理职业压力

许多商人也被执行官的道德水平问题所困扰。尽管在另一个调查中,90%的被调查管理者认为他们自己是"有道德"的,80%的人也承认"他们在现实中的一些商业行为也是不道德的"。例如对于公务员的行贿、操纵价格、共谋的合同欺诈等。[3]

公众决不是没有意识到这种实际状况。在新英格兰镇,公众关于商业道德的谈话中,我发现他们提到了回扣、商业间谍、挪用财物和欺诈。人们认为拿回扣这件事情很普遍,以至于国内税收机构为商人制定详细措施规定如何从各项收入中收税。

许多公司对消费者身体健康和安全的漠视也是受批评的根源之一。不久前的新闻发布会上,几个接受采访的人讲到了在公司重要人物之间存在利益冲突的事。其他人从电视中了解到公司总裁之间生存斗争的残忍和虚假的友善是很常见的。

家庭主妇通过他们的购物经历强烈谴责商家,她们花更多的钱,买到的必需品的质量却下降了。两三个人提到了《消费者报道》中的"有计划的衰退"("Planned Obsolescence")。

我得出的结论是,如果我的调查具有代表性——我认为如此——公众知晓的关于公司活动的内容比大多数领导者认识到的要多。

这样的观点正在被这样一些人认同,他们没有考虑到他们的行动对周围环境的损害或者公司游说者对军事决定者的影响可能会影响经济的正常发展。可以想象,随着社会和经济状况的恶化,如果这些情况和其他一些主要的话题对人们产生更多的影响,人们对公司道德的批评就会变得越来越尖锐。

如果20世纪70年代日益扩大的水资源短缺和20世纪80年代的新鲜空气的短缺真的出现了,并且军事花费日益压迫公众生活,公众的愤恨就会转变为积极的反抗公司和政府的运动。那样,公司总裁承担的道德压力就会越来越大。

第四章

在20世纪的50～60年代,公众观点确实影响了许多公司,它们保证减少对大气和水资源的污染、更多雇用黑人,这些作法都是对商业道德的安慰。

"社会责任"逐渐引起了人们的关注,正如一位评论家说的那样:"公司中宣称社会责任的呼声如此之多,以至于一个人很难做不体面的事。每个人都在行动,并且几乎每个人做的跟他们说的是一样的。"[4]许多公司已经花费很多的精力,宣传他们正在努力保护河流的干净、清理烟尘含量超标的烟囱以及培训失业者。

他们现在的所作所为具有很大的现实意义,但是在很大程度上,他们做得还不够。20世纪70年代,公司所做的努力与它们的业务范围相比还很不够,它们所承担的社会责任还远远不够。

在会议室的门背后

我没有听说过任何一个公司雇用了一位副总裁来专门负责道德建设;有道德修养的总裁迟早会反对那些漠不关心私人道德价值的人。

当在公司中掌握实权的人要一起做决策时,他们会考虑其中的道德因素,但是不会太多。由于法律和公共意识没有规定公司的社会责任,所以高层管理者的决策过程仅较少地考虑了社会责任。

没有承诺早期回报和需要巨大成本的建议,只有它们可以逃避类似行政诉讼、工人罢工、受消费者抵制的社会惩罚的时候,人们才愿意接受它们。对治理污染设备的重大投资、对雇用和培训缺乏就业能力的工人的重大投资、为了孩子们更好地受教育而交纳更多的税、在某种程度上,这些投资未来的回报很模糊,这些投资决策通常与每一个以利润为出发点的管理者的想法是不一致的。

事实也是如此。在以公司效率占压倒性优势的社会中,持续地降低销售成本是关键。降低成本不仅是保持高利润的关键,而且也是公司操作运转的关键之一,有利于招募好员工,也能使公司在激烈的市场竞争中占据一定的市场份额。

　　降低成本而增加的公司公积金只有很少的一部分用于承担社会责任。人们认为把公积金花在这些无偿的项目上,就会影响公司的发展结构。

　　切斯特·A.巴纳德(Chester A. Barnard),老一代的一位很睿智的公司总裁,他很关注伦理道德,他对管理职位提出了质疑:"管理的作用是保证生产中所涉及的道德问题将被及时调整,以使不会遭受微乎其微的反对,甚至是不可能遭到反对?"[5]谈到阻止事故发生时,他警告大家说,如果用于此项目的开销减少了公司的财政,那么"公司就丧失了一项服务,而企业家则丧失了一次机会"。

　　公司经理在社会责任的开支方面也采取了同样的态度。"我们不能承担把大量的资金用在这些没有实际效益的活动上,我们需要资金来扩大再生产。"

　　愿意接受收入减少的企业家,我们不知道这样的人是哪种类型,可能会使他的企业走在满足社会责任感的大道上。但是同时拥有一个有竞争力的管理团队、指挥者和一帮股东的公司,不会心怀这些与商业活动无关的想法。

　　有时候,政治家、作家甚至一些像克拉伦斯·B.兰德尔(Clarence B. Randall)那样的高觉悟的管理者,已经呼吁商界的良心。他们指出,既然管理者和公司的领导者是为了提高他们的个人信誉,那么公司决策就应该以道德指引。

　　甚至虚伪的经济学家A. A.伯利(A. A. Berle, Jr.)已经表达了这样一个观点:在这个商业时代,我们社会的健康发展需要企业道德的快速发展。[6]但是他指出,如果他所指的道德是超越经济范围内的价值判断的话,他觉得是不可能的。

第四章

一个能用"好"或者是"坏"这样的词描述的、符合当前的道德标准的企业是不能长久生存的。除非自己的利益能得到满足,不论是通过利润的刺激,还是通过避免惩罚,否则,没有任何一个公司愿意服务于社会利益。

道德的"格雷斯法则"

在把公众责任作为企业高层做决策的考虑因素之前,必须经过一个经济价值的判断。例如,管理者会说:

"我们必须安装新的安全系统,如果我们不这样做,政府会把刀架在我们的脖子上,由此产生的不好的社会效应将使我们付出更多。"

"我们应该安装设备,以防止硫化物对于植物的损害。否则我们就会在招募新员工和与社区的公共关系上遇到困难。"

值得注意的是,亨利·福特二世感到很难向福特汽车公司的股东解释下列事实:他从底特律的失业大军中招聘员工所向公众展示的诚心和社会责任意识对于阻止犹太人的暴动是非常有效的,暴动会对经济造成危害。

在另一种情形下,当许多人寿保险公司同意以低于市场的利率在贫民窟进行投资,他们的管理者就很快指出股东的抱怨,他们认为这样是打开了未来的人寿保险市场。成功的公司管理者可以预期公司用于社会公共利益的开支,因为如果投资失败将导致最后丧失安全感和机会,这会超过成本。

如果没有个人的责任感,就不会有道德感,并且正如安布罗德·比勒(Ambrode Bierer)所说,企业是"不需要个体责任就能使人们获得个人价值"的有效工具。当公司的管理者和领导者进行讨论政策时,他们就会把道德感抛在脑后。

如果他们不服从于自己内心的顾虑来考虑利润和经济增长,他们就会丧失自己对公司的责任感。格雷斯法则在这里起作用了;公司道德有利于压制并驱逐掉个人自我限制的道德。

(这在每个公司结构层次上都是正确的。一个坚持道德标准的管理者会被同事们疏远。例如,在一个渎职非常普遍的采购部门里,拒绝从供应者手中收回扣的人会受到大家的憎恨。因为他破坏了其他人的安全感。除非他屈服,否则人们很容易把他"剔除掉"。)

在讨论社会责任感的会议室里,一个重要的话题不是"我们在道德上应该做什么?"而是"如果我们不这样做,会发生什么?"或者"这会对投资回报率有何影响?"

如果公司的内部法律顾问使管理者确信,公司不承担额外的社会责任开支也不会受到严重的惩罚,如果公司的销售人员没看到任何对销售不利的局面,如果公司的公共关系人员保证公司的形象良好,那么公司可以不花费这笔数目不小的钱去承担社会责任或其他的责任。

法律在政府与公司之间具有强制力,而不仅仅是说明"什么是正确的"、"什么是错误的"。联邦贸易委员会、食品和卫生部以及其他政府部门的文件都记录了一些有声望的公司违反法律的案例,这些公司在做这些事情的时候都认为它们可以逃避法律的制裁。

即使公司管理者预料到他们的违法行为可能会被发现,但是公司违法的现象并不少见,当罚款仅占到了利润的一小部分,而利润却很大的时候,他们就会铤而走险。不止一个公司在已经预料到反垄断法最终还会将公司分立的情况下,仍然要进行公司合并,因为在合并的过程中公司会在股票市场上赚到大笔的钱。

执行官可以做什么?

人们可以设想一个公司为了保护环境和缓解社会压力而牺牲公司

第四章

的短期利益。

理论上可以想象——高级经理作为一个阶层在社会走向军事化的情况下,出于自身利益和自由竞争体系的考虑,将会给政府施加压力去抵制不必要的军事开支和过度的装备陆海空三军。同样,我们可以想象联邦政府也会让海外投资的美国公司明白,保护它们的投资并不是政府的责任。

我们也可以设想,既然不考虑社会责任的公司是公众谴责的对象,那么穆迪(Moody)就会给予满足社会需要的公司更高的评价;我们还可以设想,成立一个强有力的社会责任执行联盟(Executive League for Social Responsibility)来激励和帮助高级管理层制定有利于社会长期发展的经济政策。在那样的理想国,有道德的执行官可以无忧无虑地工作。

但是,在今天的现实商业世界中,他肯定是一个有麻烦的人。可能存在这样的管理者,他们处在强有力的位置上,因此可以让他们的管理层接受为了社会的利益而降低的投资回报。但是对于想保持住公司职位和获得上司嘉奖的大多数员工,建议这样的事情可能会使自己上了断头台。

他不是无能为力的

但这并不意味着有道德的执行官不能做任何事情。实际上,如果他什么都不做,他会觉得自己是一个降低个人价值和公司价值的罪人。他所处的形势需要智慧也需要勇气。无论他多么想表达自己的社会责任感,他的想法必须符合公司的利益。

让公司管理者直接把社会价值放在利润之上是有勇无谋的,但是如果他能够证明考虑社会责任会提高公司的效率并给公司带来长期的利益,那么他这样做就不会遭到谴责——甚至会有利于提高他在公司的地位。一个知道如何平衡经济和道德利益,并没有遭到高级管理层反对的人,是有成为高级管理层的才华的。

实际上,向经理建议的任何一个注重道德的提议都是有远见的——有助于开阔自己的视野。不道德的作法是目光短浅的,公司最终会遭到应有的惩罚的。

现实中,一个能够长期发展的企业必须找到自己合理的道德立足点。我可以大胆地说,执行官所做的任何有关拓宽上级管理者的思路的事情,往往会影响公司道德的发展。

有道德的总裁其希望和机会存在于长远的经济眼光和社会观的相互发展中。他必须坚信为了承担社会责任而增加的开支和其他方面的开支对公司是有利的。

我最近观察到一个例子,一个公司的一位执行官说服管理者制定了有利于治理污染的政策。他准备了几周的选择方案表明,如果实行他的计划,公司在未来三年和六年花费的成本会比以后遭到的损失小得多。

当他叙述完他的计划时,在他的听众中,即使是他在公司里的对手都没有站起来反对他。他所做的已经超越了服务于这个公司和满足自己的道德操守;他展示了如果一个人足够强劲、有力、勇敢地去做任何他想要做的事情,公司决定和个人良心之间的鸿沟不是不可逾越的。

我们经济的未来需要涌现大量这样的人才,他们相信公司将帮助拯救整个世界。

参考文献:

1. 为了详述这一观点,请参阅 Robert W. Austin,"Responsibility for Social Change," HBR July-August 1965, p. 45;以及 Theodore Levitt, "Why Business Always Loses," HBR March-April 1968, p.81。

2. Louis B. Harris and Associates, in a survey reported at a Nation-

al Industrial Conference Board meeting, April 21, 1966.

3. Raymond C. Baumhart, S.J., "How Ethical Are Businessmen?" HBR July-August 1961, p.6.

4. Theodore Levitt, "The Dangers of Social Responsibility," HBR September-October 1958, p.41.

5. *Elementary Conditions of Business Morals* (Berkeley: Committee on the Barbara Weinstock Lectures, University of California, 1958).

6. *The Twentieth Century Capitalist Revolution* (New York: Harcourt, Brace, 1954), pp.113-114.

第三节 为什么"优秀的"管理者会作出不道德的选择?

索尔·W.盖勒曼

迈威(Manville)公司的高层管理者,如何能数十年隐瞒那些能证明吸入石棉会导致员工死亡的证据呢?

什么使伊利诺伊大陆银行(Continental Illinois Bank)的管理者追求一系列的行为,而不管要付出机构破产、毁坏声誉、成千上万的无辜的管理者和投资者失业的代价呢?

为什么赫顿公司(E. F. Hutton)的管理者会承认2 000条邮政和电报线路欺诈罪,并且接受200万美元的罚款,还把800万美元退还给400家被骗的银行机构呢?

我们怎么解释发生在这些组织中的不道德行为呢?或者在任何其他的组织中,公开的或者秘密的,占一定比例的不道德行为:违约的工人咒骂他们的监督者伪造工时;给纽约的政府人员以贿赂和回扣;明知产品不符合安全而仍旧生产;导致挑战者号悲剧的决策过程。

故事经常有细微的差别,但也有很多共同点,因为他们都蕴涵着世界上最古老的问题和日复一日的环境中人类的行为和判断问题。看到这些东西,我们不得不问:通常被认为诚实、聪明、富有同情心的人是如何变成了无情的、不诚实的、固执己见的呢?

我认为,解释要归结于人们依赖并且用之来判断行为的四种合理化假设:人们相信行为并不是真的不合法或者是不道德;个人和组织对他们都很感兴趣;它永远不会被解决;由于他帮助了公司,因此公司会宽恕他。通过分析这些案例,我们可以总结出一些有效的办法——控制但不消除。不得不接受的事实是,公司的不道德行为就像小蟑螂一样,可以

第四章

控制但不可能完全消灭。

三个案例

乔治·华盛顿大学的社会学教授阿米泰·埃齐奥尼（Amitai Etzioni）总结说，过去的十几年中，美国最大的500家企业中，多于三分之二的公司在不同程度上有一些不合法行为。通过以下三个案例，我们可看到这种不合法行为的危害，不仅破坏一些人的生活，破坏机构，破坏公司名声，而且给大量无辜的人们造成真正和持久的伤害。以下的三个案例是常见的。我在这里列举他们的目的是为了说明在各种商业活动中，管理者每天都会遇到我所列举的这些问题。

迈威公司

几年前，迈威公司在美国商业的激烈竞争中牢牢站稳了脚跟。现在，它正在把它80%的资产转向信托机构，这些人准备控告它与以前的主要产品——石棉有关的债务，整个公司被道德给拖垮了。

在40多年前，迈威公司的高层领导通过公司的医疗部门了解到吸入石棉是导致石棉沉滞症、肺部恶化、肺癌和间皮瘤的原因。公司的管理者封锁了这项调查结果。而且，作为一项政策，他们决定向受伤害的职员隐瞒这个信息。公司医务人员和上层管理者串通合作，因此这里我们只能猜测了。

金钱可能是一个动机。在一个特殊的证据中，一位律师回忆了40年前他是怎样面对公司隐瞒员工X光检查的结果。那位律师问道："你的意思是说你会让他们继续工作直到他们死亡？"回答是："是的，那样，我们可以省很多钱。"

在这些证据之上，加利福尼亚的法院发现，迈威公司隐瞒了石棉对他的员工所造成的危险，而不是寻找安全途径来解决它。比起改进安全工作环境的花费来,对个人进行赔偿仍要花费得少。新泽西法院更直接地认为:迈威公司故意作了一个毫无人情的决定,不采取任何的保护治疗行动,不管其他人的权利。

我们怎样解释这种行为?这个公司的总裁40多年前就丧失了道德吗?

回答否认了一般认识。我认为事实是缺乏说服力的,也不能满足那些总是把罪恶归结于拙劣行动的人。此例中的大多数人和你我实际没什么区别。他们发现自己在一个两难处境中,然后用一种看起来麻烦最小的方式来解决,决定不揭露那些可能对产品有损害的信息。他们这样做,无论对成千上万的无辜的人们还是公司,结果可能从来不会发生在他们身上。

这个公司的事例揭示了在可接收和不可接受的管理行为之间的界限。管理者被期待解决一个两难的平衡——追求公司的最大利润,但是不超出外部能忍受的最大界限。

即使最好的管理者也发现他们自己在两难中,不知道能坚持多久。在回顾中,他们经常可以清楚地说出,当初他们应该在哪儿坚守界线,但是没有一个人能够如此。我们只能在今天行动和生活,希望不管是谁回顾我们所做的,都会评价我们达到了适度的平衡。在几年以后,我们中的许多人会发现我们现在所做的关于烟草生产、新鲜空气保护、化学品等使用决策有可能是不正确的。公司领导者认为他们正在为公司的利益行动,或者他们所作的永远不会被发现,或者他们实际上没有错。最后,实际上这些行为的貌似合理主义都使得公司走向了衰落。

伊利诺伊大陆银行

直到最近,美国的第九大银行——伊利诺伊大陆银行不得不破产,这是因为领导层的错误决定。政府把它解救出来了,但是付出了巨大代价。

第四章

实际上它已经社会化了:大约80%的公司资产属于联邦储存保险公司。公司已经被误解价值的领导者搞垮了。为了他们自己的利益,管理者一味追求公司目标而全然不视达到目标的途径。

1976年,公司总裁宣布五年之内银行的借贷要超过任何其他的银行。这个目标是可以达到的,实际上,在一段时间内,公司也确实达到了。但是他的战略从传统的公司财务转移到过渡追求借款人数量。于是,公司派他的负责信贷的人员借钱给那些有少数资金的小银行。

这件事本身并不必然是不合理的。但是一些小银行所做的并不仅仅限于借钱——他们也幻想着侵吞俄克拉荷马州那些资金短缺的石油开采企业,并且他们也开始投入大量的资金。最后,借出的十亿美元成就了公司部长的职务,但是,这十亿美元是使用储蓄者的钱支付的。当石油价格下跌时,只剩下干枯的油井和所控制的钻探设备,暗示了这是当初投资的钱。

公司的高层对他们能借出这么多的钱如此欣喜若狂,以至于无法深入思考他们所取得的成果。大量的钱被借出去了。如果借钱者能把款项还给银行,公司将可能会变成美国第七或第八大银行,但这只是"如果"。公司在判断和操作上是失败的,可能因为那些购买贷款的人从上级那儿得到表扬或支持了吧,或者他们没有受到阻止。

例如,在一点上,这个银行的会计师偶然发现这样一个事实:购买了八亿美元的石油和天然气贷款的银行领导,也为自己从宾夕法尼亚广场银行(the Penn Square Bank)中贷了565 000美元。这个公司的高层管理者最后被调查并提出申诉。争论影响了公司职员的工作,事实上他已经获得的部长职务会使他得到预期中的大约平均20%的回报。实际上,最后八亿美元贷款被取消了。管理者拒绝详细解释,向联邦政府的申诉也被驳回。

至少在其他两种机会下,公司的自我控制机制显示出在石油和天然气的部长职务上存在一些问题。一位副总裁在他的备忘录中写道:确认贷款的合理性的文件至今也没有被证实。不久,有一位初级借贷管理者,放下工作,经过三位高级领导者的办公室,去报告一位高级管理者丢失了一份文件。管理层选择了不去调查。毕竟,这个公司在做的,正是主席所说应当做的事情:他正在变成全美国的商界领导。石油和天然气的贷款对于成功是非常重要的。停下来去调查只会导致前进的步伐放慢。

但是最后,关于银行部长职务的不确定消息传来了,这导致了储备金大量减少。没有一个银行帮助他们,都怕被大陆银行的巨额债务拖垮。为了避免继续下滑,公司实际上变成了美国政府的一个守护物品。受损失者是公司的股东,还有许多职员失业,当公司的资产日益减少时,有2000名职员离开(约占总数的50%)。

我们很容易在事实面前下结论,说公司负责贷款的职员和他们的上级实际所做的并不是当做之事:他们用储蓄下赌注。但是在另一个层面上,这件事情又很难分析——它是每天的商业活动中的一部分。确实,公司的部分问题被管理者忽视了。但是另一个原因来自公司虚荣的目标。被这个目标推动着,管理者就不能正确地看清他们的利益所在。他们只关心目标,而忽视了与这些选择相关联的道德问题,最后反而伤害了自己。

赫顿公司

国家第二大经纪公司——赫顿公司,最近承认了2000条邮政和电报线路的欺诈之罪。通过欺骗400家银行动用实际上不存在的款项,它无偿运用了这笔钱。最近,公司同意支付200万美元的罚金和75万美元政府调查费用。为了归还银行的钱,它已经动用了800万美元的储备金——这些可能还不够。几位管理者已经失业,并且另一些措施可能接

第四章

踵而来。

但是最糟糕的是,赫顿公司已经败坏了公司声誉,这一行为太不明智,尤其是当你的公司被委托来管理别人的钱的时候。公司想通过任命新的领导来给外界一个全新的感觉,在发布这一消息后的几个月内,由于公共形象的问题,公司发现无人愿意接受这些职位。

很显然,公司的分支机构的管理者,已经被鼓励花更多精力进行现金管理。在某点上,他们动用其他人的钱甚至比使用自己的钱更能获得利益。公司每次过度动用的数额都不是很大。但是积攒起来,节省的利息就是一笔大数目。由于公司的存款无人知晓,大多数银行也没有反对,公司使管理者确信,他们所做的都是精明的——并且正大光明。他们认为自己的活动合法,并没有逾越法律的界限。分支机构的管理者利用了合法性和上层管理者的承认而从事这些活动。在某些情况下,玩这场游戏的最狡猾的管理者,甚至会因为他们的技术隐蔽而被加以奖励。

赫顿公司可能不会像迈威和伊利诺伊大陆银行那样,忍受如此剧烈变动的命运。确实,通过强有力的控制,他可能又从这次特殊的尴尬中解脱出来,虽然还留有不愉快的回忆。但这个事例是有价值的,因为它是公司丧失道德的典型。大多数不恰当措施没有致命地摧毁它。事实上,大多数措施并没有真正揭示人们应当如何展开工作。在许多情况下,赌博的意愿因此可能被理性所提升——不管正确与否——每个人都在做一些错误的事情;那些不为自己利益这样做的人是傻子。

四点合理化建议

为什么管理者所做之事最终会导致对公司、自己或者组织所依赖的人带来不好的结果呢?这三个实例以及现在在每天在报纸上见到的正在发生的大量事情,提供了公司不道德行为背后的动机和本能。尽管事情本身可能会不同,从对石棉吸入的不成熟处理到不合法的财务管理,但是激发行动的动机是一样的。我们在公司的背景之下考虑这些问题,但是我们知道在社会中这也是存在的。不管我们走到哪里,都会发现这种现象,因为这是我们与生俱来的东西。

当我们更加仔细地观察这些案例时,我们可以总结出导致不道德行为的四种合理化原因:

认为他们的行为在合乎道德和合法的界限内——也就是,它不是不合法的或不道德的。

认为行动是为了个人或组织的利益——因此组织希望个人从事这种活动。

认为行动不会被发现或被惩罚,所以行动是安全的,犯罪和惩罚是不会被发现的。

认为由于行为对公司有利,所以公司会这样行动甚至会保护从事这种行动的人。

行动本身并不错误的观点已经存在很长时间了。多远是太远了啊?灵活或太过灵活之间的界限到底在哪里?清晰和模糊的界限在哪里?利润最大化和非法行为之间的界限在哪里?问题是复杂的:它涉及到了高层管理者的目标和中层管理者解释这些目标之间的相互关系。

把一些人放在模糊、不明了的环境里,一些人就会得出这样的结论:没有被特别表明错误的事情就是一定可以做的事情,尤其是当他们做某些事情会得到回报时。例如,故意透支在赫顿公司并没有被禁止。既然公司没有指出它的非法性,所以当它的雇员遭受起诉时,公司会为自己的行为感到内疚。

上层管理者不会让下属去做那些双方都知道是违反了法律或轻率的事情。但是公司领导者有时候不明确表明一些事情,给他下属的感觉往往是他不想了解这些事情。换句话说,不管是故意还是其他的,为了在事发时保住自己的清白,上层管理者远离了下属有策略的行为。高级

第四章

管理者会经常暗示那些虚荣的基层管理者,如果他们可以达至某种特定后果,并且他们达到目的的方法是不易被察觉的,就会有高额的回报在等着他们。在大陆银行的利益之争中被卷入的职员,给其他管理者传递了一个很明确的信息:明白上层管理者真正的想法是很重要的。

管理者怎样才能避免越过合法与非法之间模糊的界限呢?不幸的是,大多数人只有在他们已经越过了很多时,才发现他们已经越过了界限。他们没有什么标准可以用来判断什么是可以被忽略的,什么是可以被容忍的,什么是会遭到谴责的,什么是可能遭到打击的。当管理者们必须在模糊的环境中行动的时候,他们可以依赖的只有一个很古老的原则:当你感到疑惑时,就不要继续做了。

看起来经营商业是一件需要谨小慎微的事情。一个人辩称,如果大多数公司的中层经理都接受了这种观点,那么这种做法会使公司无法在自由的竞争环境中立足。然而,经济上的冒险与为了攫取巨额财富而冒违法的风险是不一样的。

一个成功者和一个蛮干者之间的区别在于知识——包括自知之明——而不是胆大。与通常人们理解的相反,管理者不因为冒险而得到回报;而是因为他知道什么样的风险值得冒。同时,利润最大化是公司的第二目标,而不是第一目标。第一个目标是保证公司的生存。

公司需要管理者冒险给出很多建议。但是同样地,让你做得更多、更好、更快且花费更少的上级管理者们也会让你跨越是非之间的模糊界限。他们会责怪你超越了命令行事或忽视了他们的忠告。聪明的管理者已经知道该如何回答这个问题"太远是多远"这本身就是不想去寻找答案!

考虑一下人们的行为会使他们的公司陷入困境的第二个原因,不道德的行为是为了个人或公司的利益,而这种利益又是从狭义的角度理解的利益。例如,Alpha Industries,曼彻斯特的一家微波设备制造商,给了雷西昂(Raytheon)经理57000美元,表面上是让他写一份报告。空军调查员控告说报告实际上是一个掩盖贿赂的诡计;Alpha想要签订一个由雷西昂监督的转包合同。但是最后这个合同实际所花费的多于这个报告所列出的花费。当公司被揭露了行贿以后,合同被中止了,利润也消失了。Alpha并不是唯一实施该种犯罪行为的公司:在1984年,五角大楼使得违反了规则的453家公司歇业。

虚荣心使经理努力地吸引别人的注意力,使得他们有别于其他人。因此他们努力地使自己在同行中脱颖而出。一些人可能会发现他们完全可以不必考虑长期利益而在短期内取得显著的成效。例如,你可以节约物质开支、减少培训或对顾客的服务,你可以在一段时间内这样做。

可悲的是,许多经理以这种方式得到晋升,让不幸的接任者去处理他遗留的问题。既然这个社会不是绝对的公正,所以遗留下来的问题不由前任经理来解决也是普遍现象。公司无法承担这种欺骗方式带来的后果。公司关心的不仅仅是结果。它们需要更关心结果是怎样得到的。

很明显,在赫顿的例子中,就有这样的观点,但是管理者选择了解释政府所不愿意解释的那些东西。这引起了另一个两难处境:管理者很自然地希望政府忽略它们的擦边球行为或者是政府注意到这些行为时能够宽容一点对待。公司必须接受人性的本质并且通过监督或发现可能的错误行为来保护自己。

独立的审计机构可以起到外部指导的作用,它提供一个衡量经理是否成功的标准,虽然这种检验方法让人感到很不舒服,但却十分让人信服。人们把这种不舒适感看作是公司的一种廉价保险,它提示所有的雇员,只有把诚实信用放在首位才能得到真正的利益。

冒险的第三个原因有可能是最难解释的一个原因,这个原因即人们有可能逃避惩罚。大量的法律禁止性行为能够逃避处罚。

我们知道仅凭良心不能限制每个人的行为。例如,波士顿国家第一

第四章

银行被指控涉嫌洗黑钱,标的为 200 亿美元。在事发之前,银行已经清洗了大量的资金。他们的交易没有被发现,使得他们更安心地从事此种交易。

我们怎样才能制止那些不易被发现的违法行为,使得它们更易被发现?一旦发现迈威石棉沉滞症的证据就使用侦察系统,就不会有未被揭露的情况了。如果注重侦察的作用,迈威可能就已经选择了不同的路径并且可以不用破产法庭保护。

首先,最有效的措施不是对那些已经被抓住的人采取严厉惩罚,而是应该提高违法行为被发现的可能性。例如,警察发现空的巡逻车停在摩托车经常超车的地方,就会降低人们超速驾驶的频率。人们发现竖有"犯罪监督"警示牌的居民区,抢劫案件的发生率降低了。

仅仅增加审核的频率和现场检查是一个阻碍办法,尤其是当与三种简单技术相混合时,进行不定期的审计,并且有一半的审计都是事先未通知的,以及在其他的方式之外建立新的检查机制。但是经常的现场检查比大规模的检查的成本要高,现在所面临的问题是哪种方法的收益最大。

一个通常的管理错误在于主观上认为,频繁的检查只会发现较少量的越轨行为,所以检查的频率越小,花费就越少,检查也就越有效率。但是这种做法忽略了经常性检查可以起到防止违法行为发生的作用。我们的目的在于阻止违法行为,而不是仅仅对违法行为进行惩罚。

不必如此小心谨慎地处理接受调查的违法行为。管理者应该公布错误行为并且指出牵涉的人应该受到怎样的惩罚。既然被发现的可能性是非法或不道德行为主要的威慑力量,那么管理者应该让人们看到被调查者的下场。

让我们来看一下公司进行不正当行为的第四点原因,那就是,公司会宽恕对它有利的行为并且会保护对此负责任的经理。我们在这里必须处理的问题是,怎样阻止公司行为走向狂暴?

类似的情况似乎在迈威发生了。一小群管理者和公司的一部分医药管理者对公众隐瞒石棉的危害性长达几十年之久,他们一直忍受这件事给他们带来的不安。在迈威公司,公司或者是公司的高级管理者宽恕了他们所做出的违法行为并且极力保护他们的职工。

一些近似的事情发生在通用电气公司。当导弹工程之一的花费超出了空军同意支付的费用时,中层管理者暗中转变了预算中的工程开支。在这个案例中,管理者对公司盲目的忠诚导致了这样的结果:管理者希望他们作出好的成绩。但是,通用电气公司,作为一个在美国有最好商业信誉的公司,仍然卷入了丑闻,并被罚款104万美元。

通用汽车公司案件中最令人头疼的地方是公司承认该事件所牵涉的人在事发之前对公司的道德标准都很熟悉。这表明仅凭借道德规则和对管理者进行教育并不能有效地阻止不道德的行为。需要一些更强有力的措施来制止不道德行为。

高层管理者有责任在公司内部创建一种道德力。高层管理者有责任在对公司的忠诚和违反法律和社会价值的行为之间划清界限。此外,因为在盛怒之下,界限变得很模糊,所以缺乏理性思考,以至于人们不能合理地怀疑他们的权利被侵犯了。例如,公司应该在被指控很久以前就有所准备了。

执行官有权利要求员工对公司忠诚,反对公司的竞争者和诽谤者,但是这种忠诚并不是反对法律、一般的道德和社会本身。管理者必须提醒员工:对顾客的伤害,尤其是对无辜旁观者的伤害,并不是公司对他们的要求。最后,也是最重要的,管理者必须强调,对公司的忠诚不能被貌似忠诚实则有害的行为来表示。坦白地说,管理者必须表明虽然是为了公司利益,但是如果损害了其他人的利益,他必须被解雇。

有关公司不道德行为的极端的例子是由于管理者的失误。避免管

第四章

理者失误的好方法是用定期的出乎意料的审计来控制管理者行为,这是行使董事监督指导职能的表现。重点在于确保外部审核与控制发挥原计划的作用。监督检查者要对工作进行有步骤的控制。哈罗德·吉宁(Harold Geneen),以前ITT的负责人,建议委员会应当有类似于政府审计部门的独立的人员,向立法机构负责而不是向政府负责。最后,高层管理层有必要向所有员工清楚、明确地表明良好道德是良好商业信誉的基础。

第四节　小企业主的孤独

戴维·E.冈伯特　戴维·P.博伊德

当丹尼尔放弃 20 年公司管理者的职业生涯,开办自己的小型钢铁厂时,他以为主要问题会转向财务和为自己的产品开拓市场。这两个问题当然存在挑战性,但是他被新生活中意想不到的难题吓坏了,对于这个问题他一点儿准备都没有。难题的名字叫孤独。

丹尼尔回想说:"我从来没有考虑过孤独,因为我从不曾遇到过它。在公司时,总有一些人分享我的观点——老板或其他同事。他们能明白我说的是什么,因为他们曾经经历过。在我以前的岗位上,有 15 个同级管理者和其他一些低级管理者可以交谈。"

"现在似乎没有其他人可以交谈。不错,现在确实有钢铁产品协会,但协会中的成员都是我的竞争对手。我早就知道在协会会议上应该尽量避免谈到价格,但即使不谈价格,在我们中间也存在紧张感,因为我们始终都是竞争对手。"

丹尼尔的新职业也影响到了他的私人关系。"我妻子不能理解我现在的工作,有时候我会变得很不耐烦,难以心平气和地回答她提出的问题。如果我对她抱怨销售量下降,她就对我说:'走出去,你会卖得更多。'有时候,我会控制不住自己的情绪,声嘶力竭地对她大喊大叫。她总是在错误的时间问错误的问题。她不但不能帮助我,甚至不能理解我的处境。"

甚至朋友关系也变成了一个问题。"老朋友似乎都远离了我。而现在,无论是在工作之内还是在工作之外,都不会建立起友谊关系了。"

他的困境是可以理解的。他在业务上投入了太多时间,这一点制约了私人关系的发展。而现在的工作中他又没有具有同等地位和责任的

第四章

人进行交流。但是企业家身份给他带来的疏离感已经给他们敲响了警钟。让他感到惊讶的是，小企业主的角色加重了他的头痛和溃疡，而那正是他紧张感常有的标志。

他的感受和经历在小企业主中是很常见的。在对这个人群的早期调查中，我们发现一些心理症状的出现和紧张感相关性很高。[1]而最近的调查显示出在紧张感和孤独之间存在更强的关联。

在被调查的210名小企业主中，当问到"是否经常感到孤独时"，109个人中立即有52％回答是肯定的。而且与做否定回答的人相比，这个群体存在精神紧张的几率更高。实际上，我们发现被调查者的孤独感和他总体上存在的紧张指数紧密相关，紧张感使一些症状的出现频率成倍增长。毫不奇怪的是，孤独感也和身体紊乱同时存在——脊背疼痛、胸部疼痛、头疼、消化不良、失眠等，而这些正是企业家们常有的症状。

从孤独感、紧张感、不良健康状况三者之间的关系来看，这项调查的结果能够使人冷静。例如，通过临床观察和对已公开数据的研究，能够总结出孤独导致死亡，尤其导致了心脏病的发生。[2]

即使只有稍微多于半数的被调查者感觉到了孤独感的重现，在我们看来这个比例也高到足以给这个群体带来侮辱。因为我们的社会流行赞扬、友谊和社交，承认孤独往往暗示着无能，甚至失败。此外，许多人认为孤独是他们自己的处境造成的，克服孤独除了自己的努力之外别无良方。结果，孤独者发现在讨论他们的处境时会很尴尬，除非孤独感已经远远超过尴尬。因此就产生了这个奇怪的现象——众多以成功为导向的企业家采用消极的、含蓄的方式表达他们的情绪。

究竟什么原因导致了小企业主常常存在孤独感呢？怎么做才能防止它的发生，什么方法才能有效地疏导它呢？在接下来的访问中，我们试图通过对12位小企业主的邮件调查寻找答案。我们发现与小企业主的压力直接相关的因素。

一方面,孤独感反映了客观存在的或者外界因素,例如小企业的特殊性、老板本人和与他们有亲密关系的人(主要是家人和朋友)之间的价值冲突。另一方面,它也是对内在或主观压力的回应,这些压力包括建立强者形象的需要、追求个人成就而不是组织活力的倾向。

这些变量中的一个或多个会激发或恶化老板的孤立感。外在和内在的压力也会交互作用:开创风险性事业吸引了孤独的人,他们发现成为一名强有力的领导者的内在要求又转而强化了原有的孤独感。

当然,并不是所有的有孤独感的企业家都会在所有这些方面产生问题。但是承认和判定孤独感的重要性至少体现在两个方面。首先,基于我们已表明的孤独和紧张之间的关系,可以合理地推断出减少企业家的孤独感将有助于减少他们的压力,同时提高他们生活的质量。

第二,没有同事、朋友或者家人的投入,企业家就不可能在决策过程中考虑到所有的相关选择和风险。减轻孤独感有助于改进决策过程,因此,这样做也有助于改善财政状况。一个被调查者在强调公开讨论商业问题的重要性时,指出:"对企业过于封闭的掌控,会让它因为缺少新鲜的空气和思想窒息而死。你需要帮助。"

我、本我和自我

小企业的最高层只有少许机会。起初,主管和基层员工通常是同一个人。甚至在生存期过后,小公司的运营都不会很强劲,因为他们有限的资源被用来扩大销售和提高产量,而不是雇用管理人才。创始人通过雇用来填充下级人员,而使权威继续控制在他们手中。

这种做法导致企业家缺少能够与之分享经历、研究新思想和对他们保持同情的伙伴。在我们的被调查者中,68%的人说他们没有密友来分享自己内心深处的焦虑。同样,当公司的发展形势需要他们与他人隔离时,老板们变得越来越孤立。

第四章

具有讽刺意味的是,合作伙伴的存在并不必然改变现存模式。实际上,它会使事情变得更糟。我们第一次的调查结果显示,多于三分之二的被调查者刚开始有合作伙伴,而最终分道扬镳。创始者之间存在分歧是其主要原因。因此,这些老板们不情愿在随后的发展中采用合伙企业的方式是可以理解的。

他们往往会认为后来的合作关系实质上是不平等的,因为他们已经在自己的企业中投入了大量的时间。在强烈的所有权人意识的驱动下,他们在企业上投入了过多情感。这种趋势就能解释为什么一位被调查者会发出这样的警告:"要把企业看成公众的企业。"

孤独感是那些在莫大的勇气的鼓舞下离开大型组织进入小型公司的人所遇到的最大的打击。"那是个巨大的变化。"杰克回忆说,他本人在离开一家大型职业中介机构四年后开办自己的经理人职业中介所。"有那么多人围绕着你无疑是一件很美妙的事情。你可以停下来休息五分钟讨论红袜队或塞尔特人,或者和他们分享你的挫折。"

即使由一人企业开始雇用员工时,孤独感也不会减轻。确实,像杰克,当他的公司经历过生存期并雇用两个部门的经理来处理不断增加的工作负荷时,孤独感就加重了。一方面,"在你不得不以管理者的身份出现时,就会产生距离感。"他说。另一方面,日益扩大的薪水总额带来的财务负担制造了不可承受的压力:"我的哮喘病突然犯了,我认为压力是导致我发病的重要原因……最后一次发作是我五岁时,随后有人告诉我,如果在一定的时间段内不再复发就再也不会发作了。过去的两年里,我又遭受敏感的打击。"

当一些企业家担心过分孤独产生的生理影响时,另一些人则更关心它对于决策制定过程的不利影响。艾伦,一家电子器件生产公司的经理,对不经过协商而进行决策的主张提出了质疑:"你得到的所有利益都是对自己的反馈。作重要决定的最好方法是和另外一些人进行讨论。

我能回忆起在我离开田纳西公司来开办我的这家公司时的情景。真正打击我的一件事情就是当时的孤独感。我已经习惯于跟一群了解我所面临的问题的人坐在一起，用他们的知识得出结论。突然，我身边没有了这样的人。"

当孤立代替自由讨论（集体决策）时，进行决策的压力就会增加。像艾伦这样的老板想要感到他们已经作出了正确的决定。但在缺少可信任的人的情况下，凭借其本身的头衔对他们自己的行为作出评估是有压力的，而当可比较的标准也缺失时，这种压力会更大。竞争中的人渴望用标准化检查程序来测量成功。但是一个新公司的所有者可能更少有这种标准。

远离家人和朋友

当老板和与他亲近的人形成了不同的价值观时，经营小企业固有的孤独感就会加强。因此现实对企业家身份要求会助长有分歧的价值。

配偶和孩子想要分享他们的问题和成功，长期的朋友希望能保持社会联系。但是，企业家们，会面临生存和成长的奉献——以商业为导向的价值。当工作上有闪失时，他们倾向于暂缓任何东西。当企业家与朋友们分别较久时，原先亲密、支持的朋友就会变得远离和紧张。

更糟糕的是，当企业家们发现自己投身于他们的工作追求时，他们就会变得生气和憎恨。

对于约瑟夫来说，作为一家收购公司的老板已经三年了，远离家庭和孩子使得他的感情在崩溃的边缘。"我天天和工作在一起。"他说，"我最近去医生那里做了检查，因为我发现压力正在影响我。我做了一个全面的体检发现身体上没有问题。但是我看起来已经经历了太多的焦虑。我几乎每天24小时在工作，无论我到哪里，我都要带着个计算器。当我晚上在家的时候，我就开始计算。"

第四章

家庭和孩子给了约瑟夫很少的信念。"我曾经试着让我的家庭参与某些事情。我们在家有过谈话——什么是商业，以及类似的事情。但是我们不能进入细节。他们知道我有问题，但是他们不能做一些他们不在其位的事情。"对于朋友，"他们不是拥有公司的人。他们不能认识到问题，并且他们不关心我。"

疏远的、孤独的约瑟夫说："我感到孤单和孤独。我在享受我工作成果时有困难。"

"如果我想有一个新的市场开发计划，我不能和我的竞争对手讲。我不能那样做。没有任何其他人，因此我只能和顾客讨论这些事情，实际上是不正确的。那样只会在谈话中给出许多内部信息。"

朱迪的个人关系的经历和约瑟夫是完全相反的。作为从事微缩胶片服务公司的所有者，她已经长期忍受慢性偏头痛、心悸、失眠和溃疡，这已经伴随了她开办公司的11年。但是，在过去的几年，她的症状已经消退了。这个变化是因为她和另一个男人结婚了，这个男人"对我所做的事情很感兴趣，因此我有人可以交谈了这是很有帮助的"。

朱迪参加了一个不是竞争者的六个商业所有者的组织，也帮助她减少了压力。"我们每个星期吃一次午饭。如果我听到了一些有前途的信息，我就告诉他们。一些人可能会告诉我去哪儿卖我的微型胶卷。当我的一条销售渠道瘫痪时，一些人会帮助我重组包装或告诉我错在哪里。这是一个很好的帮助性的群体——一种有爱心的、同情心的组织。"

马尔伯勒人

玩纸牌的人不久就会发现得控制他们的情绪，更少皱眉、微笑、观看、痴痴地笑着出牌。小组织的所有者都爱玩纸牌，除非他们的对手是供应者、银行家、竞争者和雇员。

罗伯特是制造音响原料的小公司的老板，观察到"如果我有比如胃疼一类的事情,我不能让人们知道,因为他们会认为这是我的弱点。供应者、竞争者和顾客都在寻找一些东西的征兆。他们想要解读我,并且胃痛意味着'他肯定有一个不好的商业业绩',他们不知道这是晚饭前比萨造成的。因此,对于我所说的,我必须小心谨慎。"

罗伯特为人的方法对于雇员是很正确的,这些雇员"想知道他们今天、明天、下周、明年都有工资。他们想要知道他们有机会晋升、工作对于他们来说是舒适的。"胁迫他们做些不理性的事情。他们的工作质量会下降,并且他们会对工作丧失兴趣。所以如果我的胃难受,一些人就会认为我的商业出了问题。他们就会想他们该做些什么,并且他们很惊恐。

罗伯特总结了他的态度:"我不想任何人知道我的弱点。他们会认为我比他们还糟糕,会在工作上反对我。"而且,他认为他至少应该知道所有的答案,因为他是老板。

但是,罗伯特对待员工的态度实际上并不完全成功。最近,他花费了几年时间告两个他怀疑盗用公司财物的高级管理者。调查公司员工花费公司成千上万的资金,这加重了他的身体健康问题。现在58岁的罗伯特有慢性心脏病、消化不良复发,还患有失眠症。

他这种不愿承认困难的情况在我们的调查中是常见的。他树立了这样的一个信念:在建立企业的冒险中,必须动员不同的个人,建立不变的信仰。但有时候,在权力顶端的需要会失去它的有用性而变得成为负担。我们的一项研究表明:这种态度加重了所有者的孤独感,并加大了他所承受的压力。

那些行动不那么倾向保护自己的人,发现他们的结果是好的。贝蒂,制造特殊家庭用品公司的老板,经常有一个观点是和他的35名员工"一起快乐",他们中的大多数年龄比她小。直到去年,她的公司超过了100万元的销售额时,她雇用和培植了一名负责作物和厨房的经理,她

第四章

与他们一起工作。"他们有很大的力量,我和他们成为朋友,即使是我解雇的那个人,也是我的朋友。"

孤独的追求

虽然有一定的可能,但是全面地描述企业家还是困难的,只有当个人需要和外部刺激产生冲突时才能描绘他们的特征。但是,通过引导性的研究,我们可以描述出小公司的原则是倾向于孤独的生活。在工作和游玩时,他们不喜欢有别人参加的环境。

我们发现,独立性和未受阻止的创造力的机会是能给管理者最大满足的因素。企业家喜欢在没有上级祝福的情况下做重要事情的决定。他们嘲笑官僚主义,避开权力金字塔和政治资助决定成功的地方,他们寻求全部控制自己的生活。

因此,尽管丹尼尔哀叹孤独已变成他生活中的一部分,但是他也不会选择重新回到公司生活中,而宁愿继续做一个孤独的人。"在这里我不和任何人竞争,在公司里我则和每个人竞争。如果我的一项决定不能奏效,你最好相信有公司的其他六个人说这是我的错。在我自己的公司里,唯一的竞争在外界。"工作现在是如此地有趣,既然你可以开心地跳过假期,"我愿意度假的唯一原因是和我的家人在一起。"

在工作时间之外,我们的调查对象也喜欢追求孤独。在他们度假的时候,他们喜欢那些个人性的项目,例如划船、飞行、爬山或者游泳。相反,他们对于集体项目例如篮球或者垒球不感兴趣。

他的紧张的问题是遭遇袭击的恐慌,当他确信自己患了心脏病或者中风时。他会经历一种迫近死亡、盗汗或忍受胸痛的感觉。在经过全面体检之后,道格拉斯决定去飞行或者追求更多的体育运动。除了飞行以外,他现在还滑冰、爬山。他最近有了一个新追求,爬树。"我刚买了爬树的工具。"他说,"我有1¼英亩的地,种着树木,因此我爬树或者剪枝。"

艾伦对于爬树的感觉和他类似。"当你确实孤单的时候,你总有一些事情可以做。你依靠你自己。这就像是爬山,但是我们却不想在山上匍匐着前进。"

一个假期需要的不是运动。对于约瑟夫——一位收藏机构的所有者来说,抱怨疏远,股票市场就是一个出口。"我不花费在商业上的时间,我就用来投资。这就是我为什么要看电视的原因,因为我可以在白天看见股票市场。我喜欢这样,我可以接通电话,购买或者卖出。当它确实有效时,他显示出我确实做了正确的决定,做对了家庭作业。"

通过它们提供的表演和控制,单独的活动满足了人们的需要。但是追求得太热切了,他们进一步降低了可能减少孤独的人际联系。

驯服魔鬼

孤独不会随着时间的流逝而消失。有经验的人们说,他的存在和建立企业一样经常。因此看起来,小公司的老板应该准备接受孤独,把他作为在并不满意的世界中的一种流行的刺激物。

但是,孤独有它真正的价值,它不应该被最小化。它有助于你转向朋友和家庭。[3]它提升了压力,组织了决策的制定过程。他甚至看起来影响了公司的收支底线。确实,我们的调查显示:在公司占据职位的人不会把不法行为看成仅是为了财务状况。相反地,"孤独"管理者控制的公司在五年的销售税收和投资上的运行,在那些"不孤独"管理者控制的公司之下。

不幸的是,孤独并不能完全从企业家的生活中消除。小公司的所有者是孤独的,并且准备吸引人们使之倾向于他们的个人追求。然而,所有者还是可以对他们的环境加以控制并且可以有所行动,如果他们愿意

第四章

这样选择的话。在调查和随后的谈话的基础上,我们建议采取如下的措施来减少孤独和压力。

重新安排工作环境。例如,理查德把和其他人的相互交流制度化,他把它列入公司的组织表中。他从公司以外的人中建立了一系列的主管部门,并且和他们及三位副总裁定期讨论公司的经营,既然公司的活动不再只跟他一个人有关,他就必须和他们相互交流。

加入小型商业组织。一些小企业主发现,与非竞争对手公司的经理们交往驱除了自己开办公司的孤独感。加入旋转俱乐部、青年经理组织等这样的商业组织促进了经理人之间的交流,而且加入这些组织是很容易的。

例如,艾伦发现他参加英格兰的小型商业组织很令他满足,"无论任何时候你去这个机构,你会发现他们都在交流——不是关于他们的滑雪或飞行——而是关于商业。每个人都喜欢和不是他的威胁的人谈天。这不和隐私或者其他什么东西相关。我也谈了很多话,并且这很有用。"观念上的知己,当然,是那些已经经历过这些事情的人。

关心家庭和朋友。由于艾伦把关于公司的事情告诉他的妻子,因此他可以得到有价值的反馈,这使他远离了孤独。"尽管他没有经商的经验,但是我仍然依赖她做总体上的决定。"他说,"她可能不理解许多技术上的细节,但是她有能力去说:'好吧,听起来像是一件正确的事情。可能那次是你走得太远。如果失败了你会怎么做呢?你能恢复过来么?'她打开了我的思路。她在这方面经常做得很好。"

类似地,当贝蒂做了几年的建筑材料生意后,当她发现和老朋友之间的共同话题少了时,她会寻找新的伙伴。在公司建立的初期,她记得:"我们的社会生活走向了边缘。大多数时间我们拒绝了任何事情——没有婚礼、没有葬礼、没有星期六的晚上。现在我发现我的大多数旧朋友在我看来已太老了,并伴有头痛等症状。因此我寻找新朋友,他们大多数经商,并且大多数比我年轻。他们是在这个领域的顾客、供应者或经商的人。我们在一起讨论那些令我感兴趣的事情,比如商业环境、原料价格等,我们还在一起游乐。"

修正态度并且强化与工作有关的孤独。处理内生性孤独感尤其困难,由于这需要自省、客观以及坚持不懈。然而,企业家应该学习万宝路人的做法并且接受他们"不用成为最有能力者"的观点。

工作场所自然不是一个忏悔室。但是所有者们发现社会交往能够减轻他们的孤独感。此外,与那些与企业的成功休戚相关的人建立良好的人际关系也是有可能的。摆脱孤独在带来经济利益的同时还带来了人际资源。

企业主们还可以通过个人活动来减轻孤独感。我们也会怀疑企业家们是否会或他们是否应该完全地放弃自己独自活动。当他们独处的时候,他们可能会想到一些极富洞察力的看法。就像一位采访者回答的那样:"在我激烈运动之后,要么困扰我的大多数问题都消失得无影无踪,要么我就想到了解决的方法。"这说明独自活动经常能够减轻压力。

然而,根据我们的研究结果,我们认为如果企业家能和家庭成员、亲朋好友一起参加群体活动,他们在工作中展现的精力和决心也必将有益于建立一段令人满意的人际关系。

很多时候,小企业的所有者陷入了一个自我毁灭的怪圈。他们周围没有值得信赖的人,他们缺少可以释放压力的渠道。而通过摆脱孤独,小企业主们能够提高他们的健康状况和生活质量。最终,公司绩效水平也将得到改善。

参考文献:

1. 参见我们的文章"Coping with Entrepreneurial Stress", HBR March-April 1983, p.44。

第四章

2. James J. Lynch, *The Broken Heart* (New York: Basic Books, 1977).

3. 参见 Fernando bartolome 以及 Paul A. Lee Evans, "Must Success Cost So Much?" HBR March-April 1980, p.137。

第五节　当管理者精疲力竭时

哈里·莱文森

"我已经支撑不住了"副总裁说,他在椅子上一侧身做了个鬼脸,"我不能致力于我所应该做的事。我知道我应该充满活力,我知道有大量的工作需要我去完成,这也是为什么他们录用我并把我安排在这个职位上,但现在我发现我已经支撑不住了。"

在18个月以前,这位副总裁被从一个子公司调到公司总部。他的新工作就是改进那些因为改革而变得杂乱无章的公司控制体系。然而,当这位副总裁到总部报到时,高层管理部门立刻将他引入并作为他们自己改组过程中的一个核心人物。因为他不会与生产部门经理产生竞争,他是唯一一个既能与产品线经理会见与磋商,又能与首席执行官会见与磋商的工作人员。因为高层管理者们认为他是值得信赖的,所以他们对他的建议会给予高度的重视。

他的任务非常艰巨。长时间的工作和来自各个有冲突的利益集团的持续不断的压力使他如履薄冰、精疲力竭,而且他们使得他不可能去发现需要关注的管理方面的问题。更为重要的是,因为他的家人要到六个月后学年结束时才能搬来,所以他只能利用周末时间往返于800英里以外的家。由于他试图执行那些被委任的工作,同时又要去支持那个信赖他的总裁,这使他感到孤独、困惑,压力巨大。由于工作已经接近尾声,他在心理上也失去了履行职责的动力。总之,他已经"精疲力竭"了。

如同那些经常谈到的压力一样,精疲力竭会削减执行以及管理的水平,而这一现象以不同的方式表现出来,并且在不同的人身上表现的严重程度不同。总之,它有其独立的显著特征。在下面这个例子中所体现出来的就是一些其特有之处:

第四章

一位大公司的副总裁,因为得不到期望的提升,便离开了公司,到一家小型的家族企业当了首席执行官。这个垂死挣扎的家族企业需要他的技能。尽管他抓住机会挽救了这个小公司,但在那时他发现这个企业又陷入了一种难以想象的困境之中,也就是他的家族成员内部的利益冲突。这位首席执行官感觉到他不能离开这里,但是事实上在这里他也不可能成功。他陷入了一种心理怪圈,不舍昼夜、不分假期地工作了12个月,试图让自己解脱出来。他的妻子对他的行为表示反对,但也没有用,最终,他病倒了,由于心力交瘁而进了医院。

在上例中,这位首席执行官的个人能力是不容置疑的,现在,他已经是一家大公司的首席执行官。

另外,还有一些其他的问题困扰着另外一位首席执行官,我们看一下他所讲述的故事:

"在1963年3月,我携妻子还有四个星期大的儿子来到爱荷华州的一个小镇。我担任一家电子公司的工程师。在那年月,这可是一个神奇而令人钦佩的头衔啊。"

"十年后,事情发生了很大的变化。当我们参加社会聚会或与人交谈的时候,我不得不去防卫这个电子公司。当时,我们正试图构建一个集团,用来建造核发电站,但大量的反对意见随之而至,他们拒绝承认这一电厂对于传输电的作用,并且不断地去找它的缺陷。"

"现在十年过去了,我们正遭受更大的打击。以我目前的职位,我应该是一个负责全部的人,但是似乎我却并不能让他们静下来听我讲一句话,我不能使他们之间继续保持和谐一致。我不知道我还能在这个位子上撑多久。"在我们深入分析这种"精疲力竭"现象之前,我们再来看一个即将"精疲力竭"的执行官的经历:

"我已经在这个公司工作接近15年了,每两三年会换一项工作。我们大部分经理都像我一样是一些企业人士,我们都曾经在高科技公司任职,但是与我们的竞争者相比,我们缺乏营销的经验。在过去的十年中,我们进行着一系列的改组,公司章程不断变化,但是它所依赖的理念、管理方法、经营技术却没有改变,结果就使我们陷入了困惑。"

"伴随着这些变化,我们被告知做什么以及什么时候去做。而在此之前,我们是更加自由的,不会被牵着鼻子走。这些变化给这个企业造成了巨大的压力,以各种方式影响着企业的运行。在公司的高层,一系列精简机构的措施正在进行。我是一个幸存者。因此,我应该感觉公司很好,并且相信公司的高层管理者所告诉我的'让不适合的离去,让有价值的人员保留',但是,那些传统的价值,比如说:智慧、创造力以及冒险精神并没有得到回报,相反,对于消除个人之间差异的公司价值和社会技巧的默许正在倍受瞩目,而回报也是更加富有政治性,而非重视贡献程度。"

"我不知道是否还能坚持下去,身边的人也有同感,我们感觉到意志消沉、无比沮丧。"

精疲力竭——慢慢导致失败

在这些执行官身上发生了什么?为深入探讨这个问题,我们首先看一下这种情形的特征,在这些案例中,他们或者是被重复的,或者是被拖延的,从而对这些执行官产生巨大的压力。

他们许诺要获取巨大的成功,但是要实际取得这些却几乎是不可能的。

企业总是让经理们冒着被"攻击"的危险去工作,却没有给他们提供"还击"的方法。

这些经理产生了很严重的情绪——遗憾、恐惧、失望、怜悯、无助、愤怒。为了生存,这些经理们不得不努力戴上假面具,隐藏起他们的情感

第四章

和痛苦。

总之,经理们面对着各种复杂的事情、冲突的力量以及各种问题,自己却没有任何影响力。

经理们被利用,但是却没有被提供表现他们所做出的牺牲的机会。

经理常常感到没有人知道,更不要说关心他们所付出的代价,他们所做的贡献或牺牲,还有他们所受的惩罚。

经理们开始质疑这个问题:"我们为什么会这样?"如同他们失去了生活的目标。

那些研究了类似案例的人都同意这样一种独特的现象,即人们在付出了大量的努力、消耗了大量的精力之后,却经常没有获得什么看得见的成果。这种情况下,人们感到愤怒、无助、困惑,进而精疲力竭了。这种经历比我们通常所指的压力更加严重。对于这种精疲力竭可以给出的一个主要特征就是:人们不能也不愿意再做他们一直在做的事情了。

纽约的赫伯特·J.弗罗伊登伯格(Herbert J. Freundenberger)博士在观察了一系列脑力劳动者所表现出来的疲劳现象之后,发展了对于精疲力竭的定义。[1]他发现,精疲力竭也伴随着诸如不能抗拒感冒以及经常头痛和易怒、多疑等生理现象。

克里斯蒂娜·马斯齐(Christina Maslch),一位加利福尼亚大学伯克利分校对这一课题进行研究的创始人称:精疲力竭是一种情感耗尽与恶意攻击的综合体,而这些恶意攻击来自于那些勾心斗角,那些把主要时间都放在琢磨身边竞争者身上的人。[2]

遭受精疲力竭这种痛苦的人通常呈现出显著的特征:1.持续性疲惫;2.对要求者动怒;3.为了忍受上级指令而做自我批评;4.愤世嫉俗,负向心理严重以及情绪急躁;5.有被围攻的感觉;6.情绪化,脾气火爆。

尽管这些例子中,特征表现得还不够明显,但是伴随着以上所述的这些情感,就会产生一些具有破坏性的行为,包括对下属及家人不适当地发怒;有时从那些你很需要得到帮助的人那里撤回支持;拒绝回家而没日没夜地工作,使身体不适程度加重;以生病、吸毒、喝酒或是暂时的心理麻醉来逃避压力;态度越来越强硬,并且行为越来越冷酷和不近人情。

大多数人,甚至是一些卓有成绩的经理人,在他们的事业生涯的某一个阶段都出现过精疲力竭的现象。一项对中等经理人的长达二十多年的研究揭露出了以下一些现象:他们处于不惑之年,提升机会日渐渺茫,他们要忍受不幸福的婚姻,忍受不断缩小了的工作范围而带来的痛苦,他们对其他的人变得冷漠、漠不关心,除了一些社交之外,他们对友情表现出冷漠,而这些对他们自身而言是十分有害的。[3] 他们变得倔强、易怒并且与孩子关系也不断疏远。

对以上人的性格测试表明,这些经理人与大多数同事相比,他们对工作有更高的要求,他们更渴望晋升,他们与其他经理人相比,更有统治和领导别人的倾向,而不愿意接受别人的领导,当然他们的日常工作还是做得很出色,但是他们不能与公司中的其他人进行有效的配合,不能使自己融入群体之中。

当一个占有欲很强的人没有达到他的目标时,他可能变得很可怕,不管对他们自己还是对他人都充满敌意。他们还会把这种敌意带到工作当中,这就大大限制了他们的努力。如果多次发生这种情况,而他们没有让家人参与进来帮助的话,他们就很可能要接近精疲力竭的边缘了。

滋生的土壤

研究者们已经从许多不同类型的专业人员中来观察这种疲惫现象。正像前面例子所显示的,这在经理人中间并不是一种异常现象,而且这种现象在充满竞争的环境下比稳定的环境下更容易发生。管理类的工

第四章

作需要和其他人频繁的联系,经常,这种联系并不愉快,但是为了工作本身的需要却不得不忍受。

与经理人相伴而生的一个问题就在于他们总是要承受无止境的压力。经理必须协调雇员中那些最缺乏工作能力的、低沉的、多疑的、以自我为中心的以及总是不开心的人,使他们能相互配合。

经理必须平衡这些相互冲突的个性,并且把他们组合成一个充满活力的群体,他必须规定这个群体的目标,并把成员们组织在这个目标的周围,必须解决冲突、建构秩序,作出关乎他人的决定,化解他们的敌意,并且解决处理好那些由于自己的不断干涉而产生的一系列问题。管理人可以说是最为困难复杂的工作,它会使人产生挫败感。而这种挫败感达到极限,超过人们的压力承受程度,就会使经理们"精疲力竭、元气大伤"了。

大量现代的管理手段也给产生精疲力竭这种现象提供了滋生的土壤。

现在的经理们面对的是长时间工作的压力以及很少的休息时间,尽管像弹性工作制、延长假期这些福利给我们带来了一些解脱,但是对于现代管理人员来说,他们大部分的工作时间是漫长而艰难的。并且,随着更多的女性加入工作大军之中,男性在家中获得的支持也不断减少,女性经理人们获得的来自家庭的支持与男性经理人一样多或有可能更少。对于大多数经理人来说,与家人相处的时间是宝贵的,经理人们把大部分生命都用于满足工作的需要,而同时他们又有对工作无能为力的挫败感,由此而生的经理人内心的负罪感,我们是可以理解的。

现代企业的复杂性在于给工作不断地增加压力,越是规模大,关系错综复杂的企业,要完成一项工作耗费的时间也就越长。那些试图领先的经理们,当出现一个项目,每通过一个人或一个部门就要增加一些问题、耽搁一些时间从而延误项目进程时,就会感到失败和困惑。

处理职业压力

　　随着企业的复杂性不断加强，经理们就不得不与更多的人打交道，处理更多的人力资源方面的问题。参与式管理、工作生命的质量管理、矩阵式管理模式都导致经理需要面对的人大大增加。兴建一个厂房，开发一项自然资源或是发展一项新产品都经常意味着一个经理要随着工作贯穿始终，而且有时还会出现与董事会的冲突与交涉。

　　伴随着公司的壮大，与其他公司合并或者进行改组，一些经理人感到失去了工作的信心，偏离了原有的工作轨道。他们为了公司的利益而做出的牺牲也变得没什么持久的意义。由于公司价值定位的改变，经理所致力的工作也要改变。另外，一个使人的情感耗尽的因素来自于能力过时的威胁。当一个新的工作或一项新的任务需要那些经理去学习、提高新的技能的时候，他们可能就会感到被击垮了。

　　这段时间以来的变化也可以说明这样一个问题，即经理们不得不调整工作了。他们不得不削减或降级使用一些员工，也许还要开除一些员工。那些为关闭一家工厂或与工人代表进行痛苦的协商的经理，不得不为他们的前任所犯下的错误而付出代价，他们感到十分愤怒。另外，一个支离破碎的市场可能意味着经理要承受巨大的压力去提出新产品、创新服务以及开辟市场解决资金问题。

　　最后，雇员们会不断为他们的权利而提出新的要求。经理们感觉他不能满足雇员们的要求但又必须对他们作出答复。[4]通货膨胀的加剧也会对经理产生类似的压力。

预防是最好的治疗方式

　　高级而科学的管理可以采取措施使经理们走出可能使他们精疲力竭的境地。当然，一些如心力交瘁般细微的问题是很难完全避免的，但是以下方法可以缓和这种压力的发生：

　　首先，面对上述现象，要认识到精疲力竭的现象可能也将会发生。

第四章

那些控制着公司项目的方向、管理课程以及管理培训研讨权的人应该告知员工精疲力竭这种现象是很可能发生的，并且告诉他们公司认识到并且关心这种现象对人们所产生的影响。人力资源经理应该坦白地告诉新员工他们要进行的工作所要求具备的心理素质，特别是当这项工作需要我所提到的巨大努力的时候，一定要坦诚地告知员工。当压力不断增加时，员工了解得越多，经理才会对自己所察觉到的不确定性的负罪感越少。

请记录下你的下属在某一工作岗位工作了多长时间了，并且将他们调离潜在的、可能使他们精疲力竭的职位。节奏的改变，需求的改变，环境的改变，或许并不会使人们那么精疲力竭，反而能使人们恢复精力，从而获得更新更正确的前景，并且发挥他们的作用。

变化也能使人们从束缚他们的工作中解放出来，获得自由时间。由于长期以来认识到这点，所以部队对战斗任务数量进行了限制，飞行员飞行和持续飞行时间也要有所控制。

工作时间的限制很有必要，这样可以防止员工的精力耗尽。不要让你的职员一天工作18个小时，即使有紧急情况发生也不例外。尤其是，不要让同一个人一再地成为紧急情况的急救员。很正常，经理们倾向于依赖优秀员工，但优秀员工也很容易受到伤害，并且筋疲力尽。

尤其是过于勤奋的员工，需要花时间才能从他的工作中解放出来。才能去进行娱乐活动，从而使精力得到恢复。部队很早就明白了这个道理，但由于某些原因，有些经理人却不明白这个道理。使员工从工作中解放出来的一个办法，就是让整个公司的员工都去一个可以放松身心的地方，做一次名义上的商务旅行。

有些公司已经创办了规范化的休息基地。在那里，以期在压力下工作的员工能随意地讨论他们的工作，并且讨论怎样工作，制定出长期计划，同时也放松自己。最重要的是，他们可以从每天必须处理的工作中解放出来。当经理们在这样一个场所进行讨论时,他们就可以对面对的问题、他们的责任和能力作出理性的评价。

举例来说,位于波士顿 128 号的许多小电子公司的工程师们以及北卡罗来纳州、加利福尼亚州的小型研究机构的工程师们,他们都认为自己不能快速研发出新的产品,因此认为自己无法达到曾经设定的目标。我认为这些人需要坐在一起讨论或者经常与治疗专家们以及其他人一起讨论。因为他们能帮助这些工程师减少对自身不合理的要求。

要确保你的公司拥有一套可以使员工认识到他们的贡献是多么重要的系统。员工需要能支持他们的正面形象的信息,需要放松他们的身心,从心理上为自己加油。事实上,一些薪酬和绩效评价项目使人们感觉到的是,无论他们做得多么的优秀,他们的努力还是得不到承认的。人们在工作中经历的压力,通常取决于公司处理问题的过程是及时还是迟延的。如果经理不能发现公司方面的因素已经造成员工精疲力竭,那么他们理解力的匮乏将会造成长期性的问题。

另外很重要的是,高级经理人经常观察员工的能力、技能和机遇。只有在掌握公司和员工资料的基础上,他们才能作出正确的选择,而不是仅仅感到困惑。

在第二次世界大战时,盟军发现成批运送士兵的方法比单个运送要好。这样的方法对你也很管用。比如,可以让一个团体从这个工作换到另一个工作岗位,而不是重新集中每一个员工去组成一个团队。当克莱尔(Clairol)在加州开办一个新工厂时,他把康奈蒂克州基地的精英以及他们的配偶都送到新的厂区,并明确了他们新的任务,以及面临的潜在压力。他们可以一起讨论如何帮助他们自己和每一个人,也可以讨论需要从公司中得到什么样的支持。

有些建筑公司在接受新的工程线时,也会组织一个团队。曾经一起工作的员工他们之间已经建立起多种不同的互相帮助的体系、共享知识

第四章

的方法以及相互依赖的关系。这样的方式能防止并减少潜在的精疲力竭的危险。而这种精疲力竭的现象在新的团队从事一项高风险的工作时是经常发生的。

公司应该提供一种让员工不仅可以表达他们的愤怒并且可以表达他们的失望、无助、失败、绝望之情的方法。有些员工,尤其是销售人员每天都会面对失败,而有些人只有在重大事件上才会面临失败。例如,当失去重要合同和竞争机会时,当预期成功的产品失败时,当竞争阻挠他们前进时,如果失败的员工不能发泄自己的愤怒,那么这种愤怒可能导致他们筋疲力尽。

如果高级管理人员不能看到这些严重的问题,就会使问题变得更加严重。如果公司只提供暂时缓解压力的方法,短期来讲会有所奏效,但长远来看,精疲力竭的危机将变得更为激烈。那些知道问题症结所在的受害人他们知道应该对工作的性质进行一下改变,但是这却不在他们的能力范围之内。

就像水手需要预料并处理风暴一样,那些容易遭受攻击的经理人也需要谈论他们的热情以及如何配合着热情工作。因此经理人需要学会如何处理公众的攻击。在遭受攻击时,他们应保持一贯作风,相信自己,而不要被负面的攻击所击垮。

还有一个有益的方法就是,防止公众从外部对公司进行攻击。最近几个月以来,一位卓越的CEO通过公司起诉公众媒体对公司产品作出错误报道,大大提高了员工的士气。一位有远见卓识并富有热情和精力的领导应该做大量的工作以防止员工出现无力无助的感觉。

随着技术的进步,我们必须重视重新培训和提升公司经理人的水平。但也有些经理人似乎不能再负起新的责任,尤其是当他们已不能胜任同一项工作的时候,他们就很容易产生挫败感。所以高层管理人员必须通过培训班、车间实践、研讨会等形式重新培训你们的经理人,以使他们尽快恢复战斗力。

正如弗罗伊·登伯格在早期调查研究之后提出的建议一样：其实精疲力竭的经理不是需要反省，而是需要集中的户外体能活动，以取代脑力的疲劳和过度的紧张。因此研讨会和车间实践的目标应该是以达到心理上以及身体上的认知为中心的，而非精神方面。体育运动是很有益的，因为他可以发泄一个人长期以来的愤怒和被压抑的感情。

疲劳的经理人需要得到他人的支持，他们需要得到心理上的支持，最好支持他们的人就是他们的老板。老板应该懂得欣赏经理的价值，并支持他们，给与他们适当的帮助，始终把他们放在第一要位。

在情况未出现缓和的契机时，最为重要的是，你一定要与你的下属保持联系。让我们再次从军队的做法中借鉴一下吧。将军是用军队来对其进行评价的，就像二战中的乔治·巴顿和詹姆斯·凯文一样，他们就身体力行地参加到前线的士兵当中去。

弗罗伊·登伯格指出：精疲力竭现象经常出现于一个领导或领导集体失去个人魅力的时候。人们加入一个公司以后，仍是要受公司的创建者或创建集体所领导的，除非公司的创建者是超人。不管怎么说，这些创建人他们是一批富有远见的企业家，他们用自己的能力和想象力构建了这个公司。弗罗伊·登伯格强调："当人们对我们表示失望的时候，如果我们强迫他们，其结果将是对整个集体的精神上的打击。"[5]无论是在诊所、医院、警察局或是企业，其道理是一样的。

对于那些已经被理想化的经理，他们应该不失时机地与下属多多接触。他们可以向下属讲述自己奋斗的经历，讲述自己对下属的失望，以使下属们可以更为清楚地认识他们。同时经理们也应该帮助下属去表达自己对那些已不再优秀的管理者的不满。

当领导们或者由于去世或者由于调职而离开时，当一个家长制风格的成功企业家离开时，当一个富有想象力的领导退休时，对于留下的人

第四章

来讲,很重要的一点,就是要有机会去继续讨论,失去这些人的损失,并以此来怀念他们。留下的人需要在心灵上产生一种震撼,并且考虑如何去弥补这种损失。

通常,人们会发现失去一位领袖确实是一件很重大的事,但是这也可能会促进企业的小成功。举例来说,格林·贝·帕克(Green Bay Packers)在他的教练文斯·隆巴尔迪(Vince Lombardi)去世后,就感到彻底地不知所措。如果一个团体没有认识到自身的力量,在领袖离开时也会如此。依我之见,很少有企业在失去一位领袖后能有效地弥补这种损失。大多数企业都是作出一种失望或者低沉的回应,那就是企业要经过几年才能从这种损失中恢复出来。但是,对企业来讲,企业中的人总是不断地渴望寻找到一个新的有个人魅力的领导来挽救他们,而这一点也是很致命的。作为国家组织中的一部分,美国民众就曾经在乔治·肯尼迪逝世后,经历过一段苦苦追寻的过程。

参考文献:

1. Herbert J. Freudenberger, "Staff Burn-Out," *Journal of Social Issues*, vol. 30, no. 1, 1974, p. 159;也参见他最近的著作 *Burn-Out: The Melancholy of High Achievement* (Garden City, N.Y.: Doubleday, 1980)。

2. Christina Maslach, "Burn-Out," *Human Behavior*, September 1976, p.16.

3. Douglas W. Bray, Richard J. Campbell, and Donald L. Grant, *Formative Years in Business* (New York: John Wiley, 1974).

4. Opinion Research Corporation 最近的一份调研报告确认了这一点。

5. Freudenberger, "Staff Burn-Out," p. 160.

第六节　成功的代价如此高昂吗？

费尔南多·巴尔托莱莫　保罗·A.李·埃文斯

许多经理人都信奉一种传统的理念：成功经常意味着个人和生活的牺牲。然而这种观念并不能反映实际情形，有些经理人似乎是例外。那么牺牲掉个人生活的人与那些拥有丰富的个人生活的经理人差别何在呢？

通过近五年对 2 000 余名经理人的个人生活和职业生活的调查研究，我们发现，一些非常成功的经理人拥有非常有意义的私生活。产生差异的原因不是职业的不同（要想成功，每个人都把工作放在优先考虑的地位），也不是轻易拥有丰富的个人生活。对每个人来说，这都不是一件简单的事情。

产生差别的原因在于：私生活受到损坏的经理人受到一种负面影响，我们称之为情感挫折。工作经常带给人一种负面的情感并逐渐影响到人的私生活。拥有成功生活的经理人能够很好地经营他们的生活和工作，使这种负面影响降到最低。这样就在他们的事业和个人生活中找到了一种平衡。

经过与许多经理人和他们的妻子反复地交流和对研究数据的认真分析，我们得出一个结论：工作对私生活影响的一个决定因素是工作中产生的情感是否影响到了家庭和休息的时间。当一名经理人经常产生忧虑、紧张、恐惧、疑惑、压力的感觉并且回到家时仍无法消除，那么心理上的这些感觉就使他无法拥有一个丰富的私生活。工作中不顺心的经理人在家中也难以寻到幸福的感觉——即使他很少出差，经常在家或者时常度假。

当人们在工作中感到一种对于工作的胜任感或是满意度——不仅

第四章

是满意,而是适度压力下的一种挑战性,这种情感失控就不会存在。这时,经理人很自然地拥有私生活,工作中产生的情感造成一种积极的影响。工作顺利就像一种健康的体育锻炼——不会使人疲惫而是令人精力充沛。

如果工作顺利,产生的幸福感觉使人处于一种乐于与人交流的情感状态,他们随时都乐于与人交流而且能够与人交流。当然,并不能保证这种交流一定成功。有人也许不善于与人交流,或以往的不愉快使交流变得困难。但当一名经理人工作顺利时,至少可以保证家庭内部的交流。

总之,对一个有事业心的人来说,成功的事业是幸福生活的一种必备条件,尽管不是一种充分的保障。

到目前为止,我们的研究仅限于男性经理人。我们没有研究女性经理人。但通过与一些女性交流和阅读一些描写女性经理人的文献,我们相信,我们的结论同样是适用于女性的。

女性在处理生活与事业的关系时所面临的困境也许比男性更多。在许多不同文化的地方有一种共同的观念:男人专注于事业,而把家庭生活的责任交给妻子。留给我们的印象是即使在比较自由和发达的国度里,拥有事业的已婚女性还是要为夫妻共同的生活承担主要的责任。

女性在处理事业与家庭关系时面临更大的压力,她们也许更清楚产生冲突的原因。随着越来越多的女性加入到劳动大军中,工作中的这些问题也正引起更多人的思考。

成为经理人的代价

尽管我们也认识到工作中产生的这种情感对人有积极的影响,但本文主要涉及影响人们私生活的负面的情感影响。这些负面情感的来源在哪里?个人如何应对?公司如何使这种影响降到最低?

处理职业压力

这名36岁的经理是受到负面情感影响的一个典型的例子:"四年前开始的新工作影响了我的家庭生活。老板与以前的截然不同,他是一个独裁者,从与一个极易相处的人工作到与一个工作狂一起工作——这自然影响到了我的家庭生活。这让我有点——怎么说呢?我回家和妻子谈起他,谈起他刚刚完全否决了我的一个建议。我反复地和妻子交谈,但却无法忘掉这一切的不愉快,因为这与我以前老板的工作方式截然不同。"

我们在工作中都会经历这种负性情感的影响。问题是有些经理人一直生活在这种负性情感的重压之下,他们的妻子也许会产生这样的评论:"让我烦恼的是,他回到家,紧张焦虑,精疲力竭,一屁股坐到椅子上,打开电视机或者一直是忧心忡忡,这一切让我发疯。"

工作对个人生活的影响有两种方式:一是疲惫,一是压力。疲惫是紧张工作一天后的自然反映。但奇怪的是,紧张工作一天——如工作顺利——不会使人感到疲惫,反而精力充沛。相反,在办公室里度过烦心的一天,则感觉没有做任何事也会令人疲惫不堪。他回到家,精疲力竭,家就不再是一个提供个人生活空间的地方。家成为避难所——一个休息、放松和充电的地方。

焦虑,负性情感的另一个表征,是由挫折、自我怀疑或未完成的工作引起的。一个妻子这样描述:"是的,他常常在想着其他的事情,他时常焦虑,而这破坏了我们的家庭生活。当他这样的时候,他无法忍受孩子的吵闹……他无法面对事实——孩子们累了。一般情况我们一起吃晚饭,这样他可以和孩子们在一起。很明显,他们聊天,打翻东西,相互戏耍——他发火了。他紧张、焦虑不安——这太烦人了,我无法忍受。我不得不从中调和,平息事端,唯一的事是尽快结束这一切,让他们上床。"

这种负性情感在家庭中表现出来,有时表现得心不在焉,有时表现出暴力倾向,对孩子发脾气,因为妻子的一点小错误而勃然大怒。这种

第四章

攻击性很明显也很令人痛心,但强压内心的不快也同样有害家庭关系。一位妻子如此描述:

"我的丈夫不是把烦恼都倾泻到家人身上的人。他不具有攻击性,也从不打妻子。相反,他在家中一言不发,完全封闭。他认为他在家休息,其实不是。"

这种心理封闭会让人对家庭中发生的一切熟视无睹,这会产生极其严重的后果。一位40岁的经理人这样描述他痛苦的婚姻历程:

"那是八年前,第三个孩子出生的同时,我们搬到这个国家的另一个地方,还换了工作。我不得不承认我那时完全没有意识到这对我妻子带来的影响。工作、焦虑让她负担太重。这样持续了一段时间,而我毫无察觉。最后她病倒了,住院治疗。直到这时候我才意识到,我一直对自己所作所为毫无察觉。"

"你工作负担很重吗?"

"是的,但也不是非常重。我在担心自己的工作。我对自己不自信,非常焦虑……当时两家公司正合并,非常不确定。这导致我找新工作、搬了家。那时我满脑子都是工作。即使今天回想起来——那种不确定性也是真实的。那是正常的,但我总是只想着工作。今天我很自信了,发现这很容易调整。"

当这种负性影响出现时,经理人们常把他们的不同生活方式表现出来,抱怨没有时间来过私人生活。但是,他们的头脑因为紧张而麻木了。即便有时间,也无法充分利用。有些人要多喝马丁尼酒使自己有精力看电视。有人读报并不是因为他们对世界的事情感兴趣,而是逃避工作以享受一下私生活。有人在地下室或花园闲逛只是打发一天的时光。

这些经理人的妻子们一次又一次表达同样的观点:"我并不真的在意他的工作,如果他对工作感兴趣我不在乎。我憎恨的是工作给家庭带来的不幸。"

处理职业压力

有时妻子们会同意一位42岁妻子的说法："毫无疑问,现在是我们婚姻生活最幸福的时候。我们从未有如此完整的生活。丈夫对孩子非常感兴趣,对工作很满意。相反,最糟糕的时候就是他工作不顺利的时候。"

控制情绪

要想有一个健康的个人生活,人们必须学会控制工作中产生的这些不良情绪。当五年前我们开始研究经理人的工作和个人生活时,我们持有一种偏见,认为这二者是截然相对的。在这五年的研究中,越来越多的资料表明,至少在经理人中间,个人兴趣和工作兴趣可以很和谐地融合,而且,健康的职业生活是健康的个人生活的一个前提条件。

只有避免个人和事业之间各种各样简单的错误,并成功应对工作中产生的情感,工作和家庭才能和谐相处并相互促进。相反,不能成功处理工作中产生的负性情感的经理人,即使获得事业上的成功,也是以个人私生活为代价。

我们看一下经理人如何更好地控制不良情绪的影响。我们找出三个主要原因:适应新工作产生的问题,个人与工作不适合和对事业失望。

适应新工作

毫无疑问,升职、公司重组或转到另一个公司的过程是引发负性情感最普遍的引火索。我们时常换工作,所以,都经历过因适应新工作所带来的负性情感的影响。熟悉新的工作,学会与新同事相处,在一个新的环境居住下来,与上司、下属、同事建立新的关系,所有这一切几乎同时发生,这让我们的情感不堪重负。

工作决定了一个人的情感,适应新工作就是自然和必须的了。这能让人战胜挑战。一旦适应了新工作,负性情感就逐渐消失了。

第四章

重要的是对新工作重要性的估计和认识。新工作需要的新技术越多，或环境变化越大，适应新工作的时间和负性情感影响的时间就可能越长。不顾实际，劝说一个不太情愿的家庭说换工作对他们有利是一种很大的冒险。

高层管理人员经常不能正确评估工作变动和适应新工作对经理人及其家庭生活的重大影响。对经理人来说，受到个人雄心壮志的驱使也常常不能正确地估计到新工作的难度。只有对面临的转换做出合乎实际的评估才能帮助经理人和他们的家庭不受损伤地度过这个适应新环境的过程。

在和经理人夫妻交谈中，我们经常发现一种情况，雄心勃勃的经理接受了在一个发展中国家的令人兴奋的工作，这看起来是一个好机会，是事业上的一大进步。妻子不太乐意。但对这个决定并没有经过认真讨论。妻子觉得丈夫决心已定不愿意扯后腿。丈夫担保这次变动具有挑战性和令人鼓舞而且他将全力以赴地帮她，妻子的恐惧因此有所缓和。最终，他们去了。

经理人没有意识到换一份新的重要的工作，到一个新的地方，面对一种全新的文化能让人非常紧张，负性情感对个人私生活的影响是巨大的。一年或者稍长一点时间，他们就会产生对个人私生活的心理需求。如果他们的妻子需要这种心理抚慰而无法获得，那么就将加剧他们适应新环境过程中产生的问题。经常对所有的人都是一种灾难。

但这完全可以避免。我们曾经听一些经理人兴奋地谈到类似的变动如何使得家人团聚，应对适应新环境的困难对全家来说是多么有意义的一种经历。

如何解释这种差异呢？后面这类经理人在变动之前和他们的家人进行分析，与家人详细讨论他们的决定。公开地讲述他们都可能面对的问题而且不会许下不切实际的诺言。

大多数妻子能够理解和接受这种事实,一段时间内丈夫将投身于新工作而不能陪伴她们。如果她们提前认识到这些事情,而且这种情感挫折会逐渐消失,她们甚至会在这个困难时期支持帮助她们的丈夫。但有时这种情感挫折不会消失。他们可能无法胜任新的工作。

如果经过一段合理的时间,比如一年,情感挫折没有消失而是与日俱增,这就可能是一个不适合的环境。(这时应对工作的纯粹是一种原始的精力而不是技巧。)因为妻子直接感受到这种情感挫折,判断是消失还是增长,妻子们是最好的法官。如果在增加,就到了该讨论变化的时候了。

从事适合的工作

一个人不适合其所从事的工作,这是负面效应的第二个常见来源。什么样的人适合什么样的工作,这样的判断较难作出。方枘圆凿的现象可以时常看到。高层管理人员可能过分强调经验和技术的重要性,却忽略了个性和个人目标等非常重要的因素。请考虑下面的杰克和梅琳达的经历:

三年前,杰克是一家计算机公司的调研经理,对自己的工作很满意,充满了雄心壮志。因此,最高管理层提升其为公司行政管理经理。刚开始时杰克并不喜欢这个岗位,管理层说这将是他职业发展过程中重要的一步,劝说杰克接受了这一职位。既然杰克的雄心是要成为调研主任,这种说法似乎也合乎逻辑。这项新的工作将会锻炼他具有管理经验,这会使他有资格胜任他所期待的工作。杰克接受了这一工作。

杰克已经在这一工作岗位上工作了三年,然而工作中隐现出的紧张和不安丝毫没有减弱,相反,在过去的三年里反而渐渐增长,到现在几乎成了他的生活中不能克服的部分。但是在他受伤痛的时候,他的妻子梅琳达和两个孩子受的伤害更多。

第四章

梅琳达说道,自杰克承担了这份新工作以来,他给他们的家庭生活带来的只有悲伤和紧张。她说:"自从那时起,他甚至没有兴趣谈论我们的家庭问题。"实际上,她经常考虑到离婚问题。

就他起的作用来说,杰克发现,关于他的工作很难说有什么积极的东西。他说:"我遇到了有趣的人和各种各样的情景,但是工作的一部分是要作为勤杂员处理日常的乏味问题,另一部分是要就员工们抱怨的事和工会的官员协商谈判。"这是杰克感到无聊和受挫的一项义务。他说:"你对任何人都没有权力,最初我没有意识到的是我和搞研究的人员没有任何真正的接触和联系。"

杰克感到的不安和怀疑与日俱增——他的妻子感受得更强烈。两小时的采访结束时,他谈到了被陷入困境的感觉:"我是真的对这个工作不满意,但是如果我干得好,它会对我的下一个在研究方面的工作有帮助。这是一个不被人感谢的工作,听命于任何人。问题是它到了我身上。我不能再承受这个压力了。上个月我去找了老板,告诉他我想回到我原来的工作岗位上去。他告诉我在适当的时候他们会考虑的,说我现在正干着一件重要的工作,并且说这里需要我。"

"问题是——他真的是说我正干着一件重要的工作吗?我觉得情况从这里只能走下坡路。我正远离研究工作,漂得越来越远。"

不能胜任

杰克是不合适人选。无论他接受目前这个工作的理由是否正当,这个工作并不适合他的个性。这使他一直不安而不能令他满意。然而他接受此工作作为进阶之石,他必须干下去。

对这个工作缺乏浓厚的兴趣和天生的技能,这种不适合只能通过投入过分的精力才得到弥补。这种投入可能得到成功——但是代价太大:巨大的心里不安、深深的失败恐惧、较少关注自己的私人生活。

紧张不安和深深的失败恐惧是违背规律的自然结果。从事不适合自己工作的人经常害怕自己的弱点会暴露出来,将被人发现。这些内心疑虑如此强烈,没有一定的得到成功的外在认可是不能被抹去的。

对于不能胜任工作最终颇具讽刺意味的是,一个个可获成功的机会日渐减少,失败的恐惧与日俱增。表面的成功不能够使他们得到安慰。相反,他们的成功使他们被陷入了所不喜欢的工作之中。身后之路渐渐断去,他们感到落入了一个圈套之中,一个催生永久的与日俱增的紧张不安的圈套之中。

让我们来解释我们所指的个人和工作之间的胜任与适合吧。当你同时集三种积极的感觉于一身时,完美的适任就发生了:你感到有能力,你喜欢本工作,你认为你的工作和你的道德价值重合。换一种说法就是,不仅你的技能和能力,而且你的动机和价值都适合这个工作。

当这三个条件缺少其一时,工作不能胜任的情况就发生了。在完全不能胜任工作的情况下,这三个条件一个都不具备:他对他所做的工作并不特别有能力,他对他的工作喜欢之处很少,做违背他价值和理想的工作他感到羞耻。杰克,这个我们谈到的经理,就是一个典型。

缺乏技能:缺乏技能可以使他喜欢工作,并且为他的所作所为感到骄傲。他努力工作以维护他的职位,但是他并不确信他的能力,是否真的把握了这份工作。例如,一位在生产岗位上的经理发现作出决策是很难的。或者,有些人从事人事管理工作,希望借此拓宽技能,却在工作中不能与别人融洽相处。那些管理者可能暂时将工作管理得很好,但是他们却生活在一种挥之不去的恐惧之中,害怕事情会变坏,局势会失控。这种不安全感减少了工作中的乐趣,并且渗透到了个人私生活中,影响了个人生活。

这种"能力上不能胜任"多发生在职业生涯的早期阶段,是在他们还未发现他们擅长做什么的时期。这正是各种组织尽力避之的那种不能

第四章

胜任工作的类型。但是大多数组织不能轻易识别的另外两种工作中的不合格是同样重要的。我们称之为"喜欢型的不适合"和"道德型的不适合"。

不喜欢本职工作：当一个人有能力做自己的工作并且引以为豪，但却不喜欢这份工作时，"喜欢型的不适合"就发生了。一个人有必需的能力成为经理，他能被提升从事管理工作，即使他相当程度上仍留在原来的技术岗位上。尽管工作中他能表现得远胜于其他人，他也要屈从于义务，服从命令，与其他人步调一致，必须接受这份工作。他在这份新的工作中并不感到愉快，反而大受负面后果的影响。

"不喜欢型的不适合"最常见的原因是对工作的许多方面从内心里讨厌，但也有其他原因。一件工作干得太久，喜欢就会变成厌烦。人们有能力做好工作，但是看到他们所做的工作是可以预见到的单调乏味的不同表现时可就不同了。工作量太大也能破坏工作的乐趣：有些人，从不拒绝富有挑战性的和他们喜欢做的工作，同意接受了大量的工作。结果繁重的压力日渐腐蚀了对工作的内在乐趣。

不同的价值观：当一个人喜欢本职工作且有能力胜任，但是却不为自己的工作感到自豪，并感到需要向自己的价值观妥协时，最后一种类型即道德上的不适合随即发生。例如，我们碰到一位销售经理，他自己的工作干得很好，但是他却不相信自己销售产品的优点。他自己不购买，也不能全心全意地把产品推荐给别人。他常说"只要有该产品的市场就一定没有问题"来安慰他自己。在每次重要的销售成功后，他不是为自己感到骄傲，而是觉得"谢天谢地！总算完成了"。

由持续性的不道德商业行为（如贿赂外国官员）引起的否定性额外后果包括另外两种令人痛苦不堪的心理怪僻。行贿人害怕有可能受到法律的惩处。由于这种情形需要保密，他不敢向别人泄露自己的感情。

每一种不适合做一项工作的情形都是危险的。如果人们接受了一项他们无法胜任的任务,就会把自己置于一种持续不断的自我怀疑的感觉中。如果他们接受了能够胜任但不喜欢的工作,就会对此感到厌烦。如果从事的工作不能使他们获得自豪感,他们就无法让自己平静下来。

不具备相应技能可能是唯一一种组织能够识别出的与工作不相适应的类型。然而,无论导致不适应工作的根源是什么,人们以及他们的家庭都会感到痛苦。对于一名高级管理人员来讲,为避免用错人,关键是要明白导致某些错误的原因。

人们为什么从事不合适的工作

人们之所以会从事不适当的工作的原因主要有两个:优厚的待遇所具有的强烈的吸引力,组织上的压力,不会拒绝,缺乏自知之明或自我评价的能力。下文将对此逐一论述。

优厚的待遇:每个人都喜欢,也需要金钱;对社会地位和别人的认同有一些合理的渴求。但是,在西方社会,拥有这些意味着这是个体面的人,以至于我们有时候对这些东西过于看重。基于此,许多人最终从事着能给他们很好待遇而不是适合自己的工作。对于社会,他们是好成员;对于自己,他们却感到不舒坦。

与我们交谈的经理们常常想证明,给予物质上的报酬而接受他们并不喜欢的工作,对于满足私人生活上的需求是至关重要的。他们没有意识到(除了事后的醒悟),如果工作不适合他们,不管挣了多少钱,不管获得了多高的社会地位,他们的私生活将通过情感上的宣泄而遭受痛苦。

组织的压力:当管理人员找到一名组织内部或者外部的人员,并为他提供工作时,大多数情况下都要经过对候选人员进行仔细的分析。被选中的人经常是经理认为最能胜任这份工作的人。

然而,对于决定某人是否适合某项工作的另外两个方面——他是否喜欢这份工作以及他是否会为此感到自豪,经理即使会给予关注,也是

第四章

微乎其微的。如果需要综合考虑这几方面的因素,管理层常常会对那些个人问题不屑一顾。具备做好一项工作的能力是唯一需要考虑的。一些经理认为,如果某人不喜欢一项工作或者不会对该工作产生自豪感,他就会对此说"不";还有经理认为,如果某人没有拒绝一项工作,那么个人问题就不存在了。

但是这里存在一个问题,当管理层最终达成决定将某人予以提拔或提供一份新工作,这个人就不能被简单地视为候选人员。管理层阐明他就是最佳人选,拒绝这份新工作就是拒绝了管理层想要的。当然,基于感情上的理由,他又只有说"不",但他会真的这样做吗?来自组织上的压力是巨大的。

管理层常常会采取一种推销式的态度,并且用各种方式将其表达出来,清楚地描述待遇和激励措施,强调这是"唯一机会"这一事实,强调"这对你的职业生涯有好处"这一理由。如果被选中的人指出他缺乏必要的技能,管理层可能会说这是"一个非常难得的学习这些技能的机会",以此表达对将来的确信。最后,管理层常常会施加最后一个压力。他们会明确:快点作出决定,在72小时内必须答复。

这时候,许多人已经屈从于优厚的待遇,或者害怕说"不",或者表现出犹豫不决。然而,表现最好的人是那些争取充裕的时间,以便对该工作的性质以及自己在多大程度上适合该工作作出尽可能彻底分析的人。

这些人深深地意识到他们的决定不仅时刻影响着以后的工作,也会时刻影响着以后的私生活。这种人最有可能避免自己成为不适应工作的人,也最有可能免受巨大压力带来的痛苦。在大多数情况下,对家庭生活的真切的担忧,以及对改变工作将产生的影响的深刻理解,使他们的态度更加鲜明。

总之,这种人意识到他们对自己的事业负有主要责任,不愿将责任转移给别人。

说"不"的能力:如果说学会要求给予充分时间以便仔细考虑是否接受一项工作,是一件困难的事情,那么学会说"不"就更加困难了,特别是在经济危机的时期。

学会拒绝,首先要能够实事求是地估计拒绝的后果。许多人会预想到一些可怕的后果,即他们对考验过于担忧。但是,一个人也不得不对接受的后果作出现实的估计。同我们交谈过的一些经理就提到,他们作出决定是由于低估了将要面对的困难。

自我评估:我们的许多行为根源于潜意识中的动机,而我们对于这些动机却难以知晓。并且,随着年龄的增长,我们不断地改变自己,不断地获取新的经历。因此,即便处于最佳的环境中,要对某人是否适合一份新工作进行评估是很困难的。

自我评估的原始资料是过去的经历。对于年轻的经理来讲,由于阅历有限,这项工作就显得尤其困难。在一个人二三十岁的时候,实现自己的唯一方式就是在不同的公司里从事不同的工作,然后找到你做得最好的,你最喜欢的,最有意义的。我们的研究表明:如果取消这个阶段的摸索,或是太快,反而对一个人的职业生涯有消极的后果。[1]

然而,这个研究不是盲目的。在一定的情况下,当一个年轻人在试用阶段以及在工作中犯错时,顾问能够成功地指导他。顾问一般都是年长的、经验丰富的、值得信任的(通常是你的老板,你与他有一种开放式的特殊关系),他的指导不仅仅是提供新的工作和经验,他也帮助年轻的经理人学习他的那些经验、他的技能需求以及价值,这样可以缩短自我评价的过程。

尽管一个人很成功地开始了他的职业生涯,并且对职业身份进行定位,他仍然感受到巨大的压力。这个阶段的经理人大部分都朝着他们的职业生活目标前进。但是,在他们的私生活里,经常发泄他们的情感。

经过一段时间的摸索,对自己较以前有了更多的认识后,那些三十

第四章

五六岁的人最后找的工作较以前有三个方面更加适合他们。年轻人在找工作时经常会问他们自己"我能行吗?"但是,那些成熟的男子还会问这个问题:"我喜欢这个工作吗?"和"这个工作值得做吗?"如果这三个问题的答案是积极的,他们就会接受这份工作。

处于这个职业阶段的人们通常更加关注他们的生活,他们不再只注意竞争的环境,他们的目标就是最少的情感发泄,使生活更加充实。如果他们已经学会自我评价并且指导自己的职业,他们就能做到。这个经验是他们在早期的职业生涯中积累的,他们受益于他们的顾问,同时也能使他们自己成为别人的顾问。[2]

对某些人来说,自我认识是伴随经验而来,所以他们能处理他们的工作并且避免情感发泄。然而,有些人不能从经验中学到知识,结果就是他们很容易受到情感发泄的困扰,又名职业失望。

从失望中学习

防患当然比治疗来得管用,那些善于自我评价的人不仅在找错行业的方面风险小,在遭受严重失望的情感方面也风险较小,但是我们所有人在工作中时时刻刻都要面对失望,失望对我们有巨大的心理影响,尤其是工作对我们来说是生活中很重要的一部分。

在我们的调查中,最常见的一种失望就是年长的经理人达到职业目标比他们所设定的期望低。有意或者无意地,他们认为已经达到自己职业的最高层再也不能提升了。晋升被拒绝,没有加薪,评价不好或在公司重组时受到公司排挤,这些信号都标志着个人职业的终点,令经理们十分痛苦。

当受到很大伤害时,大多数人都会进行防卫,这是自然反应。也有一些人似乎积极健康地作出反应,并从痛苦的经验中吸取教训。还有一些人幻想破灭,变得更加痛苦,这就是高原反应。亚伯拉罕·扎拉兹尼克

(Abraham Zalaznik)建议要处理好失望必须学会两件事:"非常了解自己的情感反应和诚实地面对失望。"他还说:"每个人对失望的心理反应就是避免自我检讨的痛苦。如果你不面对,而是逃避痛苦,那么以后你就会为之付出更大的痛苦。"[3]所有的例子都表明,危险是现实的扭曲。

在我们所调查接触的经理人中,发现并证实了亚伯拉罕·扎拉兹尼克的观察是正确的。事实上人们很难诚实地面对失望。经验表明:失望经常激发他们非常强烈的失落感并变得对自己相当生气。有时更加有害,变成忧郁的缺点。但是人们应对失望有很多办法。经过一段时间的对自己的失望悲伤之后,精力又开始反弹(可能已经学到了什么),成功地适应了新的环境。另外有些人可能会永远陷入痛苦和自暴自弃之中。

那些不能从严重失望中恢复的人经常发现他们自己陷入没有出路的工作之中。他们不喜欢这份工作也不感到自豪。他们很难接受这个事实;他们的职业生活已经达到高原状态,并且感到受骗了。对不喜欢工作的情感压力以及遭受痛苦后的愤怒,经常会发泄到家庭生活中。这样家庭中的其他成员也会为他们的失败付出痛苦。这样生活和工作都会变得很空洞、空虚。在工作之中受到的自我创伤在整个人生中看起来应该是丰富多彩的。另外一些处于职业高原的经理人,通常经过建设性的方法,对工作对生活恢复他们的热情。他们或许会丰富他们目前的工作,弥补失望的创伤,例如做顾问。通常这个积极的补偿方法来自于业务活动。这些活动对他们来说有专业品质,而不仅仅是放松。一个人把他骑马的个人爱好转变成周末去学校,另外的人热衷于社区活动,其他的人也许会扩展对房屋进行重新装修的时间去买东西、重新制作、卖旧房子。在这些例子中,工作变得更加有意义。因此,如果能从自我尊重中恢复过来,家庭生活也会受益。

在弗罗里德的观点上我们再增加一小点:自我尊重和愉快的来源是工作和爱情。工作的失败不能完全被爱情上的成功所弥补,工作中的失

第四章

败必须用工作中的成功来弥补,只有当工作和爱情平行前进,比例适当,我们才能幸福和满足。

组织能做什么?

我们已经建议,规划职业的主要责任,减少消极的情感发泄。达到工作和生活的平衡在于个人管理。对于个人来说,自己对自己的职业管理负责远比希望公司为你做点什么更有意义。然而,公司管理也承担实践和政策方面的责任。这样可以使个人在协调工作和生活之间关系时不是那么困难,我们看到高级经理人经常做四件事来减少工作压力。

拓展公司价值观

我们给经理们提出的第一个问题极有可能是最异端的,经理人可以通过鼓舞他们的下属来帮助他们不要只是注重职场的成功。许多经理人被赋予努力、动机、奉献、活力和精力过高的价值。经理人通常忙碌地工作,一心一意致力于职场的成功,就像发动机和雄心的指示器一样。通过一周仅仅工作45小时来保障自己的私生活对今天的中年人来说是一种软弱的标志;对年轻的经理们来说,这种生活方式意味着一种对工作热情的腐蚀和现代年轻一代存在的综合症。

然而,我们在对年轻经理们日益丧失的工作热情的研究中基本上找不到证据。他们的职业心很强,但是只是对他们感兴趣的工作有责任心而不是对公司有着同样的责任感。他们拒绝单纯地完成不得不做的工作以及和公司的工作相一致,即使是可以获得高额报酬。他们意识到办公室里的大部分时间都被仪式性的、非生产性的工作所浪费,而且很少有人能从他们不感兴趣的工作中取得成功。总之他们欣赏那种个体的工作可以对自己的私生活产生巨大影响的工作,不论这种工作方式积极或者消极。

处理职业压力

荒谬的是，公司并不一定会运作得更好——当公司里充满了那些雄心勃勃，通过努力工作可以成为公司领导层的个体们。事实上，这些"丛林中的战斗者们"野心太大而与他人合作的能力太差。理想化地说，公司需要的是少量的雄心壮志、才华横溢的成功者以及大量的和谐的野心较少的但是尽职尽责的员工，比起成天想着如何爬上公司顶层的那些人（尽管是才华横溢），他们对做好自己喜欢的工作和得到充分的报酬更感兴趣。

公司高估努力和竞争的价值而低估工作信心和良好表现的价值是达不到预期生产目标的。近年来的经济衰退将使这一点更加明显。随着公司生产率的稳定，晋职的可能性也会逐渐减少。人们只有在喜欢自己所做工作的内在价值以及同时从两方面——工作和私生活——而不是一方面来获得满足时才会变得有效率。

创造多样性的报酬和职务提级

因为外部的报酬通常迫使人们接受他们不适合的工作，我们的第二个建议涉及到公司的奖励机制和职务提级。

大多数公司的报酬级别是非常简单的、一元化的，级别越高，管理的事务越多，获得报酬越多。人们开始把成功和管理级别等同起来，如果我们需要的技能人员仅仅是熟练的管理人员的话，那么这种等同就是恰当的。但是问题并不是这样。大多数公司的精力为之相对减少，而那些重要的职位，公司的生命力都是由在其他方面适合自己工作的员工提供的。为了鼓励这些员工，报酬级别需要不同于现存的状况：

埃德加·H. 沙因（Edgar H. Schein）向我们展示了至少五种方法，即他所称的"事业来适应他们的工作和职业"。[4] 一些人确实怀有强烈的管理欲望（就是他们渴望达到管理层），而另外的人是想成为技术领域的专家。富于创造力的愿望是第三组职业中的核心动机。（我们今天的大公司不需要更多的企业家了吗？）第四组和第五组的人的需求定位于各自

第四章

的安全和独立。

很明显地可以看出，公司必须创造多样性的提级和报酬来发展他们运营中所需的各种不同的人才。一些科技含量高、很大程度上依靠技术发明的公司已经在提供管理和技术报酬的级别上进行了试验。将来，我们很可能愤怒地看到报酬级别的发展会同时增强创造力和企业家精神。

许多公司的单一结构所存在的问题就是他们仅仅在一个方向引导雄心和有才能的人的发展，为那些雄心壮志或者才华横溢但不按照既定的单一路线前进的许多个体制造了不必要的冲突。我们可以警告个体们不要被雄心壮志蒙蔽了双眼而没有考虑到自己是否喜欢该工作；我们必须还要警告公司，不是去反对培养雄心壮志，而是反对把它引导到单一的职业路径上。

给予客观的行为鉴定

我们的第三条意见是经理们帮助个体们进行自我鉴定。由此可以减少他们进入不适合的工作岗位或被提拔到不适当的管理位置上去的情况。为了达到这个目标，经理们需要更多地关注下属的表现并且客观地评价下属的优缺点。经理们也应该鼓励自我评价。与以往那种只是强调技术和能力的常规评价不同，自我评价还要关注个体对工作的喜欢程度，包括整体也包括组成部分。

许多专家已经要求对行为鉴定要有精确的和客观的反馈。[5]我们也要求经理们像关注能力一样关注爱好和价值。

在所有的管理失误中，对于下属的升职机会缺乏坦率可能是最具有破坏性的。曾经一度，大多数经理都在明知员工的升职机会并不多时却用升职的诱惑来激发员工而深感痛苦。坦率可能会导致员工短期的不快，甚至导致他们离开公司，但是我们认为掩饰带来的长期影响更加糟糕。真相最终会水落石出，失望带来的消极影响很有可能不仅会伤害员工的工作表现,而且由于溢出效应,他的私生活也会受到伤害,也会被耽误了找工作的机会。

减少组织的不确定性

在当今世界不确定性变得日益频繁。就像石油危机或伊朗的人质绑架,突发性事件可能会很大程度地影响着远在达拉斯、巴黎或波哥大的经理们的生活。经济衰退潜伏在幕后而且没有人有完全的安全感。隔壁的经理失业使许多经理明白此类事件也可能会发生在自己身上。公司里的调整和重组已经是年年都有的事情,突发性的政策变化对人们的生活产生巨大影响,而且产生焦虑,导致情感外泄。

经理们通过使自己的下属免于担忧无法控制的事件来帮助他们减少不必要的压力和不安。

有一个很好的榜样就是一家银行的外汇兑换部经理。很难再找出一份比那更不确定、更忙碌、更充满焦虑的工作了。当我们问及他是如何成功的,他回答说:"我保护我的下属并且信任他们。当我的顶头上司突然造访来告诉我们昨天的工作是多么地愚蠢并且问及是谁做的,我告诉下属们这与他们无关。我给他们提供他们想要的工作,这样可以把他们很好地保护起来。"

我们问及他是如何在这样一天可能损失上百万元的部门里如此信任他们的下属,他答道:"我信任他们是因为我不得不这样。我已经学会了通过让他们独立工作并且只有在必要的时候提供帮助来表示我对他们的信任。"

此处的这位经理是一个"缓冲器"。但是他为他的勇气付出的代价是巨大的。他吸收了周围的大量压力,就像消除许多压力的缓冲器一样,他的下属都喜欢他。

上层经理们不可能都像上面提及的那位一样。但是他们的确需要

第四章

能够吸收他人压力的员工。他们感激这些员工。在员工们有系统地从事这些工作一段时间之后,他们就把员工从充满高度不确定性的工作中解放出来。人们能够保护他人免受不安和焦虑(在某种程度上这是经理工作的一部分),但是时间不会长久。

这是谁的生活?

在管理层,个人生活和职业生活的区别是很慎重的,尊重个人的隐私是他们的基本价值观之一。然而,无人能否认工作对我们的私生活影响巨大。问题就在于哪些范围的行为自己负责,哪些范围的行为可以进行干预?

有个性的经理人坚持这样一种原则:他的私生活与公司无关。但是在当今社会他就特别希望公司不要强迫他接受在拉美的一份优厚工作以体谅他的三个小孩和工作的妻子。这也是他合理的担忧。为了他将来的工作,公司应该认真听取和回应他的要求。

我们不需要来援引利他主义理论来建议公司确保他的员工都获得适当的工作,都能够理解公司要求的变化,都拥有进行客观的自我评价的工具。这样做对激发公司士气和促进公司生存力是至关重要的。

从公司方面出发负责的行为就是他最大利益考虑的行为。这意味着要认识到工作和职业的情感方面。考虑一个人和考虑他的潜力一样重要。

即使公司选择不去面对这些问题,那些年轻的特别是那些夫妻双方都在职场的经理们也会用他们日趋变化的价值观和生活方式最终迫使高管人员去面对繁忙工作对个人生活造成的影响。

参考文献:

1. 参见我们的文章"Professional Lives Versus Private Lives—Shift-

ing Patterns of Managerial Commitment," *Organizational Dynamics*, Spring 1979, p.2。

2. 同上。

3. Abraham Zaleznik, "Management of Disappointment," HBR November-December, 1967, p.59.

4. Edgar H. Schein, *Career Dynamics* (Reading, Mass.: Addison-Wesley, 1978).

5. 比如,可参见 Harry Levinson, "Emotional Health in the World of Work" in *Management by Guilt* (New York: Harper & Row, 1964), pp. 267-291。

第五章 体面退休

万物都有终点。谈到职业生涯,退休可能是个特别困难的时刻,它对许多人来说,意味着放弃权力、声望和地位,一些人将与自己充满激情为之长期奋斗的事业断绝联系,而另一些人则终于有空开展计划已久的活动。实际上,就后者而言,退休蕴涵着另一种"职业"生涯的开始。

当人们走近这一时刻时需要处理许多事务。如果身处组织之中,你必须应对继任问题,调节好挑选继承人和交接权过程中的感情;同时,还要与自我理想达成妥协,并在必须告别自我成就时,衡量好对它的满意程度。在我们的文化中,许多担任管理角色的人将工作视为人与人之间证明自己的手段。走向退休通常被认为是伴随着无用和沮丧的感觉,正如一个退休社团中的高级人员对我说的:"退休时期里的每一天都像星期六的下午。"当然,每天并不一定真是如星期六下午那样;然而,问题的关键在于,生命中这个阶段和其他所有阶段一样,也需要预测、思考和行动,它要求一个人继续坚持那种长期拥有的良好判断力。

为了帮助经理型的读者考虑退休时最基本的一件事情,我在《不要自己挑选继任者》("Don't Choose Your Own Successor")中描述了首席执行官在即将离开组织且不得不受制于人时,需要面对的一些主要思想

第五章

斗争。人们似乎都试图证明自己在这个职位上比任何人都干得出色,有时甚至不愿意其他人介入到该工作中来。这意味着理解自己和自己的动机很重要,正如在第一节中提到的那样,它能够让我们在这特殊时期恰当地调动自己的判断力。作为既做过潜在继任者又担任过顶级经理的过来人,我提出了一些处理退休问题的方法建议。

托马斯·H.费特格兰德(Thomas H. Fitzgerald)在《失业:退休的同义词》("The Loss of Work: Notes from Retirement")中描述了他被迫突然退休时发生的事情。他提到了被孤立的状态,而且不愿做任何事情。他指出,也许只有在退休状态下,人们才能认识到自己曾经扮演的角色。当舍弃工作时,我们留下了自己的部分痕迹。他提出了这一重要问题——"我们是否决定继续扮演其他角色",并表明一个人不能推迟考虑退休后的岁月和事务,而应该未雨绸缪,事先计划妥当。

利兰·P.布莱德福德(Leland P. Bradford)在《你能顺利度过退休期吗?》("Can You Survive Your Retirement?")中讲述了他退休时的体验和感受。他提到了可怕的第一年,以及与妻子和其他人不断交谈的无数个星期。他询问道,为什么过渡时期显得如此艰难,而且这种经历与其他阶段相比是如此特别。接着他阐述了他的结论,特别是认识到人们可以在退休岁月中铸就第二或第三职业生涯。他与费特格兰德的观点相辅相成,两人都得出正确结论,认为管理自己的职业生涯非常必要,并主张必须在职业生涯选择上采取主动。

惠洛克·惠特尼(Wheelock Whitney)和威廉·G.德罗斯(William G. Damroth)在《不要称之为"提前退休"》("Don't Call It 'Early Retirement'")中描述了他们是如何调控自己及其职业生涯的。惠特尼从首席执行官角色转而从事教育管理继而又担任一公共服务机构的主席,德罗斯从财务工作转而从事野生摄影。两人都谈到了从事新职业的动力和现在能够享受到的满足感。

然而，放弃以前的工作关系网和工作职责并不是件轻而易举的事，特别是当放弃的是自己创办的公司时，这将尤其困难。迈克尔·G.贝洛兹海默(Michael G. Berolzheimer)在《出售公司的经济因素和心路历程》("The Financial and Emotional Sides of Selling Your Company")中阐释了其中激烈的思想斗争。他提醒我们一步一步思考好转卖公司的事务，并从他的亲身经历出发得出结论，该结论对于那些开办了自己组织并考虑将其卖出的人来说是非常重要的。但是，卖出公司并不是他的终点，他转而在消费者公司的风险资本支持上开始了新的职业。

结束

这是全面介绍。生命中每个阶段，我们必须时刻关注自己现在的事业和将来的发展，因为时间在飞速地流逝，昨天、今天、明天在不断转换，其中许多都是我们这些文章中以这样那样的方式提到的，即我们都能让自己的生活更富诗意。如果能在极有限的人生时光中多考虑一些关于自己和自己希望如何度过今生的问题，我们就能成功获得诗意化的人生。当我们经历的事情不断考验自己心灵深处时，我们也许能额外获得喜悦、满足和与众不同的成功。事实上，当我们全神贯注于重要事务时，往往忽略了各种心理考验，不管它属于何种性质或程度。总之这些文章所集中论述的就是：人生是应该用来享受的，而不是纯粹在工作中度过的。如果农民不了解土地，那么土地将很快变得贫瘠；如果不让土地休养生息，它们将失去繁殖能力。此道理同样适用于人类。我们人类不同于其他生物的地方在于我们能够反思、回顾和展望，能够考验自我、认识自我，能够选择和调整方向，并能利用周围一切为我所用。我们与世界紧密相连，是它们给了我们源源不断的关怀和支持，这保证了我们生存的稳定性并推动我们不断成长，正如这些文章中所显示的一样。尽管心理老化可能削弱我们的行为能力，但不管怎样，我们能够思考、感受，并

第五章

能根据自己的思想和感觉开展行动,这是铁铮铮的事实。拥有这些能力,我们就能确立奋斗方向,并在需要改变时及时掉头转向。这些文章就如同一张张地图,在指导我们确定奋斗方向后,展开了对于人生道路的详细论述。它们指明了能够推动我们前进的力量,前提是懂得如何利用这些力量;它们提醒我们注意人类关系和存在的变化,并反复指出我们在该暂停事业并重新考虑航向时可以依靠的停靠站;还提到了暴风雨和平静状态,这些潜在隐喻最恰当中肯,可以作为读者的得力帮手,但又可以简单地被当作毫无价值的东西。

第一节　不要自己挑选继任者

哈里·莱文森

根据管理经验,每个首席执行官、行政人员和经理都应该挑选好自己的继任者。然而,我却认为这一经验与其说是解决问题,还不如说是制造事端。无论分开看还是综合考虑,有四个原因可以说明为什么首席执行官挑选的继任者会走向失败。

1. 事后诸葛亮式的现任者可能未注意到:不断变化的商务环境要求新领导扮演不同的角色。

2. 挑选继任者的过程可能建立在首席执行官潜在认可的、赖以成功的素质基础上,而他必然要求继任者具备这些素质。

3. 首席执行官潜意识存在着敌视别人取代他的心理,这种感情将使他在选择过程中失去判断力。

4. 维护传统的责任感会给挑选过程带来很多限制,以至于创新者和外人不在职位考虑之列。

简而言之,首席执行官选择自己的继任者是个对组织有危害的行为,必须坚决加以阻止。

有时很难发现失败是由这种行为造成的,因为失败太容易被彼得原理之类的陈词滥调所搪塞过去,或者为高度理性化的管理误区而遮掩。然而,对于最受公众关注的首席执行官职位来说,这种失败是显而易见的。让我们一起回顾一下以下这些轰动一时的事件吧。

联邦航空公司一位任期很长的总裁威廉·A.帕特森(William A. Patterson)离任时指定乔治·E.柯克(Grorge E. Keck)为其继任者。很快,在公司呆了24年的柯克被一位其旗下酒店集团的执行官爱德华·E.卡尔森(Edward E. Carlson)所取代。

第五章

在将美国航空公司带至行业第一后,克劳斯·R.史密斯(Cyrus R. Smith)选择了乔治·A.斯帕特(George A. Spater)为其接班人。结果斯帕特干了五年后,史密斯被邀重新出山,执掌帅印。

1969年3月,大卫·洛克菲勒(David Rockfeller)成为大通曼哈顿商业银行的董事长和首席执行官时,指定有20年银行从业经验的老手希伯特·帕特森(Herbert Patterson)为总裁。但1972年10月,洛克菲勒解雇了帕特森。

1964年,奥格斯塔思·隆戈(Augustus Long)从德士古公司董事长和首席执行官的职位退休,接任者是I.霍华德·兰宾(I. Howard Rambin)。兰宾于1970年退休后,接下来又是隆戈重回帅位。据业内人士介绍,尽管后来首席执行官这一职位形式上被莫莱斯·F.格兰维尔(Maurice F. Granvill)取代,但实际上隆戈仍然继续操纵着组织的运行。

1973年2月,美国工业公司董事长I.约翰·比利拉(I. John Billera),任命行伍出身的查理·E.塞拉克曼(Charles E. Selecman)为副董事长兼首席执行官,阿瑟·S.尼古拉斯(Arthur S. Nicholas)为总裁。结果到1973年9月,尼古拉斯就离开了,11月塞拉克曼也走了。比利拉曾经一度自己担任首席执行官。1974年8月,比利拉11个月内任命的第四位总裁——C.拉塞尔·路格斯(C. Russell Lugis)走马上任了。

1969年还有一件引人注目的事情,亨利·福特第二(Henry Ford II)解雇了当时福特汽车公司的总裁西蒙·E.克努德森(Semon E. Knudsen)。克努德森虽然从未与亨利·福特第二共事过,但也是相识多年,因为克努德森的父亲曾经在亨利·福特第一手下做过事。

这些经理挑选候选人的失败可以归咎于一系列原因:外部事件的干扰,错误的人在错误的时候作出错误的决策,或者是其他因素的交互作用。但是我情愿提出另一种假设:所有失败的接班人都是由前任挑选出来的，而这些前任们都想当然地认为精心选择的接班人可以很好地接替他们的职位。

在论证这个假设前，让我先举一个颇具警示性的例子。我从来没有遇见过上述例子中的任何一位经理人，也没有对他们以及他们所在的公司进行过直接了解。我之所以选择这些范例，因为他们的经历几乎是家喻户晓的，这些公司也是大多数人所熟知的，这些前提条件可以简化我们下面的讨论。当然我并不是绝对化地宣称挑选自己接班人的所有经理人都必定会失败，只是认为多数人会出现如此结局而已。

这些事件仅仅是在大公司高层和稍低层级管理层中出现的许多失败的小小范例和缩影。在小公司，发生错误选择时很容易察觉，因为公司内部用于评估人事关系和工作机会的资源有限，可供选择的人员也是凤毛麟角。

然而，如此论证看来几乎是无法适用于上述列举的案例，其中甚至涉及到一些国家级的大型公司。这种大型企业拥有无限可供调配的评估资源，他们的管理层可以经年累月地观察那些身处要职的经理人。而且，这些企业的成功证明了经理人逐代积累的智慧。经理人由于将自己组织内的领导置于广阔的行业中定位，因此清楚了解自身的工作要求。

但即使一个公司能拥有评估经理人所需要的一切企业资源，它在确定一条良好的继承方针时出现问题和困难仍不算稀奇。从1966年起，共有30%的新总裁和首席执行官是从组织外部引进的，几乎一半的顶级管理人员在该单位尚不足十年。

假定挑选继任者是摆在所有经理人面前的一个问题，我们仍然无法了解那些首席执行官、行政人员、经理们潜意识里挑选注定失败的接班人的频繁程度。不管怎样，我确信此问题仍高比例地频繁出现，因为首席执行官自己一手操办挑选事务或在挑选过程中具有绝对的发言权。

当然，有一些首席执行官们在挑选继任者方面做得非常漂亮，要不

第五章

然许多组织早就消失了。但既然太多的经理人为挑选恰当的人来继承他的职位而忧心不已,既然已经出现太多的失败,我希望在这里指出为什么失败会接二连三地出现,描述可能失败的接班人的类型,并讨论避免接班人问题发生的对策。

失败的原因

在某种程度上说,人们都试图证明自己在这个岗位上干得比任何人都出色且无人能够取代,自己的奉献将如丰碑一样永远维持下去。这些内心压力有时会让我们对自己目前实际所从事的工作视而不见,从而导致我们在合理性很明显的情况下反倒作出可以称为"愚蠢"的决定。当一名智者,如一位成功的首席执行官的行为看上去显得"愚蠢"时,很有可能就是由潜意识的非理性因素所推动的。对于首席执行官来说,心理因素有可能起破坏作用,组织原因也会发挥负面影响。

本文开始时,我提到了首席执行官可能选择错误并导致接班人失败的四个原因。

"事后诸葛亮"式的现任者

每位经理人总是在从事他认为应该做的事情,实际上他已经忽视了未来。他拥有自己的认知能力、行为方式、实践范围和盲点,只能在此框架里作出选择和决定,因此对于现任者来说,了解未来对其继任者的任务要求、所需才能和可能出现的新问题常常是比较困难的。

正是由于曾经成功地解决了面临的问题,许多现任者就错误地认为新问题将不再出现。然而,继任者将很有可能不得不注意和面对那些不曾出现在前任的力量和视野范围内的事务。在一个社会、经济形势不断变化的世界里,继任者将必须处理前任没有预测到的问题。

一个中型社区里最大银行的强有力的、富有开拓精神的总裁选定了一位优雅温和的人为其接班人。这位总裁是个极富才能的人,他创建了全国最大的银行;而且他的影响力已经延伸至国家的其他层面,在政治领域里对高级官员的任用都具有影响力,还带领公民寻求理财建议。考虑到他自己几乎一手建立了成型的世界,而且确实达到了这个高度,该总裁认为那位温和的接班人只需扮演综合协调的角色。然而,这个名不见经传的继任者面临的却是一个日益多元化的、竞争性的环境,需要设立分行,开展多种形式的扩展信誉活动,并制定积极灵活的计划以避免侵害那些由年轻人领导的新银行,而这位温和的继任者不属于开展竞争战略、引导积极应对挑战类型的人,问题就接踵而至了。

选择按照自己意愿行事的人为继任者,实际上可能导致组织出现完全相反的运行方式,也背离了前任的初衷。考普斯公司前董事长弗雷德·C.福伊(Fred C. Foy)认为,任何人在担任首席执行官大约十年后,都应该进行自我解雇。福伊主张的是,老板十年来拍板决定的累积效果可能带来老板命令式的公司运转模式。不管这种决策模式过去多么管用,现在都无法满足变化社会的要求,也无法让公司的核心层满意。最终,郁郁不得志的经理人将纷纷离开,留下的都是与老板保持高度一致的人,他们缺乏对变通可能性的足够理解和把握。福伊谈道,从个人因素看,首席执行官助长了这种刻意奉承的作风。

而且,一个人占据某个职位时间越长,他对该职位的心理拥有程度就愈深。就像企业家与企业结合一样,任期时间长的现任者也与该工作结合起来了,两者几乎同一化了[一个完美的解释说明就是 J. 埃德加·胡佛(J. Edgar Hoover)与联邦调查局的关系]。

有限的自我理解

即使前任真正希望挑选一位也具有同样推动力的继任者,仍然存在另一个问题:他们几乎不可能认知,更别说全面理解促使自己成功的那

第五章

些独特的品质。因此，他们完全发现其他人身上的这些品质更是不大可能。

很少有经理人真正如人们想象的那么自信。和其他人一样，他们也觉得现实中已经完成的事务并不如他们自己意愿中的那么美好；他们经常并不真正了解自己成功的原因；他们难以忍受失败，通常自己是最苛刻的批评者。简言之，他们的自我理想，也就是期待着成为何种角色人物，远远超过了他们的自我分析意象，即对自己的现实评价和看法。

由于总是在考虑如何干得更好，经理人总是忽视以前的经历和轨迹，"那属于昨天"是他们经常使用的陈述语。大部分经理人更多地采用行为主义定位而不是自我反思，导致他们并不十分清楚了解自己内心的想法和感受，事实上，他们经常并不想了解这些东西。他们往往低估自己的能力并想当然地接受这种状况。

一家折扣连锁店的董事长既不是会计师又不是金融专家，但他在理财方面所表现出的精明却受到了贷款人的大力赞赏，他的判断和语言也得到了借款官员的好评。尽管他并不自视过高，而且没有完全认识到自己的优点和能力，但其他人却高度重视和评价他。当有人指出他的优点、能力时，他笑着回答："任何人都能成功做到这点。"实际上，他认为自己的能力非常有限，银行界的专业人士将会干得更出色。正是由于认识到他的工作与赊购业务非常相关，他任命了一名财务官为继任者。结果，当闻知银行家们不愿与他选择的接班人做生意时，他很吃惊。

潜意识的对手

即使经理人能够准确觉察到自身能力，大部分人仍然无法容忍组织中出现与他能力相当的人。经理人挑选继任者的过程可能在心理上重现特殊的对手问题，这些问题可以追溯到他们的早年生活经历。

小孩子都试图仿效父母亲中与自己同性别的那位，继而寻求取代其在另外一位（父亲或母亲）眼中的位置。由于感到无助和无力，他们都有走出困境的意愿，对手问题就是起源于这种意愿。如果孩子在这些尝试中极受挫折，他就可能在成年后变得非常具有竞争性和攻击性。或者出现相反的情况，孩子们在成长中感受到来自父母的巨大压力，将他们视之为竞争对手并且是可以击败的。这种情景将经常在成年时期再现，当组织内同事之间的职位晋升都掌握在领导手中时，对手问题就自然出现了。

正如很少有父母能够意识到孩子的敌对情感一样，能了解其下属们敌对情感的经理人也寥寥无几。经理人成功到达管理顶层后，往往忘了自己心理曾经经受的激烈竞争，确切地说，他们仍然没有认识到潜意识里的对手，因此就假想竞争接班人的失败者会坦然面对失利，而不会滋生敌对情绪和行为。尽管拥有许多远大的梦想，组织还是如同古代的王国一样，充满着持续不断的权力冲突；虽然从最初的领导人创办开始，组织已经走了很多年的路程，但组织内部个人和部门之间仍然不明不白地进行着相互斗争。

经理人的支配地位越突出，他在组织中就越有权力，继而在任命接班人的事务上越有可能出现问题。原因不言自明：首先，如果他真正具有敌对思维，他不可能草草任命一个可能同样出色甚至更好的接班人；其次，经理人掌握的权力越大，他直接击败对手的可能性越大，因此一些竞争对手离开组织，其他一些在处于被动后逐渐失去动力，只能依靠挂名职务聊以排遣生活。经理人对下级的专横作风逐级延伸，从而迫使具有创新冒险精神的人纷纷离开，很快，组织内部既有能力又有进取心并争取高水准的年富力强的经理人所剩无几。

维护传统的责任

同时，经理人，特别是从组织内部提拔起来的经理人，通常认为自己

第五章

有责任维护其员工权益,并且保持组织内获取权力和职位的传统方式的延续性,因此极可能选择那些将维持组织政策和传统的人,而事实上许多政策和传统已经成为他的个人标志;他感觉自己必须通过维持好主要的成功路径以平衡每个人的利益。在一个高度官僚化组织里担任首席执行官的人,将不太会对组织结构进行重大改变,因为跟随并忠心于他的下属都循规蹈矩而且希望这种规矩一直延续下去。

一位具有悠久历史的大型组织的总裁认识到,为了应对超市发展的新趋势,有必要进行大规模的组织结构重组。然而,他也明白要使公司获得新生,就必须让年富力强的人超越那些占着某些职位消磨时光而又等待晋升的"老人"。该总裁理解这些"老"经理人的想法,正如他曾经经历过的程序一样。因此,尽管他意识到了改革需求,但无法下定决心进行改革,这不免让他那些忠诚的追随者大失所望,其中许多人是他的私交。他所选定的继任者,一个和他相似类型的人,看到了同样的问题,但出于维护传统的责任也放弃了改革。也许几年以后,对该种模式的坚持而不是改革创新,会使公司危机四伏。

背离自己的追随者而带来的潜在愧疚感,必然会加剧首席执行官的传统责任感。这种对传统的维护责任将给一个需要领导者改变规则并重新定位以便适应新商务环境的组织带来可怕的问题。

家族企业存在着另一种传统问题:必须考虑继承人如何适应其家庭成员。如果家庭内部矛盾重重,冲突激烈,组织就需要进行所罗门和摩西式的联结,为各个分支架起良好的桥梁,以引导组织前进。

我以前的文章已经指出,家族企业在继承问题上一直步履艰辛。但是,不管他们内部的阵营如何分化,一旦有人提出与家庭意见相左的建议,不管这些建议多么富有建设性,即使他是备受信赖的内部人士,家庭成员也会联合起来,群起而攻之。

一个全国性食品分销商的创始人安排其女婿作为他的继任者。这个善良、温和而有思想的女婿,发誓改进他岳父稍显冲动的苛刻行为,并因该想法赢得了组织内部的广泛尊敬。但即使有职业经理们的推动,事实很快就日益明朗了:这位继任者在做决定时面临巨大困难。结果,这个企业士气不断低落。当咨询人员证明这些措施根本不起作用时,这位继任者被迫向已退休的首席执行官寻求支援。人们很快发现前任及其接任者由于推行相同的路线而联结起来了,虽然这条路线有可能导致组织的最终消亡。尽管这两人由于管理方式的分歧而一直心存芥蒂,但当外部人士现实地指出组织漂流的后果并一再强烈建议采取行动时,他们却在威胁的前面形成了一道坚固的防线,步调一致。

在如上例一样的家族企业或首席执行官任职已久的组织里,董事会的力量特别微弱,基本归属于首席执行官并为他服务,因此能挑选出优秀继任者的几率非常小,组织的选择几乎就是首席执行官个人的选择。

我通过个别和集中的调查后得出的观点是:那些由首席执行官挑选自己继任者的组织存在一定危险,从一定程度上来说,只要现任者将职位角色"据为己有",并且自身未发觉,对手观念不断激化,传统观念或者家族的影响力强大,那么在各级管理层次上都会出现类似问题。所有这些因素一并发挥作用,就可能造成一种典型的矛盾局面,而分散的结果也可造成首席执行官必定选择一个注定失败的继任者。

失败的表现

当正面和负面的感情因素同时作用于同一目标体,且其中一面是潜意识的(通常是负面感情)时,矛盾心理就出现了。每个人都经历过矛盾心理。想想自己曾经把持过的管理职位,特别是自己在那岗位上进行过重大改变或者重塑了管理角色的职位,当接任者接管那职位,即使这种行为是你自己职位晋升的必要前提,你有什么感受呢?特别当继任者改变一些你曾经最珍爱的创新行为时,你又有什么感受呢?

第五章

尽管矛盾心理在各个管理层次中都会出现,但其结果可以在首席执行官的选择过程中得到最生动的体现。为了解决矛盾心理带来的冲突,首席执行官往往选择四种典型的候选人之一为其接班人。每种选择都可以说明,没有人能够像已退休的经理人那样管理组织。

忠实的仆人

对于首席执行官来说,潜意识里最容易解决矛盾情感的方式,就是选择一个忠诚而尽职尽责的仆人,以维护他那无可置疑的完整性和奉献。然而,该仆人可能很久以前否认他的敌对情感,要么是因为反对这些东西,要么是因为无法与前任竞争。这样一个继承人很明显既没有素质也没有能力来推动首席执行官从事过的事业,特别是在为首席执行官的工作方式专门匹配的制度结构下开展工作,因此他注定将走向失败。选择如此一个接班人,首席执行官旨在安抚良心、回报忠诚并维持组织的传统路径。然而通过这个选择,他也能确保在组织中的影响力,而且无人能够胜任他的工作。在忠诚的仆人引导下,公司很可能每况愈下,直至能干的救世主出现从而抑制住颓势。

一家煤气分销公司的首席执行官选择的接班人,仅仅是因为他是该经理人数年前刚来公司时遇到的第一人,那时该接班人还是名普通职员。实际上他担任经理人只是充当老板的仆人。当老板病入膏肓时,他选定的接班人就继任了。不久实际情况就很清楚了,该接班人实际上仍然是个职员,公司面临着分崩离析的局面。董事会从外部引进了一个救援者,他已经在其他情形中证明了自己的能力。

救援者确实试图将组织重新拉回到团结并良性运行的轨道上来,但在过渡时期一直伴随着首席执行官的暗骂。那个首席执行官呆在董事会里,而且坚定地维护着前任的传统。

忠实仆人的变形就是助手或者被保护人,但首席执行官认为他们太年轻或者太老,因而无论如何不能继承自己的职位,从而出现了中断时期的领导人,他被假定为看守者,直到一个新接班人的出现。

虎视眈眈的等待者

如果首席执行官通过潜意识击败强者或支持弱者,确信组织中再也无人可以继承他,就会从外面去寻求一个继承人,通常是大学校长、将军或一定层次的政府官员。接着,虽然组织中人人都认识了这个表面的继承人,但他除了头衔,没有任何实际权力。他只是在等待。

虎视眈眈的等待者的生活并不平静,他很快就发现继承人角色也让他成为经理人的替罪羊。首席执行官在招募并劝诱继承人后,就转而对他进行打压,经常围绕一些小事,打击和对付他。在这种情景下,继承人突然发现自己长期计划得到的且已获宣布的职位被前任的专制行为剥夺和掩埋了。

随着预期的退休时间日益迫近,前任的吹毛求疵也不断升温。事实上他经常推迟退休时间,或者避而不谈此事,或者两种方式同时使用。他表示不再相信继承人,并故意为继承人制造能否真正接任的悬疑。他与董事会成员一起,贬低继承人,从而获得了续任竞争者的支持。继承人则陷入了进退两难的境地,不知道是应该坚持下去还是选择离开:假使离开,他就是一个被击败的人,以后在其他地方就不太可能再成为接任的候选人;假如留下,他有可能在组织里受辱。

由于受到银行家们要求挑选接班人的压力,一家化工工业公司即将退休的首席执行官选择了公司律师为他的继任者。该律师本不愿意放弃自己的业务,但架不住首席执行官持续不断的压力,最后还是担任了管理角色。结果,首席执行官越来越讨厌他的继承人,并在董事会的重新要求下反复地连任,该继承人只能活在首席执行官的阴影下几乎近十年。最终,老板寿终正寝,律师顺理成章地接任了。继而,他在接受前任

第五章

的观点"自己的下属是下级"后,从其他地方找了一个潜在的接班人,并用自己曾经遭受过的方式对待该接班人。

如果碰巧组织内部一个曾被视为微弱对手的人后来却证明比预想中的优秀强劲许多,首席执行官可能同样打压该人。根据耶鲁大学的丹尼尔·莱温森(Daniel Levinson)的观点,以上情况很有可能出现在38岁到40岁左右的接班人身上,因为这个年龄段的人正欲摆脱别人的指挥,期待自己展翅翱翔。稍微有点过火的"独立宣言"可能招致首席执行官的指责,说接班人忘恩负义、不忠诚并试图造反。

在稍低的管理层次上,当接班人是从外部或其他领域挑选出来时,上述现象也很明显,继任者经常遭到首席执行官的打压。习惯于叫下属充当替罪羊的经理在打压其接班人时必将日益嚣张和激烈。

错位的天才

当一个人的业务领域与领导角色毫不相干且无法达到人们对他的期望要求时,他只能以错位的天才面目结束失败之旅。通常情况下他是其他人手下的二号人物,却从未担当过一把手的角色;或者他可能仅仅是错误时候出现的错误人物。霍华德·W.约翰逊(Howard W. Johnson)成为麻省理工大学的校长就意味着担任斡旋调解角色,任务就是维持许多学术权力中心的团结和统一。相比之下,波士顿大学校长约翰·R.希尔伯(John R. Silber)的任务就是掌控好一个日益分崩离析的机构,并树立目标方向感。约翰逊不太可能成为希尔伯工作职位的候选人,反之亦然。假如担当另一种角色,两人都可能成为错位的天才,因而都可能遭遇失败。

有时候候选人因为某一方面的突出成就而被选为承担最高管理责任者,德怀特·D.艾森豪威尔(Dwight D. Eisenhower)的军事记录对他成为哥伦比亚州州长和美国总统有着重要影响,S.I.哈亚卡翁(S.I.

Hayakawa)由于采取了积极稳妥且切实有效的措施处理学生骚动而成为旧金山州立学院的院长。一些最高经理人当选的原因是因为其理论思考水平出色,人们期待他们为组织带来渴求已久的成就或走出一条创新性的路径。诺贝尔生物学奖得主乔治·W.比都(George W. Beadle)不久就成为芝加哥大学的校长以及公共健康官员詹姆斯·P.迪克逊(James P. Dixon)担任安提亚克学院院长就是两个例证。这些人不能称之为管理岗位中的错位天才。相比之下,圣母学院的创始人西奥多·赫斯贝法(Theodore Hesburgh)则看起来既给它带来了新奖章又提供了成熟的管理模式。

职位空缺

击败候选人的方式并不是唯一的。尽管有来自董事会、金融机构和其他人的压力,首席执行官仍可能不任命接班人,较低层次的管理者中也可以出现同样的拖延方式。任何层次的这种行为都会助长、扩大下级管理人员的敌对竞争行为,导致防卫和失望心理、跨部门敌对行为以及山头林立状况的出现,所有这些都将加重潜在继任者的工作任务。

一位报纸出版商在他的新闻连锁机构构建了继任机制,这样他的雇员就能够拥有自己的某个分支机构,但是这样的话,也就没有人能实现有效的财务控制以及行政控制。无论董事会还是管理层中都出现了多种冲突力量相互倾轧,因此形成的折中式管理层不可能诞生出强有力的、具有决定权并能指明组织发展方向的领导人。企业充满着持续不断的内部斗争、管理人员的翻云覆雨和其他人的巨大失望。

如果领导职位长时间处于真空状态,下属们就会逐渐形成相互保护条约以击败或限制即将到来的老板,假使董事会或高级管理人员依赖于下属人员,下属们甚至可能将继任者排挤出企业。根据新闻报道,福特公司的库努德森特(Knudsent)就遇到过这种情形。如此行为可能循环

第五章

地持续下去,直至出现重大浩劫为止。

"继任者"可能出现吗?

尽管不如我所期望的数量多,仍然还有一些首席执行官有效地处理了接班人问题。作为能干的经理人,他们对自己的自我意象完全放心,无须击败别人来证明自己。他们的自我意象并不依赖于建立自己的纪念碑,也不依赖于永存自己的名字。他们可以舒坦地接受下属的成功和组织的持续前进,并为此而自豪。比如菲利浦·斯泊龙(Philip Sporn)成功地将接力棒交给了唐纳德·C.库克(Donald C. Cook),他们缔造了可靠的连续性。但是,大多数首席执行官并不相信有如此的经理人。

有些经理人会选择抽身事外,不参与挑选接班人的过程,正如前哈佛大学校长内森·布塞(Nathan Pusey)退休时做的那样。当这种情况出现时,通常由一个委员会(如果该经理人是首席执行官,委员会成员就应该从董事会选择;如果该经理人处于稍低管理层次中,委员会成员就从其他经理人里选择)根据组织需要评估可能的候选人。最近,爱默生电气公司的董事会为了挑选首席执行官华莱士·R.帕森斯(Willace R. Parsons)的接班人,对150名候选人进行了筛选。在学术圈,普通学生和毕业生日益涉及这两个过程。大公司也出现类似的程序。

在这种条件下当选的候选人更可能赢得民众的支持和领导层的辅助,因此他也更可能成为可靠的公民,带领组织在良性的一体化道路上前进。

但是,大多数经理人和首席执行官处理接班人问题时并不轻松,特别是问题触及到其灵魂深处时。然而,在我看来,首席执行官和董事会可以寻找一个可靠信号,表明首席执行官或经理人是否在任命继承人时存在着困难。如果该信号十分明显,公司必须就一些问题进行自我反思,以便于解决继任者问题。

线索和问题

经理人抵制本文主题的速度和强度将反映出他处理继承人问题的难度,我认为这是一条公理。如果首席执行官对我的观点表现出惊慌的反应,并且愿意与人讨论他的矛盾心理,问题可能不大。相反,如果他拒不接受他在潜意识里存在着破坏接班人心理的观点,问题就切实存在,而且还不仅仅是他一个人的。整个组织就必须承担起解决接班人问题的责任。

如果首席执行官不愿意解决该问题,那么董事会就必须采取主动,但这实际上不太可能。所有重要管理岗位,包括监管人、助理管理人员、经理主管人员甚至董事会成员本身的替换,都应该由不同层次员工组成的委员会决定。一旦某职位即将出现空缺时,委员会应评估该职位对现任者的具体要求;分析下一任将要面对的市场危机、消费者反应、环保问题和经济争议等一系列棘手事务;还必须考虑保证组织继续运行的职位本身的要求。

只有在董事会能顺利应答这些问题后,才应提出下一个问题:"谁拥有处理可预见问题的才干和能力?"董事会或者委员会应该坚持要求查看候选人早期管理经历的详细业绩评价,该评价应包含过去行为的确切描述,即特定形势下的具体反应。只有通过情境行为的具体描述,才能推测出一个人在未来环境中将如何开展工作。

业绩评价还应该重视候选人的独立行动能力,即作为经理,他自己单独能处理什么事情,而且还应包括下属们对他的看法和认识,没有人能比下属更了解上司。

那么,应该使用哪些标准来挑选首席执行官或高级经理呢?日益多元化的市场、飞速变化的环境、不断腐蚀的奖惩激励方法以及僵化的组织结构,这些都需要经理人具备新才干,最明显的几种能力是:

第五章

战略规划能力。全面绘制组织发展的蓝图并引导组织朝着既定目标前进。

明确个人目标以及担任首席执行官如何服务于个人目标的能力。具有强烈方向感的首席执行官能给组织员工确立支撑点,从而将混乱秩序成为生活主要风格的可能性最小化。

开发下属多种才干以及预示的能力,以推动组织成员间的相互依赖,而不是助长敌对氛围的滋生。在相互依赖的氛围中,首席执行官重视下属之间、自己与下属之间的双向交流。

首席执行官是应该保守还是自由、年轻还是年长,这取决于市场规律。一般说来,市场越不稳定,就需要越大的创造性来应付,可能就要更年轻的人来担任首席执行官;而士气低落、人心涣散的组织则需要稍年长的人担任首席执行官,他能调动自身的超凡魅力而吸引同事们关注共同的事业。

结论

我们每个人潜意识里都在追求无限权力和不朽声名。在一定程度上,每个人都希望自己的成就如永恒的丰碑一样屹立不倒;希望证明自己是组织必不可少的一部分,没有自己组织就无法运转。如果是企业家和长期担任某职务的人,这种压力会尤为强烈。结果,尽管经理人都在试图通过明智挑选接班人以维持组织的良好运转,但潜意识里又在努力证明无人可以继承自己。避免灾难的方式就是不必太在意名利,依赖委员会来挑选重要管理职位的接班人,这能再次证实"人多势众就不怕危险"这一古老的真理。

第二节　失业：退休的同义词

托马斯·H.费特格兰德

一天下午,突然传来一则惊人的消息,组织内部的机构,精简了我的中级管理职位,我因此而提前退休。经过一生的工作奔波后,我的职业生涯就这样画上了句号。刚开始,我不相信这种事实,继而充满着感激之情,"从此不用再工作了"。接下来是无休无止的周末,仅仅换来了当主管多年以后的宽恕。

但我很快就没有了当时一拍即合的轻松感觉,而是感到超乎寻常的无所适从。我开始想到这就犹如一场车祸:刚刚还在行使着,紧接着就只能从人行道往上看了。曾经拥有宽敞的办公室、大办公桌、老板椅、个人秘书,甚至存放废旧物品的胡桃木书柜,接下来却能穿着厚毛衣和灯芯绒裤子坐在家中,看着外面的雪纷纷飘落。

孤独感与日俱增。周复一周,我未曾接到过一个以前同事的电话,他们曾经和我一起工作,一起旅行,一起就餐,现在却对我漠不关心,简直让我难以置信。我认识到自己也曾经如此对待过先我退休的同事,认为同事之间没有私人感情,退休的人只是工作中消失的人物。偶尔一个退休人物为了核查私人利益或其他事情出现在办公室时,我们就会回忆道:"这就是老查理。"得了,我决定不重走他们的路,永远不再在曾经工作的单位出现。

事实上,并没有很多事情是我现在想干的。因为需求、期望、潜规则这些组织生活中的推动力和拉力已离我远去,我很奇怪地失去了前进能力,好像自己拥有意图的能力已经因长期关注别人的愿望而萎缩了。我头脑里出现一个影像——为酒馆看门的老家仆,最后拿着一笔小额退休金离开了;或者长期被监禁的囚犯,终于熬到出狱了,却手提着衣箱不知

第五章

该往何处去。自由就在眼前,却没有任何实质内容。对于和我一样看法的人来说,这种经历是惩戒性的,备受煎熬。

想想早年生活,我能在第一流的企业里工作看起来简直不太可能。我的童年刚好遭遇大萧条时期,接着在新泽西以工人阶级面目成长起来的。当时,大部分工作艰苦、不安全,常常累得人筋疲力尽,但丢失工作却是可怕的,特别对于大家庭中的男人来说,因为很少女人会出去工作,人们贫穷得只能依靠救济生活。我父母家里的大部分人是普通店员(那时可没有计算机带来的兴奋感),他们常常鼓励我学习一门手艺,以保证不会沦落成工人世界中更贫困的一员,或他们所谓的"沟渠挖掘者"。没有人会提及职业生涯,只愿意谈拥有工作或希望获得雇用,只有牧师才会有时候谈到职业,但大家都理解那是指宗教信仰生活。

从父亲的经历里,我学会了视工作为保障。20世纪30年代,他总是担心下一次裁员时,自己会失去工作。由于受制于传统,他在其他父辈们没有分担抚养家庭的责任的情况下,独挑重担,屡屡受挫于残酷的经济体制而习惯性地陷入灰心失望。

在那漫长的十年中,父亲由于获得许多不同的工作而得以勉强维持整个家庭。但是,吃晚餐时他经常会提起某个被解雇的家伙,或谈到他听说其他城市挨饿的人们正从垃圾罐中寻找残余物以填饱肚子。造船厂多月未发放工资,引发了一场长时间的罢工,那段时间里每天的主要食物就是一罐汤,父亲却说"生活照样可以继续下去",好像活着本身就是一种小小的胜利——我猜测父亲确实是这样想的。

所有这些使我们从小就相当严肃地对待生活,对善意行为心存感激,对自己的脆弱性了然于胸。夏日的夜晚,编织汗衫的工人会聚在一起,坐在房屋的各级台阶上,喝着罐桶装的啤酒。每逢星期天,当我在德国的外祖父与他的朋友在便士糖果店后面整下午地玩着纸牌游戏时,意大利人却在高平的屋顶上逗弄那些呆在不断摇摆着的笼子里的鸽子。

即使在那时，衣衫褴褛的邻里们也有各自的生活。父亲经常带回用几分钱在二手书摊买来的《国家地理》旧书卷，我则如饥似渴地反复翻看着这些图片，期待着有朝一日能去往遥远的热带地区（现在著名的最不发达国家）。

应该说，我所就读的教区学校有助于我形成对成人世界的看法，正如学校一直想方设法做的那样。修女们会告诉那些小学生们日趋衰落的社会环境和被饶恕的必要性；她们暗示优雅是自己争取而不是别人给予的。《七宗罪》，这个现在已忘记了的冗长枯燥的故事，讲述了对懒惰的谴责和定罪。偶尔，会有笞刑惩罚或者孩子的口头欺骗，与现在中产阶级学校提倡的自我表现有着天壤之别。那些非正式课程——关于顺从和驯服的培训不是没有未来价值的，这些将在获取工作和取悦老板以维持工作中发挥重要作用。

我16岁退学回家，帮助扶持家庭，毕竟我是家里的长子。尽管我曾经送过报纸和杂货，但我真正意义上的第一份工作是纽约金融区的信息员。穿戴着有点傻气的制服和帽子，即使是寒风暴雨，我都得串街走巷，给在外部办公的白领们送去海底电讯。因为我的礼貌和乐于助人，终于有人会让我进屋暖暖身子，舒服舒服。公司稳定安全，如果不是军队发现了我并把我强征入伍，我可以在这里永远干下去。

服军役并没有提升我的工作态度；如果说有提高的话，只是激发出我所有潜在的怀疑。不管爱国心有多强的新兵，都要受到傲慢军士们的使唤；这些军士们让我想起了最坏的老板，并预测以后可能遇到的某些工厂的领班。他们具有同样的指挥风格：完成工作的手段就是命令。

在部队里，我发现当在强制和压抑条件下劳动时，我们会吝惜自己的劳力而勉强应付，且相互感染憎恨志愿兵的情绪。一次偶然的机会，我跟船运送货物到欧洲后，发现了处于军事政府管辖范围内的一个偏僻角落，在那里度过了无需过多劳动的数月，感觉不仅是奢侈的享受，而且

第五章

成功避开了体制的束缚。

进入大学学习弥补了我在战争中浪费的时间,而且这之后从事的一系列工作也可以很好弥补逝去的青春。但那时在我职员的外表下已经慢慢显露出独立性,我的家庭背景以及长年离家在外的经历磨砺了我的个性,这也使我面对权威时充满着矛盾心理。我一直没有动摇过这种矛盾心理,尽管最终认识到:自由高于逃避别人的要求;被动自由和主动自由也不是一回事。军队生涯结束后,我不再期待消极自由,即希望不受官员和老板的指挥命令;而是追求另一种自由,也就是不断培养和发挥自己的独特才干。可能只有公司才存在可以逃避别人要求的行为。

有两件事推动了我人生历程的改变。在中西部读研究生期间,我最终花光了自己的积蓄。那时工商业不景气,我无法找到工作,因此一文不名,一度还饥寒交迫。我从此不得不认真对待生活。

在此之后不久,我就碰到我的第一任妻子,她父亲是自力奋斗成功的人,一个现实的、经营着兴旺生意的企业家,他拥有充沛的精力和旺盛的事业心,不受任何我所描述的不明确情感的影响。他的榜样作用激发我去寻找一个好工作,一个拥有未来的工作。(后来渐渐加深对他的了解后,我明白他是如何在工厂、在家都进行专制管理的,但我知道他并不快乐。)

错误的开头仍没有结束,当代理处(接下来的一年我在那里工作)关闭时,我失去了一个有广阔前景的工作;同时,我被介绍到通用汽车工作,并成了一名管理实习生(成为管理实习生也就意味着拿到了乘坐自动电梯的门票,可以享受乘坐自动电梯的便利)。

实习期间,我能够四处考察,了解到大量公司运转的情况。同时,我也有机会与许多公司的雇员呆在一起,他们长年在飞机上工作,有时甚至是操作相同的任务。他们大部分来自小城镇或南方贫困地区。我无法不以趾高气扬或伤感的语气来描述他们,但他们正直并拥有坚定不移的品质，也清楚地知道劳动力统计数据并没有显示的劳动力市场形势。

然而，很快我就变得有点势利了。经过较长时间对该领域的考察和摸索后，我成了一名管理人员，这意味着我没有因为公司的许多停滞不前的事务而束手无策，我被委派了许多新的且各不相同的任务：飞到某地考察掌握情况；发表致辞或与别人商谈业务；查找出现问题的细节并解决。我出色完成了这些任务，晋升的机会就随之而来了。

每次我学到新东西，都会愈发谨慎和克制，这种经历不仅改变了别人对我的看法，也改变了我的自我感觉；另一方面，忘记可能伴随别人一生的东西，比如发展阶段、服装、手稿甚至房子本身，也是很容易的。

20世纪50年代，寻求职业生涯的观念尚未取代"进步"的观念。对于我们中的大多数人来说，在大组织里获得成功并不意味着辉煌和勇敢，当然也可以说，并不意味着充分展示了建立在职员评价形式上的特性。"进步"观念起源于对细节观察的敏锐和为排除霸权的威胁而建立的超前思考，它鼓励尊重高水平并向高水平努力的行为，一旦某人有坐办公室工作的机会时，就表明他值得信任——因为他是一个"有潜力"的人。我忍不住要提我确实做过许多艰苦活的事情，但是，众多的男女工人都只是辛勤工作，而根本没有任何进展。

这些想法在人力资源管理专业人员看来并不是确切可靠，而我也曾涉足并做了几年人力资源管理工作。起初，人力资源管理与古老而低效的人事管理相比，显得合理而专业，我因此成为其早期信徒之一。而且，它让我有机会展示我获得的教育（研究生仍没有掌管到该领域）。不管如何，我对人力资源管理的信仰在我任期之内就不复存在了，因为其语言就像品质高尚的口号，而且它扼杀了这样一个假设：将劳工视为需要动员和和解的反作用体。随着时间的推移，我发现人力资源管理的模式远远不如其诺言那样有吸引力——表面上是友好的握手者，一团和气，私下里却又斤斤计较，相互毁谤。他们温和地否认冲突的存在，但是别

第五章

忘了他们把每个雇员的行为都记录在案。

如果不是人力资源管理信仰的觉醒历程促使我透彻思考工作与自身的深刻关系,那么我对人力资源管理不断清醒的认识并没有很大意义,充其量只是增加了一件轶事趣闻而已。人力资源管理促使我认识到,我们应该如何积极地对待工作:挖掘我们自身最好潜力的方式是把自己真正视作人而非人力资源。

我认识到,工作是我们安身立命的保障,它是超越青少年时期依赖心理的工具,因为它能使我们获得自立的信心;通过某种显著的能力,我们证明自己可以独立谋生,从而赢得别人的尊重。工作给我们提供了尝试各式各样新鲜事物的必要观众,我们可以利用这个舞台来尝试拂逆别人的期望,并在主动与服从之间寻找自己的平衡点。工艺之所以能保持下来,是因为学徒们自觉接受由工艺出现时期的老工人确立的工作标准。

对我自己来说,工作是忙于应付他们以及他们的工作任务,这两种责任我都接受了。工作中过多关注别人容易忽略自己,虽然这并不是可计算的报酬,但一度看起来像祝福:20世纪60年代我顺利获得了一个不大不小的成功,生活相当美好,拥有了我父母亲曾经羡慕的一切。

然而,我混淆了安全与丰富的概念——两者我都太看重——现在看来简直难以置信地缺乏想象力。虽然我不再烦乱不安,但仍然讨厌白天的黄金时段被封闭于家中,所以还是保持在外面忙碌的状态,晚上回家后时间已经所剩不多了。这么多年来,工作吞噬了我生命的核心部分,只留下一副外壳。尽管这样,可能也因为如此,我将自己与组织联系得更加紧密。

同时,一些一心一意追求成功的人也逐渐开始拒绝该观念,有时甚至干脆歇斯底里地离开。我的自我与大众之间隔了深深的一道坚壁,只能怪我自己;但是,上述事件的发生,谁知道该怪罪什么事或什么人呢?

我的婚姻在那段时间里戛然而止了,但我仍然拒绝消除与公司的联姻关系,公司解雇我的情况也未出现。

大多数人将工作视为谋生的手段,然而可能只有在退休后,他们才发现工作也是他们曾经的许多角色。当我们放弃工作,或工作离开我们时,我们留下了自己的部分痕迹;但如果工作曾经耗费掉我们的大部分精力和时间,我们留下的东西会更多。至此问题就出现了:我们是继续仅仅作为"前经理"的角色,还是接着前行充当新的角色呢?一个著名小说家曾经说过,"美国生活中不存在第三种行为",显然,对于退休后穿着宽松衣服闲站着、仍感觉未完成事业并期待着继续前进的我们中的大多数人来说,以上推论难以接受,即使我们的人生轨迹也必须提升才行。

然而我仍怀疑常见的退休工人命运的补救方式,比如说,精神健康咨询就是运用职业性的泰然和准备好的答案应对咨询者而已。人们常会提到赡养组织,但这种组织隐含着当某人面对以前时,一种草率的安慰和关心。我也不会请求政府提供资金,让疗养专家教导我们如何在许多悠闲时间里获得"创造性的安逸"。也许我同情比我早时代的人们,他们没有业余爱好,也不进行娱乐活动。

许多公司如今会举办一些退休研讨会。这种努力意图良好,也能获得一些关于保险范围、养老金等的信息,据我观察,如此零散的项目还是能带来意外之喜,人人都精力十足地谈着成为"终身学习者"。期待研究这些问题的咨询家来解决远离自己人生中心角色的内心困境与混乱,这难道合理吗?如果环境不是问题,我们该主动选择离开还是被迫离开呢?

我在公司接受的最后一项任务,就是牵头组织一个推动工薪雇员和蓝领员工工作进步参与的大型项目。我喜欢这个机会,因为我又能接触到组织的广大基层的人们,为能激发他们的工作激情而获得良好的商业

第五章

感觉。那时,其他人也开始认识到威胁工人将导致他们消极工作,僵化的等级结构在平民社会中只能带来衰弱和失败,而掠夺了工作中的自发性和相互宽容。

无论如何,在开展方案研究的过程中,我提前体验了一个困扰退休阶段人们的似是而非的观点:越差的工作,人们越需要。不利用蓝领工人创造能力的工作是枯燥乏味的,因此失去工作,他们也就迷失了。

社会归属感已在大城市中近乎切切实实地消失了——代际联系、邻里关系、朋友关系的消失,以及赖以建立整个世界的关系网也日益私人化了。没有这些人,工作成为培育成人身份的最后场所之一。失去工作后你若不参与事务和领域,你也就失去了该社团的成员资格。想当然地封闭接触圈子,你不仅失去了其他人,也遗失了自己。

我曾经在开车赶去参加一个商务会议的路上,在一个工业区的穷街陋巷迷路而停在一个小酒馆前问路。酒馆里面,几乎所有座位上坐着的都是老年人。当时大约是上午 10 点。我想起了芭芭拉·皮姆(Barbara Pym)的《秋天的四重唱》(Quartet in Autumn),她写道,退休工人"如同他们没有工作过一样被清扫"。

许多读过此书的人也许要过许多年才到退休年龄,但他们也想知道有关情况。去哪里寻找答案?如何准备?我建议你不要试着去和人事部门讨论这些事务。

你可以选择与已经退休的人们进行交谈讨论,但"你如何打发业余时间"这个问题听上去有点像窥探别人享受着有补贴金的懒惰生活。而且,我们各自分离的生活无法整齐划一。我们也许面临同一处境,但各人的生活如同面孔一样变化多样。退休人物描述中最值得期待的东西就是即将面临退休危机时需要处理哪些问题,简言之,就是我本篇文章的写作意图。

想想你在营销、工程、财务、物流等岗位上是如何度过的:不停地商讨交换意见、思考和提出解决问题的建议、全过程地监测管理合作项目、四处飞行检查各分支点的业务情况等等。人们在度过这些密集充实的日子时突然思考失去这些后将会是什么情况,的确让人感到灰心失望。退休后,无人(可能除配偶外)会在意你想些什么,而你的想法曾经被付给优厚的报酬。

在公共部门,即使作为公民也有要求官方关注的合法权利,然而一旦没有专用信纸和从属关系后,你就会发现自己不再受重视了。我以前所在公司的一些退休员工比我更直觉地感受到游戏已经结束,而放弃了所有受关注的要求。据报道,他们如今生活在安静的角落,如每天都可以玩高尔夫的斯科次达,可以无止境地挥洒钓鱼用具的长船礁。对地球这个拥挤而危险的行星来说,这是件不小的成就。

我是否言过其实了呢?可能是,但如果你希望充分利用退休后的时光,就不能一直等到时光非常珍贵时才思考这些问题。现在就是时候问这些问题了,比如"如何过"、"我真正关心什么"、"什么具有价值"。这些不是在充满着功利主义色彩的公司能够容易思考的问题。然而,假如你试图逃避,当时间即将耗尽、认可你权力的人残酷离开的时候,这些问题将更强烈地回到你面前,考验着你。

首先做个简单的个人声明,不管这多么具有象征性;抽出一些时间来追求完全属于自己的冒险事业;与拥有你羡慕的外来技巧的人密切联系。人与人之间看法各异,对我而言,活着就意味着做些事情。这些事情与修补破自行车、公共会议上发表演说或者撰写本文相比,既不会显得更为重要,也不至于无足轻重,关键取决于学会为了自己的目的从事一些活动。

我对最近退休的人感到有一种特殊的亲近感,并愿意递发我的邀请。把这个时候假设为人生的大转折点之一吧,你来到了一块小的空旷地,一个介于到达与离开之间的空隙,这里适合举办拥有大批专注听众

第五章

的安静会谈。要重新唤醒已经麻木的心愿是不是太晚？是否仍然有机会和勇气追求一门职业，一个属于自己的项目？

实际上，我们仍然有许多东西可以谈论。

第三节　你能顺利度过退休期吗？

利兰·布莱德福德

我是一家公司的主要董事。我不仅帮着建立了这家公司,而且是专业的行为学家,我本应该对这家公司了解得更多,但是实际上并非如此。我要建立公司,要把主要成员的想法和需要与外部多重力量相结合。在这样的压力下,我工作了25年,因此我十分憧憬退休之后的美好生活。我劝说妻子离开我们在乔治顿可爱的家,搬到了北卡罗来纳州。在那里,我可以尽情地打我的高尔夫球并且享受着从必须作出日常决定的压力中解脱出来的轻松。我想这种感觉实在是太好了。

但我错了。第一年的退休生活很糟糕。这家公司在我离开之后继续发展。我以前所作的重大决定已经被彻底改变了。没有人征求我的意见。就我亲眼所见的,没有人再关心我。我甚至感觉我的名声扫地了。

有时我会很出神地想起我的一位朋友,他曾经是一个大型跨国公司的老总。他告诉我,在退休以前,他已经请人把每件事情都进行了认真的计划。在他退休的第一年,几位他的前任副总裁告诉我,他一星期至少去办公室两次,寻找能与他共进午餐的人。

我发现打高尔夫球无法打发一天的时间。从事咨询以及志愿者的工作并未能使我满足,并且其他的兴趣在以前我所接受的挑战面前显得苍白无力。我感觉到了生活的空虚。我并不老只不过年纪比以前大了点而已,我还有充沛的精力,并且我感觉自己还和以前一样能干。

当我多次向妻子抱怨生活的空虚时,马萨(Martha)发火了:"对于你的抱怨,我已经听够了!你让我远离了我最爱的城市和家庭。你知道我为什么不喜欢这里吗?你知道我为什么一年去医院检查两次身体,仅

第五章

仅是为了发现身体没毛病吗？那是因为我不高兴。你考虑过你退休时我的退休生活吗？"我没有考虑过，尽管我认为我们每件事都会商量。或许我仅仅需要谈谈关于我的退休。她的话让我顿时醒悟过来，而且我开始仔细思考。

接着我们每天、每周都聊，似乎每个月都在聊——早餐、喝茶时间、喝酒时间，以及没有聚会的每一个夜晚。渐渐地，我们开始更好地了解各自的感觉和所出现的问题。我们问自己，如果我们只是唯一的一对夫妇必须去应付这种情况，那么我们将要反省自己，我们会在打高尔夫和参加小型聚会时与其他人交谈。我们发现我们并不孤独，尽管通常人们在承认他们所害怕的空虚以及没用的感觉之前最初都会有所掩饰。（后来我们从一个调查报告中了解到，许多人在退休之后的四五年内就去世了，似乎是死于无用之感。并且据一位著名的法国内科医生介绍，人们确实是死于无聊。）

仅仅在我们谈论了我们从困难走向成功之后，我们开始质疑为什么过渡时期是如此困难以及与我们成功地应付其他事竟如此地不同呢？是因为它意味着一种终结吗？或者还有其他的原因呢？以下是我们的结论。

退休后失去了什么

当我们想起在我们身上以及其他人身上所发生的事情时，我们开始明白组织是如何轻率地满足着人们许多基本的心理需求。退休之后这些满足感的丢失如果不被有效地调解或者替代，那么它将是非常厉害的。

接纳与社会化：组织就所有职位来说，由同事、工作群体、团体、委员会、个体或者部门组成。成员必须有一种归属感，与其他人分享一切，不管这个有凝聚力的因素是任务的完成还是团体或公司内部的对抗。矛盾处理得当是会给人以动力的。任务的完成是一个互惠的收益。工作为心理财富的积累起到了极其重要的作用,否则的话,就无法纠正知觉的扭曲,无法应对孤独。

我发现了所有这些东西。我感觉,疏远一个不再属于我的团体,比我花心思去记住它需要花上更长的时间。甚至在我孩提时,当我有时被玩伴排斥的时候,我并不会有十分强烈的被排斥感、被剥夺感、孤立感以及难以处理的感觉。

我再次想起了我的朋友,他空着肚子回到办公室去寻找他与过去下属的交情。他与现在的我之间不同的是,提供平等竞争和交往的场合明显地缺少。我发现对毕生的职业作永久的告别时,要比想象的难得多。需要花费一段时间和经历一段痛苦的时期去找到一个适合的解决办法。

目标、成就与肯定:组织提供了系统化和必须完成的目标和任务。对于中年人来说,这些是与个人的财政目标和家庭责任紧密结合在一起的。目标使得成就成为可能,有时候是全身心投入的结果。成就带来从别人那里得到的肯定以及自我的肯定。没有阶段性的肯定,自尊以及自我价值都会消失,它们是紧密联系以及十分重要的!

没有目标就是没有决心。你早上起床毫无理由,甚至对于某些人来说,生活也是如此。我总在失去目标的边沿徘徊,而马萨总是提醒我。一位很有见地的俱乐部成员也告诉我:"你认识到了我们俱乐部的目的是为了使无用的人们活着吗?"这也帮着唤醒我了。

不久前,我与一位认识了多年的朋友吃午餐。在其所处的位置上,他获得了巨大的成功。对其他人,他很慷慨而且富有同情心。他是一位好同事且已经退休了多年。在就餐期间,我想我没能说上三句话。他没有告诉我他正在做什么,因为他没有做任何他所谈到的事情。但是他谈到了发现他的一些名人以及想收购他公司的艺术家和音乐家。吃完午饭时,我很难过。过去取得如此多成就的他现在竟沦落到靠用一种肤浅

第五章

的方式去寻求别人对他的肯定。退休是怎样如此迅速地剥夺了他的成就感呢？

权力和影响：公司为大多数的雇员提供一定程度的权力和影响。尽管大多数人承认有不同的限制，对于领导者来说，当然这种程度是很大的。权力肯定了个人的重要性并且支持了一致性的形成和感知。权力扩大了取得成就的领域并且获得了更多的权力。

领导者以及那些已经有着相当大权力的人，退休之后突然失去这一切可能会使他们产生非常强烈的被剥夺感。许多人对此的震惊不仅是巨大的，而且是不知所措的。事情已经更少处于自己的控制之下，由权力所带来的在别人眼中的重要性已经消失。已经失去权力的人们还必须为此继续去竞争吗？个人能发现自身所具有的权力和重要性吗？

一些著名公司的前任领导人，现在是当地一家不是很重要的机构的董事会成员之一。这个董事会定期开两个小时的会议。实际上，会议只需要5至10分钟就可以结束了。而且这些领导人在退休以前通常只需15分钟就可以结束会议。为什么现在会花上这么长的时间呢？有人推测因为他们没有其他的事可做，两个小时已经可以打发一天当中的一部分时间了。还有人认为那两个小时可以让他们重新得到权力和影响。

支持体系：人们在心理和精神健康方面需要不同的支持体系。同事、朋友、邻居、俱乐部、社区责任、家庭以及其他类似的东西，可以作为支持体系来提供信誉、赞赏、能力的保证、现实的测试、行为的反馈以及鼓励。

一旦退休，特别是如果夫妻俩搬家了，那么许多支持体系都会随之消失。我希望在退休前列出我所有的支持体系，然后划掉那些我将失去的。接着我就可以不仅仅只通过直觉来决定哪些体系对于替代是极其重要的。

常规和时间：领导者很忙，他们有着广泛的兴趣并且需要作出多方面决定。他们很少意识到常规的平衡力量——职员例会,每天早晨办公桌上的日常安排,以及计划好的午餐安排,有组织的旅行,事先安排好的社交活动。

一旦退休,大多数的这些常规也就结束了。起初看起来十分迷人:没有时间表控制你,没有秘书提醒你午餐有约会,早餐不再匆匆忙忙,不用赶火车,但是不久之后,你就会觉得不对劲了,因为习惯的力量是很强的。除此之外,在我目前所有的日子里,不再有事先所准备好的结构,给自己留下的是对于作出许多小决定的欲望越来越强了。因此,常规需要安排好。为什么应从根本上改变早起的习惯呢?这是退休过渡期所发生的一个微小的但却十分重要的变化。

我们现在所住的地方不递送邮件。早上的某个时间,每个人都会去邮局会见朋友、聊天、约好打高尔夫的时间,有时候会安排好聚会。但是如果人们有意地去培养这种习惯,渐渐地这种常规就形成了;组织不会再建立这种常规了。

在退休以前,时间的消耗像常规,基本上是处于组织的掌握之中的。在从事有动力的、有挑战性的以及重要的工作时,时间变成了一种稀有而珍贵的产品;秘书以及助手的责任就是要确保这些珍贵的资源可以得到有效利用。

退休之后,一切都颠倒过来,而一切又都是如此地真实。莫明其妙地打发了一天的时间。过多的时间能够引导人们陷入空虚和危险的境地之中,此时,任何的兴趣和欲望都毫无目的。假若空虚每天都出现,那么培养新兴趣的意愿和动力就会减弱。无聊会与对于生活乐趣减少的冷漠同时出现,会加速假如不是身体的那么就是心理的恶化。

我刚退休的时候,变得非常急躁……我老伴退休的时间比我长,看见的状态就说:"你急急忙忙做什么?你今天还有其他的事要做吗?"

对于我们许多人来说,打完高尔夫之后可能会在酒吧,或可能是打

第五章

桥牌，更多是在家或者在聚会上喝几口鸡尾酒，在此之后便是一个暗淡的夜晚。前些年，太过专注于工作和社区的责任减少了闲暇的读书时间。退休之前不培养兴趣和发展技能，在退休之后是难以形成的。

因此昨日的辉煌会变成今天的空虚，从而会产生一些很坏的影响。

退休带来的问题

退休之后完全不同的状况带来了源于现状的新问题。其中有两个问题对于顺利地过渡到退休是十分普遍和严肃的。

婚姻危机

婚姻生活是一个动态的过程，当然会随着环境的变化而发生改变。由工作到退休，这种急速的转变应该需要对婚姻可能发生的变化作好充分的考虑。有许多因素对这种需要形成了影响。

各自的权利：我的职业、头衔、地位、工作责任、职务、秘书甚至我的办公桌能够代表我的领地，因而在很大程度上能解释我对于其他人或者自己的身份。当我想到我的领地时，我想起了动物为保护那一小块空间而采取的方式。仅仅是因为退休，我领地内所有的一切都让给了另外的人，而我的家庭也必须面对这个可怕的现实。另一个可怕的现实就是我甚至变得无法确定自己的身份。我知道我曾经是谁，但是我不敢确信我现在是谁。这突然从"我是"到"我曾经是"的变化实在是难以适应。

我总是想到我和马萨的家。但我现在发现，那是她的领地。在她所经营的领地内，她作着决定并完成了目标，而且与一大帮人打着交道。我从来没有考虑到她经营整个家所倾注的时间和心血。

就在不久以前，我发现我正在侵犯她的领地。我总是设法不合时宜地出现在不该出现的地方。例如，我们总是在厨房发生碰撞。厨房是她的领地，而我的出现明显地缩减了她自由活动的空间。我们就此进行谈判,结果是她给我一些领地,不要去剥夺她的空间,并且允许平分我们共处和独处的时间。

我们注意到领地的丢失与侵犯问题是如何困扰退休夫妇的。我们曾经在一家商店的楼下看衣服。在通向楼底的台阶上坐着一位白发老人。一位妇女站在我们身边看到我们在注视着他,勉强地说:"自从他退休以来就一直跟着我,我到哪里,他也就到哪里。我逛商场时耳根从此不再清静。"眼神中带着一股敌意,她说:"整天就像带着一个孩子。我不知道我还能忍受多久?"

这又成了另一个极端,即侵犯意味着控制。我们的一个熟人总是显得焦虑不安,但是他的紧张与其所在公司的高位是相适合的。他在退休后没有任何改变。他和妻子每次航海或飞机旅行归来,他就计划着下一次的旅行。他妻子对于每次的旅行变得越来越厌烦。

最后她表示,说她再也不去旅行了。他并不理会她。"胡说,"他说,"旅行可以开阔视野,对你有好处。"她无语;她无法忍受他的强硬(和迟钝的)个性。但是终于,她第一次公开而痛苦地向朋友抱怨了。

如果夫妻不能对他们失去领地和侵犯问题进行调解的检讨以及和解的考虑,烦恼将增长,痛苦将增加,并且冲突将持续。但是这样一种婚姻的考虑是难以进行的,对这个问题进行探讨,需要各自对自我价值有所意识,以便能公开地给出并且非防御性地接受反馈意见。它需要对方的尊重并且有充分的自我理解力,以便于每个人都能感觉到安全。

领地侵犯问题一般会与压力互相影响。这种压力在退休之后变得特别明显,因为退休之后丈夫与妻子在一起的时间变得多了。其中任何一方行动的混乱都会使另一方难受。如果两个人不能分担这些问题,并且不接受来自别人的帮助和支持,以前平静的关系就会一触即发。

性别角色问题:尤其对于失去自己领地的男人来说,害怕失去男性尊严的恐惧是令人烦恼的。他维持着家庭的生计,他是家中的领导以及

第五章

家中主要问题的最后决定者。在别人眼中的头衔以及地位支撑着一个人的自我形象。男人尽力在别人面前把自己塑造成一个强壮并且有能力的人,以获得他们的尊重。

因为一个男人不能公开地坚持他大男子主义的欲望,所以他通过各种不同的、无法察觉的或者是社会可以接受的渠道来实现。个人或许只能模糊地意识到这些欲望,但是他们是十分强有力的。

不久前,马萨和我与另外四对夫妇参加了一个小型的晚宴。这四对夫妇都是我们的朋友和熟人。主人向来给我们的感觉都是平静而且谦虚谨慎的。然而,那天晚上,他非常独断近乎侵略性地对待他妻子。如果她打断了他的谈话,他会告诉她等他说完以后再说。他让她改正并且命令她,如果她不知道自己要说什么,就不要说话。她没有反抗,而是态度十分谦恭,或者可能是有其他原因。其他的客人跟我们一样,对此情景感到十分尴尬。

马萨和我回到家后谈起了这件事。我们所看到的并不是这对夫妻关系的平常状态。一个假设立即涌现在我们的脑海中:这位丈夫自己并没有意识到,他要在晚宴的宾客面前表现自己。虽然他已经退休很久,但他还是男人和这个家中的主人。

逐渐产生分歧:多年在工作责任方面的深刻区别,可能会带来伴侣在发展水平上首先是细微的然后是可以觉察到的区别。因为分开的时间太久了,所以这些区别可能就不重要了。但是退休之后生活更加靠近了,他们几乎就会变得无法忍受了。

就我们所知道的,如果一个人完全靠自己的能力在公司里逐渐得到了提升,他不断有新的联系——与他的极其有趣的想法的联系,使得他的兴趣不断膨胀。他的妻子呆在家中,与一小圈的朋友打交道。退休之后,他突然发现他们有很少的共同语言甚至无法进行交流。他们感觉自己好像来自两个不同的世界。除了尽可能地活得好些,他们别无他事可做。我和妻子一致认为,他们两人都应该受到责备——他,因为他没有做任何事去帮助他的妻子成长进步;她,因为她隔离自己并且没有作任何的努力去发展自己。

因此退休了,夫妇俩需要对婚姻进行思考。那些对退休过渡期成功地进行了交流的夫妇可能会在问题变得严重之前,就作好了适当的准备。但是有些夫妇认为他们的关系会保持得和从前一样,并且没有为过渡期做好任何准备,他们将会陷入麻烦之中。

社会态度

以前人们仅仅是当他们无能力或者年纪太大了而无法工作时才会退休。秘密就在于此。许多较为年轻的人会认为,退休也就意味着老了。老了莫明其妙地讨人厌;这是一种可以避免的疾病。有个电视广告就告诉我们这个道理——广告可以推销使人显得更加年轻的产品和装置。有一则广告问:"为什么看上去和你一样老呢?"

一位即将退休的人通常会感觉自己是难以对付的、不必要的和无用的,而且非常容易接受这种态度。这就需要花费努力和意愿去拒绝那种态度并且设计一种真实的画面——对于别人和自己——大多数的退休人员还是十分有精力和竞争力的。

为了抵制社会的这种态度,在事实面前,人们必须拒绝年老的概念。这个事实就是,他必须改变对自己的态度,同时意识到特殊的心理的和感情的需要:以前工作能够令人满意,而现在他(以及他的老伴)必须使自己满意。我和妻子一致认为,我们花费了很多年去准备进入工作的领域,但没有为离开这个领域作好任何准备。

一天我们正在悠闲地和一对我们认识了很久的夫妇共进午餐。他很快就要从一个重要的领导职位退休。因此,马萨和我问他们,对于这件事情他们提前做了些什么吗?他回答说,律师为他的妻子设计好了家

第五章

庭责任和特别的账户。我们继续顺着这一点问下去。她增加说,他们已经找到了住的地方。我们继续追问。他们看起来很迷惑。我们解释了我们所想到的部分情感问题以及它们产生的原因。他们非常奇怪,他们并没有考虑过这些东西。

采取什么措施?

退休没有什么详细的秘方。有些人可能发现那是从厌烦的工作和压力中解脱出来;而其他一些曾经专注于工作的人认为退休是一种剥夺。个性与需求会有所区别。成功的退休来源于自我理解、自我价值的感觉以及有激情地活着的意愿和能力。

调查研究表明,65岁的人希望生命能够平均再增加15年——相当人一生寿命的五分之一。这段时间很长,以至于不会被浪费或者不会毫无目的或者无意义地忍受着。

据报道,现在有400多家公司举行了退休前培训计划,这些计划是与五六十年前的项目有所区别。遗憾的是,这些计划很少能够严肃地对待感情问题;他们仅仅强调保持活力和维持健康看法的重要性。但是一些有创业精神的公司正在扩充传统的退休前的一段时期来吸纳一些额外的因素。下面是一些计划的例子:

康乃狄克通用保险公司实施了一个计划,就是在八周之内提供一个由美国退休人员联合机构开发的被称作AIM(独立成熟行动)的包裹。在其他方面,这项活动处理婚姻危机以及情感问题。这项计划的焦点是新型职业规划,这是否意味着在一张摇椅上可以从事不同类型的工作。

这家保险公司为其13 000名雇员提供了十分灵活的安排。员工可以在55岁时就退休(甚至可以早在45岁时拿着给予的养老金就可以退休了)。员工可以退休前五年参加退休前的培训。

摩格保险公司有雇员2 500人。公司主动地完善公司的计划。这个计划涉及了健康和安全、金融、合法问题以及娱乐活动等方面的事情。在过去的两年，电力水压控制机的制造商设计一个导向性的项目来检测感情的调整，这种调整是退休人员和他们的配偶所必须进行的。每一个群体由一些员工以及他们的配偶所构成。有一些培训是群体事务，有一些是仅仅只有一对夫妻。

参加者是那些还有一年就要离职的雇员。为了帮助他们更好地度过过渡期，摩格管理层决定对50~55岁的雇员启用此项计划。公司将鼓励雇员在他们60岁的时候可以参加"唤起记忆课程"，并且以后每年都参加直至退休。

艾克森公司的巨人美国分公司（有40 000员工）最近在休斯敦启动了一个向导项目；首先参与者是那些1979年或20世纪80年代初即将退休的员工。公司计划将持续开会期，每次将有二三十人参加，会议根据经验的指导来对他们进行调整。每次开会都会持续三天。

艾克森以前的退休前计划强调了经济因素以及从某一角度上谈退休的心理因素。新的计划涉及了心理因素，尤其是人们如何能够取代以前工作时所带来的满意度和成就。培养和维持与他人的关系是这个计划的关键所在（配偶也被邀请加入到这部分的群体中来）。

康乃狄克通用保险公司强调，退休可能是一项新工作的开始，而且雇主可以支持员工为退休作好打算和准备。新的工作所得到的报酬可能不是钱；它可能是满意度、自我肯定以及有意义的目标的实现。

最近有关成年人发展的研究强调增长和学习能够持续人的一生。由大学、社区组织、高中所提供的持续性教育课程能够迅速发展就是基于这个前提。新工作概念渐渐地被组织和社会所接受了，这时职业发生变化，退休只是一个时间问题了。为了避免显得自大，于是用了职业这个词。职业是任何一项可持续的活动，其目的和目标对于个人都是有意义的；通过工作，人们能够维持积极性；通过工作，人们可以从自己或别

第五章

人那里获得肯定。

所采取的步骤

在帮助雇员从工作过渡到退休之后开始一种新的生活，组织需要做很多事情：

1. 组织要鼓励员工去培养更多的、可以陪伴自己晚年的个人兴趣以及发展第二或第三职业所需要的技能，并且这些职业的目的并不再是为了赚钱。例如，我有一个内科医生的朋友，他一边在医疗学校上班，一边还会在晚上去教授木工手艺。现在，他已经退休很久，尽情地享受着现在的时光，因为他可以作为一个专业的木匠为亲戚朋友带来一些益处。

2. 培训项目适合于组织中任何一个稳定下来的年轻人和中年人。尤其是假如这项计划更加强调自我意识和自我接受的话，将有助于他们为退休作好准备。许多公司提供了培训计划，设计这些计划是为了帮助每个人记起自己所取得的成就，肯定自我并且能够看到未来的生活。

3. 退休前计划，即退休前的一两年应该是公司努力的关键点。配偶的参与是十分重要的，尤其当会期是在处理有关情感和婚姻问题时。组织要通过允许夫妻俩自己渐渐发现所遇到的问题，在小团体中测试一些解决的办法以及最后自己作出决定的方式来设计会期。经过精心设计的会期允许那些即将退休的人真实地对待空虚、孤独以及感觉无用时所出现的问题——然后陈述并且讨论实用的而非不可能的解决办法。

但是不管退休的人是高层领导者还是普遍员工，成功退休计划的出现还是取决于个人或者夫妇自身。寻求新的活动和社会化模式的意愿和开始——以及意识到说"我不能"是表达"我宁愿不"的一种方式——对于退休者主要成就来说是必须的：情感幸存者。

第四节　不要称之为"提前退休"

惠洛克·惠特尼和威廉·G.德罗斯的访谈录

惠洛克·惠特尼

《哈佛商业评论》：惠特尼先生，在开始我们有关您为什么决定要从 Dain, Kalman & Quail 公司首席执行官的位置上退下来的谈话之前，您能告诉我们有关您坐到今天这个位置的一些工作经历吗？

惠特尼：好的。但是首先我想说的是我一直以来对于"退休"或者"提前退休"这一类的词语感觉有点讨厌。每当我听到这一类词的时候，他们发出的那种信号使我感觉内心绷紧。我对于"退休"一词变得如此敏感的原因是源于我刚刚离开 Dain 时，我行走在街道上，有几个 70～75 岁的老年人朝我走过来，拍拍我的肩膀说："惠洛克，欢迎你来俱乐部，你会喜欢它的。真希望 25 年前我就这样做了。"毕竟那时我才只有 45 岁。我没有任何退休的想法，我仅仅需要变换我的职业，做一些完全与我生活不同的事情。

那是什么职业？

1946 年我从海军部退伍，然后去耶鲁大学读了四年书。1960 年，我开始在明尼阿波利斯的巴士公司上班。三年半之后，我开始认为生活对于我来说简直是太从容了。我开始变得焦虑不安、古怪，还有不满足。我问自己："我被别人接受就因为我是惠洛克·惠特尼吗？我的父母生活在明尼阿波利斯，我能够出入所有高级的俱乐部，这就是我所有美好的东西吗？如果我到一个我不认识任何人的地方去会发生什么呢？我想知道我能否打拼出自己的一片天地来。"这些想法对我影响太深了，以至于我最后决定去尝试。我将去做些事情仅仅是想知道如果周围仅仅

第五章

是艾琳(Irene)、我自己以及我们的孩子们时,将会发生什么?

您是否意识到您正在经历一次大的冒险和赌博呢?

我不仅仅把它当作一次冒险,这是一次真实的经历,一次去尽力看自己是否能够成功的经历。那对我们来说将会是一种怎么样的生活:必须去结交新的朋友,必须与一群完全陌生的人打交道。因此我到处找工作,最后在佛罗里达州的杰克逊维尔(Jacksonville Florida)的一家巴士公司找到了工作。1954年1月我开始在那里工作。

那惠洛克·惠特尼就意味着一无所有?

在佛罗里达州的杰克逊维尔,我一无所有。但是我很高兴地说,它最后还是带来一些东西。在那里,我们本可以一直呆下去的,但是我父亲病得十分严重,而且我知道他剩下的日子也不多了,所以我们在1956年11月又搬回了明尼苏达。我回家以后,常常去医院照看父亲;我们谈了谈。我说:"爸,我想我应该离开巴士行业并且找一份新的工作,可是我不知道我应该进入哪个行业和如何去做?"父亲对我说:"我想,你应该去做任何使自己高兴的事。"我说:"好,但我怎么知道什么事能使我高兴呢?因为没有任何帮助。"他说:"嗯,我不知道什么能使你高兴并且你也不知道什么能使你自己高兴。我也无法告诉你它是什么,但是你必须坚持你自己的观点,必须抓住机会,必须换工作。"

您为什么会选择Dain公司?

那时候,J. M. Dain公司还是一个十分小的投资公司。我做证券买卖的所有朋友都在Piper、Jarrray和Hopwood公司上班。在J. M. Dain公司,我不认识任何人,因此经过慎重的考虑,我决定了,我宁愿在一个没有任何熟人的地方工作。1957年1月2日,我去了Dain公司做了一名销售员。

您是什么时候成为首席执行官的?

当时,这家公司的领导人给了我莫大的鼓舞。他叫梅里尔·科恩

(Merrill Cohen),是个非常出色的人,但是在1963年6月突然死于心脏病。我从他身上学到了很多东西。他是一个伟大的老师,一位杰出的人物。尽管我只在那里工作了六年,董事会还是让我接替了他的职位。

那为什么在您45岁时,在成为Dain, Kalman & Quail最高领导后,却选择了离开呢?很多45岁左右的人还是盼望或梦想能够成为首席执行官。

可能有许多持续了多年的因素,正是这些因素才使得我作出了这样的决定。1963年,我决定参加美国参议院的竞选以反对在职的尤金·麦卡锡(Eugene McCarthy)议员。我想我能够成为CEO的原因之一就是因为我的合作伙伴没有一个人认为我能有机会去参加参议院的竞争。他们认为我的离开只是短暂的。他们是对的。尽管1963年底和1964年一年我都把时间花在从事政治方面的活动了。但是没有想到我最坏的噩梦出现了:巴里·戈德华特(Barry Goldwater)成为了共和党的候选人。哦,那简直是个大灾难。然而,它对我来说却是一次极好的成长经历。当然,这一次的经历使得政治成为我生命中非常重要的一部分。

有个人的原因吗?

1964年,对于我来说发生了另一件具有重要意义的事情。这件事情深深地影响了我,成为我后来改变生活道路的原因。我的妻子身体十分虚弱且是一个十分不安分的人;在1964年,我不知道酒鬼是什么——可我知道她喝得太多了,而且我知道那对我们的婚姻以及家庭生活形成了极大的障碍。她一星期去看三次精神科医生,但是病没见好,反而越来越糟糕了。最终,1964年3月在被困扰了多年之后,艾琳(Irene)在一位名叫弗龙·约翰逊(Vernon Johnson)的美国新教圣公会教徒的牧师帮助下,开始治疗酒瘾。这是一个大的转折点。

在Dain, Kalman & Quail,事业进展得顺利吗?或者公司本身成为您作决定的因素之一了吗?

第五章

事情进展得很顺利。1965年在参议院竞选之后,当我重新回到自己的岗位,我十分清楚的是:要想在证券业取得有竞争力的地位,必须在市场上取得迅速的发展,不仅是局限于国内市场。因此在接下来的三四年间,我们进行了一系列的合并,把公司变成了Dain、Kalman,接着又变成了Dain, Kalman & Quail。我们成为了一个非常成功的证券公司。在1971年,我被推选为投资银行家联合会的主席。并且我可以说这一年对于我来说是十分重要的一年,因为我有很多时间去思考。那一年我到全国各地和加拿大旅行。当我还在Dain, Kalman & Quail工作的时候,我甚至难以用一天中的两秒钟来思考。但是飞机上是一个思考的好地方,那一年我开始做了许多事情。

这些事情对于您决定离开有直接的关系吗?

是的。到现在我已经45岁了。我感到兴奋和满意,是因为我能够把一个相当小的证券公司发展成为一个有着相当规模的投资公司。对此我感觉相当好。我已经有过(或者正在拥有)成为国内投资银行领域内最大的贸易联合会主席的机会。我觉得我已经做到了我计划所要做的事,至少在证券业方面,我满足了自己的需要。

您所设定的目标继续下去了吗?

没有。当我小的时候,我就知道生活中的目标是一分为二的。我记得很清楚。我想开创自己的事业,并且我想赚取大量的钱。我不为这些目标感到自豪,但也不为此感到羞愧,但是我知道他们是什么。45岁的我因为幸运和努力工作,发生了这一切。

您坐在飞机上都在想些什么呢?

我想,现在我想回去吗?我们已经把公司发展到了一定的阶段,从初创时的每年税后赚取10万美元到现在税后赚取250万美元,从初创时50名员工到现在的600名员工。我必须问自己:"现在我还会回到我成为IBA主席的那一年,继续建造更多的办公室、招聘更多的员工以及获取更多的利润吗？我需要看到公司税后赚取 600 万和拥有 1 000 名员工吗？"哦,我的意思是说我并没有真正地想那么做。

此时,您对您想做的事情有想法了吗？

是的,确实有。我想我更愿意去追求一些其他我所喜欢的事情。我越这么想,我越明白我不能再回头了。我感觉 45 岁时,我将阻碍公司里其他人的发展。我决定了,如果我要离开,就在生意还非常景气的时候离开。但是从根本上来说,促使我离开的动机是为了开始一种不同的生活和从事一种不同的职业。

在 DKQ,当您是 CEO 的时候,没有时间去培养这些兴趣吧？

对。绝对不可能。我知道我想培养两种兴趣。一个是政治。我想看看我是否能够再重新回到政治领域。1974 年将有总统竞选,今年是 1972 年。

我对约翰逊研究所也有极大的兴趣。在艾琳恢复健康许多年之后,我们对温·约翰逊(Vern Johnson)说:"创立一家研究机构如何？这家机构的主要目的是用来尽力帮助那些像我们一样遭受痛苦折磨并且长期期待帮助的家庭。"我们想教给那些依赖于化学药品的人们一些防治原则。1966 年刚成立的时候,我们只有一名员工,到 1971 年已经有 25 名员工了。我是董事长,温是主席。到 1972 年,我对于约翰逊研究所所进行的工作越来越感兴趣,并且渴望在那里能花上更多的时间。但绝不可能,因为生意使我受到了约束。

这也是个人兴趣吗？

哦,是的。我有三个目标。我很想学习如何去说好一门外语,以前从来没有时间去想这些东西。而且我也很想学习如何去弹奏乐器。我也想旅行。我是成功的生意人,你认为我已经看到了整个世界,但是并不是这样的。我想有更多的时间与家人在一起,想为大学生教授管理原则。

在那时工作价值相对于您个人生活来说是一个问题吗？

第五章

嗯,部分吧。我必须承认我开始厌烦自己了。因为我认为我们公司的一些人所赚取的薪酬绝对荒谬而且很不现实。一个26岁的年轻人进了我们公司,年薪75 000美元,嗯,最后接近我了,并不是因为他们赚那么多钱,而是因为他们认为他们确实应该拿那么多钱。他们不仅预料到此种情况,而且希望能够赚到更多的钱。

这些情况出现在一些人身上。我与这些人关系很好并且我也非常喜欢这些人。我想我开始对此感到很别扭,并且我想那是我想改变的负面原因之一。

因此从根本上说不再沉迷于工作吗?

不,这与尊重商业世界或者商业社区或者证券业无关,因为我相信所有的这一切。我非常遵守商界的规则。

当您离开的时候,你是否意识到了你想推卸责任?

我想我享受着担负责任的乐趣。我享受作为一个领导人的快乐。在这位置上,我迅速成长起来。如果我能成为一个孩子,并且没必要让所有的人对我有所期望,我并不认为这样会有多好。尽管同时我非常清楚地意识到了我在生活中想纠正的某些事情——被我称之为过度寂寞的事情。我认为高处真的不胜寒;它会阻碍别人与你共同分享某些东西,比如与你真诚相待,与你接近。我很怀念这种亲近。我真的没有什么好朋友,没有可以信任的人,没有经常可以见到的人并且没有能与之相处得很快乐的人。

是因为没有时间与他们相处吗?

这当然是一个因素。我兴趣广泛,但是我非常忙,以至于对我来说花时间与他们保持紧密的关系是非常困难的,或者说我没有选择这样的时间。而且我认为部分事实就是我是公司的老总。我认为你希望建立一个人们都不避讳你的地方,但是这并不与你的或他们的选择相同。在20世纪60年代,不管怎样,我妻子对她所在的治疗团体发生了兴趣,开始对感情感兴趣,对此我真的搞不明白并且也非常不耐烦。

那她坚持下来了吗?

她不断地告诉说我没有与我自己的感觉保持联系,说我一向都思想与行动不一致。我过去常常说:"有时我希望你从来没有去接受治疗——你现在对于感情在胡说八道并且说一些让人听不懂的话。我认为我做得到与我的感情保持一致。"她说:"哦,我没有。"我们就这样你一句我一句地争论着。实际上,自从我们不再为酒精而争吵以来,我们又开始为此事而争吵了。最后,在1967年,她说服我和她一起去了伊沙仁(Esalen)研究所待了一周。我以前从来没有做过那样的事。我现在做事言行就非常一致了。

就是T团体和敏感团体受欢迎的时候吗?

那时候是刚刚开始。我在伊沙仁的一个团体待了一周。我可以说在那里开启了我生活的又一新阶段。我意识到我是多么地孤立。我好几次都发火了,以前从未有过。第二年,我自己去了伊沙仁,从那时开始,我一年去那里待一周。

身处高位使得发火变得没那么容易了。

对。许多年了,我已被训练出来了,对任何事情要保持冷静。任何人都可以发脾气,但是老板必须保持平静——即使是火上加油也要保持冷静,不是以卵击石而是要把所有不满的人聚集在一起。那是我作为一个领导的形象,我自己的形象。我想你不会相信任何发脾气或发火的人。我的意思是说,那是轻浮的。我并没有意识到我在压制我自己所有的火气。

这就像基普林(Kipling)所说的:"当你所有的一切都正在失去的时候,你也能保持清醒……那你就长大成人了,我的孩子!"

确实如此。无论是在办公室还是在家,我都要压制自己的情绪。在家我必须是"稳定先生"。因为当艾琳生病时,孩子们认为我是冷静和清

第五章

醒的。当他们的母亲有麻烦时,我必须是一个坚强的男人。

因此您对于人类潜能运动方面的兴趣和关心,实际上是随着您对工作生活的感觉越来越不满意而成长起来的?

是的。我确信在那里以及接下来的几年中,部分我所学到的东西与我决定改变、决定去尝试生活中新的变化以及决定在不同的领域都要有所尝试以使我的生活变得更加丰富、更加自由有关。

回到您离开 Dain 的时刻,您的同事是怎么想的?他们认为您的离开很奇怪吗?

我发现有几种不同的反应。有人说:"嗯,你们可能会预料惠洛克的离开——他是很古怪的——你不知道他是将要做些什么?我对此并不感到奇怪。"有人很生气:"在生意场上打退堂鼓,不知道他是什么意思。难道他忘了是什么才让他走到今天这个位置的吗?"我记得,明尼阿波利斯论坛引用了我说的一句话:"登高的兴奋并不在那里。"许多人对此很厌烦。他们认为即使没有成员打退堂鼓,生意也已经遇到了很大的麻烦。

您觉得他们认为什么会具有如此大的威胁性?

我认为有些东西会受到威胁有两个原因:一是他们秘密地自己做那些事,但是由于某些原因他们又没有勇气公开;二是他们的妻子不停地唠叨并且说:"天呀,你为什么不去做?你知道你太呆板了。"当然,有些妻子还是非常非常支持的。她们会说:"好,我非常乐意你做了,哎呀,那会使其他想做这事的人变得更容易。"

这个组织怎么样?它会使精神受到创伤吗?

我想在那里的人都会感觉到奇怪。但我确信有一些人还是会感到很兴奋的。我说我正变得爱发牢骚了。肯定有些人会感觉我正在妨碍他们在公司的进步,他们会说:"现在,我马上有一个机会。"有些人认为我确实是一个好领导而且我的离开会使公司遭受损失,他们将会很生气、难过而且非常失望。

您宣布了吗?

我并没有决定宣布,而且也不想提前让每个人都知道;我把将要做的事告诉了公司里两个职位离我最近的人。然后我只是放在那里,并且在年度的股东会议上宣布了我要做的事。

让您坐到公司最高位置的动力之一是您对公司将要如何运作持有某些想法吗?换句话说,那是一个人的智力问题吗?

我更多的时候可能是把自己看作一个具有创造力的人,而不是行政管理者。当我说"登高的兴奋并不在那"时,就是上面这层意思。我尽量往上走,并且尽可能实现我所想到的东西。我确实感觉到公司应该经历一段消化时期,而不是规模和速度不断地增长。我确信我对我所拥有过的快乐的大部分标准不仅仅是建构一个想法,而且是要有组织、要有人。仅仅管理一个组织不再使人高兴。

您能确认什么使您一直倾向一边,或者说是哪些必要的因素能够使您成为最高领导?

嗯。我想好奇心对于我来说是一大动力,包括去找到做事的更好方法的好奇心,去尝试一种新理念的好奇心,以及采取新的指导方法的新奇心。我想我必须说我喜欢权力。在有权力的位置,我却时常感觉自己是无权力的,但是这不是要谈论的事。显然我必须享受权力所带来的乐趣。我想我对我的判断力很有自信,我感觉好像自己都是凭本能去做这些事的。我不知道这为什么会促使一个人去承担越来越多的责任,但是我想它确实是这样的。

您有着去尽量实现一种概念或想法的权力,但是在对人的控制方面,你能拥有同样多的权力吗?

我认为对人并不如此。它是改变事物的权力,去制造的权力,去创

第五章

造更佳事物的权力,不管它是生意、社会服务还是社会活动。我没有意识到对人们的生活进行控制有什么乐趣——不管我是雇用还是解雇他。权力对于我来说当然是参政的动力因素之一。政治家拥有最大权力,一是他们有钱,二是他们可以制定法律,并且如果你拥有那两样东西,你将有许多权力。

当您离开DKQ时,用您的话说,就是害怕闲逛,害怕找不到任何新的或者是有意义的生活。您是完全沉浸于自我评价中吗?

我所说的那些话大部分已经出版。我说那句话是因为那会显得稍微谦逊些。我内心对于我所做的正确的事情是充满自信的。我赚钱是为了享受生活。我已经取得了我生意生涯中所想要的一切。对于这一切我感觉很自信。我拥有我感兴趣的各种各样的事物,因此我对我能够发生转变充满着极大的自信。

您决定变化的时候,您和妻子商量了吗?您家里人是什么反应?

我得到了我孩子和妻子的大力支持。我从我的孩子身上学到了许多关于冒险的事情。我想我孩子在使我变得更加富有表现力和更加开放方面给予了极大的帮助。我妻子非常鼓励和支持我。因此不用担心,"在爸爸身上有什么事会发生呢?""爸爸将要做什么?"但是他们全都错了!我也百分之百地错了。

当您离开的时候,您自己发生了什么变化?您怎么会百分之百地错了呢?

哎,我很快感觉非常地不安全,我从来没有想过这种事情会发生在我身上。或许是因为我有许多事情想去做,但是还没决定想集中做哪件事。或许我并没有意识到办公室、大组织以及员工对于我来说是多么地安全。对此我想当然,我突然只成了我自己,不再有权力,所以我感觉自己没有用了。好像家里的盘子都被打碎了一样,我迷失了。实际上,我暂时变得无法与任何事物联系起来。我失去了我的耐性。我变得很压抑和焦虑。在我的安全之物被移走的这段时期，我与妻子产生了十分严重的分歧。

没有发生财务问题吗？

根本就没有财务问题。那是一个身份危机，而不是财务危机。当然对此作出贡献之一的是那时候，我妻子从事着一份全职工作。突然我要面对有工作的妻子，而且所有的问题都要与其协调好，而且虽然我也是自由的，但我却只能待在家里。我们约好了晚上7:00吃饭，7:15电话响了。我十分清楚会发生什么。那是艾琳，她说："亲爱的，对不起，你先吃吧，不要等我了。"我说："你什么意思？我已经等你那么久了。"那时我非常地气愤。

您过去习惯于不断有事物出现在您身边吧？

太对了。对于我来说，这是非常痛苦的。那时候我完全迷失了自我，而她完全找到了自我。这非常巧合，然而，对于我个人来说，这是非常糟糕的。我最后对事情有所感觉时，大概过了九个月或者一年。

在这段非常糟糕的时期，你还没有在约翰逊研究所做全职工作吗？

是的。但是我在那里花费了很多时间。我也在教书，也去学习吉他课程。我们去了斯堪的纳维亚和南美洲旅行。我在做着一些我想做的事情，但我不再专注于某件事。所发生的事正是我刚才所说的我害怕的事。我真的希望那事不要发生。

您认为改变的感觉是无法避免的吗？

我想说的是改变效率、改变你的生活方式或者是工作目标，或是改变你的领导地位毫无疑问会陷入一段不安全的时期之中。我想如果你对此作好了准备，就不会像我一样遇到这种情况了。但是我想如果我遇上这种情况，凭借我的财务保障以及所拥有的广泛兴趣，任何人对此变化都将经历一段疑惑时期，怀疑他的决定是否正确。我对我的生活感到不安和难过。令我焦虑的是，我本应该这样不高兴，或者我应该需要我

第五章

以前所拥有的东西。

是什么使您从中解脱出来？

我想，有许多事情帮我从中解脱出来了。有人邀请我并且接受我成为明尼波利斯联合方式（the United Way）竞选的主席——一项非常伟大的工作。我知道那时候我的生活需要做些这样的事，因此它像达摩克利斯（Damocles）的剑悬在我的脑袋上。当他们最后来邀请我做这件事的时候，我有一种解脱感，因为我能够摆脱现状了。我从1972年的秋天开始了这项工作，并且这个组织给了我一个任务，一些事情帮助我取得了我想取得的成就。它需要我在组织中的技能，以及我成为领导的技能，我想这个对我有很大的帮助。

谈谈您的政治生活怎么样——您没有考虑参加1974年的州长竞选吗？

可以说这是一件令人疯狂的事，但是从某种意义上讲，由于尼克松的悲剧，有人支持和怂恿我脱离政治。很明显，随着时间的流逝，在1973年变得越来越明显——尼克松的领导毁掉了共和党以及我可以参加公共职位竞选的机会。再过几年，我就会更老了。我的意思是，这是生命的事实。在明尼苏达，我们喜欢年轻的政治家。

您认为是明尼苏达社区活跃的氛围对你所走的路造成了影响吗？无论如何您都会在联合方式或者是约翰逊研究所工作吗？

这个我不好回答。作为成年人，我除了在杰克逊维尔生活过一段时间以外，没有在其他任何地方居住过。否则的话，我会一辈子都住在这里。但是我想有两件事对明尼波利斯来说是真实的。第一，它是我们把它称之为"家—办公室"的城镇。这里是许多大公司的总部。因此，有许多老总住在这里，他们想把这里变成一个吸引人的地方。你怎么样才能使它变得吸引人呢？通过建设一个人性化的社区。他们所有的人都会投入进去。从这种意义上说,它不同于"部门—办公室"的城镇。

第二,明尼苏达很小,以至于人们无论怎么样都相信他们自己可以解决问题。不管是毒品、监狱改革、少数民族或者其他的问题,在明尼苏达看起来都是可以处理好的。

您现在所获得的报酬与以前在公司所得的报酬相比,有本质的不同吗?

有的。那是我从某种程度上还需要努力奋斗的事情之一。你是如何衡量你的影响的?你是如何衡量你在这个世界上所取得的成绩,或者说我怎样才能知道我现在所做的是不是和我所预期的一样呢?我喜欢并且以对生意的责任引以为荣。我知道规则所在。简单地说,我知道你们是用每股收益来衡量的。我想利润是一个很好的衡量标准。

您在社会服务方面有衡量标准吗?

在社会服务工作方面,我们没有那样的标准,而且这种工作也难以取得现实的标准。人们总是认为他们自己的原因是最重要的,你总是感觉到好像你自己做了许多重大的事情,但是对于自己的成绩作出客观的评价要困难得多。当我在明尼苏达大学教课的时候,我真的并不知道我所讲的东西能对听我课的学生产生多大的影响。我想在衡量社会服务工作方面应该有更好的衡量标准是因为大量的物力、人力投入到了这个领域。

个人的奖励能达到你们所预期的标准吗?您找到了您认为的少一些疯狂的生活方式了吗?

没有。我的生活并没有少一些疯狂。但是我更加高兴了因为我现在正在从事自己真正想做的事情,并且与以往有所不同。我对我现在的生活很满意。我不知道这种情况能够维持多久。我的意思是说,谁又能知道呢?在某些方面,我可能比以前更忙。我没有组织来分配任务了。哦,我有约翰逊研究所,但是那里的每个人都很忙,以至于我不能分

第五章

配任务。如果我这样的话，他们可能会不满意的。

您还是用管理 Dain 的方式来管理这个研究所吗？

完全不一样。在这里有更多的集体决策程序。这种情况对我来说是十分痛苦的，因为那样的话将花费更长的时间。但是我想他们因为参加了决策，会对决定感到更满意的。我不知道这样的决定是否会更好。对于我来说，这种方式是全新的。我想，在某些方面它可能会更好，但是在另外一些方面可能就不然了。

您仍将对发生在您身上的事情感到好奇吗？或者说您的好奇心已经得到了引导？

我一直把自己看成是有好奇心的人，但是我对以后三年所将要做的事并不感到好奇。我说的好奇是，我好奇如何找到一种帮助人们解决化学品依赖的更好办法；我好奇如何去找到一种更好的办法帮助联合竞选获取更多的我们所需要的资金；我好奇如何找到一种更好的办法去教授学生们有关商业社会和管理技能的知识；我好奇我是否能够学习吉他上新的音调。我大部分时间待在这里。现在我在这里通过自身的活动，以及揭示人类潜能运动的方式，学会了做些事。

如果您将来回到生意场上，您觉得到时候会有问题吗？

重新回到生意场上，对于我来说已经没有多大的可能了。旧式的竞争和赚取每股收益的世界对于我来说是否还有吸引力，以及我如果回到生意场，美好的、有益的专业世界是否看上去还会与以前一样好，我承认我对此持着观望态度。但是我开始越来越意识到那并不是我想做的事。我现在如此尽忠于毒品依赖领域而且我对于这个领域所可能要做的事持乐观态度。在实现我可能拥有的梦想以前，我已经观望了多年。

您现在不会期望迷失自我吗？

希望那不是真的。我确信如果我的生活再次发生变化，我将对此非常有自信——但和以前的自信不一样。如果以前的事再次发生在我身上，比如我经历了一段不安全的时期，我将一点都不惊奇。而且，我将警告自己为下次作好准备。我想有一件事就是如果你对过渡期稍微有更多的了解，你将可能会处理得更加得心应手。

您不回顾过去了吗？

不了。有时候我对结束自己所做的事的能力感到担心。当我离开巴士公司的时候，我从来没有做好其他的打算。我没有回耶鲁。我将回去为的是我们第25次同学聚会，但是我对于同学聚会根本就没有兴趣。我在家乡当了六年市长，我把我所有心血都倾注进去了，可以称得上是一位好市长，但是就在我离开议会室的那个晚上，我就没有再回去。我离开 DKQ 后，从来没有回去过。我离开了董事会——我对此没有任何的兴趣。我不知道那是好还是坏，但我知道那就是我。我总是全身心地做事，以至于自己筋疲力尽，但是该结束的时候，也就结束了，就像吹灭一支蜡烛。

威廉姆·G.德罗斯

《哈佛商业评论》：德罗斯先生，您经营着自己的公司，现在您自己又是野生生物的摄影师和环保者。您想一直为自己工作吗？

德罗斯：是的。我很多独立的想法都来自于我父亲的态度。他是一个专制的人，只念了六年书。我爱他，但是我从来没有使他高兴过；每件事情对他来说都不是足够好。不管我向他展示什么东西，比如我向他展示我在他地下室做的一张凳子，他就会说："还不错，但是关节处不是很好，把它弄紧点。"或者我如果向他汇报我考试拿了80分，他就会说："怎么回事呀？你难道拿不到100分吗？"那时我八岁，并且我为我的成绩感到骄傲，他却说了那样的话，于是我把自己反锁在浴室中哭了。我不喜欢批评，从来都不喜欢。我使自己变成老板来避免这种情况。

您认为这些影响您的职业生涯吗？

第五章

准确地说,是。我有使自己高兴的需求,有克服财务危机的欲望。我的父亲是曼哈顿第九东大街一栋楼房的管理员。我们住在顶楼。我的父母没有钱,那也是我作为小孩子最受困扰的一件事。我梦想着有一天我能够拿起腰包,并且说:"买吧,不管它要多少钱。"我想达到那种水平。我想成为百万富翁。我十几岁的时候就开始在MACY仓库工作,从空军退伍之后,我成立了我自己的促销品公司,接着成立了一个小的销售咨询公司,最后成立了现在的列克星敦公司(The Lexington Corporation)。我的一生都在为自己工作。

是你自己创办的列克星敦公司吗?

准确地说,不是。我有一个合作伙伴。那是20世纪50年代末期,就是那时候我结婚了,生了三个男孩,过着和睦的家庭生活。当我34~35岁的时候,我还在从事销售的生意。那时候我决定写一本关于"人如何在40岁以前取得成功"的书。我访问了大概70位在40岁之前成功的人士,并且把每一位成功人士与我所想到的关于成功的观点联系在一起。我采访的第三个人是约翰·坦普尔顿(John Templeton),他是罗得岛一位学者,一个金融天才。他大概比我大六岁。在访问之后,他请我吃晚饭并问我是做什么的,我告诉他是市场顾问。他说:"也许我们可以合作,因为我有一家金融集团和员工。你可以做市场。从根本上说,单位信托基金投资公司是两者的联合体。你为什么不考虑考虑呢?也许我们可以创建一家公司。"两个月后我们成立了坦普尔顿公司,它是列克星敦公司的前身。我们花了13年的时间,付出了许多汗水,但是它是成功的。

公司的规模怎么样?

到1968年,我们拥有四家信托投资公司1.5亿的资产以及3亿的私人投资账户,有100位员工和360位销售人员。

当你成为董事会主席之后,很明显您已经成功了,您为什么想要离开呢？

我有自己的处世哲学。我自身的价值在过去的几年发生了变化。你必须知道你个人想要的东西——必须全力以赴。你必须要开始适应一周工作80~90个小时的工作状态了。当你开始不喜欢你的工作的时候，你就必须放弃它。

是什么让您开始不喜欢待在列克星敦了呢？

买卖开始令人厌烦。对于我而言，兴趣不在于实现目标，而在于做事本身的创新过程。即对某些事情进行设想，最终看着这些事情成为现实。早些时候这是一种令人兴奋不已的概念。在列克星敦工作了十年之后，一切事情都变成了例行公事。对于我而言，工作如果变成了重复活动，那将变得十分烦人。销售人员总是想着有更好的任务。

管理人员想着有更好的分公司，想着更多的报销账目，想着发泄时有可以依靠的肩膀。我最后对自己说："我在这里做什么？这里的兴趣是什么呀？"我回想起了我过去的十年，我所能看到的只是利润每年以10%的速度增长，以及更多同样的牢骚。令我痛苦的是，我可以预见未来，但是我并不喜欢。

实际上，您是什么时候想离开的？

嗯，我想真正想离开大概是在五年前。在早些年，我就参加了年轻一代董事长组织（Young President's Organization），而且很快我就热衷于这项活动。我想我那时候大概是40岁的样子。我要感谢YPO的事情之一就是它帮助我克服了由于没有去过哈佛大学，而且没有接受过良好的商业教育而产生的自卑感。自从我与同一群体的人一块工作时，我就意识到许多人并不比我聪颖。但是最重要的是，它帮助我了解了内心的感觉。这个群体每年要举办一次为期一周的会议，并且在会上，将会有许多关于商业、哲学、家庭关系以及世界宗教等方面的课程——相当杂。你可以挑选任何你感兴趣的课程。我接受了哲学以及宗教课程。

第五章

我并没有参加单一的商业课程。

那么决定离开就已经提上了日程？

离开的决心越来越坚定了。我是说在1962年我42岁的时候，我开始有了这个想法，然后慢慢有所增强。那时候，我并没有财务保障，公司刚刚上市，且不能出售我的股票。公司没有任何的价值。我必须继续坚持下来，加强公司的实力，以便我可以离开。除此之外，我别无选择。这是我开始的想法。

您实际上已经在为自己建立财务保障以使自己有一个出口？

在我脑中一直都有这个出口。获得财务保障只不过为这个出口打开了大门。我并不知道我要顺着这个出口去什么地方。我只知道我想获得自由。

从哪里获得自由？

从囚牢中，我已经成为我自己创造的囚犯了。生意剥夺了我移动的自由。你要受制于你的同事、你的投资者、你的员工。总之，一直都要受制于某些事情。

准确地说，什么成为了您的负担？

嗯。对于我来说，主要的事情就是我无法继续做我最喜欢的事，即创造性的角色，以及所有的因素都绞在一起，并且说："看上去就应该像这样。"例如，我今天所做的事情要比以前为公司作长远计划的事要满意得多。今天的满意是直接的。我去了神殿旅行并且拍摄了录像，我很快就能得到相片，并且可以说："那是一个真正的珍品。"

对于这种心中有着一定想法的人来说，政府的干预与规制以及消费委员是使您清醒的原因吗？

一定程度上，可能是。创立一种新的资金或者不管你的具体生意是什么，都可以达到你所设想本应该达到的程度，然后政府机构、律师及其他每个人都会对此有所挑剔。等到想法变成现实的时候，我甚至根本无法辨别哪一部分是我的想法。规制带来生意中创新性以外的乐趣。你做这些事,以及驱使你做事如此努力的原因是因为你可以享受这些游戏的乐趣。假如挑剔能够从中获取所有乐趣的话,你可能会说:"我会去做其他的事——我会做,但是我不会专注于此事。"过度的规制一定会有所妨碍。但是,你会在每种情况下找到你所要相处的规则。这就像你生命中的选择;而不总是:"我将要去做什么呢——这件事还是那件事?"选择是成千上万的,你可以扬长避短,选择适合你的事情去做。

那么对您造成困扰的东西是您所喜欢的创造和管理吗?

对。我不喜欢管人。我喜欢在一个小的范围和亲切的基础上与人相处。我喜欢在脑子中有切实可行的项目以及尽量使其他人相信跟着我做,这个项目可以继续下去。我喜欢一个人,一个委员会,或者一群人。这就是妙处所在。我在生意中不喜欢的另一件事就是紧张。

是什么样的紧张呢?

哦,主持人,每天早上我带着一本 8×13 英寸的便签簿从塔里敦(Tarrytown)坐车去上班。每个人都提出自己的计划,但是我却在寻找处理每个人在做的每件事情的办法。等我到办公室的时候,已经写了有十页纸,我把这些纸交给我的秘书并且说道:"千万记下这些事情,千万记下,千万记下。"然后我就会头痛得要命。每天早上都是同样的情况。

您认为,不喜欢管理而喜欢构想是大多数组织老总的特性吗?

那不一定,但是我想这是一种性格,从很大程度上来讲,是许多起步阶段企业家的性格。通常虽然他们有一个行政管理者对他们的支持,就如当年我在做主席的时候一样。主席很满意于自己的工作。他喜欢召开委员会议而且喜欢去操控别人——我发现所有的事都很烦人。

您不能继续筹集资金、获取额外收益,进而使列克星敦的股票上涨吗?

不,在当时看起来是不可能的。我的解决方案就是让保险公司收购

第五章

列克星敦。至少我的计划表明了一点,即保险公司和互助基金必须结合起来。公司里的其他人都反对这个计划。因此,关于这个问题的争论持续了好几年。然而,最终它还是在1969年市场顶峰的时候,被付诸实施了。

您告诉过同事您当时的心情了吗?

公司里的一些核心人物对此有所了解,但我从未告诉过他们我个人的感受和正在变化的价值观,在公司里你不能这样做,因为这样只会把每个人都吓坏。而在家里谈论这个问题也是有百害而无一利。因此你要保持冷静,把它埋在心底。

因此在列克星敦的这两年里,您承受着许多别人无法分担的重负?

是的,它是迫使我寻求心理治疗的原因之一。那是在公司被最终出售的前一年。我的心情差到了极点,以至于我觉得是找一位心理医生进行倾诉的时候了,我从来没有那样做过。当我第一次见到心理医生时,我说:"如果我是那么成功的话,为什么我的心情却是如此之差?"直到两个月后,我才感觉稍有好转。

转机在哪儿呢?

大概在心理治疗开始的第三个月,我半夜醒来,直挺挺地坐在床上。我的心跳加快;我不清楚自己是否生病或出了别的什么毛病了。我下了楼,把所有的灯都打开了——我并不想惊醒我的妻子——我穿过所有的房间,然而这种奇怪的恐惧感却挥之不去。我祈祷黎明赶快到来,那时我就可以看到太阳了。我感到胸部发胀,似乎有什么东西在挤压我的胸口。最终我还是回到了楼上,把我的妻子叫醒,并对她说:"我很害怕,这种感觉挥之不去。或许我得了心脏病。"以前,我从未感觉到如此地恐惧。我说,"给伊恩(Ian)打个电话吧"。伊恩是我的心理医生。

凌晨两点的时候伊恩来了。我的妻子不能见我如此地恐慌和痛苦,因此她下楼逃避。伊恩握着我的手,和我坐在床边,说道:"发泄出来吧,发泄出来吧。"我开始号啕大哭。我哭了大概两个小时。我抽泣着说：
"离开我，离开我，离开我。"那是我所能够说的全部的话。但是最终我将
所有的恐惧都发泄了出来。当我第二天看到伊恩时，他问道："谁给了你
那么大的压力？"我说："我想是我自己吧。"一旦你认识到这一点，压力也
就将离你而去。

因此出于某种需要，您必须成为一个坚强而值得信赖的人。

是的，我感到自己必须对每个人负责，要对雇员、股东、投资者、客
户、我的孩子、我的妻子、我的母亲负责，却忘记了我自己的需要。如果
有一些未做的事情，我总是说，"哦，不必担心，我将把它搞定。"这样我总
是感到十分地惬意。但是当你的生意超过一定的规模时，你就不可能亲
自做所有的事情了。并且有一天你会意识到你不能使所有的人满意了。
我不得不顺其自然，尽管这很痛苦。

当最终到了要离开的时候，您害怕吗？

不，不，不，不，不害怕。这仅仅是去年公司里的一次严重的动荡，当
我意识到我想从幕后走出来，把公司卖掉时，每个人都在反对我。我的
妻子也知道我想激流勇退，过自由自在的日子。

您夫人对此事有何想法呢？

无论何时你作出改变，你周围的人都会受到这种改变的影响。他们
或者调整，或者逃避。当时我立即就感到越来越自由，而我的妻子却越
来越担忧。她诘问道："我们以后怎么办？我们没有任何收入了。"

但是当时您有足够的积蓄。

她是清楚这一点的。问题是工作，工作。她的父亲是个牙医；他总
是坐在椅子上，一生的绝大部分时间都在努力工作。人们拥有工作，就
有稳定的收入来源。无论何时，当我说"我再也不会为了薪水而工作了"
或者"我不在乎我们的收入变化"等诸如此类的话，她就会瑟瑟发抖。

那么最终她能够接受这个现实吗？

第五章

　　最终她去看了她自己的心理医生,并变得坚强了起来。去年我们经历了生活中的大起大落。事实上,我们比任何时候更恩爱。我们也生气,生比过去任何时候都大的气。我会说诸如此类的话:"见鬼去吧,我不会只做你喜欢的事情。"以前我从未说过这样的话。以前我们总是那样地相敬如宾。

　　那么,接着发生了什么事情?你们的婚姻变得更加牢固了吗?

　　哦,没有。每件事只发生一次。我从未意识到将会有带来更大创伤的事情发生。现在我意识到,你所做的每一次改变都是对你自己的一种消耗。我想知道如果我们没有破裂的话会是什么样子。家庭危机出现在我正式辞去工作之前。那时,我正准备出发去非洲开始我的第一次野外摄影,这使得我妻子感到我在冷落她。后来,在我从非洲回来后的一个晚上,当时我们坐在沙发上,是她先鼓起勇气说道:"或许我们应该离婚了。"我说:"好吧。"我是在某一天跟她发怒的时候开始考虑离婚问题的。当时,我去看我的心理医生,并对他说:"我想我应该与她离婚。"

　　孩子们是如何看待你们离婚的?他们是不是忧心忡忡?

　　他们的态度相当好。我的15岁和17岁的孩子问我们为什么不在一年以前就离婚。我的那个13岁的孩子对我们的离婚感到震惊,但在一天之内就恢复如常。这些男孩子们十分独立。我还记得我在列克星敦的第三个年头时,我制作了几盘关于互助基金如何运作的录像带,我把这些录像带带回家,想让孩子们知道我每天在办公室所做的事情。我的二儿子说道:"我长大后,也想做你的工作。"我告诉他:"太晚了,我就要离开那儿了。我只是想让你们知道我正在做的事情,但是我从来没有想过你们中的任何一个将会从事任何这样的工作。你们要成为你们自己。"

　　我们再回到您当初决定离开的时候,难道您就不怕找不到可以完全代替您的工作的事情吗?

　　不,但是我也经历了一个空虚的时期。起初,我错过了同志会,因此我尽力坚持。我借吃午餐的机会和原来的老客户闲聊。你要知道他们谈论的东西根本就不是你感兴趣的,因此你只能选择离开。你会对你的身份产生怀疑。你想知道你是什么、你是谁。接着你就会考虑是否你应在什么地方找份工作做,并成为另一家公司的总裁。

因此,您并没有什么特别想去做的事情?

是的。我不知道我想从生活中得到什么。但是我第一次知道了我自己不想要什么。

您的朋友们有什么看法?他们对此感到惊奇吗?

公司里的同事无法理解我的行为,但我的几个朋友确实很支持我。尽管我们相距甚远,但我和这些朋友的友谊一直保持到了今天。

当你最终选择离开的时候,你有什么感受?

有时候感觉很糟。这种创伤实际上是一种身份的丧失。当有人问你:"喂,你做什么工作?"你可以说你是一家投资公司的总裁。接着他们就会很有礼貌地笑一笑,不再问更多的问题了。他们已经把你定位到那个地方了。这很好。我很喜欢被人定位到那个地方的感觉。但是,在你离开了生意场之后,如果有人问你:"你做什么工作?"你回答道:"哦,我退休了。"那么他们就会说:"哦,你还太年轻怎么可能退休呢。"因此,你可以把这段说辞说上两个月,再往后就没有什么新意了。你的下一段说辞是:"哦,我是董事会的主席,但现在我正在开办一家新的公司。""那太好了。"接着又没有新意了。最终,在度过了一年的不确定性之后,我开始认真地做一些野外摄影方面的工作,因此我开始说:"哦,我正在做一些野外摄影方面的工作,但是我过去曾经是董事会的主席。"

您曾考虑过重新回到生意场上去吗?

没有。有时候我会想找回自己失去的一些东西。我仍旧喜欢与人打交道……但是是以我自己的方式。我也因为做自己想做的事情而遭到责难。事实上,我也会考虑去大学或政府中任职,但同样是以我自己

第五章

的方式。我甚至可以考虑接受一家小的基金会,只要不必每天向庞大而效率低下的董事会报告。有一些是从500万美元到100万美元不等的小型基金会,只要你有新颖的想法,你就能干得出色,并从中得到极大的乐趣。

为了留住像您这样拥有宝贵经历、但又渴求新挑战与新激励的人士,那些大公司能够做些什么?

我认为公司必须让这样的人适应新的目标或任何其他类似的东西。在生产的层面上,如果你像沃尔沃公司那样设立一个体系,与不同的团队合作生产汽车,那么你就会发现你提高了产量。这与你上楼的时候没什么两样。好的公司管理者也会组建自己的团队。组织需要具有团队精神的人——那些在团队中会感觉很惬意的人。他们是必须的。世界是由无数的印第安人和少数的酋长组成的,但是如果组织中"酋长"太多的话,组织也无法生存。他们破坏朋友之间的团结,并且大大分散了组织的力量。天啊,那样的话你永远也造不出一辆汽车。

但是如果一个人确实具有潜在的领导能力,却因不受重用而无所事事,那么他所有的能力与力量都将白白流失。在公司失去他之前,那些足够明智的人应该阻止这样的事情发生,并且为他指明一个新的方向,破格提拔他参与到计划中来。

您是怎样识别这样的"千里马"的?

我认为每一个好的领导都可以识别出这些潜在的"领袖",即那些或许永不满足的家伙。你可以从人们谈论的话题中获得些许的信息。他们并不是在谈论舒适的生活,而是在谈论有意义的生活、冒险、投机、新观念和新目标。你可以从他们的私人生活、他们的家庭中看到这样的"潜质"。即使是他们走路的方式也可以告诉你他们时刻充满着活力。你也可以从他们的眼睛中得到这样的信息。他们通常是那种不愠不火的家伙。他们不是那种很好相处的家伙,也不是看起来就好像马上要当下一任部门经理似的。他们永不满足,即使你给他们三万美元的奖励,他们也不会很高兴。他们会说:"什么?这难道就是全部吗?"

如果公司制定了鼓励员工在45岁时变换工作的政策,那么这种政策会给公司带来好处吗?

对这些特立独行的家伙的不满在任何时候都有可能爆发。如果在内部的转换不可能的话,那么就应向外看,寻求一种新的解决方式。当被分配给与生意无关的事务时,这种人就会面临挑战,那将消耗掉他所有的潜质,正如我原先所在的那个公司一样。将这些具有领导潜质的人借用给慈善基金会将不会对大的公司造成任何损失。例如,让通用公司的一位"千里马"每年在自然遗产基金会工作六个月将对双方都有好处。

您对获取权力感兴趣吗?

能够主宰自己的生活这一点并不会给我带来多大的满足。我宁愿发掘和利用我自己的创造力。有人曾说:"你可以再赚一百万美元。"或许果真如此,但是钱又不能当饭吃。积累金钱就像积累照片一样,拍很多照片并不会带来多大的满足。我必须找到可以发挥自己创造力的地方。如果我不是在为一些自然遗产组织制作海报,或是出版书籍,或是为当地的学校组织一次野生动物的展览,或是为了什么其他的事情的话,那么就不会有乐趣。照片必须有它为之服务的目标。

因此,这同样适用于金钱。如果我有自己花钱的方式并热衷于这种方式的话,那就很好。这起码意味着你是在为自己工作。这也是我为什么在1968年重新创立了我自己的基金会的原因。

您的基金会的全称是什么?

就是我的名字,即德罗斯基金会。它很小,我只把我积蓄的一部分——25万美元,投入了基金会。现在这些钱大部分已经通过Sanibel-Captiva保护基金会和世界野生动物基金会被用于野生动物的保护。但是我为很多值得人们关注的事业提供资助。基金会唯一的规定就是所

第五章

有的基金必须在我有生之年做到"财尽其用"。我过去很喜欢赚钱,现在我则在充分享受花钱所带来的快乐。

您现在找到了那种你曾经认为自己已经找到了的满足感吗?

我对自己现在的生活要比过去满意多了。我现在不感到失落了,除了正在寻找等待我的新的挑战以外。但是我的时间终归是属于我自己的,如果我愿意的话,我可以在床上躺上两个小时。我不会说"这是我想要的"这样的话,并朝着目标迈进,相反,我会说"这是我不喜欢的",并且我已经彻底地抛弃了它。我已经抛弃了所有有碍我生活幸福的东西。我再也不会早晨醒来因为压力巨大而头痛了。

您现在的社会生活是怎样的呢?

我结交了一些新的朋友。但我在萨尼贝(Sanibel)与任何人都没有深交,尽管我已经在这儿住了三年了。人们很乐意看到我,我们确实也常待在一起。当我去保护基金会时,他们总是问我:"你又去了些什么地方?我们一起吃午饭,顺便告诉我们你在做什么吧!"于是我就告诉他们一些新的想法,随后我就和他们分开了。一种非常普通的社会生活。但是,我在这儿并没有深厚的友谊。

您再婚了吗?

是的,在去年,新娘是位美丽的瑞士姑娘,她是我的助手。我的前妻也再婚了。很有意思的是,她现在在马撒葡萄园岛做装饰生意,并且从中得到了真正的乐趣。

当你突然决定要重新回到生意场上的时候,你是否认为自己的年龄是一个问题?

不,我认为它根本不是个问题。我可以在任何时候重操旧业。我的工作经验相当丰富,而我需要做的只是把它们拿出来而已。我已经经历了那么多的苦难,我不怕经历更多的苦难。但是,这次并不是为着赢利的目的。

您错过"快车道"(fast track)了吗?

我没有激情赶往那些某些事情正在发生的地方,从这个意义上说,我待在萨贝尔是一个错误的决定。两件事困扰着我:一是我感觉自己拥有组织人们克服困难的能力,但是现在却无用武之地。不能找到充分发挥自己能力的地方真是一件令人遗憾的事情。现在我生活在这些快乐的环境之中,但却没办法贡献自己的力量,这真是令人不快。第二,如果我一年之中在大学城或华盛顿特区待上那么一段时间的话,事情或许会有些好转——这些有活力的地方不会像萨贝尔那样限制我才智的发挥。我想感受那种活力,我想和那些有活力的人在一起,共同提出创造性的想法,但我又不愿为它所累。当然这样的机会并不容易找到的。

您不对前方的路感到担忧吗?

是的,不担忧了。那没有什么希望了。昨天已经逝去了。

现在您还在从事什么其他的活动?

有很多事情,但都与我的基金会和摄影有关。我写了几本儿童书,其中之一是关于海鸥的。出版商喜欢的是那些图片,并不是"又一个"老掉牙的海鸥故事。但是我却很喜欢这些故事,并认为其中蕴藏着巨大的商机。在纽约,我和那些出版商共进午餐,并商讨事宜。一位儿童书籍的编辑说:"我们为你找了份事情做。"我说:"好啊!但是我通常只做我自己想做的事,希望你们不要介意。"他说:"我们是知道的。你愿意为孩子们写一本关于昆虫的书吗?"我说:"我得考虑一下"。他说:"现在市场上没有一本像样的关于昆虫的书,将来它一定热销。"他说如果我愿意写一本关于昆虫的书的话,他将和我签订合同并提前支付稿酬。但是,我没有必要写一本关于昆虫的书,我没有必要做任何我不想去做的事情。

第五章

第五节 出售公司的经济因素和心路历程

迈克尔·G.贝洛兹海默

回想起1977年的春天，那时的我似乎拥有了一个36岁的男人所能拥有的一切。我是一个年销售额达2 500万美元的公司的董事长和主要股东。由于公司在开拓新的顾客产品市场，所以当时看来能够经营这样的一个公司是令人兴奋的，而且发展前景也相当不错。

我一直期望公司能保持稳定的增长速度，但事实却并非如此。相反，我面临着一些令人头痛的生意上的问题和个人问题，这使我开始认真考虑把公司出售，但是把公司出售就意味着另外一些同样令人头痛的问题。

我怎样才能找到真心实意的买主呢？谁能给我提些建议呢？我是不是应该雇用一位经纪人呢？我应当向自己的雇员说些什么呢？我应当与潜在的买主谈论一次还是几次呢？

自从1977年那些令人煎熬的日子以来，我的生活已经发生了很大的变化。我成功地出售了自己的公司——Duraflame公司。事后看来，我当时的决定真是明智之举。我希望，我听取的意见连同我自己的经验，将会给那些在是否出售自己的公司以及如何出售自己的公司这个问题上面临个人和情感困扰的人们提供帮助。

然而，首先我应该讲述自己的亲身经历。

Duraflame 公司的诞生与成长

1969年，我和我兄弟以两万美元的投资在加利福尼亚的斯托克顿成立了Duraflame公司。公司主要从事用于壁炉的燃木的买卖，这种燃木主要由锯屑和石蜡制成，外加少量彩色的催化剂，是由一位承包商生产。这位承包商拥有木材加工方面的专业技能,并且急需处理木材废料。当我们进入燃木加工市场的时候,已经有三位竞争者占据了价值一百万美元的市场。

我们公司的目标是在优良的产品质量、优惠的价格和广阔的销售网络的基础上,迅速成为全国性的品牌,并获取主要市场份额。适当的广告计划、强有力的销售管理和迅速的生产扩张都极大地促进了公司目标的实现。

九年后,即1978年,Duraflame公司的销售额达到了2 800万美元,占据了整个燃木市场50%以上的市场份额。即使如此,这个时期公司仅仅有五个年头赢利。亏损出现在1974~1975年,当时由于经济衰退导致了销售额的急剧下降;1975~1976年度,有过多的产品库存;1976~1977年度,由于有来自新进入的Colgate-Palmolive公司沉重的竞争压力,公司陷入了程度不同的亏损状态。

经营公司的九年是胜利的喜悦与失败的挫折相互交织的九年。胜利的喜悦源自于我们极其成功的营销努力和快速的销售增长,而挫折感则来源于公司的亏损以及我与我兄弟偶尔关于公司政策和未来发展方向等方面产生的分歧。

比如,我计划将投资多元化以开发新的产品,但是一些家族成员却坚持——或许他们是对的——更加保守的财务政策。

出售公司的经济考虑

1977年,当我第一次认真考虑卖掉Duraflame公司的时候,这个想法从商业上考虑似乎很明智。这将平息公司内部关于公司未来发展方向问题的争论,同时也将给我和我兄弟原先的投资带来丰厚的回报。

把公司卖掉也将使我从其他的商业问题中解脱出来,例如开拓季节性产品所带来的风险以及产品对经济状况、油价上扬(石蜡是润滑油生

第五章

产过程中产生的副产品)和变幻莫测的竞争压力的敏感性。

如果能找到一位可以意识到公司未来的无限价值、愿意现在为这种价值而出资(没有附加条件)、能够领悟商业成功的秘密并且不会损坏Duraflame品牌声誉的买主的话,那么一切似乎都是合情合理的。在20%的退税基础上,单就公司的声誉价值就可带来将近800万美元的预计收入。但是潜在的买主又是如何看待公司过去的经营业绩的呢?

或许更为重要的问题是,从个人的角度,我真的愿意卖掉自己的公司吗?对这个问题的回答意味着要进行深刻的自我反思。

我应该卖掉自己的"孩子"吗?

现在回想起来,我自己的反思始于1976年,当时我在华盛顿特区参加了一个年轻一代董事长组织举办的一个地区会议。由于一直对政治比较感兴趣,我认为这次会议对我来说是一次更多了解国家政治生活的好机会。但是会议的内容却出乎我的预想,几乎与国家或国际事务没什么关系。

韦恩·戴尔(Wayne Dyer),一位著述颇丰的个体心理学方面的专家,在会议上谈论了感情和选择的问题。他认为,是我们自己决定了我们如何感受事物的,我们不应当因为感情问题而怪罪我们的祖父、父亲、母亲、姐妹、孩子和妻子。有段时间,我的情绪很低落。那种认为我可以做些事情改变这种状况的想法——如果我这么选择的话——虽然简单,却十分有效。我立即写下了一个计划,即,假如我继续沿着十年前的这条路走下去的话,我十年后会是什么样子。以下就是我预计到的十年后的情景:

继续不如意的婚姻。

继续对一些木材加工领域内的家族企业承担义务——Duraflame只是其中之一——但却没有管理和领导这些企业的权力。由于父亲、兄弟同我在公司的发展目标上产生了分歧,这种状况更加恶化。

家族成员之间的分歧导致了对公司和雇员而言不断上升的风险。

(当公司的规模较小的时候,我们还能够将分歧保持在私下里。然而,我们的公司集团的销售额从1969年的不足700万美元迅速增长到1977年的超过5 000万美元——这其中Duraflame占了将近一半。谁也不愿意为了他人而放弃自己的目标,而我们的分歧似乎很有可能对公司的利润和员工的士气产生越来越严重的消极影响。)

我在家族中的角色可能转换——从为创造性的商业举措创造机会转变为为了我的亲戚和孩子们而去做一位保守的守财奴。

继续十年来的一成不变的个人生活。

这些东西或许会使读者感到厌烦,但是我认为在作出出售(或收购)一个公司的决定之前,企业的老板们一定要明白他们个人的目标是什么。到了1977年4月,我决定制定一套出售公司的计划,如果将来我决定出售自己公司的话。然而,事实上我仍旧在感情上难以作出出售公司的决定。

明确的指向

年轻一代董事长组织每年都组织一个为期一周的国际研讨会,这其中包括一个意见交流的分会。1977年,在维也纳大学召开的会议上,我很荣幸地主持了意见交流分会。一点都不令人惊讶的是,我把对出售自己公司的战略讨论也纳入到了会议的讨论议程。下面就是我从意见交流中以及在随后与那些总裁们的谈话中总结出来的基本原则。

你只能将自己的公司出售一次,而要收购你公司的买主,无论是谁,都会不断地收购公司(他们是精于此道的老江湖)。因此,你一定要准备得十足充分,不为他人留下可乘之机。

出售自己的公司是自己个人的事情,你不能将这一职责委托给他

第五章

人,包括商业经纪人。家族企业是属于你的,因此将它出售的人也不得不是你自己。我对那种将自己置身事外的观点(正如我在劳资谈判中的所作所为一样)不屑一顾——那种观点是不可行的。

如果你想要流动资金,或者如果你不愿意使自己的资产受制于他人的话,那么就用现金结算。

同时与两个或更多的有意向的买主商谈收购事宜。千万不要只同一家公司商谈。这对于我来说尤其重要,因为我认为同时与两个或更多的人商谈是一件不道德的事情。然而,我十分审慎地同潜在的买主们接触,因此不会让他们得出我们公司是个没人要的廉价品的结论。

不要告诉你的雇员。这是另一个牵涉到道德含义的原则,它使得我很难以接受,但最终我还是接受了。在九个月的时间里,Duraflame公司中只有一个人知道我正准备出售公司。雇员们猜测公司可能被出售,但我从来没有给予他们正式的回答。在非正式的场合,通过和潜在的买主的商谈,我尽力为公司的董事们留下一个我在为公司的发展尽心尽力的印象。

慎重地选择那些对你公司最有兴趣的公司。鉴于我在数年之内从那些想收购Duraflame的公司收到不计其数的咨询请求这一事实,这条意见容易得以遵从。我一般总会拒绝此类的咨询请求——但是是在与咨询者礼貌寒暄并深入判断他们的利益所在之后。

在选定了你愿意与之商谈的公司之后,你就得制定出一套与他们打交道的子策略,即涉及到谁将制定合同、合同签订的对象是谁以及合同的内容是什么等一系列问题。这是一个微妙的过程,需要审慎的计划。

应计划抽出18个月的时间来完成整个出售过程。这应该包括用一年的时间来挑选买主,另外的6个月时间用于最后的洽谈。事实上,我花了将近一年的时间挑选最终的买主,但只花费了3个月的时间就达成了最终的协议,因为出于纳税等方面的考虑,双方都想尽快完成交易。

一旦商谈发展到了确定交易框架的阶段，则一定要选择一位与你个性相投的律师，由他来负责商洽细节。一位蹩脚的律师很可能扰乱整个的谈判过程，并使得交易胎死腹中。

将公司事务安排得井井有条，这样你就可以把百分之百的时间放在出售公司的谈判上。这应当包括为保持头脑清醒、冷静而必须的休息和放松的时间。从一开始，我就任命了负责公司销售和市场开发的经理作为掌管公司日常运营的全权代表。如果没有他在那段万分关键时期的精心管理，我将没有充足的时间和精力去完成出售公司的谈判。

保持头脑的清醒和身体的健康。从我的经验看，商议中的交易每天都会出现新的、可能是致命的问题。你不得不对谈判进行控制，而这就要求你保持健康的心态。

最后，直到付款打进你的银行账户时，一个公司才算真正地被出售了。那种在即将最后签字的时候却出现不测事件的现象屡见不鲜，切不可掉以轻心。

这些原则大大减轻了我对如何出售公司的忧虑。我知道到了最后作决定的时候了。也说不上什么理由——或许是潜意识——我在1977年4月的一天晚上把出售公司的想法提了出来，并且取得了预想的效果。我同其他的家族成员以及公司的管理者们进行了磋商，他们最终同意了我的想法。接着我决定将1978年6月作为完成出售事宜的截止日期。

为什么选择1978年的6月作为完成出售的截止日期呢？首先，这将给我14个月的时间去完成谈判过程，并达成最终的协议。

其次，我预计1978年的秋季将开始新一轮的经济衰退，而且我也清楚公司的绝大多数亏损发生在1974～1975年的经济衰退时期。当时，在先前连续三年市场成倍扩张的背景下，燃木市场一下就缩水了40%。

第三，我考虑到我会在1978年年中需要一大笔流动资金，如果我决

第五章

定与妻子离婚并且保持原先的生活水平的话。

最后,为什么非要等着不可预料的事件的发生,从而导致新的商务危机呢?

现在就到了选定买主的阶段了——我的一位朋友称其为印第安雨舞(indian rain dance)。这是整个谈判过程中的关键环节,或许是最需要审慎的环节。

"雨舞"

几年以来,我保留了一份包括所有潜在买主的档案记录,这其中既有我与之商谈过的买主,也有由一些好朋友介绍的潜在买主,他们与一些实力雄厚的大公司关系密切。接着我就把那些较合适的收购公司进行汇总,并列了份清单。

我认真地选择了经中间人介绍的公司中的七家。我只与其中的两家公司的总裁或副总裁进行了接触性的商谈。所有的这些公司都是在消费品生产领域中规模较大、资金雄厚的公司,并且都实行产品多元化战略。

我在这个阶段的目标就是同潜在收购公司中的三家保持密切的联系。当其中的一家退出时,我就会把另外一家公司加进来。

这七家公司当中,两家几乎立即就退出了,因为出于各种各样的原因,那时我们的公司还不能引起他们的兴趣。当他们了解到我只接受现金支付并且不愿意签署一个包含长期管理合同的延长性收益合同时,又有两家公司退出了。

这样就剩下了三家公司。接下来的事情包括严格的财务评估、厂房参观等等。接着又有一家公司退出了。由于Duraflame公司,按照一位管理者的话讲,是他们公司收购分析史上最复杂、最难以经营的小公司,所以他们认为收购将会给他们公司带来难以承受的经营成本。这样就只剩下两家公司了——其中之一是 Kingsford 公司，Clorox 公司的一家子公司。

与 Kingsford 公司的谈判

　　Kingsford 公司最终收购了 Duraflame 公司，因为它是最合适的。它的管理层清楚这一点，我也清楚这一点。自从 1973 年 Clorox 公司——一个生产炭煤饼的公司收购了 Kingsford 之后，Kingsford 就有收购 Duraflame 公司的想法了。1974 年，Kingsford 公司进入了燃木产品市场，但由于产品质量低劣，又不得不在 1976 年退出。

　　然而，很显然，Kingsford 公司应该同 Duraflame 公司联合。夏季被炭煤饼占据的市场份额在冬季则被燃木产品占据着，并且这两种产品的销售方式也大同小异。

　　由于我们两家公司的互补性如此明显，我逐渐对 Clorox 公司和 Kinsford 公司的一些管理者加强了了解。然而，尽管如此，我还是认为同他们建立联系的最好方式是通过一位好友的联络，他将会告诉 Kinsford 公司，如果他们感兴趣的话我一定会出售 Duraflame 公司的。

　　谈判的过程是漫长而艰辛的。它同时也是对你的心智、经验和情感的挑战。这是一次重要的历练经历，现在看来，以下经验尤其珍贵。

　　在你的桌子上放上一个笔记本。记录下谈判中的每一次谈话。当你和潜在的买主之间对先前的共识产生分歧时，这些记录就会变得十分重要。我是在和潜在买主对某个细节产生记忆分歧后才得出这个经验的，当时的分歧使我损失了 40 000 美元。

　　尽可能降低保证金的金额。保证金是从出售价格中提取出一定比例的款项用来防止买主事后发现的因存货和其他变数而导致的损失。在我们的交易中，保证金的数额仅仅占将近 1400 万美元购买价格的 3% 不到。保证金是对交易中出现的不准确情形而采取的专门保障补偿

第五章

措施。卖方一定要保护自己的利益不受交易中未知的、无法预料的或疏忽的事情的损害。

写下自己设想的意向书或谅解备忘录的草稿。根据最初的谈判结果着手这项工作,最好是在一个平静的周末,这样你就可以集中自己的精力。它将为你的律师提供指导,并且为你和你的谈判队伍达成最终的协议提供参考文本。尽可能地容纳更多的信息,因为在开始的几个月里达成的一些协议细节很容易在最后的商谈中被遗忘。

在最初的谅解备忘录中添加进这些内容将不会给收购者留下随后进行更改的机会。一定要牢记,在谈判开始后的这段时间里,许多人将会进入到商谈的进程中来,他们将尽力显示自己的能力,为他们代表的一方谋取更优的协议。

一定要诚实而坦白地告知对方自己公司的现实状况。这并不是说你非要告诉他你对未来风险的忧虑,而是避免走弯路。既要告诉他们公司好的方面,也要告诉他们公司不好的方面。你的率直将会提高你的信用度,并且使得买主们更加放心。

影响买主如何对其收购价格进行分配的过程。比如,对固定资产过高的估价不仅会为买主提供在其他方面"杀价"的基础,而且还会为卖主带来收入所得税的问题。在我们的交易中,对买主在非竞争性条款上的估价予以限制十分重要,因为这将不会使这部分交易被当作普通收入而非资本收益被课以重税。

不要害怕拒绝对方的要求。Kingsford公司开始时答应提供两百万美元的资金,要求我们在出售之前对公司进行复杂的重组。这是对我们在将Duraflame公司发展成燃木业的领头羊企业的过程中所付出的努力的一种贬低,因而遭到了我们的拒绝。我们又派了一组人员,继续与另外一家潜在的买主进行谈判。

大概是在一个月后的某一天,我接到了一位Clorox公司的高层人士打来的电话,他说我们应该坐下来谈一下,因为我们彼此误会了。那天晚上,我们在一起共进晚餐,并就交易的主要原则达成了一致。我对Clorox公司目标的判定以及对他们过去收购行为的分析使得我能够以有利于我们的方式展开谈判。

举个例子。Clorox公司的高层人士们坚决不为我们公司1978~1979年度的业绩多付一块钱,但是我解释说我们刚刚宣布我们要将原价提高10%,这意味着他们严重低估了我们公司的税前利润。因此,我能够使自己的要求站得住脚,并且也指明Clorox公司可以轻而易举地达到自己的投资收益目标。

一定要坚信自身的价值。如果你想与公司达成协议或继续在公司任职的话,这一点至关重要。我不知道自己应在任职协议中要求多大数额的薪金,在一年里有一半的时间我都被这个问题困扰。在几位商业伙伴的建议下,我选择了自己认为最高的薪金,并且告诉了Clorox公司的管理者们。他们同意了。

不要对交易的达成自鸣得意。在达成原则性的协议之后,真正艰辛的工作才刚刚开始——正如读者将要看到的那样。

谈判小组

在没有组建谈判小组的情况下,我与对方达成了初步的协议。这样做的原因很简单:我不清楚自己能否达成交易。从一开始我的目标就定得很高,并且我无意背离它们。但是,一旦交易的达成指日可待,就很有必要对最终协议的谈判进行适当的筹划。

我的第一个步骤是雇用我可以找到的最好的律师。在面试和参考两位公司兼并和收购方面专家的意见的基础上,我选择了一位律师。我的律师首要举措之一就是使得Kingsford公司同意为我们支付所有的法律和会计方面的费用——大概是五万美元——如果它收购了

第五章

Duraflame公司的话。

除了精通专业之外,我还希望我的律师是一位诚实可靠的人。我的律师承诺他一定会尽职尽责。他总是随时待命——白天、黑夜、周末。他从未来过我的办公室,我也从没去过他的办公室。我发现,如果一个人愿意花费无数的时间打电话并且利用快捷的邮政服务系统的话,那么几乎所有的会议都是没有必要的。

谈判小组的其他人员在1978年4月3日之后才招募完毕。这一天正好是我们公司在塔霍湖(Tahoe)地区举行的为期三天的销售会的开幕日,这标志着我们公司1978~1979年度的开始。在前一天晚上的11点钟,我给公司的三位核心人员打了电话,并邀请他们在第二天上午七点半与我共进早餐。在吃早餐的时候,我告诉了他们协议的事情。

随后,我怀着复杂的心情在销售会的开幕式上讲话,并用了两个小时的时间解释出售公司事宜,并回答了相关的问题。大多数的回答是在会议前我们与Kingsford公司协商好的。那天下午,我们将情况通知了食品行业的经纪人,他们负责将我们公司的燃木卖给零售商。第二天早上,我们召开了一个新闻发布会,并被许多媒体转播。为了照顾公司员工们的心情,会议是在沉重但正式的气氛中进行的。

下午我会见了公司的核心人员,并要求公司主管协助我完成最后的谈判过程。他暗示他对自己没有早一点就被吸收到谈判进程中很不乐意。然而在谈判的最后阶段他发挥了巨大的作用,如果他和其他员工在早期就参与了谈判,我真不知道结果会是什么样。他,我们的会计和副主管,与我的律师一起组成了谈判小组。

三个多月的时间里,我们在Clorox公司总部所在地奥克兰会面,一同就最后协议进行谈判。公司的每个员工都参加了所有的会议。高达一英尺的法律文件中的每一个字都被讨论过。每一个字都涉及数以万计的美元。每天我的员工都会提醒我注意协议中那些已经造成潜在危机的新条款。

这是我在感情上最艰难的时期。这似乎是一个危机将至的时期。我对任何扼杀交易的人和事极其敏感。一些例子表明，在这个压力巨大的时期保持自己心智和身体的健康是多么重要。

情感的考验

最后的谈判开始六个星期后，一位家族成员到我的办公室抱怨说我在谈判中的表现太软弱了。他列举了几个例子支持他的观点。除了他无礼而挑剔的行径外，我对自己遭人怀疑而感到十分伤心，特别是十个月前这一家族成员曾经打算以一定价格出售公司，而现在公司的出售价格是那时价格的两倍半。

在最后的谈判进行了八个星期后，Kingsford公司的代表们与我在一条有关燃木工厂的条款的用语上产生了分歧。在正式谈判的休息时间，我以个人身份会晤了Kingsford公司的重要谈判代表，突然发现我们双方在相互指责对方顽固而没诚意。大约一个小时后，我们在用语问题上达成了一致。我之所以提出这一点是因为我认为双方都必须把情绪问题放在桌面上，为了谈判取得进展甚至必须冒撕破脸皮的风险。

在Duraflame公司的股东大会审议和通过最后的交易文本期间，我也感受到了极大的压力。这次大会被安排在最后签署文件前约三四天举行——直到文本中的每个字被仔细推敲、最后的文本形式得以确定、双方公司的成员都通过之后。

与会的人士除了股东之外，还有四位律师。在对协议讨论的六个小时里，我担心任何对协议的修改都将对整个交易造成损害。

令人高兴的是，对股东们的问题和疑惑的解答并没有牵涉到对协议实质内容的修改。会议结束后，我赶往Clorox公司办公室，去签署最后的协议。然而，就连这个会议也花费了四个多小时的时间，其中涉及了

第五章

对来自外州收入所得税以及新闻发布会上言语的使用等问题的磋商。最后,我们举行了签字仪式!

尾声

出售自己的公司是一段深切的情感经历,同时它也是一段令人煎熬的经历。

从此我就可以将精力集中在自己喜欢的事情上了,即通过向消费品公司投入风险基金的形式,开发新的消费品。Early Stages 公司的目标是成为消费品领域首屈一指的风险基金公司;其他的风险基金公司倾向于向高新技术企业或陷入债务危机的企业投资。

出售 Duraflame 公司也为我提供了从事新职业的机会、个人流动资金以及一定意义上的自由,而这最后一个好处是其中最为珍贵的。